李金铮 著

底色顽韧：
近代冀中定县
小农经济的延续与渐变

中华书局

图书在版编目（CIP）数据

底色顽韧：近代冀中定县小农经济的延续与渐变/李金铮著.
—北京：中华书局，2022.10
ISBN 978-7-101-15881-6

Ⅰ．底⋯ Ⅱ．李⋯ Ⅲ．小农经济-研究-定州-1849～1936
Ⅳ．F329.224

中国版本图书馆 CIP 数据核字（2022）第 162395 号

书　　　名	底色顽韧：近代冀中定县小农经济的延续与渐变
著　　　者	李金铮
责任编辑	王贵彬
责任印制	管　斌
出版发行	中华书局
	（北京市丰台区太平桥西里 38 号　100073）
	http://www.zhbc.com.cn
	E-mail：zhbc@ zhbc.com.cn
印　　　刷	三河市中晟雅豪印务有限公司
版　　　次	2022 年 10 月第 1 版
	2022 年 10 月第 1 次印刷
规　　　格	开本/710×1000 毫米　1/16
	印张 22　插页 2　字数 340 千字
国际书号	ISBN 978-7-101-15881-6
定　　　价	128.00 元

目　录

表格目录

第一章　问题意识与区域路径

近代中国遭逢数千年未有之变局。在此变局之下,乡村社会、农民生活面临诸多困境,乃至到了难以为继的地步;然而,无论经历多少苦难,终究还是坚持下来并成为支撑中国近代历史进程的重要力量。那么,我们要问,乡村社会、农民生活的困境在哪里,能够坚持的秘密又在哪里? 其原因当然是万般复杂的,但如果用一句话说,就是小农经济的艰难存续,这也正是本书所要阐述和解答的问题。

本书试图从区域视角,以冀中定县为范围,来研究近代小农经济的结构、运作形态及其变迁,由此揭示经济运行和农民生存的动力机制;与此同时,寻求本区域的特性以及与其他区域的共性。

无论是古代还是近代,小农经济都是反映中国社会经济史,尤其是乡村社会经济史的一个核心概念。与此类似者,还有农户经济、农家经济、农民经济、个体农民经济、家庭式农场经营、小农场经营等称法,但皆不如小农经济更具影响力。在生态环境和生产资料的约束下,小农是以家庭为单位进行小规模生产经营和生活消费的[1],具体表现为自耕农、佃农、雇农,在革命话语中也可理解为贫下中农、雇农,与占居优势地位的地主、富农具有不可分割的密切联系,是矛盾统一体。特别要说明的是,雇农或长工、短工大多并未完全失去土地,也有自己所属的家庭;而雇主也有不少为普通农民,它

---

[1]学界一般还会将"使用传统手工工具"作为小农的根本特征,笔者认为它适合于传统小农经济,而不完全适合现当代小农经济,现当代小农经济也可能使用先进的机具。有鉴于此,本书不将传统手工工具作为小农的根本特征,而是根据不同历史时期各有表述。

们都是从属于小农经济的。从经济理论和实际运行而言，小农经济是一个突破个别家庭的整体，一个生产力与生产关系结合的形态，一个生产、分配、交换和消费的体系，涉及土地、农业、手工业、贸易、金融、消费等多个方面。

小农经济与乡村经济的区别主要是外延的大小，小农经济是从属于乡村经济的；而从所涉对象而言，二者并无明显的区别。有鉴于此，应从乡村史尤其是乡村经济史的整体视角来确定本书的学术价值、问题意识和研究方法。

近代乡村史的探究价值，是毋庸多言的。中国古来即是农业大国、农民大国，近代百余年依然如此。对中国乡村状况非常熟悉的革命家毛泽东指出："中国有百分之八十的人口是农民，这是小学生的常识。"[①] 与此相对应，传统乡村经济在国民经济构成中所占的比重极高，"就全国范围来说，在抗日战争以前，大约是现代性的工业占百分之十左右，农业和手工业占百分之九十左右"[②]。正因如此，长期从事农村调查和研究的社会学家费孝通特别强调："农村研究实在是了解中国国情的基础工作"[③]，"要认识中国社会，认识中国人，不认识农民生活，不认识农村经济是不行的"[④]。以上论述都昭示我们，中国近代乡村史尤其是乡村经济史具有十分重要的学术意义。而在这里面，小农经济的存续是尤其值得关注的现象。同样值得思考的是，改革开放以来，尽管城市经济的快速发展导致乡村经济的比重愈益降低，但广大乡村、众多农民的地位以及农户经营模式并未发生质的变化。如果将当代乡村和近代乡村进行对照，就不难发现，历史上曾经存在的一些问题迄今还活着，今天依然在历史的延长线上。基于此，本书所探讨的问题就有了历史和现实的双重意义。

---

① 《毛泽东选集》第 2 卷，人民出版社 1991 年版，第 692 页。
② 《毛泽东选集》第 4 卷，第 1430 页。
③ 费孝通：《重读〈江村经济·序言〉》，《费孝通文集》第 14 卷，群言出版社 1999 年版，第 32 页。
④ 费孝通：《社会调查自白》，《费孝通文集》第 10 卷，第 32 页。

一、问题意识：中国近代小农经济史研究的起点

小农经济史并不是一个陌生的学术命题。相比而言，中国古代史学者对此所做的专门研究较多，而近代史学者的专门研究较少，大多仅在乡村经济史研究中有所涉及。不过，正是这些或专门或间接的成果，成为本书研究的起点①。

早在二十世纪二三十年代，就有学者开始关注与中国近代乡村经济史有关的问题了。当时"复兴农村"之声、中国农村社会性质论战以及轰轰烈烈的革命浪潮，都推动了这一学术进程。尽管当时的学者更多的是从解决现实问题的角度出发进行讨论，但仍可视为近代乡村经济史研究的源头。新中国成立后，尤其是改革开放以来，随着现代化建设的发展和社会思潮的巨大变化，近代乡村经济史研究进入到一个新的发展阶段。在迄今九十余年的风雨历程中，对一些问题形成了论争，其中与小农经济关系比较密切者有以下诸端：

第一，失调还是适度：人地关系的论争。

土地是农家经济和农民生活的基础，它主要包括两个方面的问题：人地比例关系和土地分配关系。人地比例关系的论争，又有两个层面：一是从维持生活的角度，一是从劳动力耕作的角度，而前者受到了更多的关注。

清代民国时期，一般都认为，中国人口压力巨大，已有耕地不足以维持农民最低限度的生活。二十世纪二三十年代，受马尔萨斯人口论的影响，持此意见的学者就更多了，翁文灏、乔启明即为代表性人物②。在此认识的基础

---

① 史学家何炳棣回忆，1957 年费正清对他说："第一等大课题如果能做到八分成功，总比第二等课题做到九分成功更好。"何炳棣：《读史阅世六十年》，广西师范大学出版社 2005 年版，第 290 页。第一等大课题当然最能显示学者的眼光，但何谓"第一等大课题"，恐见仁见智，费氏也没有给出一个确切的标准。姑且不论一等二等如何判定，所研究的课题总该是有一定学术价值的题目，具体说来就是要既在历史上具有重要意义，又为学界所未曾探讨、探讨较少以及已有探讨但不够深入的问题。

② 翁文灏：《中国人口分布与土地利用》，《独立评论》1932 年第 3 号；乔启明：《中国农村社会经济学》，商务印书馆 1946 年版，第 41 页。

上，他们提出了解决人口压力的办法：或节制生育，减少人口；或通过促进中国工业化，吸收过剩人口；或垦拓荒地，扩大耕地面积；等等。与此同时，也出现了否认人满为患，反对节制生育、减少人口的声音，大致有四种观点：从战争的立场，以为人多者胜；从生产的立场，也认为人口越多，生产力越高；从土地利用角度，认为只有增加人口，才能充分利用荒地；从工业化方面着眼，认为将来工业发展之后，能够吸收许多人口，中国的人口密度完全可以提高到与英、比等工业化国家一样[①]。梁启超认为，中国不仅不存在人满之患，而且有许多荒地未能开垦，已耕土地也没有得到充分利用，只要能尽地力，迅速发展农业和工矿业，即使人口再增加几倍，也不会有饥寒之虞[②]。马克思主义学者主要是从改变生产关系的角度反对人口过剩论，如薛暮桥指出，随着生产技术的进步，农业劳动生产率将会超过人口的增殖[③]，只要充分利用荒地，产量至少要比现在增加一倍[④]。

新中国成立后，前几十年主要强调了"人多力量大"的主张。改革开放后，接续了民国时期人口压力沉重的主流言说。行龙认为，在近代中国的生产力水平下，仅有的耕地面积已经难以养活其本身庞大的人口数量，人口过剩问题相当严重[⑤]。农村学者温铁军等也持类似见解，他们认为清末以来，人地关系紧张一直是中国农业和农村经济发展的主要制约[⑥]。但也有个别学者提出了不同意见，章有义、吴承明认为人口压迫并不像原来所想象的那样严重[⑦]。

第二，集中还是分散：土地分配关系的论争。

与人地比例相比，土地分配关系更受到社会的关注。对这一问题的争论，主要为地权分配是集中的还是分散的，以及由此衍生的地权分配是否合

①吴景超：《中国的人口问题》，《独立评论》1936年第225号。

②行龙：《人口问题与近代社会》，人民出版社1992年版，第226—228页。

③余霖：《贫困现象的基本原因》，陈翰笙等编：《解放前的中国农村》第2辑，中国展望出版社1986年版，第267页。余霖为薛暮桥的笔名。

④余霖：《从山额夫人谈到人口问题》，《中国农村》1936年第2卷第4期。

⑤行龙：《人口问题与近代社会》，第49、239—240页。

⑥温铁军、冯开文：《农村土地问题的世纪反思》，《战略与管理》1998年第4期。

⑦章有义：《近代中国人口和耕地的再估计》，《中国经济史研究》1991年第1期；吴承明：《中国近代农业生产力的考察》，《中国经济史研究》1989年第2期。

理的问题。

土地分配不合理,自古以来就是最具影响力的观点,在民国时期的二十世纪二三十年代更是如此。不同学者的政治背景有别,但对土地分配的认识却是基本一致的。如薛暮桥认为,全国耕地约有 70% 集中于地主富农之手[①];琢如认为,土地分配不均与土地逐渐集中的趋势,使大部分的农民失掉土地,而成为雇农佃农[②]。但也有学者提出,土地分配不均虽是事实,但地主富农占地的比例并非如上所说的那样惊人[③]。尤其是在北方地区,不少学者认为那里的土地分配是分散的,自耕农、中农占着较大优势。

新中国成立后,土地分配集中仍是最具统治力的主张。大多数学者仍然强调,中国近代土地分配的主要问题是不均。他们认为,除了太平天国运动时期地主占有土地状况有所改变外,土地分配始终处于集中状态,北洋政府、国民党政府统治时期尤其严重。与中国学者相比,美国学者帕金斯、马若孟等较早提出,中国近代地主制不占主要地位,地权分配变化不大甚至是越来越分散的[④]。二十世纪八十年代以来,也有中国学者对传统观点提出质疑。章有义认为,从十八世纪到二十世纪三十年代,地主阶级同农民阶级之间的地权分配比例没有发生多大变化,人们所想象的地权不断集中的长期趋势是不存在的[⑤]。郭德宏、高王凌、张佩国等也表达了类似见解[⑥]。

更多的学者通过对某个地区的研究,得出了相似的结论。影响较大的是秦晖提出的"关中模式",认为民国时代关中地区几乎是一个租佃关系消

---

①余霖:《中国农业生产关系底检讨》,《中国农村》1935 年第 1 卷第 5 期。

②琢如:《中国土地问题及其前途》,《求实月刊》1934 年第 1 卷第 9 期。

③吴文晖:《中国土地问题及其对策》,商务印书馆 1944 年版,第 128 页。

④〔美〕珀金斯著,宋海文译:《中国农业的发展》,上海译文出版社 1984 年版,第 128—129 页;〔美〕马若孟著,史建云译:《中国农民经济:河北、山东农业的发展》,江苏人民出版社 1999 年版,第 326 页;赵冈:《中国传统农村的土地分配》,新星出版社 2006 年版,第 149 页。

⑤章有义:《明清及近代农业史论集》,中国农业出版社 1997 年版,第 85、89—90 页。

⑥郭德宏:《旧中国土地占有状况及其趋势》,《中国社会科学》1989 年第 4 期;高王凌:《租佃关系新论——地主、农民和地租》,上海书店出版社 2005 年版,第 5 页;张佩国:《地权分配·农家经济·村落社区——1900—1945 年的山东农村》,齐鲁书社 2000 年版,第 70 页。

失的自耕农世界①。在江南农村，樊树志认为，直到土改之前，一直是自耕农占绝对优势的社会经济结构②。赵冈进一步指出，江南地区的租佃率虽高，但地权是分散的；永佃户对于田皮有完整的产权，可自由出售、典押、出租、遗赠，更接近于自耕农，而不是普通的佃农③。

第三，大农场与小农场比较：农业经营方式的论争。

小农经营或小农场是中国最传统、最普遍的农业生产方式，是小农经济的核心。对这一问题，学界的争论集中于小农经营和大农经营或小农场和大农场的生产效率比较。

二十世纪二三十年代，大多数学者认为，小农场经营的效率远比大农场经营低下，大大阻碍了农业生产力的提高。言心哲指出，农业的零碎经营导致劳力不好分配，大规模的机器耕种更是不好运用，生产效率甚微④，因此，大农场经营才是农业生产的必然之路。王世颖、冯静远认为，一旦大农经营发生，采用机器生产，成本廉而产品优良，小农经营不能与之竞争，必然趋于没落⑤。也有个别学者认为，仍有实行小农经营的必要。吴觉农指出，如果使用机械生产，更会导致劳力过剩，反不如使用人工经济⑥。

新中国成立后迄今，主流意见仍是认为小农经营落后，生产效率不如大农经营。严中平认为，小农制度是极端浪费劳动力的生产方式，阻碍社会分工和生产工具的改进⑦。二十世纪八十年代以来，随着中国农村经济体制的

---

① 秦晖：《耕耘者言：一个农民学研究者的心路》，山东教育出版社1999年版，第216、223、256页。

② 樊树志：《江南市镇：传统的变革》，复旦大学出版社2005年版，第37页。

③ 赵冈：《永佃制研究》，中国农业出版社2005年版，第66、71—72页。类似研究，见龙登高：《地权交易与生产要素组合：1650—1950》，《经济研究》2009年第2期；黄道炫：《一九二〇—一九四〇年代中国东南地区的土地占有——兼谈地主、农民与土地革命》，《历史研究》2005年第1期。

④ 言心哲：《农村社会学概论》，中华书局1939年版，第359页。

⑤ 王世颖、冯静远：《农村经济及合作》，黎明书局1935年版，第110页。

⑥ 罗荣渠主编：《从"西化"到现代化——五四以来有关中国的文化趋向和发展道路论争文选》，北京大学出版社1990年版，第284页。

⑦ 严中平：《中国棉纺织史稿》，科学出版社1955年版，第1—2页。

改革,一些学者对小农经营进行了重新估计。吴承明认为,以家庭为单位的小农生产原有较高的经营效益,至今我们还在利用这个积极因素,即家庭承包制①。温锐认为,农民家庭经营模式可最大限度地配置家庭生产要素,是一个灵活的具有自发向上激励功能和适应商品经济发展的开放型经济形态,它既能适应传统农业,又能适应现代农业的发展,逐步走向市场化与社会化②。黄宗智的看法比较折中,他认为,一方面,经营式农场的劳动生产效率高于家庭式农场,但另一方面,经营式农场并未预示新生产力水平的出现,仍是停滞的小农经济的组成部分③。

第四,紧张还是和谐:租佃关系和雇佣关系的论争。

与土地分配相关而形成的农家经营类型,包括自耕农、佃农和雇农经济,后两者所牵扯的因素较为复杂,也更受关注,其中争论最多的是租佃关系。

在二十世纪二三十年代,主流意见认为地租率不仅奇高,且有增加之势,佃户生计艰难,主佃关系紧张。如华岗指出,农民给予地主的租额非常之高,遇着灾荒往往全部收获还不够交租;租额以外,还有许多附加的剥削,逼使广大农民群众加速贫困化;农民还要受地主的束缚,丧失身体自由④。也有学者发表了不同看法,如陈正谟认为,佃户所得虽少,但考虑到地主投资土地的利息、缴纳田赋以及提供佃农的住宅等,所得也非太多,地租制度

①吴承明:《中国近代农业生产力的考察》,《中国经济史研究》1989 年第 2 期。
②温锐:《劳动力的流动与农村社会经济变迁—— 20 世纪赣闽粤三边地区实证研究》,中国社会科学出版社 2001 年版,第 362、374 页。类似研究,见史建云:《近代华北平原自耕农初探》,《中国经济史研究》1994 年第 1 期;赵冈:《重新评价中国历史上的小农经济》,《中国经济史研究》1994 年第 1 期。
③黄宗智:《华北的小农经济与社会变迁》,中华书局 2000 年版,第 142—176 页;黄宗智:《长江三角洲小农家庭与乡村发展》,中华书局 1992 年版,第 12 页。
④华岗:《农民的贫困及其与封建地主的矛盾》,陈翰笙等编:《解放前的中国农村》第 1 辑,中国展望出版社 1985 年版,第 400、402 页。类似看法,见张镜予:《中国农民经济的困难和补救》,《东方杂志》1929 年第 26 卷第 9 号;谢劲键:《中国佃种制度之研究及其改革之对策》,《中国经济》1933 年第 1 卷第 4—5 合期。

是地主与佃农两败俱伤[1]；王毓铨认为，东佃双方订立平等契约，消灭了身份制，地主的权力有了很大的限制，佃农取得了自由独立的人的权利[2]。

新中国成立后，大多数人的认识与二十世纪二三十年代几无区别。张鱼认为，地主对农民的地租剥削率极高，除了正租以外，还有其他额外剥削，远远超过了正租率。尤其是在国民党统治时期，地租剥削率与年俱增[3]。至于主佃关系，农民不只在经济上受剥削，在政治上也受奴役受压迫，无人身权利[4]。二十世纪八十年代以后，有的学者提出应将名义地租与实际地租区别开来。高王凌认为，小春作物、田头地角等副产品不计租征收，再考虑到佃户对租额的拖欠和歉年地主的"让租"，实际地租率只有单位面积产量的30%或略多一点[5]。对主佃关系，也有学者作了较为积极的评价。史建云认为，华北农村的主佃之间是相对平等的，基本上为单纯的经济契约关系[6]。不过，秦晖对一些学者所说的当时温情脉脉的主佃关系又表示了担忧，认为它与传统看法一样不能解释中国历史上的农民战争和大规模社会冲突[7]。

相比而言，学界对雇佣关系的研究较少。二十世纪三十年代，马克思主义学者薛暮桥认为，封建势力占统治地位，雇佣关系反映的是落后的封建剥削性质[8]。新中国成立后，同样强调雇佣关系的封建剥削，只有景甦、罗仑对山东农村经营地主的研究表明，经营地主具有资本主义经济和封建残余的两重性[9]。二十世纪八十年代以来，史建云认为，雇佣关系不像以往所说的那

---

[1]陈正谟：《中国各省的地租》，商务印书馆1936年版，第16—17、32—33页。

[2]王毓铨：《中国租佃关系转变中的几个现象》，《中国经济》1935年第3卷第4期。

[3]张鱼：《旧中国农村土地关系与地租剥削》，黄逸平主编：《中国近代经济史论文选》下，上海人民出版社1985年版，第836—839页。

[4]岳琛主编：《中国近代农业经济史》，中国人民大学出版社1980年版，第117页。

[5]高王凌：《租佃关系新论——地主、农民和地租》，第13—18、23、30、75—76页。

[6]史建云：《近代华北平原地租形态研究》，《近代史研究》1997年第3期。类似研究，见李德英：《生存与公正："二五减租"运动中四川农村租佃关系探讨》，《史林》2009年第1期。

[7]秦晖：《"大共同体本位"与传统中国社会（上）》，《社会学研究》1998年第5期。

[8]余霖：《中国农业生产关系底检讨》，《中国农村》1935年第1卷第5期。

[9]景甦、罗仑：《清代山东经营地主底社会性质》，山东人民出版社1959年版，第129—152页。

样紧张[①]；黄宗智认为，经济发达程度与雇佣劳动比例存在着悖论[②]。

第五，解体还是延续：家庭手工业的论争。

在小农经济中，家庭手工业是仅次于农业的重要组成部分。对此，学界争论最多的是手工业的变化趋势，即其是解体还是延续。而这一争论又与外国工业品的侵入、本国工业品的生产有着极为密切的关系。

早在十九世纪中期，就有人对洋货与中国手工业的关系发表过不同意见。包世臣、郑观应认为，洋布四处泛滥，严重破坏了中国手工纺织业；而外国官员和商人则强调，手工纺织业对洋货进行了顽强抵制。到二十世纪二三十年代，各界更多强调了前一种意见。如钱亦石认为，小规模农业与家庭工业结合的纽带被折断和摧毁了[③]。也有学者认为，家庭手工业在遭受冲击的情况下，仍在艰难地延续。王毓铨认为，在外国进口工业品和本国民族工业品的竞争下，旧的农村手工业虽然没落了，但也有一些其他家庭手工业的产生和发展[④]。

新中国成立后，学界仍多强调近代家庭手工业的解体和衰败。二十世纪八十年代以后，有的学者提出了新见解，认为以往将家庭手工业理解为直线下滑、萎缩和破产是片面的、欠妥的，手工业更多表现为多面性，尤其是延续性。陈惠雄认为，近代家庭手工业一方面是多元分解，一方面是继续保留、恢复与发展传统生产形式的多线条发展格局，促进了中国经济近代化[⑤]。

---

① 史建云：《浅述近代华北平原的农业劳动力市场》，《中国经济史研究》1998 年第 4 期。相关研究，见王先明：《二十世纪前期的山西乡村雇工》，《历史研究》2006 年第 5 期；胡成：《近代江南农村的工价及其影响——兼论小农与经营式农场衰败的关系》，《历史研究》2000 年第 6 期。

② 黄宗智：《华北的小农经济与社会变迁》，第 181—226 页。

③ 钱亦石：《现代中国经济的检讨——一幅半殖民地经济的透视画》，高军主编：《中国社会性质问题论战（资料选辑）》下，人民出版社 1982 年版，第 793 页。

④ 王毓铨：《中国农村副业的诸形态及其意义》，《中国经济》1935 年第 3 卷第 1 期。

⑤ 陈惠雄：《近代中国家庭棉纺织业的多元分解》，《历史研究》1990 年第 2 期。类似研究，见彭南生：《中间经济：传统与现代之间的中国近代手工业》，高等教育出版社 2002 年版，第 80—139 页；彭南生：《半工业化：近代中国乡村手工业的发展与社会变迁》，中华书局 2007 年版，第 243—254、357—358 页。

史建云认为，二十世纪三十年代初农村手工业的衰退只是暂时现象而非根本衰亡，随着世界经济危机的结束，它又开始恢复和发展，如果不是日本发动全面侵华战争，还会进一步扩大并迎来新的高潮[1]。

第六，商品化的动力：乡村市场的论争。

近代以后，随着商品化程度的提高，农家经济与市场交易的关系越来越密切。学界争论最多的是农产品商品化的动力，亦即哪些因素促进了商品化程度的增长。与之相关，则是争论商品化给农民的生活和经济带来了什么。

二十世纪二三十年代，大多数学者认为，农产品商品化不是经济正常发展的结果。陈翰笙、薛暮桥等强调，国外市场操纵了中国农产品的商品化，农民负担沉重以及为了维持生计提高了商品程度，商品化加速了农民的贫困化[2]。

新中国成立迄今，一般延续了二十世纪二三十年代的意见。孙健、丁长清、汪敬虞仍强调国外市场、农民的贫困化推动了市场化，市场化为"病态的商业繁荣"，农产品商品化加重了农民的贫困化[3]。也有学者提出了不同见解。黄宗智认为，近代农产品的商品化，有的属于"剥削推动的商品化"，有的属于"生存推动的商品化"，有的属于"谋利推动的商品化"。通过商品生产，少数自耕农有机会晋升为富农甚至较大的农场主，但一些自耕农苦于经济作物带来的风险，沦为佃农或雇农[4]。张丽更认为，近代江南农民从事蚕桑生产的原始动力，源于对利润的追求，蚕桑业提供了远高于稻麦耕作的高额

---

① 史建云：《论近代中国农村手工业的兴衰问题》，《近代史研究》1996 年第 3 期。

② 陈翰笙：《帝国主义工业资本与中国农民》，复旦大学出版社 1984 年版，第 71、75 页；薛暮桥：《农产商品化与农村市场》，《中国农村》1936 年第 2 卷第 7 期；〔匈〕马扎亚尔著，陈代青译：《中国农村经济研究》，神州国光社 1930 年版，第 285 页。

③ 孙健：《中国经济史——近代部分（1840—1949 年）》，中国人民大学出版社 1989 年版，第 334 页；丁长清、慈鸿飞：《中国农业现代化之路》，商务印书馆 2000 年版，第 222—228 页；汪敬虞：《中国资本主义的发展与不发展》，中国财政经济出版社 2002 年版，第 244—251 页。

④ 黄宗智：《长江三角洲小农家庭与乡村发展》，第 105—106、114—115 页；黄宗智：《华北的小农经济与社会变迁》，第 56、62、92、141 页。类似看法，见夏明方：《近代华北农村市场发育性质初探》，《中国乡村研究》第 3 辑，社会科学文献出版社 2005 年版，第 86—87 页。

利润[①]。

第七,如何评价高利贷:乡村金融的论争。

在农家经济维系和运转的过程中,金融发挥着调剂作用。学界集中争论之点,主要是如何评价高利贷和新式借贷。

二十世纪二三十年代,大多数学者对高利贷是全部否定的。潘鸿声、张镜予认为,高利贷是农民贫困化的结果,家庭越贫困,借贷利率越高,高利贷对农民生活的危害甚于洪水猛兽[②]。个别学者对高利贷给予了一定程度的理解,费孝通指出,单纯地谴责高利贷者为邪恶的人是不够的,除非有一个较好的信贷系统可供农民借贷,否则如果没有他们,情况可能更坏,向高利贷者借款至少到一定的时候,还可能有一线偿还的希望[③]。

新中国成立迄今,大多数学者仍沿袭了二十世纪二三十年代的主流看法,强调高利贷不仅榨取农民的土地收获,还兼并土地,使其倾家荡产,卖儿卖女。也有学者做了辩证的评价,如笔者曾指出,高利贷对农民既有残酷剥削的一面,也有金融调剂的作用,农民生活和农家经济离开高利贷是很难运转的;在现代金融业发达之前,如果简单地采取禁止高利贷的政策,就可能导致民间借贷停滞的局面[④]。

---

① 张丽:《非平衡化与不平衡——从无锡近代农村经济发展看中国近代农村经济的转型》,中华书局 2010 年版,第 147—153 页。类似看法,见慈鸿飞:《二十世纪前期华北地区的农村商品市场与资本市场》,《中国社会科学》1998 年第 1 期;〔美〕费正清主编,刘敬坤等译:《剑桥中华民国史》上卷,中国社会科学出版社 1998 年版,第 104 页;〔美〕高家龙著,樊书华、程麟荪译:《中国的大企业——烟草工业中的中外竞争(1890—1930)》,第 222—225 页。

② 潘鸿声:《中国农民资金之检讨》,《农林新报》1936 年第 13 卷第 16 期;张镜予:《中国农民经济的困难和补救》,《东方杂志》1929 年第 26 卷第 9 号。

③ 费孝通:《江村经济》,江苏人民出版社 1986 年版,第 196、201 页。

④ 李金铮:《借贷关系与乡村变动——民国时期华北乡村借贷之研究》,河北大学出版社 2000 年版,第 27—49、104—109 页;李金铮:《民国乡村借贷关系研究:以长江中下游地区为中心》,人民出版社 2003 年版,第 191—194 页。相关研究,见马俊亚:《典当业与江南近代农村社会经济关系辨析》,《中国农史》2002 年第 4 期;温锐:《民间传统借贷与农村社会经济——以 20 世纪初期赣闽边区为例》,《近代史研究》2004 年第 3 期;〔美〕马若孟著,史建云译:《中国农民经济:河北、山东农业的发展》,第 265、272 页。

　　关于新式借贷，学界研究较少。传统观点将新式借贷等同于高利贷，认为银行、合作社充当了地主高利贷者的代理人，加剧了对农民的剥削①。少数学者做了辩证的解释，认为既要看到地主士绅对新式借贷的控制，也要看到新式借贷对农民生活和农家经济的积极影响②。

　　第八，追求利润还是谋生第一：农民经济行为的论争。

　　农民的经济行为，是指在一定的社会经济环境中，为了实现自身的经济利益而对外部经济信号所做出的反应。对此问题的研究，国外学者开展较早，并形成经济理性和道义经济之争，前者强调生存伦理，后者强调经济利益最大化。

　　中国学者对农民经济行为的关注较晚。二十世纪二三十年代，有的学者偶有提及，其观点与道义经济说相近。如费孝通认为，中国农民勤俭耕植，超出经济打算，甚至到了边际效益以下③；有的甚至减少劳动和消耗，以获取闲暇的满足④。也有学者倾向于经济理性说，如吴知认为，农民种植经济作物是趋利避害的行为⑤。

　　新中国成立后，少有学者涉及这一问题，但至二十世纪八十年代，学界渐有讨论。迄今，国内外学者形成三种意见：其一，农民是理性小农，追求利益最大化。如慈鸿飞认为，中国农民是理性的小农，追求高效率与利润，他们完全是根据市场的需求和自身消费需要自主决策⑥。第二，农民主要是为了谋生，获得效用最大化。如夏明方指出，贫困小农虽有追求更高经济效益

---

①姚会元：《国民党政府"改进农村金融"的措施与结局》，《江汉论坛》1987年第3期；韩德章、詹玉荣：《民国时期的新式农业金融》，《中国农史》1989年第3期。

②李金铮：《民国乡村借贷关系研究：以长江中下游地区为中心》，第367—394页。

③费孝通：《费孝通文集》第4卷，第416页。

④费孝通：《费孝通文集》第2卷，第316—322页。

⑤吴知：《山东省棉花之生产与运销》，《政治经济学报》1936年第5卷第1期。

⑥慈鸿飞：《二十世纪前期华北地区的农村商品市场与资本市场》，《中国社会科学》1998年第1期。类似看法，见史建云：《对施坚雅市场理论的若干思考》，《近代史研究》2004年第4期。

的动机,但主导他们行动的是极强烈的求生图存的意向[1]。第三,农民的经济行为是出于谋生需要和收益核算的双重考虑。如黄宗智认为,小农既是一个追求利润者,又是维持生计的生产者,更是受剥削的耕作者,各自反映了统一体的一个侧面[2]。

第九,发展还是衰落:乡村经济和农民生活演变趋势的论争。

探讨历史演变是历史学者的重要任务。关于中国近代乡村经济史发展趋势的争论,主要集中于乡村经济和农民生活是发展还是衰落了,以及与此相关的因素有哪些。

二十世纪二三十年代,一般认为近代乡村经济呈衰落和崩溃之势,农民生活也随之日趋贫困。如陈翰笙认为,中国半封建半殖民地社会的农民生活和经济地位还不如在纯封建制之下[3];梁漱溟认为,民国以来,中国农村日趋破坏,农民的日子大不如前[4]。而对于农村经济败落和农民贫困的原因,有的学者强调某一因素的影响,如人口过剩、生产技术落后、租佃制度、手工业破产、农村金融缺乏、苛捐杂税、军阀混战、自然灾害、帝国主义侵略、社会秩序不良、政府不负责任等,有的则是对以上各个方面的综合,少则六七个,多则十余个。其中,以卜凯的"技术派"和马克思主义学者的"分配派"最有影响,前者强调生产力水平低下,后者强调生产关系尤其是土地关系的阻碍[5]。

---

① 夏明方:《近代华北农村市场发育性质初探》,《中国乡村研究》第3辑,第86页。类似看法,见张家炎:《环境、市场与农民选择——清代及民国时期江汉平原的生态关系》,《中国乡村研究》第3辑,第5、28—32页;〔美〕夏明德:《试论农民决策行为之合理性:无锡小农经济与蚕丝业》,叶显恩主编:《清代区域社会经济研究》上,中华书局1992年版,第281、288页。

② 黄宗智:《华北的小农经济与社会变迁》,第5—6、199页;黄宗智:《长江三角洲小农家庭与乡村发展》,第8页。类似看法,见凌鹏:《近代华北农村经济商品化与地权分散》,《社会学研究》2007年第5期。

③ 陈翰笙:《三十年来的中国农村》,汪熙、杨小佛编:《陈翰笙文集》,复旦大学出版社1985年版,第127页。

④ 梁漱溟:《咱老百姓得练习着自己作主办事》,中国文化书院学术委员会编:《梁漱溟全集》第5卷,山东人民出版社2005年版,第592页。

⑤ 李景汉:《中国农村问题》,商务印书馆1937年版,第122页;薛暮桥:《旧中国的农村经济》,中国农业出版社1980年版,第9—13、122—127页。

新中国成立迄今，主要有四种看法：其一，基本上延续了以往的传统观点。如王庆成认为，晚清和民国时期，粮食亩产量、人均粮食占有量以及人均口粮都趋于下降，为"糊口经济"①。其二，与上一意见略有不同，认为近代乡村经济和农民生活主要呈衰落之势，但期间也有波动起伏，不同地区也不全一样。如章有义认为，近代农业总产量有所增长，个别地区农民的生活有短暂的改善，但从整体趋势上看，绝大多数农民的生活在不断恶化②。其三，乡村经济和农民生活处于发展与不发展的状态。如吴承明认为，讫抗日战争以前，农业总产量有缓慢增长，基本上能够满足人口增长的需要；不过，近代粮食的单产量、人均产量是下降的③。其四，乡村经济和农民生活趋于发展和改善。如郑起东认为，在近代，尤其是二十世纪之后到抗日战争全面爆发以前，华北的农业生产是有所发展，农民生活是有所改善的，农民消费结构开始从绝对贫困型向温饱型转变④。西方学者也多倾向于增长说⑤。不过，以上看法无论有何分歧，仍都认为乡村经济是落后的，大多认为帝国主义、封建主义和官僚资本主义的统治和压榨造成农业生产力发展的停滞和衰落。章有义的看法稍有不同，他认为农业生产力的落后主要是封闭半封闭型小农经营的内在局限，帝国主义侵略和人口压力不是主要原因⑥。马若孟则强

①王庆成：《晚清华北定期集市数的增长及对其意义之一解》，《近代史研究》2005 年第 6
　期。类似观点，见吴慧：《中国历代粮食亩产研究》，中国农业出版社 1985 年版，第 198—
　199 页。
②章有义：《明清及近代农业史论集》，第 26、236—238 页。类似观点，见刘克祥、陈争平：
　《中国近代经济史简编》，浙江人民出版社 1999 年版，第 80—84、470—471、540—545 页。
③吴承明：《中国近代农业生产力的考察》，《中国经济史研究》1989 年第 2 期。类似观点，
　见徐秀丽：《中国近代粮食亩产的估计——以华北平原为例》，《近代史研究》1996 年第
　1 期。
④郑起东：《近代华北的农业发展和农民生活》，《中国经济史研究》2000 年第 1 期；郑起东：
　《再论近代华北的农业发展和农民生活》，《中国经济史研究》2001 年第 1 期。
⑤〔美〕马若孟著，史建云译：《中国农民经济：河北、山东农业的发展》，第 240—241、330
　页。相关研究，见〔美〕德·希·珀金斯著，宋海文等译：《中国农业的发展》，第 19、41 页；
　〔美〕罗斯基著，唐巧天译：《战前中国经济的增长》，浙江大学出版社 2009 年版，第 285—
　294、323 页。
⑥章有义：《明清及近代农业史论集》，第 3—5、21—30 页。

调,乡村经济落后的根源在于人口增加、资源紧张和技术停滞,与地权分配、封建剥削关系不大①。

通过以上梳理不难发现,历史研究是在互相辩论中取得进步的。但争论如此之多,也促使我们思考这样一个问题:为什么面对同样的历史现象,讨论如此激烈,观点如此不同呢?以下两个方面,值得注意:

首先,政治局势、社会环境以及与此相关的宏大理论对学术研究的影响。以上几乎每个论争都是在三个明显的历史阶段进行的:第一个阶段,主要是二十世纪二三十年代。当时中国社会充满了"变革""革命"的氛围,国共合作大革命、国民政府上台后的"农村复兴"思潮、中共革命的变动都对乡村经济的研究产生了深刻影响,否定传统乡村经济制度成为学界的主流。第二个阶段,为新中国成立后三十年。近代乡村经济已经成为历史,政治与社会的巨大变化、正统革命史观的确立进一步影响了学术研究,学界基本上延续了二十世纪二三十年代的主流解释。第三个阶段,改革开放以后迄今。思想渐趋活跃,理论和方法多元化,近代史学界出现了革命范式与现代化范式之争,既有对以往主流观点的继续坚持,也产生了一些新的看法。

其次,学者自身研究方法的局限。上述范式之争已涉及这一问题,除此以外,还有两点:一是研究时段和研究区域的局限。有的学者往往以某一时期、某一地区的研究结论,扩大为对中国近代乡村经济史的解释,并由此产生了不应有的争议。以土地分配为例,有的地区土地比较集中,有的地区土地比较分散,显示了各自的生态特性。此本为正常现象,但如果将此概括为中国近代乡村的地权分配是集中或分散的,进而相互争论,就必然陷入以偏概全之弊。又以经济演变的趋势为例,有的学者使用 1932—1934 年的资料和数字,以证明中国近代农业生产力水平低下乃至中国乡村经济的破产。而这几年其实正是日本侵占东北三省以及我国卷入世界经济危机的时期,如果以此特殊时期说明中国近代乡村经济的演变趋势,也会导致偏颇的弊端。二是历史资料的局限,也往往造成不应有的争论。比如同一时期或同一地区的数据资料存在不一致乃至矛盾,研究者如果各自仅依据其中的一种,则

---

① 〔美〕马若孟著,史建云译:《中国农民经济:河北、山东农业的发展》,第 140、329—332 页。

所得结论也必然是相互冲突的。

以上论争之激烈、持久还表明，这些都是中国近代乡村经济史、小农经济史的基本问题，是今后研究中不可回避、无法绕过的核心问题。既然是一直存在分歧，就表明远未盖棺定论，一代有一代之史学，今后还要继续进行研究。只有通过大量扎实的实证研究，介入基本问题的讨论，才能逐渐缩小分歧，趋于共识。当然，除了以往研究中所浮现的基本问题以外，是否还有其他基本问题，同样需要更多的研究才能发现。

二、冀中定县：中国近代小农经济史研究的区域路径

从近代小农经济史的基本内容和学术逻辑来考虑，有两条研究路径可供选择：一条路径为专题研究，依据农家经济的结构分别进行研究，包括人地比例、土地分配、农业经营、租佃关系、雇佣关系、手工业、市场贸易、借贷关系、赋税负担、生活消费等方面。此为以往学界研究乡村经济史较为通行的做法，区域范围往往较大甚至是全国的。前述学界出现的论争，大多是在此路径之下进行研究所导致的结果。这一路径有其可取之处，但也可能导致缺乏各个方面互相联系、互相作用的整体意识。另一条路径为区域研究，即选择一个较小的社会经济区域，对以上各个方面进行具有内在联系的整体性研究，此类研究较少。笔者倾向于后一路径，本书就是这一研究路径的具体实践。需要进一步思考的是，如何选择一个社会经济区域？选定区域之后，研究哪些方面？如何进行研究？

第一，社会经济区域的选择。

二十世纪五十年代以来，国际经济史学界对于经济史研究、中国经济史研究的理论与方法多有深入的探讨。李伯重对此指出："在各种新出现的经济史研究理论中，就其影响最大、运用最广者而论，我认为有两种颇值得注意。这两种理论一为'新社会史'理论，一为区域研究理论。它们并不相互矛盾冲突，但却表现了经济史研究中的两种方向相反的趋势，即研究范围的'由小而大'和研究单位的'由大而小'。所谓'由小而大'，是指中国经济史研究的范围，过去主要限于经济制度，而后逐渐扩及社会经济生活的各个方

面,以及社会经济生活之外的许多方面,力求把社会作为一个不可分割的整体,由此来考察经济现象。所谓'由大而小',则是指中国经济史研究,过去通常以全国为单位,而今则强调把中国从地域上划分为各种不同层次、不同特点的经济地区,作为'适当的经济单位'来进行研究。"①这一总结,对中国经济史研究的发展方向具有重要指导价值,所谓"由大而小"和笔者所讲的区域研究路径是一致的。

那么,为什么不以全国而是选择适当的区域作为研究范围呢?

在民国时期,1945年,社会学者杨懋春指出:"我们首先必须承认一个事实:一个人不可能在一项研究中遍及中国的所有部分。中国如此之大,而且由于交通和通讯的不发达,从一地到另一地的生存环境是如此多样,在中国南方观察到的可能完全不同于中国北方。即使在同一个省份,不同地区的经济和社会差异也极大。"②当时杨氏正在调查和研究山东的台头村,此可谓经验之谈。

距杨懋春所论半个世纪后,章开沅也强调:"中国是一个幅员辽阔、人口众多、历史悠久而且各个地区经济发展极不平衡的大国,如果不认真通盘规划、分工合作开展区域社会经济史研究,就很难为整个中国社会经济史的研究提供坚实可靠的基础。这是大家都能同意且已多次说过的道理。但是,还有一层道理,却没有受到人们应有的理解与重视。这就是说,如果用个案研究的方法(通俗称之为"解剖麻雀")在区域经济史中寻求具有共性和规律性的认识,反过来也可以对中国社会经济史的整体研究起促进以至某些指导作用。"③章先生长期从事张謇与南通地区经济史研究,所论同样是发自肺腑之言。

从翰香也认为:"中国是一个拥有144亿亩国土面积的大国家,自然的

---

① 李伯重:《理论、方法、发展趋势:中国经济史研究新探》,清华大学出版社2002年版,第160页。
② 〔美〕杨懋春著,张雄等译:《作者前言》,《一个中国村庄:山东台头》,江苏人民出版社2001年版,第9页。
③ 章开沅:《"南通模式"与区域社会经济史研究》,叶显恩主编:《清代区域社会经济研究》上,第47页。

和社会的，历史的和现实的诸多因素，铸成了一个经济发展很不均衡的大一统社会。各个地区的经济长期处于高与低、快与慢、发达与不发达等等不同水平之上。而每个区域又无不按照自己的特点在中国历史的总进程中发挥各自独特的作用。鉴于这一格局，分区逐个考察，当是描绘中国这个大一统社会总体的必备的基础研究。"① 从先生对近代华北乡村经济史研究多有贡献，她的概括是符合历史实际的。

李伯重更是从局部与整体的关系角度提出："究竟是哪个局部最能体现整体的真正特征？从正确的认识过程来说，只有首先对各个局部进行了深入研究并总结出各个局部的具体特征之后，才能从中归纳得出整体的特征，在此基础上才能决定哪个局部最集中体现出整体的特征。如果不是这样，事先就抱有一个尚未经证明是正确的整体特征的成见在胸，并以此去决定哪个局部最具'典型'意义，然后又通过对这个局部的研究证明其整体特征正确，那么事实上只能是一种循环论证，并无多大意义。"② 这一见解具有了哲学的意味。

在以上各位专家的卓见之外，笔者还有一点补充：从区域角度研究乡村经济史、小农经济史，能够强化经济结构各个方面相互联系的意识，避免互相割裂，特别是夸大某一方面在经济变迁中的地位和作用。在以往的专题式研究路径中，此为经常出现的偏向③。

继之则是选定一个适当的社会经济区域的方法。学界迄无一个大家认可的标准，不同学者所界定的"区域"有明显的差别，以下看法较有代表性：

杨国桢针对清代社会经济的区域研究指出："社会经济区域的调整和行

---

① 从翰香：《从区域经济的角度看清末民初华北平原冀鲁豫三省的农村》，叶显恩主编：《清代区域社会经济研究》上，第 76 页。

② 李伯重：《理论、方法、发展趋势：中国经济史研究新探》，第 171 页。

③ 如果特别注意所研究的专题与社会经济其他方面的联系，还不致发生太大问题。不过，发生偏向常常是研究者在不自觉的意识下产生的，黄宗智对华北和长江三角洲乡村的研究证明："集中于一个地区使我们有可能把它作为一个内部相互关联的有机整体来研究。……其中的每一局部都是与整个系统的其他部分相互作用的。"黄宗智：《长江三角洲小农家庭与乡村发展》，第 21 页。

政区域的变动是并行不悖的。社会经济区域的划分，可以借用行政区域的划分系统。比如说，我们可以把行政县、乡、村作为社会经济区域的基层单位，而把行省作为社会经济区域的地方单位。具体地说，以行省作为清代社会经济区域划分的基础，是因为政治环境是统帅、协调区域内部各种环境条件和价值体系的主体。"杨先生之所以强调以行政区划作为区域选择的基本标准，是基于秦汉以来中国的集权制特性，行政区划对社会经济的影响较大。不过，与此同时，他也表示："以行省为划分基础，也不但不排斥，而且允许以自然地理或经济区、人文社区为基础的区域划分的综合研究和比较研究。"[①] 这一看法为其他区域选择标准留下了余地，但杨先生未做申论。

与杨国桢所侧重的行政划分相反，从翰香认为："经济的发展往往又不是行政命令或者说行政区的硬性划分所能完全割裂开的。某些区域，虽然从行政区的划分看，并非属于同一个单位，但自然的和社会的，内部的和外部的结构又颇多一致，甚至密不可分。因此跨越已定行政区划，按经济区域进行考察，对于经济史的研究，尤为必要。"[②] 这一看法与杨国桢所说的不排斥自然地理或经济区、人文区又是吻合的。但对于跨越行政区划的经济区域究竟如何划分，从先生也没有给出具体的答案。

李伯重认为可将生态环境作为经济区域划分的标准之一，"在自然经济占统治地位的时代，在国民经济中起支配作用的经济部门是农业而非商业，而决定一个地区农业基本特征的主要自然因素，与其说只是河川，倒不如说是整个生态环境。一个地区之所以是一个经济区域，其内部的经济发展应当具有相当的共同性，而与其外有明显差别。由于当时的经济发展主要是农业发展，而农业发展又在很大程度上取决于生态环境，因此把生态环境作为划分经济区域的主要标准之一"[③]。但生态环境之外，是否还有其他标准，李先生也没发表看法。

---

① 杨国桢：《清代社会经济区域划分和研究构架的探索》，叶显恩主编：《清代区域社会经济研究》上，第 37—38 页。

② 从翰香：《从区域经济的角度看清末民初华北平原冀鲁豫三省的农村》，叶显恩主编：《清代区域社会经济研究》上，第 76 页。

③ 李伯重：《理论、方法、发展趋势：中国经济史研究新探》，第 165 页。

相比而言，吴承明对区域划分的意见比较开放、灵活，这与他主张的"史无定法"理念有关。他认为，"区域经济的发展不仅决定于自然条件，政治、社会、文化习俗都有作用，而在历史上，各区域经济的发展都离不开行政区划的制约"，因此，"从事区域经济史的研究者，不必胶着于划分标准，可以从习惯，或大或小，以资料方便为准。大如江南、西北、南北满，小如皖南、苏北、辽东西，皆已习用。从资料利用说，分省立史亦有便处"①。从吴先生的看法推论，研究任何区域都是有价值的。

其他相关学科的学者也表达过与吴先生类似的观点。费孝通在其社会学名著《乡土中国》中指出："人们的生活有时空的坐落，这就是社区。……如果历史材料充分的话，任何时代的社区都同样可作分析对象。"②毛丹在考察浙江尖山下村时也说："我已经断然相信任意选择一个村落加以认真的观察和描述，都会是很有价值的。"③张五常在其经济学名作《佃农理论——应用于亚洲的农业和台湾的土地改革》中更强调："从科学研究的角度看，什么地区都同样重要。"④

以上主张各有道理，而最后一说，笔者尤为赞同。尽管如此，对社会经济区域的选取，仍可设定一个比较综合的理想标准，笔者的基本看法是："一是这个区域必须具有密切的内在联系；二是能体现时代特色；三是研究者对该区域的当代社会经济有较多的认识；四是有丰富可信的史料作保证。其中，第一条当属最重要。所谓具有密切内在联系的区域，是指在自然环境、经济环境、人文环境以及政治环境、社会环境等方面一致或相近的地理空间内，人们从事社会经济活动所逐渐形成的特定地域。"如对各个方面分别言之，则"自然生态环境，是指地理位置、气候、地形、土壤、生物等人类社会生活所赖以存在和发展的自然资源，它对人类的生产方式、经济活动、社会生

①吴承明：《中国经济史研究的方法论问题》，《中国经济史研究》1992年第1期。
②费孝通：《乡土中国·生育制度》，北京大学出版社1998年版，第92页。
③毛丹：《一个村落共同体的变迁——关于尖山下村的单位化观察阐释》，学林出版社2000年版，第14页。
④张五常：《〈佃农理论〉的前因后果》，《佃农理论——应用于亚洲的农业和台湾的土地改革》，商务印书馆2000年版，第16页。

活等都有直接的影响,是判断可否构成一个特定社会经济区域的重要条件。经济环境,是指在一定的自然生态环境之下,人们所从事的生产活动、交换活动、消费活动都处在同一个相互联系的经济圈内,这也是构成特定社会经济区域的重要成分。人文环境,是指在一定的自然生态环境和经济环境之下,无论是人口构成、家庭与家族构成、民族构成,还是风俗习惯、社会意识,都表现出相同或相近的特征,这是又一个构成特定社会经济区域的重要因素。政治环境,则集中体现于行政区域。在这个行政管理体系内,人们具有相同或相近的地方利益,一个特定的社会经济区域,往往就限于同一个行政区域里面"[1]。按以上标准来衡量,可将全国划分为不同类型的社会经济区域,从较大的空间范围,分为华北地区、东北地区、华东地区、华中地区、华南地区、西北地区和西南地区;也可按江河走向,划分为黄河流域、长江流域、海河流域、松花江流域、淮河流域、珠江流域;还可按生态环境特点,划分为环渤海地区、东海沿岸地区、黄海沿岸地区、森林地区、草原地区、黄土地区、沙漠地区。而且,在以上较大区域内,还可分出相对较小的区域,譬如黄河流域再分为洮河流域、汾河流域、渭河流域、洛河流域,海河流域再分为永定河流域、大清河流域、子牙河流域。即便在一个省域,也可分为不同的社会经济区域,以河北省为例,可分为冀西、冀中、冀南、冀北、冀东等区域[2]。

第二,冀中定县的区域性及小农经济史的研究内容。

本书所研究的冀中区,可称为一个内在联系紧密的社会经济区域。晚清民国时期,其范围大致位于津浦线以西以南、平汉路以东、石德线以北,呈梯形,有30余县。在自然环境方面,冀中全是平原,为华北平原的重要组成部分;在经济环境方面,受自然环境的制约,冀中乡村以农业为主,兼营手工业、副业,生产、交换和消费处于一个相互联系的经济圈内;在人文环境方面,各县的人口构成、家庭构成、社会意识、民俗风情也比较相近;在政治环境方面,晚清民国时期冀中区受直隶或河北省行政管辖,政府的政策措施及其影响是基本一致的。1937年7月,抗日战争全面爆发后,中国共产党建立

---

[1]李金铮:《关于区域社会经济史研究的几个基本问题》,《河北学刊》1998年第6期。
[2]李金铮:《区域路径:近代中国乡村社会经济史研究方法论》,《河北学刊》2007年第5期。

冀中抗日根据地，为晋察冀边区的一个专署[①]。1950年，华北人民政府农业部编辑的《华北典型村调查》，将冀中划为华北15个经济区之一[②]。冀中抗日根据地和冀中经济区的成立，为冀中作为一个内在联系密切的社会经济区域提供了有力佐证。

对于近代冀中小农经济的研究，又是以其中一个县——定县为中心的。定县在冀中和华北平原的社会经济圈内，同时又是一个地方行政区域，所以兼具经济区域和行政区域的二重性。

该县地处河北省中部，距北京220公里、天津240余公里。从民国时期的定县地图来看，全境略呈方形，总面积1211平方公里，横向最宽处35公里，最狭处24.5公里，纵向最长处45公里，最短处35公里。定县比邻七县，西达曲阳，东至安国，北通望都和唐县，南接深泽、无极、新乐。

从行政区划而言，春秋时期，定县属鲜虞国；战国时期，属中山国；秦朝，属巨鹿郡；汉晋时，为中山国都；南北朝时，为后燕国都；后魏时，魏王拓跋珪在此设安州，取"平定天下"之意，改名定州，为"此邦称定之始"。此后，北周在此设总管，唐设节度使，宋设都部署。宋哲宗时，苏东坡曾任定州知州。金元时为府治，明清时为州治，辖区基本稳定下来。民国肇始，1913年降州为县，始称定县。新中国成立后，仍为县，1986年改称定州市[③]。

本书研究的时段为晚清民国时期，始于1849年（清道光二十九年），止于抗日战争全面爆发前的1936年。因资料多集中于民国，故用定县之名。上限之所以始自1849年，主要是因《直隶定州志》于清道光二十九年纂修出版，该志资料丰富，大致可作为近代冀中定县乡村研究的基线；下限为1936年，该年中华平民教育促进会（简称"平教会"）举办的定县实验结束，而本书所依据的核心资料为定县实验期间所进行的乡村调查。1937年抗日战争全面爆发，进入一个相对独立的时期，定县处于中国共产党根据地和日伪占领区的交错地带，已可作为专门的研究对象了。

---

① 李金铮：《关于区域社会经济史研究的几个基本问题》，《河北学刊》1998年第6期。
② 华北人民政府农业部编：《华北典型村调查》，1950年印，第3页。
③ 定州市地方志编纂委员会：《定州市志》，中国城市出版社1998年版，第77—78页。

定县地势平坦,属华北平原。唐河、沙河为县内最长的河流,发源于山西,分别流经县境的南部和北部。两河岸边多沙,土质松软,河道常有迁徙。地处北温带中部,气候温和,雨量稀少,年平均降雨量321毫米,空气偏干燥,水利建设是农业生产的关键。年最大温差32.6℃,12月、1—2月为寒季,6—8月为热季,3—5月、9—11月为温季。暖期比冷期时间长,作物生长期180天左右,影响着农作物的轮种方式。土壤为冲积土,"以肥沃论属中等",按所含砂子、黏土质、石灰和腐殖质等含量,有壤土、黏质壤土、黏土、沙土、黑土、青碱土、石砾等类型,直接关系到农作物的结构。其中,黏土宜植高粱、麦类,沙土可种谷、豆、花生、棉花、山药、麦类,壤土能种谷、棉、豆、高粱、山药、红薯、麦、玉米、花生,沙壤土宜植谷、棉、花生、高粱、红薯、山药和麦,黏壤土种谷、豆、麦、棉、山药、花生,黑土种五谷,青碱土种谷、麦、豆、高粱等[1]。

村落是农民日常生活的空间,虽不是一级行政单位,但极大地影响着乡村经济和农民生活。清道光时,全县有433村,其中有10个小村附属于邻近较大的村庄,实际有423村。民国时期,二十世纪三十年代,增至472个村,19个村附属于临近大村,实际有453村。民初办理警政,全县划6个自治区,县城及附近村庄为第一区,第一区与沙河之间为第二区,第一、二区以东北至唐河、南至沙河为第三区,沙河以南为第四区,第五区位于第一、二区之间,第六区在唐河以北[2]。

中华平民教育促进会在定县进行乡村建设实验期间,主持调查的李景汉说,定县是"中国一千九百余县中的一个县,人口约四十万众,约等于全国人口的千分之一。县内的农民生活、乡村组织、农业等情形可以相当的代表中国的农村社会,尤其是华北的各县情形,也可以大致说明全国农村社会的缩影。有许多定县的社会现象和问题也就是其他地方的现象和问题"[3]。当然,在对一个区域进行选择和研究时,不一定胶着于代表性、典型性,一个区

---

① 李景汉:《定县社会概况调查》,第13—48页。
② 李景汉:《定县社会概况调查》,第30—34页。
③ 李景汉:《序言》,《定县社会概况调查》,第3页。

域是否有代表性、典型性，只有在对此区域以及更多的区域进行研究之后才能获知[①]。正是在此意义上，如前所说的，选择任何区域都有其研究价值。与此同时，也要认识到，每个区域都蕴藏着与其他区域的共性，须有研究共同问题的意识。

前述中国近代乡村经济史各个方面的论争，就是共性问题、基本问题。从这个角度来理解，对冀中定县小农经济史的研究既是本地实证性的，也有服务于更大共性问题的解释目标[②]。基于此，本书的研究任务有两个：首先，从相互联系的整体性视角，研究本区域小农经济的结构、运作形态、机制及其变迁，主要包括以下 11 个方面：1. 人地比例；2. 土地分配；3. 家庭规模；4. 农业生产；5. 租佃关系；6. 雇佣关系；7. 家庭手工业；8. 农民与市场；9. 借贷关系；10. 赋税负担；11. 农家收支与农民生活水平。此外，平教会举办的定县乡村建设实验也可作为一个方面，从改造农民、改造小农经济的角度进

---

① 毛泽东在《矛盾论》中所讲的一段话仍有指导意义："人们总是首先认识了许多不同事物的特殊的本质，然后才有可能更进一步地进行概括工作，认识诸种事物的共同的本质。"《毛泽东选集》第 1 卷，第 309—310 页。

② 以往对近代冀中定县乡村史少有专门研究，既有成果更多集中于晏阳初与定县平民教育实验，对乡村社会经济史的研究主要是笔者的成果。社会学者主要是中国人民大学的师生，对当代定州乡村的研究取得了较为显著的成果，主要有，仝平清：《华北乡村集市变迁与社会结构转型——以定州的实地研究为例》，中国人民大学博士学位论文，2005 年；汪雁：《市场导向和家庭保障惯习指引下的农民经济行为——基于社会转型加速期定州市农村的经验研究》，中国人民大学博士学位论文，2005 年；杨发祥：《社会转型期农户的消费结构与乡土重建——一个以河北定州为例的社会学研究》，中国人民大学博士后出站报告，2006 年；吴力子：《社会转型时期农民的结构性贫困与出路》，中国人民大学博士后出站报告，2007 年；刘小流：《乡村社区农民经济合作的困境与出路：社会资本视角——以河北定州乡村社区为例》，中国人民大学博士学位论文，2009 年；章东辉：《农民职业分化与社会结构转型——以定县实地调查为例的社会学研究》，中国人民大学博士学位论文，2009 年；黄家亮、汪永生：《华北农民非正规就业的微观形态：基于河北定县两个村庄的考察》，《中国乡村研究》第 14 辑，福建教育出版社 2018 年版；黄家亮、郑绍杰：《集体产权下农民的土地观念及形成机制——基于定县米村的个案考察》，《开放时代》2020 年第 3 期。

行研究①。其次,在对以上各方面进行整体性呈现的同时,反映和讨论学界共同关注的问题,为深化近代小农经济史、乡村经济史的认识提出自己的看法。可以坚信,当越来越多的学者通过对不同区域的研究,参与到共性问题的讨论,那么找到更大区域乃至整个中国近代乡村史的共识就只是时间问题了。寻求共识并不是可有可无的,否则历史学者就丧失了对历史、对人类社会现象的解释权,从而影响其在人文社会科学中的地位和价值,影响其社会功能的发挥。

如果说区域路径已经成为学界公认的社会经济史研究方法,而在研究过程中,由于涉及的问题如此广泛,显然还需要更多的方法和视角,譬如相关学科理论、定性分析与定量分析等,皆应各尽所能,按需运用。这里特别提出以下几个方面:

其一,传统与现代关系的视角。学界长期将此作为近代史研究的理论框架,起到了应有的作用②。不过,由于偏重二者的对立,并形成传统落后和现代进步的是非判断,忽视了相互间的交叉、作用和变化的复杂性,因而越来越受到学界的诟病和批判。笔者认为,将二者截然对立当然有失偏颇,但也不可走向完全否定、彻底抛弃的另一极端。传统与现代既然是已经产生的一对概念,一定有其合理性和适用性,尤其是近代中国处于传统与现代的角力时期,就更是如此。之所以产生问题,恐怕不是传统与现代关系的视角有问题,而是运用者将二者对立化、是非化。合理的理解应该是,一方面,传统与现代是有区别的,甚至存在某些对立;另一方面,传统与现代又不是割裂的,更不是简单的落后与进步的关系,传统因素延续并融入现代,现代因

---

① 杨国桢将清代福建社会经济区域的研究架构分为七个部分:自然与社会环境、人口和赋役财政制度、土地制度、农业经济、手工业经济、市场结构与商人资本、社会结构及其变迁。杨国桢:《清代社会经济区域划分和研究构架的探索》,叶显恩主编:《清代区域社会经济研究》上,第39页。

② 何谓传统与现代,迄今学界尚无公认的概念。一般说来,传统是指近现代以前世代传承的社会经验和社会认识,现代是指工业革命以来传统农业社会向现代工业社会的转变过程。在现代社会中,有的传统有"被发明"的意味,但无论是当下还是过去,传统所涉及的事实大多是存在过或有踪影的,否则很难发明出来。

素产生并融入传统，共同构成一个连绵不断、相互咬合、错综纠葛的"近代"历史进程。关键是在这个进程中，是以传统因素为主还是现代因素为主，更多的是对抗还是互补。即便在今天乃至未来的中国，同样面临传统与现代的关系问题，这一理论视角依然有其价值。

其二，注意"国家"的影响。尽管区域史方法的出现与矫正以国家作为单位的研究传统有关，但矫枉不可过正，丢失"国家"也属谬误，国家与社会的认识框架仍值得重视。与传统与现代的关系一样，"国家"与"社会"是客观存在的事实，否则就不可能出现这一对概念。二者一定有区别乃至对抗，只是以往有些学者太过强调了对抗，而没有关注二者之间的互渗和融合。这不是认识框架的问题，而是运用者的思维出现了偏差。对此，陈春声、刘志伟有清醒的认识："在传统中国的区域社会研究中，'国家'的存在是研究者无法回避的核心问题之一"，"乡村社会的这些变化，都是在更大范围的地域格局变化的背景下发生的，而地域社会变化的根源之一，正在于国家制度及其在地方社会进行统治的策略的变化"①，因此，"传统社会研究需要把社区、地域社会和国家体制的动态过程结合起来考察"②。当然，在传统社会，国家与乡村社会、与农家经济的直接联系点并不是很多，对国家影响也不能夸大。

其三，将所研究的区域置于更大的区域之中，发现它与其他区域的特性与共性。林毅夫指出："在研究某一时一地的一个现象时，同时去了解这个现象到底是此时此地唯一的，还是在其他地方也有类似现象。"③这一看法具有启发性，研究区域又要跳出区域，要有整体史观和比较视野。和其他区域进行比较，主要是为了阐明本区域农家经济的特性以及与其他区域的共性。

其四，注重人的因素。近些年历史学界越来越感到，历史研究中常常见

①陈春声：《走向历史现场》，《读书》2006年第9期；陈春声：《乡村的故事与国家的历史》，《中国乡村研究》第2辑，商务印书馆2003年版，第14—15、28页。

②刘志伟：《边缘的中心——"沙田—民田"格局下的沙湾社区》，《中国乡村研究》第1辑，商务印书馆2003年版，第62页。

③林毅夫：《经济学研究方法与中国经济学科发展》，王小卫编：《经济学方法：十一位经济学家的观点》，复旦大学出版社2006年版，第22页。

物不见人、见事不见人,忽视了当事人在社会经济运行中的经历、感受和能动性。其实,其他相关学科也存在这个问题。费孝通对社会学研究就有反思:"回顾我这十年的研究成果总起来看还是没有摆脱'见社会不见人'的缺点。我着眼于发展模式,但没有充分注意具体的人在发展中怎样思想,怎样感觉,怎样打算。"① 所谓"见人",不能理解为增加一些人物,尤其是对基层社会、农家经济的研究,增加几个普通人的名字没有多大意义,重要的是让我们感觉到经济运行中人的反应、人的思想、人的参与、人的力量。与此相关,自社会科学乃至自然科学方法运用于历史学研究以来,就一直面临以人为中心的传统历史叙事被削弱的问题,为此有的学者呼吁回归传统叙述方法。其实,非此即彼的思维都不可取,历史书写方式原本是多元的,根据不同的研究对象可以有别样的选择。如果是对人物、事件的研究,传统叙事方法自有其优势,而对社会经济要素的研究,则以社会科学式的分析更为见长。当然,从普遍联系的角度看,更多的仍是多种形式的交叉运用。

---

① 费孝通:《个人·群体·社会——一生学术历程的自我思考》,《北京大学学报(哲学社会科学版)》1994 年第 1 期。

第二章　基本史料：以定县社会调查为核心

　　史学是依据史料研究过去的实证学问。史学大师陈寅恪说："你不把基本的材料弄清楚了，就急着要论微言大义，所得的结论还是不可靠的。"[①]经济史家严中平也认为："要想写出'摔在地下当当响'的文章，只有把自己的研究建立在大量坚实可靠的资料的基础上才有可能，这是谨严学风的最起码条件。"[②]凡属历史学者都应遵循此说，以"竭泽而渔"的精神寻找与研究对象相关的各类资料为最基本的研究原则，这也是历史学所以成为历史学的基础。当然，与历史本身相比，资料遗留是碎片的、有限的，这正是历史研究的遗憾。我们只能尽力靠此弥合历史缝隙，寻找历史真相，求出合理解释。

　　本书所依据的史料有六类：

　　其一，档案资料。中国第二历史档案馆收藏的中华平民教育促进会在定县实验的资料，调查报告虽不多，但仍有利用价值。定州市档案馆几乎没有全面抗战爆发以前的档案，令人遗憾，但在革命历史档案中，定县的土改资料比较丰富，对于研究土地分配、农业生产、租佃关系、雇佣关系、农民生活还是有益的。南开大学经济研究所冯华德、李陵教授 1933 年受河北省县政建设研究院之邀，到定县进行了八个月的地方财政调查，查阅了大量县政府档案——实征册、征粮册以及诉讼档案等，发表了《河北省定县之田赋》

---

①杨步伟、赵元任：《忆寅恪》，俞大维等编：《谈陈寅恪》，台北传记文学出版社 1970 年版，第 27 页。

②经君健：《严中平传》，《严中平集》，中国社会科学出版社 1996 年版，第 447 页。

《河北省定县之田房契税》《河北省定县的牙税》等成果。他们的抄档，部分保留在南开大学经济研究所，多少弥补了抗日战争全面爆发以前定县档案不足的缺陷。

其二，中华平民教育促进会主持的定县调查报告，有的在报刊发表，有的作为专题资料出版，数量丰富，为本书所依据的核心资料，详见后述。

其三，其他机构和学者考察定县的报告、报刊文章。譬如，国民政府中央地质调查所侯光炯编写的《河北省定县土壤调查报告》，有助于了解当地的生态环境；中央农业实验所杜修昌主持过河北定县、江苏南京上下伍旗和余粮庄、浙江萧山湘湖的农家记账调查，涉及定县农户20家，1985年国家统计局以《农家经济分析：1936年我国四个地区177农家记帐研究报告》为题印行，为研究定县的农业经营、农民生活提供了珍贵资料。此外，日本全面侵华之后，日伪组织也曾搜集和编纂过定县资料，如满铁《事变下的北支农村——河北省定县内一农村实态调查报告》、中华民国新民会中央指导部《河北省定县事情》等，也有参考价值。

其四，定县地方志。包括清康熙《定州志辑要》、道光《直隶定州志》、咸丰《直隶定州续志》、民国《定县志》《翟城村志》等，为研究定县人口、土地、物产等提供了资料。

其五，新中国时期编纂出版的有关资料汇编，对于了解近代乡村经济史和区域比较研究也有重要价值[①]。

[①] 综合性资料，主要有李文治、章有义编：《中国近代农业史资料》第1—3辑，生活·读书·新知三联书店1957年版；许道夫《中国近代农业生产及贸易统计资料》，上海人民出版社1983年版；中国社会科学院经济研究所编：《清代道光至宣统间粮价表》，广西师范大学出版社2009年版；周谷城主编：《民国丛书》部分著作，上海书店1989年、1990年、1991年、1992年、1996年版。民国时期许多学者的相关论著、资料，也陆续整理再版，如陈翰笙等编：《解放前的中国农村》第1—3辑，展望出版社1985年、1986年、1989年版；薛暮桥、冯和法编《〈中国农村〉论文选》，人民出版社1983年版；〔美〕杨懋春著，张雄等译：《一个中国村庄：山东台头》，江苏人民出版社2001年版；汪熙、杨小佛编《陈翰笙文集》，复旦大学出版社1985年版；费孝通：《费孝通文集》第1—5卷，群言出版社1999年版；孙冶方：《孙冶方全集》，山西经济出版社1998年版；中国人民政治协商会议全国委员会文史资料委员会编：《孙晓村纪念文集》，中国文史出版社1993年版；钱俊瑞：《钱俊瑞选集》，山西人民出版社1986年版；谭慧编：《张培刚经济论文选集》，湖南出版社1992年版；等等。

其六,实地调查资料。譬如定州市村落调查,包括 1987 年、1988 年 3 月花张蒙等村调查,2010 年 4 月南支合、西市邑、南王吕、东岗、西坂等五个村落老年妇女调查,还有旧中国时期河北农村情况调查,包括 2004 年 2 月进行的对河北农村租佃关系、雇佣关系的调查等。

以上六类资料,最有影响者当属中华平民教育促进会主持的定县社会调查。这一调查不仅是本书所依据的核心资料,也是中国近代乡村社会经济史乃至当代社会学、人类学、经济学研究的珍贵文献。笔者想强调的是,当我们使用这些历史资料时,还应该知道它们是如何产生的,譬如调查的社会环境、调查的基本过程、为什么进行调查、如何开展调查、调查成果产生了哪些影响等等。在利用这些资料的同时,也不能忘记曾为此付出巨大努力的前辈们。更重要的是,通过厘清其源流,可以更好地利用资料,避免误读。

一、由狭及广的县级农村调查

农村调查在中国源远流长,但以科学方法进行专门调查还是晚近之事。二十世纪初外籍在华教授首开其端,二三十年代蔚成风气。在各派政治势力斗争激烈、新兴社会思潮涌现,特别是复兴农村之声甚嚣尘上的情况下,高校、研究机构、团体、个人以及政府部门掀起了农村调查热。

在这一调查热之中,平教会主持的定县农村调查,以时间之长、内容之富以及影响之大独树一帜,声誉远播。该调查是定县实验的重要组成部分,其发展进程随着平教会实验范围的变化,由小而大,渐次展开,主要经历了两个阶段[①]:

第一阶段,较小范围的调查。

1923 年 8 月,平教会在北京成立,总干事长由平民教育家晏阳初担任。平民教育先是在城市开展,但晏阳初很快就认识到,文盲大多在农村而不在

---

① 晏阳初:《中华平民教育促进会定县实验工作报告》,宋恩荣编:《晏阳初全集》第 1 卷,湖南教育出版社 1989 年版,第 310—313 页;晏阳初:《定县实验区工作概略》,宋恩荣编:《晏阳初全集》第 1 卷,第 405—406 页;李景汉:《县单位调查统计之实施》,《社会学界》1936 年第 9 卷。

都市。1924 年 9 月，平教会增设乡村教育部，向乡村平民教育转移。1926 年秋，将定县划为"华北实验区"，在翟城村设办事处，将附近以东亭镇为中心的 62 村作为实验基地。

社会调查工作也以 62 村为中心开始进行，持续约两年。主持调查的是平教会生计教育部主任冯锐，他是美国康奈尔大学博士、农学家。冯锐结合社会调查理论和定县乡村的实际，撰写了《乡村社会调查大纲》。按此大纲，平教会做了一些概况调查，涉及定县的政府组织、历史地理、风俗习惯，62 村的人口、农业、地亩、交通、教育、娱乐、信仰、兵灾、生活等。

第二阶段，全县范围的调查。

1928 年 6 月，平教会设立统计调查处，后改为社会调查部。凡属全县的历史、地理、政治、人口、教育、家族、道德、宗教、风俗、交通运输、农场大小、佃租制度、农产物种类、肥料、果品、畜牧、蚕业、家庭工业、农产买卖等，"靡不条分缕析，精密调查"[1]。1929 年秋，平教会将总部迁至定县，以全县范围作为实验区，社会调查工作也随之扩大。

社会学家李景汉任调查处（部）主任，标志着定县调查进入新的阶段。李氏为美国哥伦比亚大学硕士，曾在北京社会调查所、燕京大学工作和任教，主持北京市民生活和郊外乡村的调查，经验颇为丰富。不过，定县调查有关成果才是他一生所取得的最重要的成就。以下是各个时间段的调查内容：

1928 年初到 1929 年初，对翟城村及附近两个村庄的农家生活费进行记账调查。

1929 年秋到 1930 年，先是进行第一自治区 71 村概况调查、71 村户口调查、全县赋税调查，后为全县各村概况调查、134 村的土地分配和农产调查、家庭手工业和工厂调查，以及县城和乡村的店铺调查、生活费调查、物价调查。

1931 年，有 319 村每村的土地分配调查、农产调查、家庭手工业调查，123 农家一周年收支项目和所需物品的数量调查，34 类日常用品的物价调查，高头研究村 120 家调查，南支合等三处中心村 1365 户调查。

---

[1] 汤茂如：《定县农民教育》，中华平民教育促进会 1932 年版，第 96 页。平教会其他机构如农民教育部也有自己的调查，在调查平民教育的同时，也涉及家庭人口、职业、婚姻等。

1932 年，将第一自治区东部、第三自治区西北部设为集中研究区，调查也围绕研究区进行，有田场经营调查、主要农作物调查、主要手工业调查、集市与商业调查、借贷调查、家庭卫生调查，以及整理 123 家生活费计账调查。

1933 年，河北省政府将定县划为实验县，成立河北省县政建设研究院，平教会实验被纳入县政建设轨道，但平教会和县政建设研究院其实是两个牌子，一套班子；李景汉兼研究院调查部主任，设计了物价调查和出生、死亡调查。

1933 年至 1935 年初，主要有全县土壤调查、工业品数量与价值调查、农产物产量调查、集市调查、物价调查、土产运销调查、输入货物调查、借贷调查、民众负担调查、地方自治调查、户口调查。到 1935 年底，已完成的调查共计 23 个方面、232 项。

定县调查持续十年之久，只有卜凯主持的调查可与之媲美。卜凯的调查前后达十一年（1921—1925 年、1929—1934 年两次调查），其余调查长不过几年，一般就一两个月，短者仅六七天。

在以上调查的基础上，社会调查部整理、编纂和出版了大量资料。其中，专书主要有《定县社会概况调查》《定县经济调查一部分报告书》《定县农村工业调查》《定县农民教育》《定县秧歌选》等；文章主要有《从定县人口总调查所发见之人口调查技术问题》《华北农村人口之结构与问题》《农村家庭人口的统计分析》《定县大王褥村人口调查》《五百一十五农村家庭之研究》《定县土地调查》《中国农村土地与农业经营问题》《定县农村纺业调查》《定县农村织布工业》《定县大西涨村之家庭手工业调查》《定县农村借贷调查》《定县摇会的研究》《定县民众负担之分析》《定县输入各国货物的调查》《定县农民外出谋生的调查》等 [①]。以上成果，广及乡村社会经济的

[①] 相比实际调查，公开发表的只是少数，有的是因来不及整理，有的是因不便发表。李景汉指出，不少材料"只供本会主持工作者参考的用处，为的是要免除误会。严格的说，为一个地方实用的社会调查不应随便公开发表，尤其是近代所谓之'个案调查'与私人的地位名誉有关系的。"所以，只能以"妥当无碍的方式"发表一部分资料。李景汉：《序言》，《定县社会概况调查》，第 3 页。

诸多方面。

　　没有出版的原始调查材料远为丰富。曾任平教会文学编辑的堵述初回忆："定县实验区的档案、各种出版物、挂图、未刊稿件以及参考图书，都在平教会撤离定县实验区前转移到了大后方，最后运到了重庆歇马场中国乡村建设育才院。据闻，这批东西在解放不久，全部由重庆人民政府接收了。"①然而，笔者循此线索，曾多次去重庆查找，但一无所获。幸运的是，在南京市中国第二历史档案馆发现了平教会的档案资料，包括会议文件、简报、读物、图片之类，但调查报告较少。更为可惜的是，有的资料在"文化大革命"中被损毁，如 1931—1932 年 123 家的记账调查就是如此。后来，李景汉的学生何延铮从所剩不多的资料中整理出数张表格，在《河北文史资料选辑》发表，成为研究那个时期农民生活的重要史料。

　　虽然如此，今天所能见到的定县调查资料已经是比较丰富的了。

二、学理与实用之双重目的

　　一切社会调查，都是为了达到一定的目的而进行的，大致有认知型、服务型、改造型和综合型四类。所谓认知型，即纯粹学理的调查，以认识社会为目的，重在描述事实，提供详尽的田野报告，并做有限的理论分析；服务型调查，则以为某一设计目标的服务为目的，重在提供实现目标的依据；改造型调查，主要是从事实中发现问题，提出改革方案，提高社会经济发展水平；综合型调查，是以上几种类型的综合体。当然，所谓分类只是各有偏重，实际上纯为一种目的的调查极为少见，而是多有交叉和融合。

　　就清末民国时期的农村调查来看，纯粹认知型极少。国外学者强调学术研究，农学家卜凯主持的调查即是为了"汇集中国农业知识，俾为改良农业之借鉴，及决定全国农业政策之根据。俾世界各国关怀中国福利之人士，

---

①堵述初：《平民教育运动在定县》，《河北文史资料选辑》第 11 辑，河北人民出版社 1983 年版，第 43—44 页。

得知中国土地利用、食粮及人口之概况"①，但仍有其改良农村的意蕴，对农家经济的不少相关问题提出了改进看法。中国学者的调查，在认知基础上，更加偏向服务和改造的目的，甚至融入了强烈的民族情感。社会学家吴文藻就指出："社会调查，是社会服务学家的观点，其主旨不在认识社会，而在改良社会，故着重社会问题的诊断。"② 费孝通也坦言："推动我去调查研究的是我们国家民族的救亡问题，敌人已经踏上了我们的土地，我们怎么办？我们在寻求国家民族的出路，这也就决定了我们调查研究的题目。"③ 陈翰笙领导的无锡、保定农村调查，目的更为直接，意在通过论证农村经济的崩溃及其原因，为中共革命提供事实依据④。

定县农村调查是一种综合性调查，兼具认知、改造和服务三种调查之特征，或可概括为学术和实用双重目的，而以后者为主。

第一，为了搞清国情而调查。

以往统计资料的缺乏、错误，是这一认识及实践的本源。以往中国在数量记载方面，尤为粗疏，不得要领，人口资料特别能说明这一问题。李景汉在美国留学时，老师与同学问他中国的人口、年龄、男女分布等情况，他回答不出，"作为一个研究社会学的人，对自己国情不知，使我深为内疚"⑤，因为"我国人口的数目直到现在没有弄清楚，并且常有令人莫名其妙的，甚至不可思议的报告，越发使人糊涂。记得我六岁入小学时，那句'四万万同胞'表示爱国的口头禅，随时可以听见，到处可以看见，较比现在的'三民主义'这个名词喊得还要起劲。出小学入中学的时期，仍然继续不断的高呼'四万万同胞'。中学毕业以后，常帮助妹妹们读地理，我国人口的数目依然

---

① 〔美〕卜凯主编，乔启明等译：《中国土地利用》，金陵大学农学院农业经济系 1941 年版，第 234 页。

② 吴文藻：《社区的意义与社区研究的近今趋势》，《社会学刊》1936 年第 5 卷第 1 期。

③ 费孝通：《费孝通学术论著自选集》，北京师范学院出版社 1992 年版，第 419—420 页。

④ 孙晓村：《中国农村经济研究会与农村复兴委员会》，《文史资料选辑》第 84 辑，中国文史出版社 1986 年版，第 31 页。

⑤ 李景汉：《回忆定县平教会实验区的社会调查工作》，《河北文史资料选辑》第 11 辑，第 69 页。

大书特书为四万万。光阴似箭，又过了几年在大学毕了业，拿起小侄女的课本来一看，中国人口照旧是四万万。海外留学数载返国后，又理会在侄辈，有的是孙子辈，所用的地理课本上，中国的人口还是整整四万万，不多也不少。近来人们比从前显得聪明了，花样也随着多了。虽然四万万的数目仍然是正统式的存在着，而高明的学者、专家和权威们起来推算估计或猜度中国的人口了。海关的报告说一九二六年中国的人口有四万万四千八百万，邮局说在一九二七年有四万万八千七百万，内政部在一九三一年的报告为四万万七千五百万。一个英国的统计学家认为若说中国人口有三万万就是夸大之辞。从前德国的一位学者根据食盐的统计断定中国人口仅为二万万三千万。此外发表的不同数目甚多，不胜枚举。最高的估计数和最低估计相差超过二万万。我们知道世界上美俄两大强国的人口总数，一为一万万三千万，一为一万万六千万。而我国人口估计的差就不止二万万，约超过他们人口总数的一倍！"[①]从李景汉所述不难推断，一个国家连自己子民的数字都如此模糊混乱，遑论其他！

民国初年，政府机关调查和私人调查逐渐增多，但皆规模较小，且各自为谋，不相连属，缺少通盘计划，不足以应付急需。定县调查正是从一个县入手，试图弥补以往统计工作的缺陷之举，正如李景汉所言："若是此后国内的调查统计工作仍如已往枝枝节节的进行，则一鳞半爪，鲜济于事，非全国推行普遍的全体调查不为功。然则如何才能推行这种大规模的调查统计工作呢？对于这个问题的答案，一言以蔽之，非从中国的一千九百余县入手不可。"以一个县为范围，主要是因为"向来无论是中央或各省的统计材料，未尝不是大半来自各县"，但以往搜集材料的方法，大半系由省政府颁发表格至县政府，限期填报，往往所列项目颇为复杂，也不考虑各县有无调查的能力与时间，而"县政府之行政人员多无调查统计的知识，亦无专人负责，并且平日没有实地调查的工作，也没有现成的统计数字。往往填报的期限，又多短促。处在这种情形之下，对于表格上的各种问题的答案，遂不得不出于揣测之一途。……填报之数字，每与事实不符，并且往往相差甚远，错误极大。

---

①李景汉：《定县农村人口分析与问题》，《民间》1934年第1卷第2期。

甚至有时关于同一县份之报告，其产鸡之总数竟超过产蛋之总数。……此种揣测之数字自难合于实际之应用。一旦误引以为建设方案之参考，或行政设施之根据，其危险可知"①。所以，"我国之大量统计，如不求其准确可靠实用则已，苟欲求其准确致用，自非全国一致，认真推行普遍的调查不可，而欲实现此种大规模之调查，则又非从全国各县入手不为功。……各县有了各种县单位的各种调查以后，才能产生全国完备的各种调查材料"②。

第二，为社会改造而调查。

改造社会是定县调查更高一层的目标。晏阳初指出："调查的目的，既是为了解事实，但事实的了解不是工作的终了，而是工作的开始。所以调查工作不是为调查而调查，必须要着眼于社会的实际的改造。"③李景汉也强调："社会调查固然是学理的研究，而主要的目的是实用。换句话说，不是为调查而调查，乃是为改良社会而调查……促进或产生认为有益人类的社会行为，阻止或革除认为无益人类的社会行为。这样以人力支配社会情况，不任其自然变化，所以社会调查的结果，能应用到人类实际的生活上。"④他还将定县调查作为从事社会调查工作的分水岭，"我由四年纯粹为求得知识性质的社会调查，而转向为社会改善之应用性质的社会调查。这其中有很大的分别，也是我个人调查工作性质的一个重要转变"⑤。以上观点，与前面吴文藻、费孝通所论是一致的。

第三，为定县实验而调查。

此为定县调查的直接目的。定县实验的理论核心是"四大教育""三大方式"（详见后述），"各方面工作的发展，合起来就是整个乡建事业的发展"⑥。为此，社会调查部与平教会其他部门——生计教育部、文学教育部、卫

①李景汉：《健全县单位调查统计工作的需要》，《独立评论》1936年第222号。

②李景汉：《〈定县农村工业调查〉序》，张世文：《定县农村工业调查》，四川民族出版社1991年版，第3—4页。

③晏阳初：《〈定县社会概况调查〉序》，李景汉：《定县社会概况调查》，第2页。

④李景汉：《实地社会调查方法》，星云堂书店1933年版，第12—13页。

⑤李景汉：《序言》，《实地社会调查方法》，第3页。

⑥晏阳初：《十年来的中国乡村建设》，宋恩荣编：《晏阳初全集》第1卷，第565页。

生教育部、公民教育部以及学校式教育部、社会式教育部、家庭式教育部相互支持、相互配合，做开展定县实验的基础性工作。正如李景汉所言，定县调查"是为随时应付平教总会的需要而调查"，"调查定县一切社会情况，特别注意愚、穷、弱、私四种现象。随时整理搜集之材料，分析各种现象之构成要素，发见愚、穷、弱、私等现象之原因，试下相当的结论。然后将根据调查归纳之各种结论及建议，分别供给本会各设计之负责者，使他们计划实验或推行工作时有参考之材料及可靠之根据。总之，使本会全体人员对于全县社会之内容及各种问题，有充分之认识与彻底之了解。因此本会之调查工作……皆以本会随时需要的程度与多寡，而决定其轻重缓急"①。譬如，调查全县 472 村的土地分配与农产品，包括各村土地、地产权、地价、农产品产量及其估价，目的是为生计教育部提供材料②；农村借贷调查，目标之一"是为开始计划组织信用合作社的参考"③；农村工业调查，目的是"根据调查所得的资料，拟定改进发展定县农村工业之具体方案"④。

第四，为政府贡献一套更大规模调查的方法和经验，为全国的乡村建设提供参考，为中国社会经济的发展寻找出路。

对定县调查的这一宏大意义，李景汉指出，调查定县的各种社会问题，"不是单为定县而研究，乃是为全国而研究的"⑤，"社会调查能在一村成功，或一区成功，或一县成功，也就是全省的一部分成功，全国的一部分成功，也可以说，一地方的成功可以代表全国成功。若各地方都闻风而起，都举行社会调查就更好了"⑥。晏阳初也谈到，整理调查的结果"供实际从事农村建设的同志们，与关心农民生活的朋友们参考研究"，"至少根据定县社会调查的经验，也有一套方法，必须切实研究，实地经验。在完成这套实地调查的学术研究之后，政府才能有方法上的一种根据，可以作大规模的全国或全省的

---

① 李景汉：《序言》，《定县社会概况调查》，第 1—2 页。
② 李景汉：《回忆定县平教会实验区的社会调查工作》，《河北文史资料选辑》第 11 辑，第 73 页。
③ 李景汉：《定县农村借贷调查》，《中国农村》1935 年第 1 卷第 6 期。
④ 张世文：《自序》，《定县农村工业调查》，第 1 页。
⑤ 李景汉：《序言》，《定县社会概况调查》，第 3 页。
⑥ 李景汉：《实地社会调查方法》，第 45 页。

调查,才能希望得到社会事实的真相"①。从定县农村手工业调查,就不难发现其为全国经济发展提供方案的指向。张世文认为:"吾国受资本主义与帝国主义的侵略与压迫,大工业无从发展,民生日益穷困;在此严重时期,我国国民至少应有民族经济意识与生产救国的这两种觉悟与责任。研究手工业,不但直接对于手工业的实际情形,可以得到大体的了解;对于计划如何改进与发展手工业,可以得到具体的方案;就是对于认识民族经济意识及生产救国的觉悟与责任的重要上,也能有很大的影响。……现在欧美各国的学者多主张用工业的分散制度来代替工厂的集中制度,因为他们受尽了工厂制度集中的害处。调查定县农村工业,得到具体事实,对于工业分散制度的实行的可能性与办法上,也可以得到一个确切的根据。"②

就此意义而言,定县调查的目的与定县实验的总体目标是一致的,平教会所做的定县实验原本就不是完全为了定县,而是为全国农村建设提供一整套可行的方案。

第五,为社会科学本土化而调查。

此为学术目的。李景汉指出:"希望本会此后的社会调查不但随时应付本会的需要,也能在社会科学上有相当的贡献。"③他认为社会调查对中国有十大功能,其中之一是建立中国社会学的基础④。晏阳初也解释道,"社会科学和自然科学不同,不能依样画葫芦般的抄袭应用。必须先知道中国社会是什么样,然后始能着手于科学的系统之建设。因此我们希望本会的社会调查对于中国的社会科学之研究有其贡献,以中国的社会事实一般的学理原则,促立中国化的社会科学",尤其要"随时研究如何先建设起来中国的社会调查之整套的学术"⑤。

总之,定县调查以为本地实验工作服务为首要,与认知中国国情、乡村社会改造和社会科学发展也有密切的关联,可谓一身而多任焉。

---

①晏阳初:《〈定县社会概况调查〉序》,李景汉:《定县社会概况调查》,第1—2页。
②张世文:《自序》,《定县农村工业调查》,第1页。
③李景汉:《序言》,《定县社会概况调查》,第4页。
④李景汉:《实地社会调查方法》,第1—10页。
⑤晏阳初:《〈定县社会概况调查〉序》,李景汉:《定县社会概况调查》,第2—3页。

三、调查环境之弊与利

1928 年李景汉到定县后，原计划用一年完成全县范围的调查，但由于各种困难的制约，后又延续了七年之久。

第一，天灾人祸。和平稳定的社会环境是调查得以顺利进行的保障，但自 1926 年秋开始调查至 1932 年初，就"经过三次战争，还有地方水灾、瘟疫，以及农村经济之凋敝"①，调查工作由此遭受阻碍。

第二，金融和度量衡混乱。如货币单位，"制钱的一千文或一百文的实在数目各处不同，而各时代亦不同，差别之大出人意外。各地及各时期铜元兑换数目亦极不一致。银子之成色、行市，纸币之折价，及政府征税时种种不合道理之折价算法，令人极难捉摸"。度量衡也是如此，"尺的种类，有木尺、布尺等。斗与石的种类差别很多。斤的种类有肉斤、粮米斤、棉花斤、买物秤、卖物秤等分别。亩有大亩、小亩种种不同"②。此类问题在手工业调查中极为明显，大布、庄布、紫花布与花条布等土布，每匹尺寸的差别颇大；大布与大布、庄布与庄布的每匹尺寸亦有分别。棉线的两数各村大小亦多有不同，有 3.5 两 1 斤者，有 4.5 两 1 斤者，还有 5.5 两 1 斤者，都是以村子附近线子市所定的两数为标准③。这种混乱增加了农村经济和农民生活调查的难度。

第三，农民恐惧调查与马虎敷衍的习惯。凡是亲历者，无不对此感慨万千！晏阳初指出："人民饱受乱世之害，故时有戒心，防备受害，早学会了搪塞支应的技术。民国以来，政府几乎完全丧失人民之信用。苛捐杂税，征兵拉夫，兵匪劫掠，已成家常便饭。上捐时又按每村之户口和地亩数为标准。如此调查人口和地亩时，岂不视为大祸之将至？……有时他们故意不说实话，很难辨别真伪。况且一般人模模糊糊的习惯和说话的不准确，尤其是对于数目之含糊，都是令人不易得到事实。因此调查时非常费力。例如

---

① 晏阳初：《〈定县社会概况调查〉序》，李景汉：《定县社会概况调查》，第 4 页。
② 李景汉：《实地社会调查方法》，第 31 页。
③ 张世文：《自序》，《定县农村工业调查》，第 17 页。

调查人口本是简单，然而其中复杂情形，真是一言难尽。农民有种种不利于调查的怀疑，包括怕与县政府有关系，怕与上捐派捐差有关系，怕与共产党有关系，怕是传教的，怕是无论如何没有便宜的事。"①李景汉也谈道："在大多数的中国农村社会是由不得你作主的，它不是为你的调查便利而存在的。你所决定调查的某区、某村、某街和某家，往往多半不欢迎你调查，也许根本不让你调查，也许表面敷衍你或怕你而勉强叫你调查，但不跟你说老实话。有时你以为表格填写的整齐了，就以为成功了。其实都是或有一部分是谎话，去事实很远。有的谎话可以从统计的结果发现出来，也有的无论如何看不出来。"②张世文也有类似感受："挨家调查家庭工业的时候，问到全年大约工作日数，农民多不能回答……问到个人全年出货量，也多记不清楚……关于农家全年一切收支总数，农民多算不出来"，"调查作坊工业最困难的就是资本，因为一问到资本就容易怀疑到增加营业税。普通总是把资本说的太低……工资普通都愿意说的较高，一方面表示优待工人，一方面表示花费较大；花费一大，当然赚利就小"③。农民的惧怕、敷衍是农村调查的更大障碍。

诸此困难当然不是定县一地的问题，而是全国性的普遍现象。不过，困难虽然相同，但定县调查又有其他调查所比不上的优势，李景汉说："若要举行精密的社会调查，在定县的机会大概比在中国任何地方都好。"④

第一，定县调查的主持者都是一流学者。当时，"真有调查知识的人极

---

① 晏阳初：《中华平民教育促进会定县实验工作报告》，宋恩荣编：《晏阳初全集》第 1 卷，第 314—315 页。署名松年的文章以农民的口吻，对此也有强烈的反映："一听见调查员到了，我们的大腿就发抖。我们是一向被欺侮的，不但被官厅的差役欺侮，也被四围的土匪地痞、就地的土豪劣绅欺侮。这班欺侮我们的人，最喜欢知道我们的内情，以便想怎样下手的方法。所以我们一听见调查就怕。我们怕壮丁的数目被人知道了，难免会被拉去当兵。地亩的数目被人知道了，难免会被非法捐钱。二十岁上下的闺女或少妇被人知道了，难免会被抢去作姨太太，或卖到大城市里作妓女。甚至我们怕人知道我们识字，因为识字也许是有钱的证据，难免会被没收财产。甚至六岁到十二岁的儿童数目、生年月日，我们也怕被人知道了，难免会被用一种什么魔术，使我们的孩子得到很大的灾难。"松年：《我们为什么怕调查》，《农民》1931 年第 7 卷第 6 期。
② 李景汉：《中国农村人口调查研究之经验与心得》，《社会学刊》1933 年第 3 卷第 3 期。
③ 张世文：《自序》，《定县农村工业调查》，第 16 页。
④ 李景汉：《序言》，《定县社会概况调查》，第 4 页。

少,说到受过训练而又有充分经验的人更少,至于社会调查的专门人材和有经验的老手简直几等于零了"①。而定县调查的主持者不仅有深厚的社会学理论素养,还有丰富的实地调查经验以及献身事业的拼命精神。李景汉是其中的突出代表。他在美国求学九年,专攻社会学和调查研究方法,1924 年回国后先后进行过北平人力车夫调查、手工艺工人行会组织调查、工人生活水平调查、北平郊外乡村调查等。这种理论和经验上的准备,为定县调查奠定了坚实的基础。

第二,有定县实验区的整体支撑。倘若平教会不在定县进行乡村建设实验,要开展这样一场时间持久、范围广泛的农村调查是很难想象的。

首先,有一定的经费和人才的保证。平教会的经费虽也紧张,但由于有国内外的捐助,得到不少缓解。到 1930 年,经费额比初到定县时增加了 20 多倍②。正因如此,社会调查部的工作人员经常有一二十人,亲自到农村进行调查的有十几人,多时达到 30 多人③。1934 年 9 月至 1935 年 2 月开展的全县人口调查,投入薪俸、印刷费、办公费、考试费、伙食费、津贴费等共 8100 多元,设有专门的调查户口委员会及执行委员会,由编审股、指导股和总务股组成,使用视察员、股员、书记、调查员等 100 人左右④。定县秧歌调查,也是因为有了经费支持,调查地点扩大到 48 处,还请歌手亲自来唱,按日付酬,由此保证了调查的成功⑤。

其次,得到平民学校师生的支持。创办平民学校是平教会开展平民教育的一个重要形式,而开展社会调查正可以利用平民学校师生与当地农民进行沟通,打消他们对调查的疑虑。对此,学校式教育部主任汤茂如指出:

---

① 李景汉:《实地社会调查方法》,第 29—30 页。
② 李景汉:《农村家庭人口的统计分析》,《社会科学》1936 年第 2 卷第 1 期。
③ 李景汉:《回忆平教会定县实验区的社会调查工作》,《河北文史资料选辑》第 11 辑,第 73 页;陈菊元:《访张世文教授——社会调查在定县》,张世文:《定县农村工业调查》,第 472 页。
④ 李景汉:《从定县人口总调查所发见之人口调查技术问题》,《社会科学》1937 年第 2 卷第 3 期。
⑤ 陈菊元:《访张世文教授——社会调查在定县》,张世文:《定县农村工业调查》,第 473 页。

"我们先同乡民发生师生的关系，在取得相当的信仰后，才能进行调查及农业改进的工作，平民学校的成年学生大都是乡村社会的家长，很可以帮同作调查的工作而且能够得着比较可靠的材料。"[1] 晏阳初也认为："我们学校的工作人员和毕业生同学会是真实情况的来源。因此，我们在定县的调查，不是由一群面目可疑的，操着一口古怪的方言和行为举止更为古怪的陌生人进行的，而是由我们本村学校的大约五十名老学生、毕业生和老师在我们的认真指导下进行的。"[2] 李景汉更是看到了平民学校的重要性，认为"没有平民学校与许多别种工作，社会调查很难单独进行"[3]。

再者，平教会的实验工作增加了农民的信任。李景汉指出："幸而平教会的工作，例如设立平民学校，普及农业科学等事业，已经博得本地人民的同情和信仰。因此认真的实现社会调查，在定县的机会，大概比在中国任何乡村地方都好。作者能得着这一个良好的所在努力寻求真理，可算是非常侥幸了。"[4] 以 1930 年 65 村 5225 家的人口调查为例，当时"定县人民对于该会的希望、信仰与感情，可谓达到最高点。这项家庭人口调查就是在这种良好的空气之下举行的"[5]。

在以上优势的基础上，定县调查基本上得以顺利进行。

四、传统方法与先进方法的结合

农村调查能否取得成效，除了调查环境和调查条件以外，还取决于具体的调查方法。

第一，借助传统人情关系和官方力量。

平教会对传统社会关系的重视，主要是尽可能地使用定县人为调查员，因为他们熟悉本地农村情形，和农民接触比较容易。对此，汤茂如指出："调

---

① 汤茂如：《定县农民教育》，第 10 页。
② 晏阳初：《有文化的中国新农民》，宋恩荣编：《晏阳初全集》第 1 卷，第 155 页。
③ 李景汉：《序言》，《定县社会概况调查》，第 4 页。
④ 李景汉：《住在农村从事社会调查所得的印象》，《社会学界》1930 年第 4 卷。
⑤ 李景汉：《农村家庭人口的统计分析》，《社会科学》1936 年第 2 卷第 1 期。

查员要用本地有声望人士。调查员的选定，在调查的结果上，占有重要的地位。我国社会，向重人情，讲面子，苟调查员能与被调查者有几分交情，则调查易于进行。因此调查员以熟于本地情形，而为本地人士所推重者为最相宜。"[1] 另外，还要取得村长、校长等的帮助。甘布尔协助定县调查时就采用了这一方法。"为了扫清障碍和得到支持与合作，平教会提前与村长磋商解决调查困难的办法。在许多村子，村长都陪同调查人员走街串户。由于他们对各家情况都熟悉，就会提醒家长一些可能忽略的问题。在一个镇，我们调查的家庭数字比官方多 200 户。"[2] 李景汉主持人口调查时，对于不大熟悉的村庄，调查员入村后的第一步工作是先到村小学，和教员沟通。村领袖的子弟多为教员的学生，先生有面子，由他介绍认识村长佐，并求得村长佐同意帮忙。对于帮忙联络的人，还给予香烟等小恩小惠，或在小铺请吃饭。到各家询问时，请村长佐或闾邻长一同前往，"到某家时村长在前领路，一直进到院内，他就喊道：'张老福或张大哥或张大嫂在家吗？'从屋里面就立刻走出人来回答说：'干什么呀？'他就说：'这是平教会的先生们来咱们这儿打听点事儿，他们都是办好事的，问什么，就说什么，决没有差儿，有错儿找我，朝我说。'随后对调查员说：'写罢。'这就算所有问题整个的解决，一顺百顺，即或有问题也是枝节的。"[3] 以上调查方法带有浓厚的人情关系特色。

河北县政研究院和定县实验县成立后，调查过程也借助了官方的力量。1934 年 9 月至 1935 年 2 月的全县人口调查，就是由平教会与县政府合作进行的。调查委员会不仅有平教会、县政建设研究院的工作人员，还包括本县县长、公安局长、财政局长以及各自治区区长、公安分局局长，各区区长任该区调查队队长，区公安分局局长为调查队副队长，极具官方色彩。调查之前的宣传工作，就显示了它的威力。对于将要调查的村庄，先由自治区区长或助理员到那里召集乡长副、闾邻长及其他办公人等，举行乡务会议，说明此

①汤茂如：《定县农民教育》，第 97 页。
②Sidney D. Gamble, *Ting Hsien: A North China Rural Community*, Stanford California：Stanford University Press, 1968, p.23.
③李景汉：《中国农村人口调查研究之经验与心得》，《社会学刊》1933 年第 3 卷第 3 期。

次调查户口的意义,并命令办公人员传知住户,户户晓谕,人人明了①,由此大大超出了一般民间团体所具有的力量。

第二,全面系统地采用了现代调查方法。

一是严格选择和训练调查人员。以往的社会调查,专门人才极少,"多是一些没有很深科学训练,甚至对于调查工作本身没有多大兴趣的'雇员'和'学生'。和现实接触的人,没有修改概念的能力和权力,他们的工作是依照表格填写。结果是用死了的表格来说明活的事实。"②而定县调查很重视调查人员的选用,"他们不但要晓得关于社会调查的真意义和技术,并且还须有待人接物的本领。往往中国的事情,其困难点不是对事的问题而是对人的问题。调查员稍一不慎即可引起地方人士之反感,发生想不到的极大阻碍。因此选择人员时,尤其是实地调查员,必须非常审慎",譬如忠实、聪明、通人情、常识、精确、说话清楚、敏捷、记忆力、坚忍耐劳、同情心、兴趣、稳重、活泼、谦逊、相貌、学识等③。对所选择的调查人员,要加以必要的技术训练。譬如1934年9月至1935年2月的全县人口调查,由调查执行委员会公开招考调查员,应考资格以中学毕业或具有同等学力及曾在社会服务者为标准。考试分笔试与口试两种,取录标准包括文字通讯、通晓百分比、具有社会经济经验、熟习地方情形、体格强健、容貌朴实、言语流利与能骑自行车等八项。对录取的调查员,进行为期两周的训练,一是智能训练,包括户籍法、地方自治组织大纲、调查须知、简单统计法、户口图绘制法等;一是调查实习,由调查经验丰富的人率领调查员到指定地点练习调查。录用者经过以上训练后,分配到各区进行调查④。不仅如此,对被调查的农民也提供基本的技术训练,譬如调查农家岁入岁出时,先训练他们能写能算、能记账。

---

① 李景汉:《从定县人口总调查所发见之人口调查技术问题》,《社会科学》1937年第2卷第3期。

② 费孝通:《禄村农田》,《费孝通文集》第2卷,第314—315页。

③ 李景汉:《实地社会调查方法》,第50—57页。

④ 李景汉:《从定县人口总调查所发见之人口调查技术问题》,《社会科学》1937年第2卷第3期。

也就是说，农民"帮助你的能力，还须你先替他们培养起来"①。

二是宣传调查工作的内容和意义。普通农民乃至村领袖对于社会调查所知甚少，故在调查之前，必须向他们解释调查工作的内容和意义，"由浅入深，用极普通的话语。根据作者的经验最好是以极简单的比喻，不怕重复的说明社会调查到底是什么，和他实在的用处"。宣传形式灵活多样，"有时召集大会向他们一起演讲，有时须分组演讲，有时用谈话的方式向数人或个人分头解释。因此讲话的方法亦须随机应变，因人而异"②。1930年的人口调查，先请各村村长佐、学董及小学教员在平教会大礼堂聚会，向他们演讲此次调查的用意和办法。调查某村之前一日晚上，在该村开游艺大会，除唱话匣、演电影及各种有兴味的游戏外，做简短清楚的演讲，说明将要举行的调查，解除他们的怀疑误会，还要请本村村长佐及其他领袖多说几句话。"这种游艺会甚有效力，因为全村男女老幼少有不来参加的，都听到调查的事情。以后在实行调查时，他们就不奇怪。"③

三是运用西方社会学调查手段。个案法、选样法（抽样法）与全体调查法（普查法）最能体现调查的现代性，如李景汉所解释的：个案法是"以个人或家庭为研究调查的单位，细密的研究一个单例自身的性质与他的环境，要彻底的了解个人在他家庭里的位置，或说他与家庭的关系，再把范围扩大来讲，即他在社会里的位置，或说他的社会关系"；选样法是"研究自全体内取出之一部分，即以此一部分的研究结果而推知全体。选样调查法即根据这个以一部分代表全体的原则来研究社会各种现象"；全体调查法是"把一种社会现象的全部分子一一调查，不同选样调查只调查全体中的一部分"④。譬如，定县全县概况调查、各村概况调查、62个村庄概况调查属于较为宏观范围的调查，采用了全体调查法；各村的人口调查、土地分配调查、家庭手工业调查、家庭生活费调查，采用了全体调查法、抽样法和个案法三种方法；大王

---

①晏阳初：《〈定县社会概况调查〉序》，李景汉：《定县社会概况调查》，第4页。
②李景汉：《实地社会调查方法》，第37页。
③李景汉：《中国农村人口调查研究之经验与心得》，《社会学刊》1933年第3卷第3期。
④李景汉：《实地社会调查方法》，第13—20页。

耨村人口调查,系详细调查一个村庄的人口情形,采用了个案法;123 农家生活水平调查,则根据贫富程度不同选择各类家庭,采用了选样法①。

以上这些先进的调查方法,都使用了调查表格,简单明确,易于统计和分析。张世文主持的农村工业调查,有村概况家庭手工业问题表、家庭手工业详细问题表等,每种表格又分列详细小目。其中,村概况家庭手工业问题表包括工业种类、家数、工作人数、工作月份、平均每日工作时数、产值与赚利、原料种类、货物销售、增减原因;家庭手工业详细问题表包括家庭人口数、自有田产亩数、家长职业、亲属称谓、年龄、工业种类、开始从事工业年龄、从事工业年数、工作月份、工作日数、平均每日工作时数、出货数量、产值与赚利、货物销售、全家一年总收支、盈亏,几乎涵盖了手工业的所有内容②。在设计调查表时,还"特别注意与农民的心理、风俗、习惯、生活相应合,而又要顾到(一)所问须使他们能回答,(二)他们所能回答的,又是我们所需要的"③。如人口调查,调查表上不写"户口调查表",而写"拜访家庭谈话表";不写"调查员",而写"拜访者";不写"报告者",而写"赐教者",表格两旁写"若要知道用甚么好方法为农民谋幸福,必须清清楚楚的明白他们家里的状况"④。由此取得农民好感,打消农民疑虑,避免不必要的误会⑤。

由于定县调查既使用了西方调查方法,也与中国传统方法结合起来,因此具有了本土化色彩。

五、里程碑式的调查成果

定县调查是中国历史上首次以县为单位的大规模实地社会调查,意义

---

① 李景汉:《回忆定县平教会实验区的社会调查工作》,《河北文史资料选辑》第 11 辑,第 73—74 页;张折桂:《定县大王耨村人口调查》,《社会学界》1931 年第 5 卷。
② 张世文:《自序》,《定县农村工业调查》,第 15 页。
③ 晏阳初:《〈定县社会概况调查〉序》,李景汉:《定县社会概况调查》,第 2 页。
④ 晏阳初:《中华平民教育促进会定县实验工作报告》,宋恩荣编:《晏阳初全集》第 1 卷,第 315 页。
⑤ 李景汉:《定县社会概况调查》,第 131 页。

重大而深远。

第一，基本实现了探求学理的目标。

特殊的人才、经费和方法优势，为定县调查的质量奠定了基础；而调查之后，又重视检查，弥补错漏，进一步保证了调查结果的质量。譬如，1930 年 65 村人口调查，原来调查了 72 村，但调查完后，发现 7 个村的材料有问题，故作统计分析时只用了 65 村，"如此不致玉石俱焚"①。1934 年 9 月至 1935 年 2 月全县人口调查，在调查完成后，又派抽查员抽查业已调查的村庄，"无论各村有无隐匿情事，均须将工作详情报告……查有隐匿捏报者，须确证咎归谁属，是否居民隐匿或调查员漏填抑或乡长扶同隐匿，以凭核办"②。农村工业调查也是如此，张世文对调查材料都一一检阅，有时也派人复查，补充遗漏，校正错误，以期所得材料可靠③。

于是，平教会对调查结果充满了自信。李景汉指出："至少可以帮助人们对于中国一般的农村情况有一个鸟瞰的认识，尤其是从这些表的数字里可以发现许多的农村社会问题，得到许多社会现象的线索。"④ 对张世文主持并出版的《定县农村工业调查》，晏阳初给予了赞许："这不但是为我国研究农村工业的人很有参考价值的经济史料，而且对于实际从事农村工业的人也是一个重要的贡献。"⑤ 李景汉也认为："（它）不但可以使别的县份对于县单位的农村工业调查发生兴趣，就是在举行其他各种调查的时候，亦可以县为单位，而且在调查的方法与技术方面有这一本可供参考的材料，一定有很大的帮助。""不但现在对于认识农村工业的现状有实际的用途，将来也一定是一部中国农村工业的重要史料。"⑥

如果说定县实验者和主持调查者的自信只是一面之词，那当时的专家

---

① 李景汉：《农村家庭人口的统计分析》，《社会科学》1936 年第 2 卷第 1 期。
② 李景汉：《从定县人口总调查所发见之人口调查技术问题》，《社会科学》1937 年第 2 卷第 3 期。
③ 张世文：《自序》，《定县农村工业调查》，第 15 页。
④ 李景汉：《序言》，《定县社会概况调查》，第 4 页。
⑤ 晏阳初：《〈定县农村工业调查〉序》，张世文：《定县农村工业调查》，第 2 页。
⑥ 李景汉：《〈定县农村工业调查〉序》，张世文：《定县农村工业调查》，第 3—5 页。

评价就更能说明问题了。李景汉主编的《定县社会概况调查》出版后,经济学家何廉认为该书"赅括详至,方法精密,是书梓行之后,披览之者,对于定县之社会情况,民风物情,一一将若同亲历,诚极有价值之著作也"①。社会学家吴景超也从县志编修的角度,称道该书是"我们最需要的县志,这真可以作别种县志的模范"②。社会学家陶孟和对《定县农村工业调查》也不吝赞扬:"张先生的报告可以说是关于家庭工业、乡村工业第一部有价值的出版物,同时还是经济史的一份重要资料。"③阎振熙对定县实验持严厉批评态度,但也承认:"在我未来定县之前,曾经听过好多人说,定县平教会关于社会调查工作最为出色,今天当我们翻看许多统计表格,在中国尚未有整一的全国的统计工作时,的确,定县虽然是一县的社会调查,已竟是难得的了。"④

第二,调查的"实用"目的得到一定程度的体现。

定县调查原本就是平民教育实验的一部分,它基本上完成了为定县实验服务的目标,否则实验工作是无法正常进行的。在探求学理的基础上,定县调查对于中国农村社会改良也有不可多得的意义。对于《定县社会概况调查》,何廉认为:"尤望有志社会改良者,本是书之成规,继起为之,以为将来改良建设之标准。是则李君此书之刊行,不第足供研究社会状况参考之用,实今后乡村建设之所资赖也。"⑤马克思主义经济学家陈翰笙也认为,李景汉"在定县所做的调查是为了要解决实际问题而进行的"⑥。

定县调查对中国农村改革提出了一些富有启示的建议。例如,对手工业问题,张世文通过调查认为,农村手工业尽管面临衰败的危机,但仍有其存在和延续的理由。不仅如此,他还拟订了一个中国工业发展的计划,认为应该集中与分散并重,对国防工业、交通工业等大工业进行集中管理,对人

①何廉:《〈定县社会概况调查〉序》,李景汉编:《定县社会概况调查》,第1页。
②吴景超:《中国县志的改造》,《独立评论》1933年第60号。
③陶孟和:《〈定县农村工业调查〉序》,张世文:《定县农村工业调查》,第7页。
④阎振熙:《定县实验区考察记》,北平众志学社1934年版,第88页。
⑤何廉:《〈定县社会概况调查〉序》,李景汉编:《定县社会概况调查》,第2页。
⑥陈翰笙:《〈定县社会概况调查〉序》,李景汉编:《定县社会概况调查》,第1页。

民日常生活需要的工业则尽量分散于民间①。这一看法比当时有些学者仅从理论上推断手工业必归于消灭，没有前途，无疑更有针对性和说服力。

第三，促进社会科学发展的目标也得以实现。

今天所见之中国社会学史著作，无不将定县调查作为重要部分加以介绍，其调查的宗旨、方法和成果均已成为中国社会学发展历程中的宝贵财富。尤其是调查者使用西方先进的调查方法并与中国当地传统相结合，充分体现了社会学本土化的追求。从调查成果看，极少发现以西学新理论、新概念贴标签的现象，这在中国社会学调查尚处于拓荒之时是难能可贵的。当代社会学家韩明谟认为，从二十世纪中国社会学调查研究方法的演变来看，可以分为社会调查、社会学调查和新社会学调查三个不同的里程，二十世纪三十年代中期以前为第一个里程，其间具有里程碑意义的代表作可推李景汉的《定县社会概况调查》一书②。这一评价显示了定县调查在中国社会学发展史上的重要地位。

通过以上梳理可以判断，主持者运用现代方法对定县所进行的大规模调查，不仅成果数量丰富，而且可信度较高，以此作为研究近代冀中定县小农经济的基本史料是成立的。

---

①张世文：《定县农村工业调查》，第38—46页。
②韩明谟：《中国社会学调查研究方法和方法论发展的三个里程碑》，《北京大学学报(哲学社会科学版)》1997年第4期。

第三章　人地比例尚未构成对小农的沉重压力

人地比例或人均耕地是影响农家经营规模及生活水平的基础性因素。农业经济学家卜凯指出:"农民的生活程度高低,须视所种田地的多寡以为定,而能种几亩田地,则又依人口的密度为转移。"[①] 此说将耕地数量作为影响农家生活程度的最大原因,与马克思主义学者重视土地分配与农家生活的密切关系有着根本的不同。

一、人口压力沉重说

人口对耕地已形成巨大的压力,是清初之后至民国时期的主流观点。

清初的康熙四十六年(1707),康熙发现:"地亩见有定数,而户口渐增,偶遇岁歉,艰食可虞。"[②] 三年后,他又说:"民生所以未尽殷阜者,良田承平既久,户口日蕃,地不加增,产不加益,食用不给,理有必然。"[③] 言语之间,对人口压力充满了忧虑。乾隆年间,经学家洪亮吉更指出:"言其户口,则视三十年以前增五倍焉;视六十年以前增十倍焉;视百年、百数十年以前,不啻增二十倍焉","户口既十倍于前,则游手好闲者,更数十倍于前。此数十倍之

---

① 〔美〕卜凯著,张履鸾译:《中国农家经济》,商务印书馆1936年版,第558页。

② 《清实录》卷二三一《康熙四十六年十一月乙亥瑜》,第6册,中华书局1985年版,第314页。

③ 《清实录》卷二四四《康熙四十八年庚辰谕》,第6册,第419页。

游手好闲者,遇有水旱疾疫,其不能束手以待毙明也矣,是又甚可虑者也"①。洪氏的担心比康熙更强烈了。

　　近代以来,尤其是在二十世纪二三十年代,民族危机日益深重,马尔萨斯人口论广泛传播,关于人口的讨论更加热烈,普遍认为人均耕地不足已到了非常严重的地步。地质学家翁文灏指出:"中国土地虽广,但人口压迫已到世界少见的严重。"②曾来中国考察的英国经济学家托尼也认为:"基本的事实是非常简单的,即中国的人口过于庞大,以至于现有资源不足以供养中国的人口。"③费孝通更是断言:"中国农民的贫穷,基本原因是有耕地太少,有没有耕地权还是次要问题。"④"有限的土地上,人口不断地增加,每个人分得到的土地面积,一代小一代,总有一天他们会碰着这被生理决定的饥饿线。土地既已尽了它的力,挤也挤不出更多的粮食来。"⑤甚而,房师文将人口压力和中国形成半殖民地以及社会动荡的局面相关联,"人多而富源少,生活标准低落,人口密度过庶,中国之所以沦于半殖民地位,民贫国枯,纷乱连年者,其原因固多,人口密度过庶,实其主要之原因也"⑥。在以上的言说中,人口对耕地的压力成了中国国破民贫的第一因素。

　　1949年后,刚从战争废墟之上建立起来的新中国,"众人拾柴火焰高"的口号压倒一切,很少有人再提人口压力之说。改革开放以来,学术界从严峻的人口现实出发回溯历史,近代人口压力日益紧张说重新占据了论坛,人

---

①〔清〕洪亮吉:《洪亮吉集》第1册,中华书局2001年版,第14—16页。太平天国史专家罗尔纲1949年初发表文章力赞洪亮吉的观点,认为乾嘉道时期中国耕地"不足以维持那时的人口最低限度的生活程度,而且离那个足以维持最低生活程度的水准相差颇远了"。罗尔纲:《太平天国革命前的人口压迫问题》,《中国社会经济史集刊》1949年第8卷第1期。

②翁文灏:《中国人口分布与土地利用》,《独立评论》1932年第3号。翁文灏同时又对人口压力没那么悲观,他认为中国耕地面积仅占国土总面积的8%,还有大量可耕而未耕的土地,从数亿亩到二三十亿亩,有待开发。国民政府主计处统计局:《中国土地问题之分析》,1941年印行,第22—23页。

③〔英〕理查德·H.托尼著,安佳译:《中国的土地和劳动》,商务印书馆2014年版,第108页。

④费孝通:《内地的农村》,《费孝通文集》第4卷,第264页。

⑤费孝通:《土地里长出来的文化》,《费孝通文集》第4卷,第178页。

⑥房师文:《中国农村人口实况(一)》,《农业周报》1934年第3卷第31期。

口过剩成了人口压力的代名词。不过,主流喧闹之中也有少数学者发出了稍许不同的声音。吴承明不同意人口日益增加、耕地越来越少的观点,认为近代中国耕地和人口都有增长之势,只是人口增长的比率快于耕地增长,"这就必然发生人多地少、人口压力日重的问题",不过在近代,以二十世纪三十年代为准,"问题并不像今天这样严重"[1]。章有义更进一步,认为耕地增长率超过了人口增长率,人均耕地 1851 年为 2.47 亩,1949 年增至 2.65 亩,然而如果和 1812 年的 2.87 亩相比,仍然是降低的。与吴承明一样,章有义也指出,这一时期人口对耕地的压力并不像某些人所想象的那么严重[2]。当然,他们都不否认人口压力的存在。美国学者李中清等对人口过剩论发起挑战,但其主要目的是论证中国人口集体控制的行为,而未从人地比例的角度进行探讨[3]。

总之,以往学者的研究大多笼统模糊,对人均耕地多少才能满足农民的需要,对已有耕地能否满足,更缺乏明确而深入的研究。由此看来,对此问题仍有继续讨论的必要,尤其需要大量的实证研究。冀中定县的研究,可为此提供参照。

二、人地比例关系趋于紧张

判断人口是否形成压力乃至过剩的一个重要前提,是理清人地比例趋势。清初到民国时期定县的人口和耕地数量,见表 1。

据李景汉考证,清代之前的县志也有人口记载,但因疆域常有变动,彼此悬殊较大,难以作为人口增降的证据。如汉朝至宋金时期,农户多则 10 多万户,少者仅 3000 多户;人口多时达 60 余万人,少则仅 20 万人,原因即"统计之数,属县是否并计于内,亦无分析明文"[4]。清代以后,由于全县辖区基本定形,人口数量记载也比较稳定,可信度提高。康熙朝时,全县有人口

---

① 吴承明:《中国近代农业生产力的考察》,《中国经济史研究》1989 年第 2 期。

② 章有义:《近代中国人口和耕地的再估计》,《中国经济史研究》1991 年第 1 期。

③〔美〕李中清、王丰著,陈卫、姚远译:《人类的四分之一:马尔萨斯的神话与中国的现实》,生活·读书·新知三联书店 2000 年版,第 121—138 页。

④ 贾恩绂:《定县志》卷四《政典志·建置篇》,1934 年刊本。

58 380 人，历经 200 年，到光绪朝，有 213 319 人，增长了近 3 倍。

表 1　冀中定县人口与耕地统计（1672—1934 年）

年　　度	家数（户）	人数（人）	平均每户人数（人）	总耕地（亩）	平均每户耕地（亩）	平均每人耕地（亩）
1672 年	25 510	58 380	2.29	1 557 059	61.04	26.67
1733 年	54 510	156 784	2.88	1 557 059	28.56	9.93
1849 年	35 458	208 029	5.87	1 451 215	40.93	6.98
1871 年	39 480	213 319	5.40	1 453 649	36.82	6.81
1923 年	75 208	376 040	5.00	1 450 456	19.33	3.86
1924 年	75 425	378 404	5.02	1 450 456	19.23	3.83
1930 年	68 474	397 149	5.80	1 470 852	21.48	3.70
1931 年	70 034	400 000	5.71	1 470 852	21.00	3.68
1934 年	78 657	439 729	5.59	1 470 852	18.70	3.34

说明：1. 总耕地原为定县本地税地亩，1 亩相当于 0.9208 市亩，以此折合为市亩。在定县城内，有 70 顷地没有缴税，兹补充算入。2. 原资料没有 1672 年、1733 年耕地面积资料，以嘉庆十三年（1808）最早记录的定县耕地面积的数字代之。3. 康熙朝、雍正朝尤其是康熙朝，人均耕地较高，并非正常社会现象。明末清初战乱不已，京畿地区首遭冲击，大量农民遭受屠戮或背井离乡，导致人丁急剧下降。康熙、雍正二朝，定县户均仅为 2.29 人、2.88 人就是证明。此时人均耕地虽然较多，但多是无人耕种的荒地。4. 李景汉的调查显示，1933 年定县全县有地 1 287 851 亩，但主要是指农作物种植面积，未包括全部耕地。参李景汉：《定县经济调查一部分报告书》，中华平民教育促进会 1933 年版，第 4 页。此外，据美国学者甘布尔统计，二十世纪三十年代初定县有地 1 424 931 亩。Sidney D. Gamble, *Ting Hsien: A North China Rural Community*, p.460. 5. 本书表格中的数字，小数点后一般保留两位，对此所做的文字说明也保留两位小数。其他数据资料，根据资料情况保留小数点后的位数。小数点后的数字，均按四舍五入原则予以计算和表示。

资料来源：1. 李景汉：《定县社会概况调查》，第 121—122 页；2. 李景汉：《从定县人口总调查所发见之人口调查技术问题》，《社会科学》1937 年第 2 卷第 3 期；3. 李景汉：《定县土地调查（上）》，《社会科学》1936 年第 1 卷第 2 期；4. 冯华德、李陵：《河北省定县之田赋》，《政治经济学报》1936 年第 4 卷第 3 期；5.〔清〕黄彭年：《畿辅通志》卷九六《经政略》，宣统三年石印本；6.〔清〕宝琳：《直隶定州志》卷二〇《政典·赋役》，清道光二十九年刊本；7.《民国八年中国年鉴》，台北天一出版社 1975 年影印，第 959 页。笔者对有关数据进行了整理和计算。

民国时期,定县政府机构开始对人口进行调查,如 1923 年、1924 年定县教育局的人口调查,1931 年县政府的户口调查。平教会社会调查部主持或参与的 1930 年、1931 年、1934 年调查,因利用现代社会学调查方法,质量显著提升。如 1934 年底 1935 年初的调查,历时五个月,"规模尚属宏大,所费亦颇不赀,实为国内一个有系统的人口普查"①。和清朝相比,民国以后定县人口的增长幅度较大。1923—1924 年,全县人口接近 38 万人,1930—1931 年达到 40 万人,1934 年更增至 44 万人。1934 年比道光、光绪朝翻了 1 番,比雍正朝翻了 1.5 番,比康熙朝翻了近 3 番。定县人口平均增长率,1672 年至 1934 年为 7.7‰,1849 年至 1934 年为 9.06‰。与吴承明、章有义对全国人口增长率的估计相比,定县的人口增长率是较高的。

然而,与人口增加的趋势不同,定县耕地面积并未随之增加,相反却有所减少。康熙朝、雍正朝时,为 155.7 万余亩。道光朝,降至 145.1 万余亩。民国之后的二十世纪三十年代初,比道光朝增加 2 万亩,但仍低于康熙、雍正朝。至此时,李景汉说"县内已经没有能垦而未垦的荒地"②。与总亩数相比,人均耕地更有说服力。康熙朝时,定县人均耕地面积为 26.67 亩;到雍正朝,降至 9.93 亩,道光朝为 6.98 亩,光绪朝为 6.81 亩。民国以后,更为下降,1923 年为 3.86 亩,1934 年更减至 3.34 亩。

由上可见,定县人口增长较快,耕地面积有所下降,人地比例关系处于愈益紧张之势。这种变动趋势,与全国大多数地区并无本质区别,与以往学者的主流认识也是基本一致的,从而成为所谓人口压力、人口过剩之说的社会渊源。

三、人地比例临界点陈说与耕地不足

人口增加、人均耕地下降与人口压力乃至人口过剩是有必然联系的,然

---

①李景汉:《从定县人口总调查所发见之人口调查技术问题》,《社会科学》1937 年第 2 卷第 3 期。

②李景汉:《定县土地调查(上)》,《社会科学》1936 年第 1 卷第 2 期。

而，又不能将二者画等号。人口与耕地的比例有一个临界点或承受度，即维持最低限度粮食消费和生活消费所需的地亩数 ①。人均耕地只有超过临界点时才可以说形成了人口压力乃至人口过剩，而到临界点之前还不能说形成了人口压力和人口过剩。正如经济史家赵冈所说："有人说人口增加的速度大于耕地增加的速度，即表示有过剩人口。这个说法是不准确的。" ②

问题是，如何理解人地比例的临界点？在弄清这一问题之前，是不可能判断人均耕地是否存在压力的。前述吴承明、章有义两先生提出近代中国的人口压力并非像以前所想象的那么严重，但由于缺少精确的计算，有关论证仍比较模糊，还不足以肯定人口对耕地是否存在压力，压力程度有多大。

历史上已有人均耕地临界点的估计，大多是从最低口粮的角度做的，也有个别是从维持最低限度生活的角度做的。

最早的估计，始于战国时期的李悝。他在《尽地力之教》里认为，5 口之家需 20 亩，也即人均 4 亩，才能满足口粮的自给 ③。

在清代，主要有两种估计。清初的农学家张履祥提出，100 亩土地可养 20—30 人，折合人均 3—5 亩能够维持生活 ④。乾隆末年，洪亮吉提出，"率计一岁一人之食，约得四亩，十口之家，即须四十亩矣" ⑤，即人均 4 亩可维持生活。洪氏此论影响较大。清末 1904 年 8 月《东方杂志》的一篇社评提出，约 4 亩可供 1 人之食，完全继承了洪氏的估计 ⑥。

对于清代人均耕地的临界点，民国以后直至当代的学者也沿用了洪亮吉的判断。譬如，罗尔纲指出，清末人均耕地 4 亩才可维持温饱 ⑦；吴慧也认

---

① 此处仅从维持生活的角度而言，另一个衡量标准是耕种能力。见后述。
② 赵冈认为："人口增加的速度大于耕地增加的速度，会导致劳动投入的报酬递减，但不一定就出现过剩人口……边际产量低于维生费，才真正进入人口过剩的状况。人口增加快于耕地增加是'原因'，而人口过剩只是最后出现的极端后果。"赵冈：《农业经济史论集——产权、人口与农业生产》，中国农业出版社 2001 年版，第 36 页。
③ 方行：《中国封建经济论稿》，商务印书馆 2004 年版，第 127 页。
④〔清〕张履祥：《杨园先生全集》卷五《与何商隐十》，清同治十年江苏书局刊本。
⑤〔清〕洪亮吉：《意言·生计》，《洪亮吉集》第 1 册，第 16 页。
⑥《论中国治乱由于人口之众寡》（社说），《东方杂志》1904 年第 1 卷第 6 期。
⑦ 罗尔纲：《太平天国革命前的人口压迫问题》，《中国社会经济史集刊》1949 年第 8 卷第 1 期。

为,根据城乡人口的总消费量,清代人均需4亩才可供养[1];王育民提出,1比4的人地比例,折合人均3.7市亩,为人口生存的"饥寒界线"[2]。

二十世纪二十至四十年代,时人对当时的人地比例临界点做了较多的估计,有的是全国范围的,有的是地区性的。

关于全国的估计。有的为人均耕地,如伊士特认为,人均需15.2亩才能维持生活[3];张则尧、库辛斯基的看法低一些,为人均需10亩[4];米德尔顿的估计更低,为人均需8.6亩[5]。有的是户均耕地,如陈培元认为,平均每家6英亩或36亩才能维持生活[6];古楳认为,平均每家需32.5亩[7];柯向峰认为,平均每家需30亩[8];张镜予认为,平均每家需25亩[9]。

有的是对铁路沿线农村的估计。如陈伯庄认为,在平汉铁路沿线农村,每人平均2亩可维持生存[10]。

有的是对南方农村的估计。如陈翰笙认为,南方稻作区平均每户需6—10亩、平均每人2—2.5亩可维持生活[11];苏德森认为,在广西富罗村,每户6人,至少需要8亩田,即人均1.3亩,可以过活[12]。

有的是对华北农村的估计,可维持生活的人均亩数远多于对其他地区的估计。美国学者泰罗(T. E. Tylar)与中华经济学会资料室认为,5口之家

---

① 吴慧:《中国历代粮食亩产量研究》,农业出版社1985年版,第149页。

② 王育民:《中国人口史》,江苏人民出版社1995年版,第549页。

③ 王世颖、冯静远:《农村经济及合作》,第318页。原为16.5华亩,兹按1华亩为0.92市亩折算。

④ 张则尧:《中国农业经济问题》,商务印书馆1946年版,第23页;王达三:《农村怎样可以自力更生》,《民间》1937年第3卷第19期。

⑤ 李景汉:《中国农村土地与农业经营问题》,《东方杂志》1936年第33卷第1号。

⑥ 陈培元:《警管区制与新农村之建设》,《民间》1936年第3卷第10期。

⑦ 古楳:《中国农村经济问题》,中华书局1930年版,第193页。

⑧ 柯向峰:《中国贫穷人口之估计》,《新社会科学季刊》1935年第1卷第4期。

⑨ 张镜予:《中国农民经济的困难和补救》,《东方杂志》1929年第26卷第9号。

⑩ 陈伯庄:《平汉铁路沿线农村经济调查》,第30页。

⑪ 陈翰笙:《解放前的地主与农民——华南农村危机研究》,中国社会科学出版社1984年版,第10页。

⑫ 苏德森:《广西的一个农村经济调查》,《民间》1935年第2卷第8期。

需 25 亩，人均 5 亩，方可维持生活[1]。陈翰笙做了几乎相同的估计，认为 5 口之家需 20—30 亩，人均 5 亩左右[2]。英国学者白克尔认为，5 口之家需 24.2 亩，人均也接近 5 亩[3]。以上四个估计，都倾向于 5 口之家需地 25 亩，每人合 5 亩。与此相比，陈重民的估计略低，认为 5 口之家 20 亩，人均 4 亩，即可维持生活[4]。有的估计仅限于华北一个村落，如韩丁对山西潞城县张庄的调查认为，该村每人 6 亩地才能养活 1 口人[5]，高于以上所有的估计。

还有对于定县的估计。一是陈伯庄的调查，他认为在定县清风店，人均需 3—5 亩可维持生活，超过 5 亩"或又以生事稍裕，侧重备荒"[6]。二是日本人对定县李村店的调查，认为一家有地 30 亩以上，人均 7—8 亩，能过比较安定的生活[7]。

当代学者或从全国或从地区的角度，对近代人均耕地临界点进行了估计。彭南生认为，人均需 4 亩左右[8]。美国学者马若孟认为，在山东、河北，一家 5 口如完全依靠农业收入维持生活，需要 25 亩，人均 5 亩[9]。黄宗智的估计较低，他认为在华北平原冀—鲁西北地区，平均每户需 15 亩[10]。王跃生认为，在冀南平原水浇地地区的农家，人均 2 亩可维持最低标准的自给自足生活[11]。

以上所列各家说法，多是各持己见，相互之间少有争论。但是，也有个

[1] 中华经济学会资料室：《我国北部各省经济调查》，《中国经济评论》1941 年第 3 卷第 2 期；张则尧：《中国农业经济问题》，第 22 页。

[2] 陈翰笙：《中国农民》，汪熙、杨小佛编：《陈翰笙文集》，第 150 页。

[3] 转引自李树青：《中国农民的贫穷程度》，《东方杂志》1935 年第 32 卷第 19 号。

[4] 转引自罗尔纲：《太平天国革命前的人口压迫问题》，《中国社会经济史集刊》1949 年第 8 卷第 1 期。

[5] 〔美〕韩丁著，韩倞等译：《翻身——中国一个村庄的革命纪实》，北京出版社 1980 年版，第 29 页。

[6] 陈伯庄：《平汉铁路沿线农村经济调查》，第 39 页。

[7] 〔日〕石井俊之：《事变下的北支农村——河北省定县内一农村实态调查报告》，1942 年印，第 2、4 页。

[8] 彭南生：《也论近代农民离村原因》，《历史研究》1999 年第 6 期。

[9] 〔美〕马若孟著，史建云译：《中国农民经济：河北、山东农业的发展》，第 152 页。

[10] 黄宗智：《华北的小农经济与社会变迁》，第 301 页。

[11] 王跃生：《华北农民家庭人口生存条件分析》，《历史研究》2003 年第 6 期。

别学者的估计受到质疑。譬如,对伊士特的估计,有的学者认为它是以欧美国家的生活程度计算的,标准未免过高[1];而陈重民对华北农民的估计,又有学者觉得低了,"陈先生在计算农民的费用内,并未加入捐税……无怪乎估计的亩数,较其他估计皆低"[2];对彭南生的估计,则有学者认为过高了[3]。

在以上估计中,陈重民、陈伯庄、王跃生、彭南生等学者做了一定的计算,做法值得肯定,然仍嫌简单。而大多数学者没有进行计算,不清楚根据何来。也就是说,我们很难借助以上估计对一个地区的人地关系作出恰当的判断。有的学者在研究时未加甄别,就依据其中的某个标准做出断言,如在对江苏南通头总庙村农民的贫困化进行分析时,认为全村人均耕地仅0.7亩,距离人均5亩才能糊口的水平相去甚远[4]。如此之大的差别,显然是常识都不允许的,若果真如此,这里的农业生产是怎样进行的,农民生活又是如何维持的呢? 如前所述,人均5亩的标准,是二十世纪二三十年代一些学者对华北的估计,而南通地区为邻近江南的农村,农业生产能力比华北高,人均所需耕地不可能如此之高。其实,一些学者对华北的估计也不一定准确,须予以考证和鉴别。

必须承认,要想精确地计算人地关系的临界点,也即维持农民最低限度生活的地亩数,并非易事。这一问题所关联的因素是极为复杂的,无论是年龄、身高、体重的分布状态,还是人们的劳动强度,期望达到的最低健康标准,以及气候状况、单位面积产量等,都会对此产生影响。二十世纪三十年代初,经济学家钱俊瑞认为,土地的承受能力取决于生产力和技术水准。根据 Ratzel 的推算,在原始狩猎经济和渔捞经济时代,每平方公里只能养活0.0017人。到农业有一定发展的狩猎经济时代,每平方公里可以养活0.2—0.7人。到原始畜牧时代,增至0.7—1.7人。在西欧农业国家,已经上升到91—109人。在欧洲具有大工业的地区,达到300—318人。此外,还有其他因素的影响,"一定社会内社会生产物的各种分配条件,只有在私有财产

---

[1] 王世颖、冯静远:《农村经济及合作》,第318页。

[2] 李树青:《中国农民的贫穷程度》,《东方杂志》1935年第32卷第19号。

[3] 周志初:《再论近代中国农村的人口压力问题》,《扬州大学学报(人文社会科学版)》2000年第6期。

[4] 常宗虎:《南通现代化:1895—1938》,中国社会科学出版社1998年版,第77页。

制度存在的社会,换言之,只要土地作为少数人所私有的社会条件之下,才有得不到工作(因此是饭或面包)的过剩劳动。我们在原始经济,或是在有可以自由使用的土地的殖民地,或是在社会主义的经济中,断然找不到绝对人口过剩的现象"[①]。从钱氏的阐述来看,人地比例临界点主要有两层意思:其一,一定的土地所可供养的人数受生产力和技术水平的制约,生产力的发达与养活的人数成正比;其二,供养人数与社会分配制度相关,只有私有制社会才会出现过剩人口。现在看来,后一理解有一定偏差,其他看法是有道理的。2000 年,人口学者陈卫等对此提出了更为复杂的看法。他们认为,影响土地所能容纳的人口数量,有五个方面的因素:其一,地域开放程度。一个地域的开放程度越高,资源的互补性越大,人口容量也会随之提高。其二,时间的规定性。一个地区短期内所能容纳的人口高于长期发展所能容纳的人口。不过,如果短期内过度地开发和利用资源环境,也会导致未来的人口容量降低。其三,生活水平程度。在一定的产出水平下,人口容量与生活水平的提高是成反比的。其四,分配方式和社会制度。一个平均分配资源和财富的社会,其人口容量将大于贫富差距很大的社会。其五,不同目标下的人口容量。倘若仅是维持人们最基本的生活需要,一个地区能够养活的最大的人口数量;反之,如要达到一个理想的目标,则可能是适度的人口数量[②]。这个解释与钱俊瑞的主张有一定差异,但共性也是明显的,即生产力水平、生活消费水平对人均耕地临界点的影响最大。

　　暂且不论以上估计是否准确,绝大多数学者都据此得出了中国人口压力巨大、耕地严重不足的结论。就华北农村而言,彭南生指出,人均 5 亩在北方农村是很难维持生计的[③]。马若孟也认为,如以 5 口之家需要 25 亩来

---

① 钱俊瑞:《评卜凯教授所著〈中国农场经济〉》,薛暮桥、冯和法编:《〈中国农村〉论文选》(下),第 920 页。

② 陈卫、孟向京:《中国人口容量与适度人口问题研究》,《市场与人口分析》2000 年第 1 期。二十世纪四十年代,费孝通对维持最低限度生活的概念做过解释:"不饥不寒是民生的最低水准,如果人有生存的权利,也就应当承认争取这水准是公道而且合理的。""常识不许我们把'死'作为'活'的限度,生活不能说就等于不死。维持于不死是最低的生存线,普通所谓最低生活程度实在是指获得健全生活所必须的享受。"费孝通:《乡土重建》,《费孝通文集》第 4 卷,第 370、408 页;费孝通:《内地的农村》,《费孝通文集》第 4 卷,第 232 页。

③ 彭南生:《也论近代农民离村原因》,《历史研究》1999 年第 6 期。

计算，一般家庭农场仅靠农业收入不能维持必需的生活[①]。对于冀中定县，如以人均 5 亩的标准来衡量，晚清时期尚能基本满足需求，而到民国之后的二十世纪二三十年代，就明显不够了，约有 1.5 亩的差距。1934 年，全县有 439 729 人，按人均缺乏 1.5 亩计算，所缺耕地达 66 万亩；如再以其他学者所界定的更高的标准来计算，差距就更大了。为此，李景汉不无忧虑地慨叹："以定县人口之众，耕地面积显然缺乏，不易维持适当的生活程度。"[②] 甚至，"人口之密度已达饱和点，即谓之过剩亦无不可。人口数目已超过本县土地生产粮食所能供给之限度，至少已觉人满之患。若定县人口继续的任其增加，则生活问题也要依随的更加严重。农村今日愚贫弱私的现象，有的实在是人口过庶的产物，有的为人口过庶所促成，有的至少受人口过庶的影响"[③]。然而，定县人口问题真的如此严重，已有耕地不能维持农家最低限度的生活了吗？

四、耕地基本能够满足人口需要

要想对人地比例关系做出准确的判断，必须改变以往对临界点缺乏具体计算的情况，找到一个适当的数量标准。这里从最低粮食消费和最低生活消费两个角度，对定县的人地比例临界点做一估计，并以此判断已有耕地与这一临界点的关系。

第一，最低粮食消费角度。

最低粮食消费，即平均每人一年最低粮食需求量。有了这个最低消费标准，再结合单位面积产量，大体就可以计算出人地比例临界点。

关于人均最低粮食消费，以往也有一些估计。在二十世纪二三十年代，陈重民认为，当时每人每日吃粮 1 斤，合一年 365 斤[④]。陈伯庄认为，每人每

①〔美〕马若孟著，史建云译：《中国农民经济：河北、山东农业的发展》，第 152—153 页。
②李景汉：《定县土地调查（下）》，《社会科学》1936 年第 1 卷第 3 期。
③李景汉：《定县农村人口分析与问题》，《民间》1934 年第 1 卷第 2 期。
④转引自罗尔纲：《太平天国革命前的人口压迫问题》，《中国社会经济史集刊》1949 年第 8 卷第 1 期。

年消费谷物 2.7 石[①]，如以 1 石折合 150 市斤，为 405 斤。戴日镰估计，平均每人一年吃大米 2.77 石（415.5 斤），如换算为小米，为 3.82 石（573 斤）；换算为谷子，为 4.49 石（674 斤）[②]。当代学者对晚清和近代人均最低粮食消费也做过估算，如傅辉认为，在河南南阳，平均每人每月食用口粮 36 斤，合一年 432 斤[③]；周志初认为，人均粮食 600 斤左右，大致可以满足生存之需[④]；彭南生的估计较高，认为明清民国时期每人一年需粮 1000 斤左右[⑤]。可见，与人地比例临界点一样，各家的估计也是众说纷纭，莫知所从。

回到农民生活的真实世界，才能找到解决分歧的办法。农民凭借着长期的生活经验，对吃粮数量有习以为常的"民间"说法。在定县一带，一直流行"大口小口一月三斗"之说[⑥]。每月 3 斗，一年就是 36 斗。这里的"斗"为定县的旧制斗，换算为市制，每斗等于 1.438 市斗[⑦]。按此合计，每人一年吃粮 51.77 市斗。在二十世纪二三十年代，定县的农业生产力水平（综合生产工具、劳动力投入、耕作技术、灌溉条件等要素），以平常年 1933 年为例，粮食亩产量为 20.44 市斗[⑧]。将粮食亩产量与人均最低消费结合起来计算，人均

---

①陈伯庄：《平汉铁路沿线农村经济调查》，第 30 页。

②戴日镰：《中国人口密度与食粮问题（续）》，《农业周报》1934 年第 3 卷第 46 期。

③傅辉：《晚清南阳县土地利用分析》，《清史研究》2004 年第 4 期。

④周志初：《再论近代中国农村的人口压力问题》，《扬州大学学报（人文社会科学版）》2000 年第 6 期。

⑤彭南生：《也论近代农民离村原因》，《历史研究》1999 年第 6 期。

⑥李景汉：《华北农村人口之结构与问题》，《社会学界》1934 年第 8 卷。

⑦张世文：《定县农村工业调查》，第 481 页。民国时期，各地所用斗的容量非常紊乱，相差一两倍乃至更大。参吴承洛：《中国度量衡史》，上海书店出版社 1984 年版，第 304 页。其他地区也有"大口小口一月三斗"之说，距离定县不远的清苑县就是如此。参崔晓黎：《家庭·市场·社区——无锡清苑农村社会经济变迁的比较研究（1929—1949）》，《中国经济史研究》1990 年第 1 期。吴慧认为，清代口粮也有"人一岁食米三石六斗"之说，即人均日食米 1 升。清代 1 升合 1.035532 市升，1 升大米合 1.53—1.55 市斤，每月食 3 斗约 45.9—46.5 市斤。参吴慧：《中国历代粮食亩产量研究》，第 80 页。此为清代官方斗制，其实各地用斗也多有不同。与此比较，将定县旧制换算为市斗可能偏大，导致人均粮食消费标准略高。

⑧李景汉：《定县经济调查一部分报告书》，第 3—8 页；许道夫：《中国近代农业生产及贸易统计资料》，第 344—345 页。原始资料中作物面积为作物亩，兹按当时折合率改为耕地亩；甘薯按 4 斤折合 1 斤原粮计算。

耕地 2.53 亩即可维持农民最低限度的粮食需要。换句话说,2.53 亩就是二十世纪三十年代初人均耕地的临界点。而如表 1 所示,当时全县人均耕地 3.34 亩,超出临界点 0.81 亩。这就是说,已有耕地能够维持农民最低限度的粮食需要。

按上述民间口粮消费标准和粮食单产水平,还可衡量全县粮食的实际产量能否满足农民的粮食需求,以及耕地是否够用。以 1934 年为例,全县总计 439 729 人,以人均吃粮 51.77 市斗计算,每年至少需要 2276.5 万市斗。而当时全县实际种植谷子、小麦、大豆、高粱等粮食作物 108 万亩(合 140.4 万作物亩)[1],生产粮食 2207.2 万市斗,距离农民最低口粮消费差 69 万余市斗[2]。由此可见,已有粮食作物种植面积是不能满足农民的粮食消费的。何况,这些粮食还不能全都用于口粮,一部分要留作种子,按同一种植面积计算,约为 42.3 万市斗[3];一部分上缴田赋,田赋正附税总额为 127 496.9 元,以当年价格计算,合粮食 50.2 万市斗[4]。将以上二项以及 69 万市斗合计,粮食缺口共计 161.5 万市斗。按亩产量 20.44 斗计算,合 7.9 万亩的产量。换句话说,除了已种的 108 万亩,还要种 7.9 万亩才能满足农民的最低消费。

---

① 此为 1933 年的数字,据李景汉《定县经济调查一部分报告书》第 3—8 页资料计算。

② 李景汉按"大口小口一月三斗"、每人一年需粮 36 斗计算,全县 40 万人,需粮 1440 万斗。"县内田地多为中等土壤,好田坏田都有,农作物以谷为大宗,农民亦以小米为主要食品。假定全县所有田地皆种谷,平均每亩在普通中等年成可收获 8 斗,全县全年可以收获 1280 万斗,如此尚缺少 160 万斗;若在七成收获之年,全县约得 1120 万斗,尚不足 320 万斗;若在五成收获之年,则亏 640 万斗;若遇不常见之丰年,则全年约得 1600 万斗,可余 160 万斗;若在九成收获之年,则全年约得 1440 万斗,恰好足用。"参李景汉:《华北农村人口之结构与问题》,《社会学界》1934 年第 8 卷。李氏之估计有两个问题:一是没有将定县旧制斗换算为市斗;二是谷子亩产量中等年成为 8 斗,不知根据何来。

③ 李景汉:《定县经济调查一部分报告书》,第 3—8 页;吴雨农:《定县牛村的平民教育》,1934 年,中国第二历史档案馆藏,全宗号 236,卷号 171。

④ 冯华德、李陵:《河北省定县之田赋》,《政治经济学报》1936 年第 4 卷第 3 期。以农民最常用的食物谷子代替,合每市斗 0.254 元。二十世纪三十年代初,农产品价格下降,1933 年每斗谷子的价格比 1931 年、1932 年分别降低 0.27 元、0.179 元,降低了 70%、106%,亦即同样的田赋额,如折合为粮食,数量会有所增加。李景汉:《定县经济调查一部分报告书》,第 162 页。

那么,定县已有耕地能达到这一要求吗?

常识告诉我们,已有粮食作物种植面积与已有耕地面积是两个概念,一般说来不可能所有的耕地都用于当年的作物种植。二十世纪三十年代初,定县有好地坏地147万余亩,其中适宜种植庄稼的禾田有138万亩[①]。与全县已种植粮食作物108万亩相比,还有30万亩没有利用。这30万亩不仅可以种植7.9万亩,还有22.1万亩为空闲地。如果可耕地全部用于种植作物,不仅可以满足最低限度粮食的需要,还有些许富余;即便保留一定的空闲地,也相差不远。况且,还有那9万亩不适宜种植庄稼的所谓"坏地",如有继续改良和利用之可能,土地就会更加余裕了[②]。

如果再考虑人口流动和粮食流通的因素,粮食的实际缺口还要缩小。一是有部分人口外出谋生,没有消费本县的粮食。仅1933年至1934年3月,定县外出谋生人口就达22 933人[③],按每年人均吃粮51.77斗计算,合计为118.7万斗。然而,当时的人口统计并未剔除这些外流人口。二是全县的粮食既有输出,也有输入,但以输入居多。1933年,输出粮食96.2万斗,输入127.5万斗,入超31.3万斗[④]。以上两个方面合150万斗,基本上弥补了实际的粮食缺口数字。也就是说,即便30万亩可耕地没有利用,仅以当时已有粮食作物种植面积来计算,也大体能够满足农民的粮食需要。

还有一项重要的数据,可为之佐证。1928年,定县34农家生活消费的调查提供了比民间说法更为精确的统计,据此更能精确地计算每户的最低粮食消费及所需耕地亩数。34家平均每家占地28.7亩,人均4.78亩,高于普通农户,"平均生活程度尚稍高于一般的生活程度"[⑤],粮食消费及所需耕

---

①李景汉:《定县土地调查(上)》,《社会科学》1936年第1卷第2期。原为定县旧制亩,改为市亩。

②仅以坏地中的坟地而言,据1931年高头村的调查显示,全村103户共有私坟地与族坟地13.5亩,平均每户合0.13亩。参李景汉:《定县土地调查(下)》,《社会科学》1936年第1卷第3期。同年,全县共有70 034户,如按此折合,共有坟地9100余亩,能养活数千人。

③李景汉:《定县人民外出谋生调查》,《民间》1934年第1卷第7期。

④据李景汉《定县经济调查一部分报告书》第131、142页资料计算。

⑤李景汉:《定县社会概况调查》,第302页。

地代表了中等偏上水平。若以中等偏上消费水准来计算,如果耕地能够满足需要,而一般农户消费水平较低,则耕地就更可满足需要了。不过,此项调查仅有粮食消费值,因没有同年的物价记载,不能将其还原为粮食数量,但不妨将此换算为有物价资料的 1933 年,再以同年各种作物的亩产量求出需要多少耕地,见表 2:

表 2　冀中定县 34 家平均每家主要粮食消费及所需耕地亩数(1933 年)

消费种类	平均每家消费(元)	折合作物量	需要耕地(作物亩)
甘薯	27.28	4924 市斤	2.34
小米	47.68	95.94 市斗	5.56
小麦	9.79	20.96 市斗	1.64
豆类	6.31	18.34 市斗	2.23
高粱	4.21	13.94 市斗	1.30
荞麦	4.37	15.02 市斗	1.18
黍子	2.30	8.88 市斗	0.74
玉米	1.89	6.43 市斗	0.37
大麦	1.80	7.14 市斗	0.46
稷子	1.22	4.96 市斗	0.43
稻子	0.30	0.53 市斗	0.02
总　计	107.15	——	16.27

说明 :1."折合作物量"未标明统一单位,大多数农作物产量的单位为市斗,个别为市斤。2. 货币单位元指银元,本书各表凡有涉及,皆是如此。3. 在豆类中,黑豆的种植面积和产量最大,原始资料中的豆类以黑豆计算。4. 原始资料的消费种类中有白面、挂面、面食、烧饼、卷子,兹计入小麦项下,便于计算作物量。5. 按 1.43 :1 的比例将大米折合为稻谷。6. 原始资料中的数据为 1928 年平均每家费用,按天津批发食品物价指数,1928 年为 0.9994,1933 年为 0.8199,物价下降 21.9%。结合物价变动因素,每家各种费用依此降低 21.9%。

资料来源 :1. 李景汉 :《定县社会概况调查》,第 304—305 页 ;2. 李景汉 :《定县经济调查一部分报告书》,第 3—4、7—8、152—189 页 ;3. 李景汉 :《定县社会概况调查》,第 313—316 页 ;4. 许道夫 :《中国近代农业生产及贸易统计资料》,第 344—345 页 ;5. 孔敏主编 :《南开经济指数资料汇编》,中国社会科学出版社 1988 年版,第 9 页。笔者对有关数据进行了整理和计算。

由表 2 可见，34 家平均每户消费粮食合计 107 余元。要维持这一消费水平，需要 16.27 作物亩，按当时复种指数为 1.3 计算，折合耕地 12.52 亩。除了粮食消费，还有种子、田赋的消耗，平均每亩需用 0.65 斗，种植 16.27 作物亩，需 10.58 斗，按当时作物亩产量为 15.72 市斗来计算，需要耕地 0.67 亩。此 0.67 亩与粮食消费所需耕地 12.52 亩两项合计为 13.2 亩，34 家平均每户 6 人，也即人均 2.2 亩就能满足最低限度的粮食需求。这一结果，比前述按民间说法所得出的平均每人所需 2.53 亩稍低，但距离不大。如以此标准来衡量，定县当时人均 3.34 亩土地更可维持最低粮食消费的需要，且还富裕 1.14 亩，由此更加证明这里不存在所谓严重的人口压力。

第二，最低生活消费角度。

除粮食消费以外，农民还有其他日常生活支出，二者共同构成农民最低限度的生活消费。从这一角度来说，定县耕地是否够用呢？

粮食消费和其他日常生活支出之间的比例，相关学者统计甚少，仅见陈重民的一个估计。他认为，每人除了粮食以外，还需要衣服、燃料、应酬、饲料、祭祀等方面的花费，比粮食所费至少多出 1 倍[①]。即使以 1 倍为准，以定县 34 家为例，最低粮食消费平均每家需要 13.2 亩，多出 1 倍就是 26.4 亩。以每家 6 人计，26.4 亩合人均 4.4 亩，此即可维持一家最低限度的生活消费。而全县人均耕地为 3.34 亩，与 4.4 亩相差 1 亩有余。

但事实上，34 家在粮食之外，其他生活消费并未达到陈重民所估计的多出 1 倍，而是平均每家一年的生活消费为 82.21 元（也按 1933 年物价计算），为粮食消费 107.15 元的 76.6%。以前述方法来综合计算，82.21 元的日常消费需要耕地 9.59 亩，比按陈重民的标准所计算的 13.2 亩少了 3.61 亩。将 9.59 亩和粮食消费所需 13.2 亩合计，计为 22.79 亩，这就是全年一切生活消费所需要的亩数，平均每人 3.8 亩。以此与定县人均耕地 3.34 亩比较，耕地虽也不能满足农民最低限度的生活消费，但相差仅 0.46 亩，不像陈重民估计的那样大。

综合以上考证和计算，大致可得出如下结论：清初之后直至近代，随着

---

① 转引自罗尔纲：《太平天国革命前的人口压迫问题》，《中国社会经济史集刊》1949 年第 8 卷第 1 期。

人口的不断上升,定县以及中国的人地比例关系的确是趋于紧张的。也正因为如此,以及受到马尔萨斯人口论的影响,绝大多数学者包括主持定县调查的李景汉都主张中国人口压力沉重,必须采取各种办法予以减缓乃至解决[1]。然而,人地比例关系紧张并不意味着定县已有耕地到了不能维持农家最低限度生活的地步。直到二十世纪二三十年代,以当时的粮食生产水平来看,定县已有耕地仍能满足农家最低限度的粮食需要,距离维持最低限度的生活消费也相差不远。正是这一人地比例,为小农经济的存续奠定了一定基础。新中国成立以来人地比例的变化,也可为之提供一个有力证据。1949 年之后,定县人均耕地继续下降,到 1990 年,总人口增至 102.5 万,耕地面积降至 126.1 万亩,人均土地已由二十世纪三十年代的 3.34 亩降至1.23 亩[2]。但与此同时,粮食产量以及同样土地面积所能养活的人口也在增加[3]。可见,近代定县土地的承受能力还未达到极限。何况,农民不可能完全依靠土地为生,二十世纪三十年代,在定县农村经济总产值中,手工业已占23.8%,如果加上养猪、养鸡等家庭副业,这一比例更增至 28.4%[4],亦即家庭

---

[1]鼓吹最多的是节制生育(又称为"新马尔萨斯主义"),还有合理利用土地、发展工业化、边疆移民等。参吴景超:《中国的人口问题》,《独立评论》1936 年第 225 号;〔美〕卜凯著,孙文郁译:《河北盐山县一百五十农家之经济及社会调查》,金陵大学农林科 1929 年版,第151—153 页;李景汉:《华北农村人口之结构与问题》,《社会学界》1934 年第 8 卷;章柏雨、汪荫元:《中国农佃问题》,商务印书馆 1933 年版,第 151 页;〔美〕卜凯著,张履鸾译:《中国农家经济》,第 42 页。

[2]定县人民委员会:《1949—1960 年定县国民经济历史资料》,1962 年印,保定市档案馆藏,计划统计资料类 130 号,第 82 页;河北省统计局:《河北省地市县经济概况》,1986 年印,第 178 页;定州市地方志编纂委员会:《定州市志》,第 194 页。

[3]1953 年、1973 年、1983 年、1989 年,定县粮食亩产量依次为 165 公斤、305 公斤、545 公斤、639.5 公斤,总产量相继为 1.7 亿公斤、3.1 亿公斤、4.6 亿公斤、5.3 亿公斤。参定州市地方志编纂委员会:《定州市志》,第 257—258 页。

[4]资料来自李景汉:《定县经济调查一部分报告书》,第 3—12 页;张世文:《定县猪种的改良实验》,《民间》1935 年第 1 卷第 20 期;《营养研究设计报告(1932 年 7—12 月半年工作报告)》,中国第二历史档案馆藏,全宗号 236,卷号 115;《二十二年度河北省各县家畜家禽数量统计表》,《冀察调查统计丛刊》1937 年第 2 卷第 3 期;李孝悌:《河北定县的乡村建设运动——四大教育》,《台北"中研院"近代史研究所集刊》1982 年第 11 辑。笔者对有关数据进行了整理和计算。

手工业、副业将进一步缓解人地比例的紧张关系。总之,这一研究结论打破了以往的传统看法,近代定县人地比例关系远不像以往所说的那样严重①。当然,没那么严重并不意味着农民生活有了保障,如后所述,近代定县大多数农家的生活仍属绝对贫困,原因究竟何在? 人口因素虽有影响,但恐怕不是主要因素,而应当从其他方面寻找。另外,从维持最低限度生活的角度说明人均耕地尚未对小农生活构成沉重的压力,并不意味着对农业劳动没有形成巨大的压力,否则就不会出现如后所述的传统小农经营中存在大量剩余劳动力的问题了。

①其他地区如何,仍需大量的实证研究。

第四章　以自耕农、中农为主的地权分配

与人地比例一样，土地分配是决定小农经济面貌的另一个更为重要的社会性因素。如前所述，对于土地分配关系，早在二十世纪二十至四十年代就有不少调查和研究，当时几乎所有不同背景的学者、团体乃至政治对立的党派，都一致认为地权分配不均，而且呈越来越集中之势。只有个别学者发出了不同的声音，认为地主富农占地的比例并非那样惊人的高，而是在地权集中的同时也有分散。新中国成立之后的数十年内，地权分配集中的观点仍一直居于统治地位。二十世纪八十年代以来，土地关系史的研究开始发生变化，有的学者提出土地分配并非以前所认为的那么集中，而是相对分散，并且还处于总体分散之势[①]。以往研究之聚讼纷纭表明，仍需要加强和扩大对不同地区的细致研究，才有可能得出一个总体性结论。冀中定县的研究，为此提供了一个例证。

一、地权相对分散

凡是主张旧中国土地分配高度集中的观点，几乎都依据 1950 年刘少奇《关于土地改革问题的报告》中的数据。该报告认为，占乡村人口不到 10% 的地主富农占有 70%—80% 的土地，而占乡村人口 90% 以上的雇农、贫农、中农

[①] 琢如：《中国土地问题及其前途》，《求实月刊》1934 年第 1 卷第 9 期；吴文晖：《中国土地问题及其对策》，第 128 页；郭德宏：《旧中国土地占有状况及其趋势》，《中国社会科学》1989 年第 4 期；赵冈：《永佃制研究》，中国农业出版社 2005 年版，第 66、71—72 页。

仅占有 20%—30% 的土地。而且，在解放前的数十年间，地权越来越集中，失去土地的农民越来越多。而这一观点，又主要依据 1927 年国民党中央农民部土地委员会报告①。但揆诸冀中定县土地分配的实际，与上一说法存在着一定的差异。

以上关于土地分配的结论，是以革命的阶级结构和分析方法为依据的。这一方法的主要特征是，将土地占有、土地使用和剥削关系综合起来，划分农村各阶层为地主、富农、中农、贫农和雇农。马克思主义学者陈翰笙指出，只有用阶级阶层分析的方法才能真正地对农村土地分配关系进行科学的分类②。经济学者张培刚也认为："自耕农、佃农和自兼佃农是田权分配的一部分，但它不是田权分配的全体，因为仅有此种分类是仍不足以表示农民之真正经济地位的……由自耕农、佃农、自兼佃农的分析中，至多只能看出该地以何种农户占居多数，至于土地的分配状态，则必须更有农户所有田地面积的分析。"③张氏虽不是典型的马克思主义者，但他的某些主张是接近马克思主义的。

通过阶级显示地权分配，或通过地权分配反映阶级，是中国革命尤其是中共革命的新标准。表 3 是 1937 年前定县翟城村的阶级划分及土地占有情况：

表3　冀中定县翟城村各阶级土地分配统计（1937 年前）

阶层类别	家　数		人　数		占有土地数		人均土地（亩）
	户	百分比（%）	人	百分比（%）	亩	百分比（%）	
地主	6	1.11	65	2.22	1377	15.04	21.18
富农	16	2.96	106	3.62	962	10.51	9.08
中农	231	42.78	1451	49.61	4570.8	49.94	3.15
贫农	250	46.30	1159	39.62	1718.2	18.77	1.48
无地赤贫	37	6.85	144	4.92	——	——	
校田	——	——	——	——	525	5.74	
总计/平均	540	100.00	2925	100.00	9153	100.00	3.13

资料来源：《定县翟城村贯彻土地政策为中心发动群众的经过情形》，1948 年，定州市档案馆藏，革命历史档案第 57 卷。

————————

①转引自章有义：《明清及近代农业史论集》，第 76—77 页。
②陈翰笙：《解放前的地主与农民——华南农村危机研究》，第 5—9 页。
③张培刚：《冀北察东三十三县农村概况调查》，《社会科学杂志》1935 年第 6 卷第 2 期。

由表 3 可见,在土地总量中,地主、富农占 25.55%,略高于四分之一;而中农、贫农占 68.71%,超过三分之二。中农所占比例最大,接近土地总量的一半。这一数据表明,定县是一个以中农为主的地权分配结构。

从其他村庄的土改调查资料,也能得出和翟城村大致相似的结论。有的村庄,中农、贫雇农占有的土地占土地总量的 60% 以上,如陈家佐村,有土地 1120 亩,其中中农、贫雇农拥有 670 亩,占总土地的 69.7%;东三路村,有土地 950 亩,其中中农、贫雇农拥有 590 亩,占总土地的 62.1%。有的村庄,中农、贫雇农占有的土地占土地总量的 70% 以上,如清风店,有土地 5220 亩,其中中农、贫雇农拥有 4097 亩,占总土地的 78.5%;燕三路村,有土地 693 亩,其中中农、贫雇农拥有 490 亩,占总土地的 70.7%。还有些村庄,中农、贫雇农拥有的土地达到土地总量的 80% 甚至 90% 以上,如土厚村,有土地 5481 亩,仅中农就有 5176.5 亩,占总土地的 94.4%;北支合村,有土地 2610 亩,其中中农、贫雇农拥有 2429 亩,占总土地的 93.1%;大三路村,有土地 852 亩,其中中农、贫雇农拥有 732 亩,占总土地的 85.9%[1]。上述统计表明,中农、贫雇农占地比例较大,地主、富农占地较少,传统观点所谓地主、富农占地达到百分之七八十以上的观点,与地方的实际情形是有出入的。

二十世纪八十年代末以来,章有义、郭德宏、高王凌对民国时期的全国土地分配进行了重新研究,他们分别估计地主富农的占地比例是 60%、50%—52%、30%—40%[2]。这些估计都低于传统观点。定县的土地分配状况,为此提供了佐证,而且比例更低,显示了冀中乃至华北平原乡村土地分配情况的特点。

在阶级分配标准之外,其他如自有田产者比例、自耕农比例也能说明一定问题。如果将以上三者结合起来进行分析,是更为适当的。

---

[1]《1936 年与 1953 年农村经济变化情况典型调查表》,定州市档案馆藏,革命历史档案第 35 卷;《土厚村一般情况》,1949 年,定州市档案馆藏,革命历史档案第 50 卷。

[2] 章有义:《明清及近代农业史论集》,第 84—85 页;郭德宏:《旧中国土地占有状况及其趋势》,《中国社会科学》1989 年第 4 期;高王凌:《租佃关系新论——地主、农民和地租》,第 5 页。

首先，从自有田产者的比例来判断。自有田产者占绝大多数，是定县土地分配关系的一个显著特征。1931年，全县有7000余户，其中6400余户占有田地，达到总户数的92%。这里面还有少数非农业者，如将其剔除，有田者更增至总农户的95%[①]。这一土地占有状况，给李景汉留下了深刻的印象："大多数的农家是耕者有其田的。"[②]对河北省其他县份的调查也表明，其结论与定县是基本一致的。据1930年对河北43县2.5万农户的统计，有地者占总农户的90%[③]。暂不论农户占地的实际数量及其比例，以往传统观点所说农民贫无立锥之地的情况，是不太多见的。

其次，从自耕农的比例来判断。自耕农是从占田和耕种角度而言的，即只耕种自有田产，不出租也不租种的农户。自耕农占优势，是定县土地分配关系的另一个明显特征，见表4。

由表4可知，即便在同一县内，不同区域的自耕农比例也是有差别的。就全县来看，自耕农达到总农户的63%以上，而佃户仅占4.32%，雇农的比例就更小了，不到1.2%。这一数据表明，定县是一个以自耕农为主的乡村社会。

将区域扩大至整个华北农村，所得结果也是相似的。二十世纪三十年代初，自耕农约占华北农村总户数的68%[④]，比定县还高一些。

以上资料显示了土地分配的静态状况，为了更说明问题，还要从动态角度看土地分配关系的变化，即土地分配是处于集中还是分散的趋势。但民国以前的调查资料相当缺乏，同一地区连续性的长时段资料更为少见，现在只能根据少许直接或间接的资料做一估计。

---

① 李景汉：《定县土地调查（上）》，《社会科学》1936年第1卷第2期。
② 李景汉：《定县社会概况调查》，第653页。
③ 冯和法编：《中国农村经济资料续编》，黎明书局1935年版，第144页。
④ 在长江流域及南方12省，自耕农占农户总数的32%，佃农占40%。实业部中国经济年鉴编纂委员会：《中国经济年鉴》上，商务印书馆1934年版，第F4—5页。

表4　冀中定县地权分类（1930—1931年）

种　类		1930年第一区 71村	1931年第二区 63村	1931年 453村
自耕农	家数（户）	2682	4152	43 038
	百分比（%）	40.92	51.50	63.42
自耕农兼租种	家数（户）	2308	2633	16 393
	百分比（%）	35.21	32.66	24.15
自耕农兼出租	家数（户）	444	531	3228
	百分比（%）	6.77	6.59	4.76
佃农	家数（户）	742	423	2933
	百分比（%）	11.32	5.25	4.32
雇农	家数（户）	110	138	798
	百分比（%）	1.68	1.71	1.18
完全出租地主	家数（户）	95	47	345
	百分比（%）	1.45	0.58	0.51
非地主亦不种田	家数（户）	174	138	1130
	百分比（%）	2.65	1.71	1.66
总　计	家数（户）	6555	8062	67 865
	百分比（%）	100.00	100.00	100.00

资料来源：1.李景汉：《定县土地调查（上）》，《社会科学》1936年第1卷第2期；2.李景汉：《定县社会概况调查》，第654页、665页。笔者对有关数据进行了整理和计算。

宋代神宗元丰初年，在河北东路、河北西路，自耕农分别占总农户的56.8%、59.2%，佃户分别为29%、26%[①]。《太平寰宇记》记载，在河北道，佃

[①]李文治、江太新：《中国地主制经济论》，中国社会科学出版社2005年版，第196页。

户占总农户的35%①。清代初期顺治、康熙年间，在直隶获鹿县，自耕农土地占全部耕地的50%以上，加上佃农自有的小块耕地，占全部耕地的70%以上②。以上数据表明，古代华北乡村的土地占有状况是以自耕农为主的。与此相比，二十世纪三十年代初华北自耕农的比例比北宋和清初时期要大，地权分配较前分散。

民国时期的调查，反映了短期的地权分配变化。二十世纪二三十年代，李景汉对定县进行调查时发现，农民说"这一带地方的自耕农和半自耕农渐增，而佃农渐少"③。国民政府实业部的一项经济调查，也涉及定县自耕农的数据，数据表明，1933年自耕农占总户数的50%，1934年增至59.2%，而佃农却由14.7%下降到8.8%④。但这一调查持续时间过短，不足以说明地权分配的变化趋势。另一机构中央农业实验所的调查，时段较长，范围也扩大到河北111个县，数据表明，自耕农占总户数的比例，1912年为67%，1934年升至68%，1936年更达到72%⑤。此为近四分之一个世纪的数据，具有较强的说服力，可为定县自耕农渐增的说法提供佐证。

也有学者提出了相反的意见。刘克祥对二十世纪三十年代中国的土地分配做了考察，认为地权呈现恶性集中的趋势，大地主、城市地主拥有的土地急剧膨胀，广大中小自耕农失地破产，中小地主也有普遍衰败的迹象⑥。张思依据满铁调查资料，对十九世纪末到二十世纪上半叶华北农村的土地分配进行了研究，认为土地所有的两极分化处于逐渐加深之势⑦。但从定县地权分配状况和中央农业实验所的调查来看，这一结论还有商讨的余地。

---

①转引自赵冈：《中国传统农村的土地分配》，第173页。

②史志宏：《清代前期的小农经济》，中国社会科学出版社1994年版，第27页。

③李景汉：《定县社会概况调查》，第629页。

④实业部中国经济年鉴编纂委员会：《中国经济年鉴》第三编上，商务印书馆1936年版，第F46—47页。

⑤中央农业实验所：《民国二十六年各省农佃之分布及其近年来之变迁》，《农情报告》1938年第6卷第6期。

⑥刘克祥：《20世纪30年代地权集中趋势及其特点》，《中国经济史研究》2001年第2期。

⑦张思：《近代华北村落共同体的变迁——农耕结合习惯的历史人类学考察》，商务印书馆2005年版，第76页。

二、地权分散的推动力

为什么定县的地权分配结构以中农或自耕农为主,没有发生持续恶化的趋势呢? 用一句话说,那就是在地权分配过程中存在着分散的力量。

第一,分家析产传统瓦解着大地产的延续。

分家析产的传统,古已有之。秦商鞅为了弱化旧的贵族势力,扩大编户齐民的力量,颁布的第一次变法令就有“民有两男以上,不分异者,倍其赋”,第二次变法令更强调“父子兄弟同室内息者为禁”[1]。汉朝以后,儒家伦理统治中国,统治者大都实行保护大家庭政策,但分家析产从未停止过,并成为民众日常生活中的一部分。到清朝,《大清律例》仍规定“祖父母、父母在者,子孙不许分财异居”,但事实上这已不可能,所以又规定“其父母许令分析者,听”[2]。到国民政府时期,1929 年、1930 年颁布的《民法》摒弃了反对分家的禁令,“系以夫妻子女为核心之小家庭而设想,家长家属关系已远非昔比矣”,规定“家属已成年或虽未成年而已结婚者,得请求由家分离”[3]。这从法律上承认了民间分家析产的事实。这一传统对土地分配产生了重要影响,陈旭麓在其名著《近代中国社会的新陈代谢》中指出:“更为常见的,则是因土地私有而发生的分家析产。……多产之家往往多妻姜子孙,而再多的田产也经不起一析再析,几代之后,集中的土地又会化整为零。这是和土地集中同时存在的另一种方向。与之相伴随的是:在对立的经济等级之间,其个别成员可以相互对流,即一部分人由贫转富,另一部分人则由富变贫。”[4]这一论断深刻地点破了自古以来中国地产分散的缘由。

冀中定县的分家析产和土地分配的关系,为此做了一个注脚。从 1929 年一项关于 515 家的调查发现,兄弟已经结婚但仍与父母或其他长辈一起同居者有 135 家,占总户数的 26.2%[5]。这一数据表明,除去同居共食之家,

---

①《史记》卷六八《商君列传》,中华书局 1982 年版,第 2230 页。
②田涛、郑秦点校:《大清律例》卷八《户役·别籍异财》,法律出版社 1999 年版,第 187 页。
③史尚宽:《亲属法论》,中国政法大学出版社 2000 年版,第 779、795 页。
④陈旭麓:《近代中国社会的新陈代谢》,上海人民出版社 1992 年版,第 5 页。
⑤李景汉:《定县社会概况调查》,第 142 页。

接近 80% 的家庭经历了分家析产的过程。这种惯常的分家行为，与中国人一向崇尚人丁兴旺的大家庭理想是相悖的，所以"一谈到分家没有人会理直气壮地认为这是应该的"，然而事实上又分开了，"多少要用不得已、不争气等宥词来表示行为和标准不合的苦衷"①。用农民的话说，"没法凑合了"。最常发生的是婆媳之间、妯娌之间的矛盾，并经常成为兄弟间争吵和分家的序曲。分家析产所导致的直接后果，是原来占地较多的富户的土地转向分散，原来占地较少的小农之家土地变得更少。土改档案资料为此提供了不少证据，如吴家庄村的吴云学家，1937 年前有地 50 亩，雇 1 个长工，每年还要雇 3 个短工，1937 年分家后，吴云学得到 24 亩地，半头牛②。原本是一家富农，分家后降为中农了。再如马家寨村的谷保田家，1947 年土改时为贫农团成员，而在他爷爷一辈还是大地主，有地 300 多亩。经过分家以及其他原因，到他这一辈，降成贫农团的一员了③。第八区的彭有方，与谷保田的情况类似，祖父一辈还是地主，到父亲和他这一辈就衰落成长工了④。官道庄村的马家，更是一个典型例子。1937 年前，马家是名副其实的大户，分为南院、北院。其中北院为马老贵、马老开、马老辰三兄弟，有土地 500 亩，自营 300 亩，出租 200 亩。每年雇 8 个长工，短工也有十几个。1938 年，三兄弟分家，每股的土地和财产降为以前的三分之一。1942 年"五一"日军大扫荡前后，又分为 10 股，马老贵 4 股，马老开 3 股，马老辰 3 股⑤。如此一分再分，马家北院由以前的 500 亩地变成每家50 亩，从一家大地主变为一般富农了。以上家境下降之例，虽不能说都是分家析产导致的，但分家析产一定是大地产难以维持的重要原因。

在分家析产的过程中，人口和家庭数量的增长对土地分散起了加剧的作用，以往相关研究对此也忽略了。第三章表 1 中的数据为此提供了有力的证据。清康熙朝到光绪朝 200 年间，定县全县人口由 58 380 人增至 213 319人，增长了近 3 倍。民国时期，1924 年定县人口接近 38 万，1934 年达到近

---

① 费孝通：《乡土中国·生育制度》，第 181 页。
② 《定县四区吴家庄工作情况》，1948 年，定州市档案馆藏，革命历史档案第 47 卷。
③ 定县县委：《平分通报》第 12 期，1948 年 1 月，定州市档案馆藏，革命历史档案第 94 卷。
④ 《定县县委关于划分阶级成分的指示》，1947 年，定州市档案馆藏，革命历史档案第 11 卷。
⑤ 《定县官道村基本情况》，1949 年，定州市档案馆藏，革命历史档案第 50 卷。

44 万。前后对比,1934 年定县人口比光绪时翻了一番,比雍正时增加了 1.5 倍,比康熙时翻了近三番。随着人口的增长,家庭数量也迅速上升,由康熙朝的 25 510 户,连续上升到光绪朝的 39 480 户、1934 年的 78 657 户,1934 年为雍正朝的 3 倍、光绪朝的 2 倍。而与此同时,耕地面积不仅没有增加,反而有一定程度的下降。康熙朝、雍正朝为 155.7 万余亩,道光朝降至 145.1 万余亩,此后到二十世纪三十年代初仅略有增加。从逻辑关系上说,耕地面积没有增加,而人口和家庭数量却增长了,意味着分家析产起了重要作用,土地占有趋于分散。对此现象,赵冈指出:"中国传统诸子均分家产的继承制度具有分解大田产的作用。然而这种作用的强弱要视人口增加的速度而定。继承制本身并没有固定的方向。如果人口的平均生育率是 2,刚够 replacement rate,人口总数不变,每户业主平均子女 2 人,一男一女,其中只有儿子可以继承家产,理论上继承制就发挥不了分解田产的作用。只有人口增加才能启动这个机制的作用,因为参加析产人数增加。"[①] 这一论断与陈旭麓所言相互支撑,解释力更强了。

第二,农民惜卖土地阻碍了地产的集中。

在传统中国农村,城镇就业出路很少,农民主要靠农业生存,土地具有极强的社会保障功能。农民对待土地像对待神一样,拼尽全力抓住和保护这个命根子,不会轻易出卖。对此,费孝通指出:"从出卖者方面说,非到万不得已时是不会把农田出卖的,所谓万不得已,就是需要现金交付而筹不到款的时候。"在此意义上,土地转让就"远不是单纯商品交易那么简单,而是代表了一种为生存的斗争"[②]。如果说分家析产对农家来讲是迫于无奈,土地出卖就更是万不得已了。即便因为度日糊口和生老病死而被迫出卖土地,也往往经过了抵押、典当,最终才是出卖的过程[③]。出卖土地也是零碎的,交易规模一般都比较小,购买者要想得到较大面积的整块土地,并不是一件轻

① 赵冈:《中国传统农村的土地分配》,第 162 页。
② 费孝通:《禄村农田》,《费孝通文集》第 2 卷,第 369、377、418 页。
③ 李金铮:《民国乡村借贷关系研究》,第 121—129 页;李金铮:《借贷关系与乡村变动——民国时期华北乡村借贷之研究》,第 76—79 页。有的较为富裕之家,出卖土地不一定是因为糊口和生老病死,也可能是为了解决其他问题而筹措资金。

而易举的事情。在定县李亲顾村，土改调查时农民常说的一句话就是："我这地来的不易呀！"① 这个"不易"就是一点一滴积累的意思。杨懋春在调查山东台头村时也发现："一个家庭从邻居那里买下的往往是小片土地，很少是整块土地。"② 可见，惜卖土地是个普遍现象。

实际的土地交易量，更证明了这一结论。二十世纪三十年代，定县"田地买卖，亩数多的也很少，平常几亩的居多数，不到一亩的也有"③。同样处于冀中的无极县，地主的起家大多也是点滴积累的结果，"剩余些钱，每年买几亩地，日积月累成了财主"④。南开大学经济研究所冯华德、李陵在调查定县契税时，整理出 1930—1933 年详细的土地交易数据，为此提供了有力佐证，见表 5：

表 5　冀中定县土地交易契约统计（1930—1933 年）

税契田地（亩）		契纸数（份）			
		买　契	推　契	典　契	合　计
1.0 以下	1930 年	1077	173	——	1250
	1931 年	1144	174	2	1320
	1932 年	1133	151	——	1284
	1933 年	876	90	——	966
1—4.9	1930 年	2954	541	4	3499
	1931 年	4350	724	3	5077
	1932 年	2473	454	5	2932
	1933 年	3060	479	43	3582
5—9.9	1930 年	454	136	2	592
	1931 年	947	228	——	1175
	1932 年	496	109	4	609
	1933 年	695	190	43	928

① 《定县李亲古（顾）土地改革示范村中几个经验的总结》，1946 年 10 月，定州市档案馆藏，革命历史档案第 11 卷。

② 〔美〕杨懋春著，张雄等译：《一个中国村庄：山东台头》，第 16—17 页。

③ 李景汉：《定县社会概况调查》，第 513 页。

④ 柳风和：《华北一个县的缩影——无极县农民状况》，《民间》1934 年第 1 卷第 8 期。

续表

税契田地（亩）		契纸数（份）			
		买　契	推　契	典　契	合　计
10—14.9	1930 年	43	20	——	63
	1931 年	138	39	——	177
	1932 年	66	22	5	93
	1933 年	120	31	12	163
15—19.9	1930 年	9	6	——	15
	1931 年	26	13	——	39
	1932 年	8	5	——	13
	1933 年	20	5	5	30
20—24.9	1930 年	1	1	——	2
	1931 年	10	7	——	17
	1932 年	4	1	——	5
	1933 年	10	2	1	13
25—29.9	1930 年	3	1	——	4
	1931 年	8	2	——	10
	1932 年	1	——	——	1
	1933 年	2	2	——	4
30—34.9	1930 年	2	——	——	2
	1931 年	1	3	——	4
	1932 年	3	——	——	3
	1933 年	2	——	——	2
35—39.9	1930 年	1	——	——	2
	1931 年	5	——	——	5
	1932 年	1	——	——	1
	1933 年	1	1	——	2
40—44.9	1930 年	——	——	——	——
	1931 年	1	——	——	1
	1932 年	1	1	——	2
	1933 年	1	——	——	1

税契田地（亩）		契纸数（份）			
		买　契	推　契	典　契	合　计
45 以上	1930 年	——	——	——	——
	1931 年	2	1	——	3
	1932 年	——	1	——	1
	1933 年	——	1	1	2
总　计	1930 年	4544	878	6	5428
	1931 年	6632	1191	5	7828
	1932 年	4186	744	14	4944
	1933 年	4787	801	105	5693

资料来源：1. 冯华德、李陵：《河北省定县之田房契税》，《政治经济学报》1936 年第 4 卷第 4 期。

　　据表 5 的显示和计算，土地交易绝大多数在 5 亩以下。1930 年 5 亩以下的交易占土地交易契纸总数的 87.5%，1931 年占 81.7%，1932 年占 85.3%，1933 年占 79.9%。在 5 亩以下的交易里面，1 亩以下的交易也不少，约在四分之一至三分之一之间。而 10 亩以上的交易，1930 年才占 1.6%，1931 年占 3.3%，1932 年占 2.4%，1933 年占 3.8%，比例都是很小的。史建云对近代华北农村土地买卖的研究也显示，土地交易以 1 亩以上 10 亩以下最为普遍①。定县土地交易的结果不仅与此吻合，而且 5 亩以下乃至 1 亩以下的土地交易更为常见。

　　土地交易的价格，也是反映交易规模的一个指标。仍是以上述 1930—1933 年定县土地交易的契纸为例，单次交易额最多者为 100 元以下，占契纸总数的 95%；其中主要又是 50 元以下者，1930 年占契纸总数的 67.3%，1931 年占 70.0%，1932 年占 58.6%，1933 年占 77.7%。单次交易额更低的 10 元以下者，1930 年为契纸总数的 20.9%，1931 年占 19.2%，1932 年占

---

①史建云：《近代华北土地买卖的几个问题》，王先明主编：《乡村社会文化与权力结构的变迁》，人民出版社 2002 年版，第 134 页。

27.8%，1933 年占 18.1%①。当时定县每亩土地的价格多在 50—100 元（普通田地平均为 53 元左右），那么 50 元以下能买 0.5 亩到 1 亩，10 元只能买一两分地②。大块土地的交易是极为鲜见的。

在以上情况下，土地交易频率虽不低，但主要发生在农民之间，以小块土地买卖居多，于是土地所有者较难积聚成为大地产者。

第三，整体经济和收入水平较低导致富户的土地购买力有限。

商品交易规模，除了超经济强制因素，一般都与经济发展和收入水平成正比例关系。土地交易也是如此。华北乡村生产力水平较低，农家收入不高，城镇工商业落后，城居地主力量相对弱小，诸此都限制了财富积累，限制了商品消费水平，也制约了土地交易尤其是大块土地交易，导致类似江南地区拥有数千亩甚至上万亩土地的大地主难以出现③。在定县，没有大的军阀官僚地主，意味着少有超经济强制的土地兼并力量。

与普通村民相比，工商业者比农民赚利大，购买土地的能力要强一些，但购买力也是有限的。1931 年，定县有作坊 203 家，平均每家每年赚利 1065 元，多者四五千乃至万元以上，但大多数在 400 元以下，占总家数的 75%，赚利 200 元以下者占总家数的 55%④。普通田地价格，如上所述每亩在 53 元左右，即便作坊利润全部用于购买土地，400 元也只能购买 7.5 亩；何况，家庭盈余不可能都用于购买土地。

至于普通村落，农家收入就更少了。1927—1932 年，翟城、大西涨等村平均每家收入不过数百元。除去各种开支，一般盈余仅十数元或数十元。数十元盈余，最多可购买半亩地。如果不是按平均数，而是按收入组分类，则收入 250 元以下者入不敷出，尚谈不到购买土地，收入较高者虽可以购买土

---

①冯华德、李陵：《河北省定县之田房契税》，《政治经济学报》1936 年第 4 卷第 4 期。

②李景汉：《定县土地调查（下）》，《社会科学》1936 年第 1 卷第 3 期；李景汉：《定县社会概况调查》，第 631 页。

③曹幸穗认为，即便是江南地区，也不能将地主势力过于夸大。有些地主进城后，反而放弃土地，投资工商业，从而导致土地占有分散。参曹幸穗：《旧中国苏南农家经济研究》，中央编译出版社 1996 年版，第 41—51 页。

④张世文：《定县农村工业调查》，第 219 页。

地，但也很有限。1928—1929 年定县 34 家，收入 250—350 元的农户盈余 45 元，收入 350 元以上者盈余 101 元，分别仅能购地 0.8 亩、1.9 亩。1931—1932 年定县 123 家，收入 400 元以上之家才有盈余，平均盈余六七十元，也只能购地 1 亩余[①]。

由上可见，定县乡村少有富有之家，购买力有限，土地交易规模不可能大。

此外还要注意，表 5 所涉及的土地交易，正值世界经济危机爆发时期，农产品价格下降，农家收入减少，于是各地广泛"出现了'卖地者多，买地者少'的局面"[②]，地价因此急剧下降。在此背景之下，定县也"随着全国一般的农村破产潮流，渐次发生经济恐慌。地价骤落，农民愿出卖田产者甚多"[③]。以中等水田为例，每亩价格由 1930 年的 79 元降至 1933 年的 38 元[④]。这一现象，反映了特殊历史时期农民惜卖土地的传统遭到一定的破坏。不过，与此对立的是，即使在农民卖地意愿增强的情况下，实际成交的土地契纸数量并未明显增加。如表 5 所示，1933 年比 1931 年还有所下降，每一次的交易规模仍然很小。这一方面表明，购买土地的力量并未因地价的下降而上升；另一方面，农民出卖土地的愿望虽比以前强烈，但每一次的出卖仍是零碎的，说到底依然是惜卖的，由此形成出卖与惜卖的矛盾。

第四，家庭手工业为小农土地所有的延续起了一定的辅助作用。

如果说整体经济水平低限制了土地购买财力的积累，而从事家庭手工业则使农户又有可能保住仅有的小块土地。以往学者在谈到家庭手工业时，一般都是从维护小农经营延续的视角出发，而很少从小土地所有制延续的角度进行论述。当然，维护了小农经营也就等于延续了小土地所有制，二者是一体两面的。

张世文对定县手工业的调查表明，二十世纪三十年代初，全县有农户

①李金铮：《收入增长与绝对贫困：近代冀中定县农民生活水平的量化分析》，《近代史研究》2010 年第 4 期。

②刘克祥：《1927—1937 年的地价变动与土地买卖》，《中国经济史研究》2000 年第 1 期。

③李景汉：《定县土地调查（上）》，《社会科学》1936 年第 1 卷第 2 期。

④李景汉：《定县经济调查一部分报告书》，第 95 页。

66 205 家、386 000 人,其中从事家庭工业者有 43 150 家、80 800 人,占总户数、总人数的 65.2%、20.9%。如以从事家庭手工业的农户计算,平均每家赚利 21 元;以所有农户计算,平均每家赚利 13.3 元。当时一个普通农户,年收入在 200 元左右,那么从事家庭工业的农户,赚利占到总收入的 10.5%;按所有农户计算,每家手工业赚利占总收入的 6.7%。不过,根据这一时期定县各业总产值的估算,手工业占 24%,与上述比例差别较大。尽管如此,其实都说明了一个现象,如果没有手工业的弥补,农民的生活将更加困难,是手工业巩固了小农经济的延续。以大西涨村为例,土地占有数量与从事手工业之间有着非常密切的关系,即随着土地占有的减少,从事家庭工业的人数占总人数的比例却逐渐增加,由 100 亩以上的 39%,增至 50—99 亩的 45.1%、25—49 亩的 58.3%、25 亩以下的 78.6%[1]。可见,“家庭工业的附加收入支持了没有足够土地的农民,使他们能生活下去”[2],手工业维护了小农土地所有制的延续。

以上四种因素的合力,推动了地权分散和地权稳定,从而使定县很难形成一个大的地主、富农群体,也不能形成地权不断集中的趋势。

三、土地分配的绝对集中

地权分配处于相对分散的状态,并不意味着土地分配关系是均衡的。之所以如此,根本在于土地制度的约束。中国自古以来以土地私有制为主,允许土地自由买卖,在经济上升与经济下降者连绵不断的交易之中,必然导致有的占地较多,有的占地较少乃至丧失土地,由此土地占有关系的集中是绝对的,分散是相对的。重要的是,土地占有不均达到何种程度。

第一,普通农民占地明显低于富有阶层。

在土地总量中,地主、富农所占比例不占优势,然而从人均占有数量来看,结果就不同了。表 3 中对翟城村的统计显示,人均占地地主 21 亩、富农

---

① 据张世文《定县农村工业调查》第 16、49—60、400 页资料整理。
② 费孝通:《中国绅士》,中国社会科学出版社 2006 年版,第 76—77 页。

9.1 亩、中农 3.15 亩、贫农 1.47 亩,地主为中农、贫农的将近 7 倍、15 倍。其他村庄的土改调查资料,也可作为佐证。在宿家佐,地主和富农人均占地 16.8 亩、中农 2.6 亩、贫雇农 3.0 亩,地主和富农为贫雇农的将近 6 倍;在土厚村,人均占地地主 21.2 亩、富农 14.8 亩、中农 2.4 亩、贫农 2.5 亩,地主为中农、贫农的近 9 倍;在清风店,人均占地地主和富农 9.3 亩、中农 4.0 亩、贫农 0.8 亩,地主和富农为贫农的 11 倍多;在王庄村,人均占地地主和富农 13.7 亩、中农 3.2 亩、贫雇农 0.6 亩,地主和富农达到贫雇农的 22 倍多[1]。以上数据表明,地主和富农的人均占地数远多于贫雇农,与土地相对分散的格局形成一定的反差。

将中农、贫农的人均土地和全县人均水平做一对照,也能够看出其占地之少。二十世纪三十年代初,定县全县人均有耕地 3.5 亩左右[2],而大多数村庄中农、贫农占有的土地达不到这个平均水平。当时人均 2.53 亩才能维持最低限度粮食消费,人均 3.8 亩维持最低限度的生活消费(包括粮食消费及其他各种开支)[3],以此标准来衡量,定县中农、贫雇农所占有的土地是明显不够的。这也就解释了,全县人均耕地虽然可以维持最低限度的粮食消费,距离最低限度的生活消费也比较接近,但为什么许多农民仍然是陷于贫困的,因为除了社会动荡等因素的影响以外,耕地不足显然是重要的原因。

更要注意的是,定县有的地主可称为较大地主或大地主,其占地数量比普通农民多出很多。1931 年,全县 453 村中 19% 的村有占地 300 亩以上的地主,共计 119 家,占地 49 266 亩,平均每户占地 414 亩。还有 2 个村,有占地 1000 亩以上者。城关地主占地的数量更大,占地 300 亩以上者有 13 家,合计占地 12 317 亩,平均每户占地 934 亩,最多的一户达到 3950 亩[4]。这些地主大多兼营工商业,财力相对雄厚,土地购买力较强。以上情况虽属于少

---

①据以下资料计算:《1936 年与 1953 年农村经济变化情况典型调查表》,定州市档案馆藏,革命历史档案第 35 卷;《土厚村一般情况》,1949 年,定州市档案馆藏,革命历史档案第 50 卷。

②李景汉:《定县土地调查(上)》,《社会科学》1936 年第 1 卷第 2 期;冯华德、李陵:《河北省定县之田赋》,《政治经济学报》1936 年第 4 卷第 3 期。

③李金铮:《也论近代人口压力:冀中定县人地比例关系考》,《近代史研究》2008 年第 4 期。

④李景汉:《定县土地调查(上)》,《社会科学》1936 年第 1 卷第 2 期。

数,但在一定程度上导致了土地分配的集中。

第二,从户均土地分组看土地分配集中。

按占地数量的多少分组,对应户数比例,也能反映土地分配的集中程度。定县土地大小分配情况见表6:

表6　冀中定县土地大小分配(1930—1931年)

平均每家土地(亩)		1930年第一区 71村	1931年第二区 63村	1931年 134村	1931年 453村
无田	家数(户)	1026	699	1725	4861
	百分比 (%)	15.65	8.67	11.80	7.16
25以下	家数(户)	3892	4829	8721	45 169
	百分比 (%)	59.37	59.90	59.66	66.56
	亩数	50 176	44 963	95 139	405 435
	百分比 (%)	35.43	24.67	29.37	33.56
25—49.9	家数(户)	1060	1624	2684	12 117
	百分比 (%)	16.17	20.14	18.36	17.85
	亩数	37 544	50 359	87 903	344 465
	百分比 (%)	26.51	27.63	27.14	28.51
50—99.9	家数(户)	437	715	1152	4387
	百分比 (%)	6.67	8.87	7.88	6.46
	亩数	30 889	48 146	79 035	261 009
	百分比 (%)	21.81	26.41	24.40	21.60
100—299.9	家数(户)	131	171	302	1212
	百分比 (%)	2.00	2.12	2.07	1.79
	亩数	18 703	27 654	46 357	154 402
	百分比 (%)	13.21	15.17	14.31	12.78

续表

平均每家土地（亩）		1930 年第一区 71 村	1931 年第二区 63 村	1931 年 134 村	1931 年 453 村
300 及以上	家数（户）	9	24	33	119
	百分比（%）	0.14	2.98	0.23	0.18
	亩数	4314	11 167	15 481	42 881
	百分比（%）	3.05	6.13	4.78	3.55
总　计	家数（户）	6555	8062	14 617	67 865
	百分比（%）	100.00	100.00	100.00	100.00
	亩数	141 626	182 289	323 915	1 208 192
	百分比（%）	100.00	100.00	100.00	100.00

资料来源：1. 李景汉：《定县土地调查（上）》，《社会科学》1936 年第 1 卷第 2 期；2. 李景汉：《定县社会概况调查》，第 649、663 页（原始资料为旧制亩，折合为市亩）；3. 陈翰笙：《现代中国的土地问题》，汪熙、杨小佛编：《陈翰笙文集》，第 48 页。笔者对有关数据进行了整理和计算。

　　由表 6 可以发现，有地 25 亩以下的小田产者，占总户数的 60% 左右，却仅占有 33.56% 左右的土地；还有一些农户没有土地，占总户数的 7% 以上。而且，据李景汉的调查，越是靠近城关，经济越是发达的地方，无地户的比例越大。在城关所属的第一区，无地户占总户数的 15.7%，为其他 5 个区的两三倍[1]。

　　第三，从基尼系数看土地分配不均的程度。

　　基尼系数原本是用于衡量一个国家或地区居民收入差距的指标，最大为"1"，最小等于"0"，越接近 1 越表明收入分配贫富分化越严重。用此方法，也可衡量其他现象的差别程度，土地分配就是如此。对表 6 所列四个区域的统计数据，可做基尼系数的计算，其中 63 村为 0.539，71 村为 0.495，134 村为 0.518，全县 453 村为 0.476。按基尼系数测定标准，基尼系数如果

①李景汉：《定县土地调查（上）》，《社会科学》1936 年第 1 卷第 2 期。

在 0.2 以下,分配属于绝对平均;0.2—0.3 之间,分配比较平均;0.3—0.4 之间,分配相对合理;0.4—0.5 之间,分配差距较大;0.5 以上,分配差距悬殊。在所有基尼系数分段中,一般以 0.4 作为警戒线。据以上标准来衡量,定县的土地分配,从全县来看,属于分配差距较大,但又没有达到恶性集中的程度。

第四,普通农民土地的质量不如地主。

同样面积的土地,因质量不同而有不同的价值,土地占有质量的构成也可作为衡量土地分配关系的一个标准。表 7 为对 1940 年定县李村店村土地质量分配的统计:

表 7　冀中定县李村店村土地质量分配(1940 年)

平均每户土地		10 亩以下	10—20 亩以下	20—50 亩以下	50—100 亩以下	100 亩以上	合　计
总家数(户)		128	111	58	9	3	309
土地总面积(亩)		750.11	1586.04	1870.68	590.55	392.40	5189.78
水浇地	面积(亩)	499.12	930.18	1351.60	519.05	370.80	——
	占本阶层土地百分比(%)	66.50	61.75	72.26	87.89	94.50	——
旱地	面积(亩)	251.28	576.09	518.95	71.52	21.60	——
	占本阶层土地百分比(%)	33.50	38.25	27.74	12.11	5.50	——

资料来源:1.〔日〕石井俊之:《事变下的北支农村——河北省定县内一农村实态调查报告》,第 1—2 页。

水浇地是比较优质的土地。从表 7 可见,有地 20 亩以下的农户,水浇地占其土地的 61.18%;有地 50 亩以上者,水浇地比例增至 90.52%。占地越多,水浇地比例也越大,拥有的优质土地也越多,从另一个侧面反映了土地分配的集中。

土地占有的绝对集中,意味着前述所谓自耕农占优势带有一定程度的假象。在华北农村,农业生产水平不及水田区域,每一劳动力能够耕种更多的土地,占地较多的地主不一定出租,而是选择自己经营。因此,一些自耕农是想租土地但又租不到土地的农民[①]。基于此，陈翰笙指出，中国的经济学者都以为自耕农是自给自足的，其实这是远于事实的见解，在黄河及白河两流域间，自耕农很占优势，然而大多数和贫农一样，所有的土地不足耕种[②]。对此，李景汉也有较深的体会，他一方面认为定县的自耕农比例很大，但又表示"其离平均的程度尚远"，"土地分配的不均状态也是很显然的"[③]。

　　综上以观，所谓土地分散更多是针对传统观点的一种反正，仅具相对意义。在相对分散的同时，土地分配仍是绝对集中的，地主和富农占有较多土地，普通农民占有较少土地。在土地交易过程中，由于分散与集中的两股力量同时存在，使得土地分配格局基本上维持一个比较稳定的状态。对于如何有效地解决土地分配集中的问题，历史上从未停止过争论。二十世纪二十至四十年代更是如此，无论是马克思主义学者还是资产阶级学者，大多主张进行土地改革，区别在于方式是革命的还是改良的。其实，即便是温和的改革派，也认为平均分配土地是有必要的，因为它可以增加没有土地或占地较少者的耕地面积，从而提高其生活水平。费孝通即持此看法："如果因为土地的再分配不会增加很多农业土地，所以就认为人民拥有自己的土地也不能提高自己的福利，这种想法是错误的。……这将使得他们保持最低的幸福标准，'不受饥挨冻'。"[④] 就定县而言，如果平分土地，至少可以使 10% 的无地农户乃至 50% 左右占地不足平均数的农户获得人均 3.5 亩、户均 20 亩左右的土地，由此不仅可以使他们维持最低限度的粮食消费，也可基本维持最低限度的生活消费。正是在此意义上，贫苦农民充满着对土地和财富的渴望，并构成中共土地改革的社会经济基础。

[①] 冯和法编：《中国农村经济资料》，黎明书局 1933 年版，第 128—129 页；金轮海：《中国农村经济研究》，中华书局 1937 年版，第 45 页。

[②] 陈翰笙：《现代中国的土地问题》，汪熙、杨小佛编：《陈翰笙文集》，第 47 页。

[③] 李景汉：《中国农村问题》，第 39 页；李景汉：《定县土地调查（上）》，《社会科学》1936 年第 1 卷第 2 期。

[④] 费孝通：《中国绅士》，第 75 页。

第五章　五口之家及其社会经济成因

家庭规模指家庭的人口数量和代际关系,是小农经济模式的一个表征。它既受到小农经济基础的制约,反过来也对小农经济的运行产生影响。在汉语中,"家"字源远流长,其本义是"家族",表示一个以血缘聚居团体为基础的财产单位[1]。与此不同,按现代人口学的解释,家庭是以婚姻为基础,以血缘为纽带的社会组织细胞,家庭成员是以户主为中心的具有亲属关系的同居、合财、共食者,亦即经济独立之家才是现代意义的家庭。人口众多、多世同堂的大家庭,曾被西方学者视为传统中国家庭的常态,也是中国近代革命者批判封建传统的重要标志。在历史上,这种大家庭的确存在过,直至清代仍然如此。不过,有的大家庭并不符合现代家庭特征,"同居共活"但不共食,仅在财产上有一定的联系[2]。到民国时期,仍有住在一处,血缘关系密切,但既不共财也不共食的家庭[3]。

以现代家庭概念来衡量,中国历史上的家庭规模究竟如何呢? 二十世纪二三十年代,一些社会学家、经济学家对此给予了充分关注,提出家庭规模并非很大的结论。改革开放以来,学界的研究也越来越倾向二十世纪

①梁颖:《"家"字之谜及其相关问题》,《广西师范大学学报(哲学社会科学版)》1996年第4期。

②张国刚:《唐代家庭与家族关系的一个考察》,《中国社会历史评论》第3卷,中华书局2001年版,第111页。

③李景汉:《京兆农村的状况》,《现代评论》1926年第3卷第71期。

二三十年代学者所得出的结论[①]。本书对冀中定县家庭规模的研究，可为这一问题贡献一得之见。定县调查资料中的家庭比较符合现代家庭的含义，李景汉说："家庭系包括一切共同生活之人口而言，但佣工及同居之客人未计算在内。……凡已脱离密切经济关系者，虽在同院居住之父子或弟兄，亦不视为一家。"[②]

一、家庭人口平均规模

人口数量是衡量家庭规模的一个重要指标。从定县全县范围的估计或

[①] 关于中国近代家庭人口与家庭结构的研究，相关成果主要有，傅建成：《民国时期华北农村家庭研究》，西北大学出版社 1993 年版；葛剑雄主编：《中国人口史》，复旦大学出版社 2001 年版；姜涛：《人口与历史——中国传统人口结构研究》，人民出版社 1998 年版；王跃生：《社会变革与婚姻家庭变动—— 20 世纪 30—90 年代的冀南农村》，生活·读书·新知三联书店 2006 年版。以上成果对家庭规模形成的原因，尚未做全面的研究。台湾及海外学者的认识也发生了变化，如有台湾学者指出："在一九五〇年以前，研究中国家庭的社会科学家都要在他们的论文中严斥中国人是以四代同堂的大家庭为主的说法，但是在一九五〇年以后，学者们已无需再作这样严正的驳斥，因为大部分的人都已同意，所谓'大家族'、'联合家族'以至于'扩展家族'等等都只是中国人对家族形态的一种理想而已。"参李亦园：《李亦园自选集》，上海教育出版社 2002 年版，第 164、167 页。英国人类学家弗里德曼 1957 年也指出："最近十年间，在讨论汉人家庭系统的时候，直言不讳地批评'大'或者'联合'家庭是汉人的典型家庭等陈旧观点，人们几乎是习以为常了。"参莫里斯·弗里德曼著，刘晓春译：《中国东南的宗族组织》，上海人民出版社 2000 年版，第 26 页。但仍有学者坚持了传统意见，如美国学者柯恩 1965 年在对台湾美浓镇客家人村落的调查中发现，68 个家庭中有 22 个属于联合家庭，占 32.4%；如以人数计，689 个村民中有 377 人生活于联合家庭，比例达到 54.7%。参 Myron L . Cohen , "Variations in Complexity Among Chinese Family Groups : The Impact of Modernization", *Transactions of the New York Academy of Sciences* , Vol.29 , No5, 1967. 另一学者沃尔夫对 1905—1945 年台湾北部海山区的研究也表明，大家庭几乎占 25%，其中 1936 年为 30%；若以人数计算，则占总人数的 40%，1936 年超过 51.7%。他指出，海山区居民的平均家庭人口并不比中国其他地区的平均户量高多少。转引自李亦园：《李亦园自选集》，第 166 页。不过，柯恩在论文中引用了甘林(Gallin. B)对台湾中部一个村落的研究成果，指出联合家庭仅占总家数的 5%，占人家总数的 10%，大家庭只是少数。参 Gallin. B., Hsin Hsing , *Taiwan: A Chinese Village in Change*, University of California Press , Berkeley and Los Angeles, Calif, 1966, p.138.

[②] 李景汉：《农村家庭人口的统计分析》，《社会科学》1936 年第 2 卷第 1 期。二十世纪二十年代后，社会学者、经济学者所做的家庭、人口调查，都对此做了科学划分。

调查的数据,大致可以算出定县家庭人口的平均规模。

在清代,道光《直隶定州志》记载,道光二十九年(1849)全县有 35 458 户、208 209 人,平均每户 5.87 人[①]。到光绪初年,《畿辅通志》记载,全县增至 39 480 户、213 319 人,平均每户 5.40 人[②]。

进入民国后,1923 年,据定县教育局调查,全县增至 75 208 户、376 040 人,平均每户 5 人。1924 年,也是该局的调查,全县有 75 425 户、378 404 人,平均每户 5.02 人[③]。1931 年,县政府奉河北省清乡局之命办理户口调查,目的是清理枪支,肃清匪患,结果是全县有 62 138 户、303 127 人,平均每户 4.88 人[④]。

李景汉主持的定县调查较为准确,1931 年,全县共有 70 034 户、400 000 人,平均每户 5.71 人[⑤];1934 年,全县共有 78 657 户、439 259 人,平均每户 5.59 人[⑥]。除了对全县人口的调查,李景汉还开展过较小规模的调查,如 1930 年对 65 村的调查,共有 5255 户、30 642 人,平均每户 5.83 人[⑦]。

上述统计表明,近代之后直至二十世纪上半期,定县家庭人口始终为 5 人左右,处于规模较小的稳定状态。对此结果,李景汉颇感惊奇:"这个平均数目在这盛行大家庭制度的农村社会并不算高……出乎许多人意料之外。"[⑧]

全国其他地区与定县一样,家庭人口规模也比较小。在华北农村,各地家庭规模多为 5 人左右[⑨]。进一步扩大范围,据国民政府内政部统计处等机

---

① 〔清〕宝琳:《直隶定州志》卷二〇《政典·赋役》。

② 〔清〕黄彭年:《畿辅通志》卷九六《经政略》,宣统三年石印本。

③ 李景汉:《定县社会概况调查》,第 121—122 页。

④ 李景汉:《从定县人口总调查所发见之人口调查技术问题》,《社会科学》1937 年第 2 卷第 3 期。

⑤ 李景汉:《定县土地调查(上)》,《社会科学》1936 年第 1 卷第 2 期。

⑥ 李景汉:《从定县人口总调查所发见之人口调查技术问题》,《社会科学》1937 年第 2 卷第 3 期。

⑦ 李景汉:《华北农村人口之结构与问题》,《社会学界》1934 年第 8 卷。

⑧ 李景汉:《定县农村人口分析与问题》,《民间》1936 年第 1 卷第 2 卷。

⑨ 傅建成:《社会的缩影——民国时期华北农村家庭研究》,第 55—62 页。

构的调查，全国平均每家人口，1912 年为 5.3 人，1928 年也是 5.3 人，1936 年为 5.6 人，1946 年为 5.4 人 [1]。卜凯有两个较大范围的调查，结果显示，1921—1925 年 7 省 16 处，平均每家有 5.65 人 [2]；1929—1931 年 16 个省、119 个地区，平均每家有 5.3 人 [3]。费孝通对江苏江村进行调查后，发出了与李景汉一样的感慨：“尽管大部分对中国的研究强调中国大家庭制度的重要性，但非常奇怪，在这个村里，大家庭很少。” [4]

如果进一步回溯历史，二十世纪二三十年代的家庭规模与历代王朝统治时期相差不多。梁方仲的统计表明，从西汉平帝元始二年（公元 2 年）到清末宣统三年（1911），能够计算出户均人口的数据有 70 个，其中以平均每家 5 人左右最为常见，有 45 个 [5]。更可注意的是，与欧洲国家相比，中国家庭的人口规模并无太大的差异。如英国在十七—二十世纪平均每家约有 4.75 人，到第一次世界大战之前为 5 人 [6]。

不仅如此，家庭规模还有所减小。人口学家陈达发现，民国以来“大家庭有逐渐减少的趋势” [7]。定县 65 村的调查显示，1930 年人口最多的一家有 65 人，到 1935 年人口最多的一家降至 49 人。张折桂在对大王褥村人口调查后也认为：“农村家庭，虽不能说渐趋崩破，却已入于缩减途程中。” [8] 其他地方也有同样的现象。李景汉对河北武清县的调查表明，“大家庭一年少一

---

[1] 内政部统计处：《全国户口统计总表》,《户口统计》,1938 年版；内政部统计处：《各省市乡镇保甲户口统计》,1946 年版，第 1—2 页；实业部中国经济年鉴编纂委员会：《中国经济年鉴》上，第 C18、C21 页。

[2] 〔美〕卜凯著，张履鸾译：《中国农家经济》，第 442 页。

[3] 〔美〕卜凯主编，乔启明等译：《中国土地利用》，第 499 页。

[4] 费孝通：《江村经济》，第 22 页。

[5] 据梁方仲《中国历代户口、田地、田赋统计》（上海人民出版社 1980 年版）甲表 1 资料计算。梁先生对宋代家庭规模平均为 2 人左右的统计有误，实际仍为 5 人左右。参姜涛：《人口与历史——中国传统人口结构研究》，第 308 页。

[6] 〔奥〕M. 米特罗尔、雷音哈德·西德尔著，赵世玲等译：《欧洲家庭史》，华夏出版社 1987 年版，第 25 页；〔英〕亚·莫·卡尔—桑得斯著，宁嘉风译：《人口问题——人类进化研究》，商务印书馆 1983 年版，第 332 页。

[7] 陈达：《现代中国人口》，天津人民出版社 1981 年版，第 33 页。

[8] 张折桂：《定县大王褥村人口调查》,《社会学界》1931 年第 5 卷。

年,小家庭一年多一年。"①

二、家庭人口规模的差异性

"为了研究较大的单位,把各种数字加以平均,很可能就会掩盖这个单位内部极为主要的差异。"② 以上所述主要是家庭人口规模的平均状况,还有三个差异值得注意。

第一,不同地方家庭人口规模的差异。

以 1934 年定县人口为例,有关家庭数量、人口及平均每家人口情况见表 8:

表 8 冀中定县家庭数量、人口及平均每家人口(1934 年)

区 别	家庭数量(户)	人口(人)	平均每家人口(人)
城内	2335	12 572	5.38
三关及车站	1101	6114	5.55
第一区	15 605	92 815	5.95
第二区	15 749	84 990	5.40
第三区	18 896	97 553	5.16
第四区	10 937	59 879	5.47
第五区	14 034	85 336	6.08
总计 / 平均	78 657	439 259	5.58

资料来源:1. 李景汉:《从定县人口总调查所发见之人口调查技术问题》,《社会科学》1937 年第 2 卷第 3 期。

如表 8 所示,全县除了城内、三关及车站外,共分五个自治区。平均每家人口,以第五区为最多,有 6.08 人,其他依次为第一区 5.95 人、第四区5.47 人、第二区 5.40 人、第三区 5.16 人。可见,即便在一县之内,不同地方平均每家人口的数量也有差别。

---

① 李景汉:《京兆农村的状况》,《现代评论》1926 年第 3 卷第 71 期。
② 〔美〕柯文著,林同奇译:《在中国发现历史——中国中心观在美国的兴起》,中华书局1989 年版,第 124 页。

如将定县家庭人口规模与其他地区比较,则可发现定县比南方农村略大。二十世纪三十年代的调查表明,江苏句容县平均每家人口为 4.89 人,江宁县为 4.77 人,浙江兰溪县为 4.88 人,都小于定县[①]。卜凯主持的 1929—1933年 16 个省份的调查也显示,北部地区(河北、河南、山西、山东、陕西、绥远、安徽)平均每家有 5.55 人,南部地区(江苏、浙江、福建、江西、湖北、广东、贵州、安徽、四川、云南)平均每家有 5.08 人[②],北方农村家庭规模比南方大。这种现象并非此时才有,而是自古有之,如宋代,北方户均为 9 人,南方户均为 6 人[③]。

第二,不同村庄家庭人口规模的差异。

仍以 1934 年定县的人口为例,有关家庭人数、村数及其比例见表 9:

表 9　冀中定县家庭人数、村数及其比例(1934 年)

平均每家人数(人)	村数(个)	百分比(%)
3.50 以下	1	0.21
3.50—3.99	6	1.28
4.00—4.49	16	3.41
4.50—4.99	59	12.58
5.00—5.49	100	21.32
5.50—5.99	106	22.60
6.00—6.49	89	18.98
6.50—6.99	50	10.66
7.00—7.49	25	5.33
7.50—7.99	13	2.77
8.00—8.49	2	0.43
8.50—8.99	2	0.43
总　计	469	100.00

资料来源:1. 李景汉:《从定县人口总调查所发见之人口调查技术问题》,《社会科学》1937 年第 2 卷第 3 期。

①李景汉:《从定县人口总调查所发见之人口调查技术问题》,《社会科学》1937 年第 2 卷第 3 期。

②〔美〕卜凯主编,乔启明等译:《中国土地利用》,第 513 页。

③程民生:《宋代家庭人口数量初探》,《浙江学刊》2000 年第 2 期。

由表9可知,定县大多数村庄平均每家人口数集中在4.5—7人之间。其中,以平均每家5.50—5.99人的村庄最多,其后为5.00—5.49人、6.00—6.49人、4.50—4.99人的村庄。

第三,不同家庭的人口规模不同。

还是以1934年定县的人口为例,有关家庭人数、家庭数量及比例见表10:

表10　冀中定县家庭人数、家庭数量及其比例(1934年)

家庭人数(人)	家庭数量(户)	百分比(%)	家庭人数(人)	家庭数量(户)	百分比(%)
1	4936	6.28	24	61	0.08
2	7814	9.93	25	35	0.04
3	10 382	13.20	26	31	0.04
4	12 315	15.66	27	39	0.05
5	11 354	14.43	28	23	0.03
6	9120	11.59	29	16	0.02
7	6337	8.06	30	10	0.01
8	4415	5.61	31	16	0.02
9	2988	3.80	32	11	0.01
10	2222	2.83	33	7	0.01
11	1641	2.09	34	4	
12	1185	1.51	35	7	
13	897	1.14	36	6	0.03
14	638	0.81	37	4	
15	537	0.68	38	4	
16	459	0.58	40	3	
17	291	0.37	41	1	
18	227	0.29	45	2	0.01
19	168	0.21	46	2	
20	131	0.17	49	1	
21	135	0.17			
22	95	0.12	家庭数量总计	78 657	100.00
23	87	0.11			

资料来源:1.李景汉:《从定县人口总调查所发见之人口调查技术问题》,《社会科学》1937年第2卷第3期。

由表 10 可见,在所有家庭人口规模中,以 4 人之家最多,占总户数的 15.66%；其次是 5 人之家,占 14.43%；再次为 3 人之家,占 13.20%。总计 6 人以下之家,占家庭总数的 71.09%,7 人以上之家的比例锐减,超过 10 人（含）以上之家仅占 11.42%,超过 20 人（含）之家更降至 0.91%。

不无巧合的是,全国其他大多数省区也是以 4 人之家为最多。卜凯主持的 16 省调查表明,4 人之家占家庭总数的 19%,在所有家庭规模中比例最大；7 人以上之家明显下降,10 人以上之家就更少了,仅占家庭总数的 6.8%[1]。

不过,与新中国成立后相比,这一时期还是有一些大家庭的。1934 年,定县全县 20 人以上的家庭有 731 家,最多的一家有 49 人。董时进调查河北 2.5 万农家后也发现,尽管 5 人上下之家最普通,但"大家庭,乡间仍未绝迹也"[2]。

三、家庭类型与代际规模

家庭类型和代际规模是衡量家庭规模的又一重要指标。

依人口社会学理论,家庭类型有核心家庭、直系家庭、复合家庭等三种形式,且都有相应的代际关系。核心家庭由一对夫妻与其未婚子女组成,属两代人的小家庭；直系家庭又称主干家庭,由父母和一个已婚子女及其后代组成,属三代人的中型家庭；复合家庭又称联合家庭,是两个以上核心家庭组成的未分家的大家庭,多在三代或三代以上[3]。一般认为,只有复合家庭才能称为大家庭,如潘光旦说："所谓之大家庭制,当然指不特祖孙父

---

① 〔美〕卜凯主编,乔启明等译：《中国土地利用》,第 512 页。
② 冯和法编：《中国农村经济资料续编》,第 143 页。
③ 张研认为,相当于复合家庭的两三代的宗系家庭以及四代以上的祖系家庭,由于其特征是宗、祖系血亲和实际上往往家各存私,则绝大多数应放到"家族"中讨论。参张研：《清代社会的慢变量：从清代基层社会组织看中国封建社会结构与经济结构的演变趋势》,第 35—36 页。

子同居,且兄弟叔侄亦长久相处,甚者或生计上完全成一个体。"[1]也有学者认为,核心家庭以外都是大家庭,卜凯即持此说,他认为大家庭制度"除过家长自己、妻和未婚之儿女外,还有其他同居同食的亲属"[2]。费孝通也指出:"我们的所谓大'家庭'……就是成年的儿子并不一定离开他们的父母,甚至结了婚,连同妻子都跟他们父母同住在一起。"[3]乔志强也认为,除了核心家庭和一对夫妻或鳏寡孤独单身户的缺损家庭,都是大家庭[4]。王跃生持类似看法,他认为"大家庭为以直系家庭和复合家庭为主流的家庭形式"[5]。

尽管家庭代际、家庭成员复杂程度与家庭人口数量成正比例关系,但有的也不完全吻合,人口数量较少的家庭不见得就是核心家庭,而有可能是直系家庭乃至复合家庭。对此,费孝通解释道:"一个有十多个孩子的家并不构成'大家庭'的条件,一个只有公婆儿媳四个人的家却不能称之为'小家庭'。在数目上说,前者比后者为多,但在结构上说,后者却比前者为复杂,两者所用的原则不同。"[6]李景汉1929年对北平郊外挂甲屯的调查也提供了有益的发现,"在西洋社会的家庭里除去夫妻及子女外少有其他人口。中国的家庭虽不甚大,但同居的人口关系与西方社会的家庭比较很有分别",其他亲属种类尤其是已婚兄弟及其父母共同生活的现象,表明大家庭制度的存在[7]。可见,家庭人口规模较小不能完全与小家庭类型画等号,大家庭制度仍然存在,这是一个看似矛盾实则统一的独特现象。

那么,各种类型的家庭所占比例如何呢? 1930年,对定县65村5255家的调查为此提供了详细的统计资料,见表11:

---

① 潘光旦:《中国之家庭问题》,新月书店1929年版,第42页。
② 〔美〕卜凯著,张履鸾译:《中国农家经济》,第430页。
③ 费孝通:《乡土中国·生育制度》,第178页。费孝通对于大家庭也基本持此看法。参费孝通:《江村经济》,第21页。
④ 乔志强主编:《近代华北农村社会变迁》,人民出版社1998年版,第108页。
⑤ 王跃生:《十八世纪中国婚姻家庭研究》,法律出版社2000年版,第268页。
⑥ 费孝通:《乡土中国·生育制度》,第38页。
⑦ 李景汉:《北平郊外之乡村家庭》,商务印书馆1929年版,第17页。

表 11　冀中定县 65 村 5255 家的家庭关系及其人口数量（1930 年）

家庭关系	人口数量（人）	百分比（%）
男家主	5044	16.46
女家主	211	0.69
妻子	4014	13.10
未婚子	3907	12.75
未婚女	3427	11.18
已婚子	2430	7.93
儿媳	2393	7.81
孙子	1808	5.90
孙女	1512	4.93
兄长	84	0.27
弟弟	1074	3.50
嫂子	103	0.34
弟媳	683	2.23
侄子	911	2.97
侄女	472	1.54
父亲	211	0.69
母亲	1317	4.30
祖父	6	0.02
祖母	64	0.21
曾祖父	0	0.00
曾祖母	0	0.00
其他	971	3.17
总　计	30 642	100.00

说明："其他"包括曾孙、曾孙女、堂兄、堂弟、叔父、叔母等家庭关系。

资料来源：1. 李景汉：《农村家庭人口的统计分析》，《社会科学》1936 年第 2 卷第 1 期。

　　由表 11 可见，以家主、妻子、未婚子女构成的核心家庭的人口数量占家庭总人口的 53.60%，这是以小家庭为主的家庭类型。也有的家庭，以家主为核心之上下各辈的亲属名目达到 56 种，这一定是典型的大家庭了。

　　1929 年对 515 家 3571 人的调查结果,与上一调查类似。这些家庭中的亲属种类多达 41 种,表明大家庭制度仍在延续,但家主、妻子和未婚子女有 2161 人,占家庭总人口的 60.5%,又表明核心家庭居于主要地位。按辈分计算,一辈人之家有 13 家,占总户数的 2.5%;两辈人之家有 252 家,占总户数的 48.9%;三辈人之家有 207 家,占总户数的 40.2%;四辈人之家有 42 家,占总户数的 8.2%;五辈人之家仅有 1 户,占总户数的 0.2%。在所有家庭中,兄弟皆已结婚而同居者有 135 家,占总户数的 26.2%,这些家庭都属于复合家庭类型,此外 73.8% 的家庭为核心家庭与直系家庭[①]。1929 年对定县大王褥村 404 家的调查,结果也大体如此。调查者以世代和世系计算家庭规模,世代指家长、家长的子女、孙子以及家长的父母、祖父母等;世系指家长和家长的姊妹兄弟以及叔伯姊妹兄弟等,其公式为:以男子已婚者为 1 代,未婚者为 0.5 代;如以家长本身为一代,其父亲及叔伯列入上一代,其子如已结婚便为下一代,否则以 0.5 代计算;家长本身及其子女为一世系,已婚兄弟一人为一世系,未婚兄弟一人为 0.5 世系。按此计算,世系方面以 1 为最多,平均为 1.2,占家庭总数的 73.4%,说明已结婚的兄弟“不是都居在一块,而是分开的,各系过各系的生活”;世代方面以 1.5 为最多,平均为 1.87,占家庭总数的 47.5%。家长和未婚子女或家长和他的残缺父母同居者占大多数,家长和已婚儿女居住在一起的情况并不常见[②]。

　　家庭类型以核心家庭为主,也可从其他地区的调查得到佐证。譬如,1937 年蒋旨昂对河北昌平县卢家村的调查显示,该村共 55 家,以父母和未婚子女组成的 1.5 代家庭最多,有 27 家,占总家数的 49.1%;如以行系而言,家主及其直系亲属为 1 行,非直系亲属为异行,则以 1 行的家庭最多,有 43 家,占家庭总数的 78.2%,“一对无兄弟同住的夫妇,和他们的未婚子女同住的家为最多”[③]。

---

① 据李景汉《定县社会概况调查》第 139—140 页资料计算。

② 张折桂:《定县大王褥村人口调查》,《社会学界》1931 年第 5 卷。

③ 蒋旨昂:《卢家村》,《社会学界》1934 年第 8 卷。卜凯主持的 7 省调查却认为,大家庭占农家总数的 64%。参〔美〕卜凯著,张履鸾译:《中国农家经济》,第 430 页。他没有提供计算大家庭的方法,很可能是按其所谓核心家庭以外都是大家庭的概念计算的。（转下页）

从发展趋势上看，家庭类型也有简化之势。冯和法指出："大家庭制度在中国历史上虽曾存在，而且现在还有残留，但自一般言之，随着商业资本的发达，农民流动化开始，大家庭制度已日就衰落。"[1] 当然，与欧美国家盛行的夫妻与未婚子女的小家庭相比，中国核心家庭的比例仍是较低的。

四、家庭规模较小的社会经济成因

尽力扩大家庭规模，并维持扩大了的家庭，是传统中国社会的理想家庭模式。在此意义上，李景汉认为中国仍属于大家庭制度[2]。直至二十世纪上半期，仍有一些大家庭存在，就表明大家庭制度的惯性。然而，如前所述，人口较少的小家庭始终居于统治地位，近代以后还出现了家庭人口规模进一步减小的趋势。那么，为什么小家庭占居优势，哪些因素制约了家庭规模的扩大呢？

第一，小农经济与家庭规模。

小农经济是制约家庭规模扩大的决定性因素。在一个以传统农业经营

（接上页）他主持的另一项对 16 省的调查又显示，核心家庭最多，占家庭总数的 69.7%。参〔美〕卜凯主编，乔启明等译：《中国土地利用》，第 509 页。两个调查的结果出入颇大，按严格的家庭类型概念来理解，后一调查是比较准确的。乔志强也按核心家庭以外都是大家庭的概念来计算 1861 年山东宁海州的家庭，大家庭占总户数的 62.43%，由此他认为大家庭制度不仅是一种理论，也是一种现实。参乔志强主编：《近代华北农村社会变迁》，第 109 页。

[1] 冯和法编：《农村社会学大纲》，黎明书局 1934 年版，第 127 页。

[2] 李景汉：《定县社会概况调查》，第 136 页。然而，"到底中国式的大家庭制度与西洋式的小家庭制度比较起来，哪一种更适合中国的社会呢"？李景汉认为"很不容易圆满下结论"，但他比较倾向于大家庭，"在中国的乡村社会里，大家庭的优点是容易理会的。大家庭内有同气连枝的关系，人们发生互动的精神。家中许多人共同经营田地，少雇工人，是极经济的。乡间每家的田亩本就很少，且大多数的地块小得厉害。大家庭能保存大块田地，不致分裂的过于零星。在中国社会事业尚没有大发展的时候，大家庭替社会维持许多慈善救济等事业。一个良好的社会须有一种道德来维持。有许多中国人所视为道德的是与大家庭制度有关系的。如果旧道德有维持的必要，大家庭制度也有连带维持的必要，至少等到新道德渐渐替代旧道德时候。大家庭是一个小社会团体，没有许多经验的子弟们能便利的得到父兄长时间的指导训练。及至他们入社会后，又须顾全自己的门风和家声，就留意自己的行为，不轻易堕落。大家庭在养育和教育儿童上也有很大的便利，比小家庭容易办得周到"。参李景汉：《住在农村从事社会调查所得的印象》，《社会学界》1930 年第 4 卷。李景汉是一个具有现代思维的社会学家，但仍对传统大家庭制度充满了怀恋。

为主的社会,要想维持家庭生活,最重要的是"土地和物质,诸如住屋、田园、家具,以及一切物质经济"[1]。二十世纪四十年代后期,美国韩丁对山西潞城县张庄的观察发现:"家庭大小和由生产资料决定的基本经济保障是有直接关系的。虽然所有家庭的出生率都基本上相同,但那些有土地、有农具、有牲口的家庭就人财两旺,而那些无地少地的人往往无法结婚,就是结了婚也养不起家。"[2]

其一,从土地情况来看。1931 年,定县有耕地 142.5 万亩,户均 20.3 亩,为典型的小农经营[3]。如前面的估算,平均每人 3.34 亩可维持最低限度粮食消费的需要,3.8 亩可持农民最低限度生活消费的需要[4],那么,20.3 亩可维持 6.08 人最低限度的粮食消费,维持 5.34 人最低限度的生活消费。这一数字,和定县实际平均每家人口 5.8 人是基本相当的。

以上为平均水平,实际上土地分配并不均衡,占有土地在平均数以下的农家,所能维持的人口会随之减少。1931 年,定县高村、南村、明镇村、李镇村的土地占有数量与家庭人口数量的关系,见表 12：

表 12　冀中定县 4 村土地占有与家庭人口的关系(1931 年)

占有土地(亩)	高村、南村、明镇村、李镇村	
	家数(户)	平均每家人数(人)
5 以下	452	4.50
5—9	268	5.50
10—24	268	6.70
25—49	88	8.40
50—99	47	11.00
100—199	11	14.50
200—299	3	21.30
300 及以上	2	32.00
总计 / 平均	1139	6.00

资料来源:1. 李景汉:《定县土地调查(上)》,《社会科学》1936 年第 1 卷第 2 期。

---

[1] 林耀华:《义序的宗族研究》,生活·读书·新知三联书店 2000 年版,第 75 页。
[2]〔美〕韩丁著,韩倞等译:《翻身——中国一个村庄的革命纪实》,第 29 页。
[3] 据李景汉《定县土地调查(上)》(《社会科学》1936 年第 1 卷第 2 期)资料计算。
[4] 李金铮:《也论近代人口压力:冀中定县人地比例关系考》,《近代史研究》2008 年第 4 期。

由表 12 可知，4 村共计 1139 家，占地 5 亩以下者平均每家有 4.50 人，5
亩以上者，随着占地的增多，家庭人口也逐渐增至 5.50 人、6.70 人、8.40 人、
11.00 人、14.50 人、21.30 人、32.00 人。由于 10 人以上之家只有 63 户，仅占
家庭总数的 5.5%，故不能改变家庭规模较小的整体状态。

耕种土地数量的差异与家庭人口之间也呈正比例关系。仍据 4 村的统
计数据，耕种 5 亩以下之家平均每家人口为 4.20 人，5 亩之上，随着耕种的
增多，家庭人口逐渐增至 5.10 人、6.70 人、9.30 人、15.90 人、21.00 人、45.00
人[1]。1936 年，中央农业实验所杜修昌对江苏南京、浙江萧山、河北定县的
177 个农家的调查也有类似的结论："随经营面积之增大，平均每家之人口
数、劳动单位数及消费单位数，大体亦增加。"以自耕农、自耕农兼佃农、佃农
来划分，也是如此，平均每家人口分别为 6.67 人、6.60 人、5.02 人[2]。

其二，从家庭收入来看。收入较低的家庭，无法养活较多的人口。在
定县，平均每人每年需要 38 元才能勉强维持最低限度的生活消费。但农家
的实际收入，平均年收入仅为 200 元左右，除好年成外，一般不会超过 250
元[3]。如按一般年成计算，200 元能养活 5.3 人，与定县家庭规模也是基本吻
合的。而且，家庭收入与家庭人口之间明显呈正比例关系，见表 13：

表 13 冀中定县 34 家家庭收入与家庭人口的关系（1928—1929 年）

年收入（元）	家数（户）	平均每家人数（人）
250 以下	11	4.60
250—349.9	14	6.10
350 以上	9	7.70
总计 / 平均	34	6.00

说明：34 家平均每家种地 31 亩，比全县平均每家种地 21.2 亩高出近 10 亩，经济条件和
收入水平相对较高。

资料来源：1. 李景汉：《定县社会概况调查》，第 306 页。

由表 13 可知，家庭年收入 250 元以下之家，平均每家有 4.60 人。随着

---

[1] 李景汉：《定县土地调查（上）》，《社会科学》1936 年第 1 卷第 2 期。
[2] 杜修昌：《农家经济分析：1936 年我国四个地区 177 农家计帐研究报告》，第 2—3 页。
[3] 李景汉：《华北农村人口之结构与问题》，《社会学界》1934 年第 8 卷。

家庭收入的增加,家庭人口也逐渐增加,收入 250—349.9 元者增至 6.10 人,350 元以上者更增至 7.70 人。其他地区的调查,也为此提供了佐证。张履鸾 1925 年对江苏江宁县农家的调查表明:"经济状况愈佳的人家,人口愈多,愈劣的则愈少。"[①] 上海市社会局 1930 年对 140 农家的调查显示,"生计较裕者,人口亦较多,贫穷者,则人口较少"[②]。可见,农家总体收入水平较低,制约了家庭规模的扩大。

其三,从家庭住房来看。只有住房规模较大,才能维系较多的人口,而住房大小又是以经济基础为前提的。1930 年董时进对河北 2.5 万农家的调查表明,无房间、3 间或不满 3 间、3.5—7 间、7.5—12 间、12 间以上之家,其家庭平均人口分别为 2.84 人、4.95 人、6.65 人、10.01 人[③]。随着房间的增加,家庭人口也是增加的。在定县,1929 年对 515 家的调查提供了住房的基本状况,见表 14:

表 14　冀中定县 515 家房间数分配(1929 年)

住房数(间)	家数(户)	百分比(%)
1	104	20.19
2	150	29.13
3	122	23.69
4	49	9.51
5	28	5.44
6	33	6.41
7	6	1.17
8	15	2.91
9	2	0.39
10	4	0.78
12	2	0.39
总　计	515	100.00

资料来源:1. 李景汉:《定县社会概况调查》,第 273 页。

①冯和法编:《中国农村经济资料》,第 435 页。

②冯和法编:《中国农村经济资料》,第 246 页。

③据冯和法编《中国农村经济资料续编》第 153 页计算。

由表 14 可知,大多数农家的房间为 1—3 间,占总数的 73.01%。据戴乐仁 1922 年的调查,河北、山东乡村平均每间房居住约 1 人[①]。这一标准可能偏低,但即便以每间居住 2 人计算,定县绝大多数农家的住房也是不能满足较多人口的。

本来渴望多生多育是中国农民的传统观念,然而大多数农家受制于土地占有较少、收入水平低下,没有条件养活更多的孩子,从而难以实现大家庭的理想。于是,农民通过婚内节育来控制人口的增长,以应付资源稀缺的挑战[②]。在定县,一般家庭生到三四个孩子的时候,就开始感觉生活困难了,中年妇女“实在有不少的人在暗中求得避孕的方法。据所闻知,有喝绵子灰的,有吃马尾罗灰的,有身上带麝香的,有吃巴豆的,有用油炸水银吃的,有将碎磁块捣成细末吃的……至于上边的法子,是否有效,是否与身体有甚么害处,以及采用者普遍到如何的程度,尚未能知其详细。不过知道她们确有节育方法的要求。甚至有贫家的父母怕家中继续增添人口,无法生活,设法使他们的子和媳在夜间不同屋居宿的”[③]。可见,为了“把人口控制在各家庭所能供养的限度上”,农民的实际生育数低于其生育能力[④]。

第二,人口死亡与家庭规模。

家庭规模与人口增长率、死亡率也有密切的关系。1933—1934 年对江苏江阴县的调查表明,自耕农、佃农的婴儿死亡率分别为 206.4‰、247.8‰,而家庭人口规模分别为 5.7 人、4.1 人[⑤],死亡率与家庭规模成反比例关系。

近代中国仍未脱离“原始”的人口再生产类型——高生育率、高死亡率、低增长率,人口的低增长率限制了家庭规模的扩大。李景汉指出,平均每家人口之所以不高,与人口死亡率高、平均寿命短和疾病流行有关,“人民生计困难,营养不足,又极缺乏卫生常识,因此各种疾病任其流行,儿童死亡

---

①〔英〕戴乐仁主编,李锡周编译:《中国农村经济实况》,第 26 页。

②对明清时期江南地区父母生育间隔和生育率的研究就证明了这一点。参侯杨方:《明清江南地区两个家族人口的生育控制》,《中国人口科学》1998 年第 4 期。

③李景汉:《华北农村人口之结构与问题》,《社会学界》1934 年第 8 卷。

④〔日〕清水盛光:《支那家庭の结构》,岩波书店 1942 年版,第 116 页。

⑤乔启明:《中国农村社会经济学》,第 95、115 页。

率之高为各国冠"[1]。

其一,营养不足。在定县,1933 年粮食总产量距离农民的消费需要差160 多万斗,即便条件较好的村庄,农民吃小米都困难,猪肉之类更是消费不起的,有 27% 的村庄买不起盐[2]。在如此低水平的消费之下,农民的健康和寿命必将受到影响。

其二,卫生条件差。据 1929 年对定县 65 村 5255 家的调查,有 1119 人患病,依人数多少排列,肠胃病 304 人,眼病 200 人,疮伤 116 人,等等。因病死亡 296 人,占患病人数的 26.5%[3]。瘟疫也时有发生,1919 年,城内和五六个村庄因瘟疫而死者 446 人[4]。遇到生病,"穷人是非等到爬不起炕时,想不起医生,也只能去找穷人惊动得起的医生,就连这种读者看不起的医生,仍然是大多数得病的农民不常请的,任其病症自然痊愈,或病死认命而已"[5]。在此情况下,李景汉推测,中国人口寿命仅为三四十岁,由此导致人口处于增加缓慢或停滞状态。1930 年对定县 65 村 5255 家的统计表明,不满15 岁的人口占人口总数的 33%,15—49 岁的人口占 50%,50 岁以上的人口占 17%。以人口学理论来衡量,这一人口结构属于人口稳定类型。李景汉由此推断:"我国农村人口之增加是极缓慢的,也许在许多的地方是不增不减的稳定人口。"[6]

第三,分家析产与家庭规模。

尽管人口死亡率很高,但仍是低于出生率的,如果家庭总量保持不变,随着人口的增长,家庭规模也应有所扩大。但事实上,随着人口总数的增加,家庭数量也在增加。在定县,1931 年至 1935 年,家庭数增长了 12.3%,人口增长 9.8%,家庭增长率高出人口增长率 2.5%,结果必然是缩小了户均人口数量,缩小了家庭规模。之所以如此,分家析产的传统起了一定的作

---

①李景汉:《华北农村人口之结构与问题》,《社会学界》1934 年第 8 卷。

②李景汉:《定县经济调查一部分报告书》,第 98 页。

③李景汉:《农村家庭人口的统计分析》,《社会科学》1936 年第 2 卷第 1 期。

④李景汉:《定县社会概况调查》,第 770 页。

⑤李景汉:《华北农村人口之结构与问题》,《社会学界》1934 年第 8 卷。

⑥李景汉:《华北农村人口之结构与问题》,《社会学界》1934 年第 8 卷。

用。如前所述，分家析产直至民国时期仍是普遍现象，阻碍了家庭人口的扩大。而分家析产的主要原因，仍和大多数家庭的经济难以支撑大家庭人口的生活有关，不再赘述。

第四，新思潮的流播与家庭规模。

近代以来，各种新思潮的产生和流播也加速了家庭的分裂。张折桂对定县大王褥村的调查发现："农村在外读书学生，既饱尝大家庭之痛苦，又身受新思潮之熏陶，对于大家庭之流弊，有了深刻的认识，故暑假及寒假旋里，和农民谈话时，无形中做了宣传的工作，和向大家庭制度进攻。有的学生，不顾社会的排斥，自本身起，实行向其家庭提议分产另居。"所谓五世同堂、七世同居的美德，"在儿童脑海中，已失掉地位。同时又暗示之以西方小家庭制度的利益。在此种空气中生长的青年，很难再蹈大家庭的覆辙"。在新思潮之下，家庭关系也发生了一定的转变，"农村妇女，受了都市社会妇女解放运动间接的影响，无自然感情的家庭集团，也就趋于破裂了"[1]。与定具类似，杨懋春对山东台头村调查后也谈道："年轻一代对正统的家庭训导失去了感情，不再羡慕五代同堂的家庭——即门厅和房间都是孩子和孙子的家庭。年轻媳妇们经常抱怨说她们宁愿要一个属于自己的贫穷独立的家庭，也不要富裕、令人讨厌的大家庭。大家庭分家时的争吵几乎成了村内的每日新闻。"[2]

第五，农民离村与家庭规模。

按人口学理论，流动迁移频率的扩大将促使大家庭的解体和小家庭的增加。在发达工业国家中，农村人口的迁移已成为普遍现象。中国农民一向安土重迁，人口流动率较低，但在人地比例关系趋于紧张、经济窘困，尤其是天灾人祸时，也经常离开本土到外地谋生。近代以来城镇工商业的发展，也拉动着农民离村谋生，张折桂指出："现在中国已走入工业革命路上去了，这种迟缓的变化，与大家以重大打击。前父子兄弟，因在一处生产，所以住

---

①张折桂：《定县大王褥村人口调查》，《社会学界》1931 年第 5 卷。

②〔美〕杨懋春著，张雄等译：《山东台头：一个中国村庄》，第 232 页。

在一起,现在父子兄弟,因谋生而分散四方,不复集居一处。"①

在定县,据1924—1934年的统计,外出谋生者越来越多,见表15:

表15 冀中定县离村人数(1924—1934年)

年　度	人数(人)		
	往东北	往其他省份	合　计
1924年	1085	451	1536
1925年	394	338	732
1926年	372	409	781
1927年	398	369	767
1928年	274	258	532
1929年	325	449	774
1930年	228	215	443
1931年	322	1046	1368
1932年	1778	1589	3367
1933年	5012	2837	7849
1934年(1—3月)	9200	5884	15 084
总　计	19 388	13 845	33 233

资料来源:1.李景汉:《定县人民出外谋生的调查》,《民间》1934年第1卷第7期。

由表15可见,1924年至1934年3月的十年中,全县离村农民达3万余人,接近人口总数的8%。在离村者中,单个男性青年占离村总人数的72.9%,15—49岁者占83.6%,基本上是婚龄内青壮年。他们一般到过年时才回家一次,于是影响了夫妻生活和子女生育,限制了家庭规模的扩大。在经济上,离村农民开始时与老家是联为一体的,后来随着工作稳定,就与老家分离,原有的家庭规模也因之缩小了。

综合上述,近代冀中定县乃至华北平原、整个中国农村,尽管仍存在大家庭,但家庭人口较少、家庭代际关系简单已成家庭规模的主流。费孝通指出:"家的规模大小是由两股对立的力量的平衡而取决的,一股要结合在一

①张折桂:《定县大王耨村人口调查》,《社会学界》1931年第5卷。

起的力量，另一股要分散的力量。"① 结合在一起的力量，是人们追求大家庭的理想模式，但贫困的小农经济基础、较高的人口死亡率、绵延不绝的分家析产以及农民离村速度的加快，无不分散了家庭的凝聚力，制约了家庭规模的扩大。这种少数大家庭与多数小家庭并存，追求大家庭与家庭分散并存的格局，看似矛盾，实质上统一，这才是农民家庭规模的真实反映。

---

① 费孝通：《江村经济》，第 22 页。

第六章　小农业经营的高效用与低效率

农业生产经营是小农经济的核心,决定着农家生活的基本面貌。二十世纪二三十年代,大多数学者从当时的现实出发,认为近代以来的中国农业生产处于衰落和崩溃之势。二十世纪八十年代以后,学界对此问题的认识出现分歧,大致可概括为衰退论、增长论、过密型增长论和发展与不发展论[①]。兹从近代冀中定县农家的生产条件、作物结构、粮食产量以及经营效率,对此做一研究,重点关注农民的生产行为及其动力,关注小农业经营为什么在近代中国动荡的社会环境中还能艰难维持,了解在这一过程中哪些方面仍是传统的延续,哪些产生了现代变化,以及与之相关联的诱因是什么。

一、生产条件中传统与现代因素的初步交汇

生产条件是农民作用于土地的中介,在一定的土地范围之内,农具、牲畜、种植技术、水利等生产要素的数量多少、优劣程度、组合结构极大地影响着农业经营及其结果。

第一,农具与牲畜。

农具与牲畜是农民从事农业生产的必备工具,也是显示农家财富的重要标志。二十世纪三十年代,已有学者使用新方法来计算农家的资本构成,

---

① 章有义:《明清及近代农业史论集》,第 26、236—238 页;吴承明:《中国近代农业生产力的考察》,《中国经济史研究》1989 年第 2 期;汪敬虞:《中国资本主义的发展与不发展》,第 263—265 页;黄宗智:《长江三角洲小农家庭与乡村发展》,第 1、144 页。

虽不一定完全适合传统的农家经营方式，但从中可以了解到有价值的信息。1936年，中央农业实验所杜修昌对定县20农家的调查显示，平均每家的资本为316余元，占总收入的57.8%。这个比例表明资本投入是有限的，而且农具和家畜所占比例最高，占资本总额的50%，反映了普通农户投入结构的基本状态①。

与一系列复杂的农业生产过程相适应，农具的种类是很多的。有学者调查后发现，华北地区的农具约有100种。在定县，二十世纪三十年代初有40种农具，其中整地5种、种植9种、收获10种、调制11种、附属5种，大多由本地的木匠、铁匠制作，少数来自附近地区，价格便宜，使用年限较长。这些农具基本上都是世代相传，其名称、形状、结构与秦汉之后的古代农具相比没有多少变化②。

农具在总体落后状态下也有发展，比较明显的是水车的使用。传统的浇地工具是辘轳，通过手提辘轳转运井水。1920年，河北新乐县人陈增连在定县明月店开办水车厂，能做全套的水车。随后，本地铁匠也开始仿造。私人之外，现代民间组织也开始介入。二十世纪二三十年代，平教会在定县举办实验，不仅改良已有水车，也设计新式水车。到1948年，全县有水车铺27家③。因凿井灌田发展迅速，水车使用的数量也显著增加。二十世纪三十年代初张世文在调查时发现："近年来农家用水车者日增，辘轳头及辘轳把之销路渐见减少。"④水车的广泛使用，是农具史上的一个进步，灌溉效率大为提高，每架水车一日可灌田3亩，是辘轳灌田的3倍。不过，使用水车仍为少数，辘轳依然是主要的灌溉工具，据1930年的统计，平均每2.7户有一个辘轳，每5.5户才有一架水车⑤。

---

①杜修昌：《农家经济分析：1936年我国四个地区177农家记帐研究报告》，第7、49页。
②朱洪启：《二十世纪华北农具、水井的社会经济透视》，南京农业大学博士学位论文，2004年，第23—24页；李景汉：《定县社会概况调查》，第668—684页；《定州市花张蒙等村实地调查资料》，1987年4月、9月，1988年3月，李金铮调查并收藏。
③《定县工商业统计数字》，1948年7月，定州市档案馆藏，革命历史档案第25卷。
④张世文：《定县农村工业调查》，第157页。
⑤《民国十九年河北定县井泉调查表》《民国二十年河北无极县井泉调查表》，《冀西井泉调查记》，中国华洋义赈救灾总会丛刊乙种50号，1932年印。

无论是灌溉水车还是运载大车，以在农业生产中的作用和市场价格而论，都属于大型农具，并不是每家都能置备的。水车的情况已如上述，大车也是每 3.2 户才有一部，主要是因为其价格较贵。二十世纪三十年代初，定县每部水车的售价为 80—100 元，大车为 80—90 元，而此时每亩小麦的收入仅为 14.3 元，购买一部水车、大车需要六七亩小麦的产量。同一时间的调查显示，普通农户一年收入为 200 元左右，每部水车、大车占农家收入的百分之四五十，这是普通农户难以购买的，而那些在平均收入以下的农户就更加困难了。相比之下，富裕农家不仅拥有大车、水车，而且质量好，中农其次，贫农最差，他们更多的是借用[①]。

与水车、大车一样，牲畜也是比较奢侈和昂贵的农业生产工具。

在定县全县，1932—1934 年平均每个农户有 0.54 头牲畜，多数是役力较弱的驴子，役力较强的牛、骡、马较少。到 1948 年中共实行土地改革时，牲畜数量稍有下降，平均每户有 0.52 头。牲畜的分配也很不平均，多为富户占有，如大兴庄、新全村，地主一般有骡子 2 匹、驴 1 头，富农有骡子一两匹或牛、驴各 1 头，普通农户尤其是贫农很少，或数户合买一头，或向人借用[②]。畜力之所以缺乏，既有与水车、大车一样的价格因素，也有饲养和使用的问题。1932 年，购买一匹骡 164.2 元、一匹马 117.7 元、一头牛 62.4 元、一头驴 51.3 元，都比较昂贵，占普通农家一年收入的 21%—57%，有地 10 亩以下的家庭是买不起的。日常饲养也是很重的负担，北支合等 3 个村，驴、骡和马每日需喂草 5 斤、8 斤和 10 斤，喂粮食 2 斤、3 斤和 4 斤。以此计算，有地 10 亩以上的农家才有条件饲养一头驴子或其他牲畜。在定县，占地 10 亩以下以及没有土地者约占总农户的 56%，这一比例与平均每户只有半头牲畜是

---

①李景汉：《定县经济调查一部分报告书》，第 7、162 页；李景汉：《定县社会概况调查》，第 674 页；李景汉：《华北农村人口之结构与问题》，《社会学界》1934 年第 8 卷。

②《二十一年度河北省各县家畜家禽数量统计表》《二十二年度河北省各县家畜家禽数量统计表》《二十三年度河北省各县家畜家禽数量统计表》，《冀察调查统计丛刊》1937 年第 2 卷第 2 期、第 2 卷第 3 期、第 2 卷第 5 期；《定县 1948 年基础数字统计表》，定州市档案馆藏，革命历史档案第 69 卷；《定县第十三区大兴庄、新全村》，1948 年，定州市档案馆，革命历史档案第 51 卷。

吻合的①。此外，生产环节和劳动季节也限制了牲畜的使用。畜力主要用于播种、中耕和翻土，而撒种、施肥、除草、收割则只能用人力完成，在农闲季节时役畜长时间闲置不用，农家对牲畜总是处于农忙季节渴求与农闲季节搁置的困扰之中。

　　清末之后，中国也开始购买国外先进的农机具，并开始设厂制造，但直至1949年，全国105处农场中使用机器设备的只有8处，仅占9.5%②。在定县，整个近代从未使用过任何现代农机具。新中国成立后，定县在1955年才开始使用拖拉机耕地，1958年开始使用柴油机、电动机③。而英国早在十七世纪就发生了农业革命，生产手段愈益机械化。美国在十九世纪之后，各种农具也不断改进，机械化程度迅速提高。崔毓俊是金陵大学农林科毕业生，曾参与卜凯主持的农场调查，二十世纪四十年代初在美国康奈尔大学留学时，他到纽约州农家访问调查，曾专程到了卜凯的弟弟克莱佛德的家。他发现那里的农民大多是康奈尔大学的毕业生，工具已经完全机械化。克莱佛德经营960英亩地，饲养70多头奶牛和1200只鸡，使用的是先进的卡车、拖拉机和收割机④。中国与之相比，可谓霄壤之殊。

　　为什么发达国家已经普遍使用机械化农具，而中国农民却仍死守着传统农具呢？一是传统农具的长期延续和广泛使用，表明其对农村的生态环境和农业生产有较强的适应性。已有学者对华北农具进行了专门研究，认为“华北的农具是非常合理的，是适合华北的农业生产的”⑤，以往传统观点仅仅将传统农具作为落后的象征是不够确切的。二是劳动力富余阻碍了机

---

①李景汉：《定县经济调查一部分报告书》，第339页；《家畜调查表》，1949年，定州市档案馆藏，革命历史档案第60卷；〔美〕杨懋春著，张雄等译：《一个中国村庄：山东台头》，第27页；张思：《近代华北村落共同体的变迁——农耕结合习惯的历史人类学考察》，第97页。

②华东军政委员会土地改革委员会：《江苏省农村调查》，1952年版，第341、353—356页。

③定县人民委员会：《1949—1960年定县国民经济历史资料》，1962年，保定市档案馆藏，计划统计资料类第130号，第82页。

④〔美〕J. T. 施莱贝克尔著，高田等译：《美国农业史（1607—1972）》，农业出版社1981年版，第118—128、184—189、209—214页；崔毓俊：《忆往——一个农业科学工作者的回忆》，1986年油印本，第44—55页。

⑤朱洪启：《二十世纪华北农具、水井的社会经济透视》，第25页。

械农具的使用。1934 年,定县全县有劳动力 17.6 万个,根据农民的耕作能力和已有耕地面积计算,剩余劳力达到 7.8 万个[①]。尽管劳动力剩余如此之多,但大多仍要投入到农业之中,所以农业生产属于典型的劳动密集型,使用农业机器反而是无利可图的。三是农业地块太过零碎。据对定县 200 农家的统计,平均每家的耕地分散为 8 块,平均每块只有 4.2 亩,这也限制了农业机械的使用[②]。四是农民贫困,无力购买。农家收入水平低,连水车、大车、牲畜都买不起,昂贵的农业机器就更不可能了[③]。基于此,有的学者认为中国农业还不可轻易放弃传统农具,卜凯就指出,许多外国机器不一定能适用于中国,"中国农业的进步,并不像一般人的想象,以为一定要依赖采用西洋高贵的农业机器"[④]。

第二,种植技术。

种植技术指农作物的栽培和种子的选用。与传统农具一样,种植技术也是延续传统,"种地不要学,人家怎着咱怎着"[⑤]。在定县,一系列生产过程,从整地、选种、播种、施肥、中耕到灌溉、治虫、除草、收获等,仍使用延续了一两千年的老法子,很少有什么改进[⑥]。

因使用传统农具,劳动力又丰富,农作物栽培技术为典型的精耕细作型。如牛村粮食作物的耕作,中耕 1 次,除草 3—4 次,灌溉 5—8 次。吕家庄郭振纲家的农业劳动分配,造肥使用的劳动最多,占劳动总量的四分之一强,其他依次为锄苗、收割、打场、播种、耕地、送肥、灌溉、打虫、整理等。肥料为传统的堆肥、拾粪,豆饼使用极小,尽管清末之后化肥进口渐有增加,但即使到 1927—1931 年的高峰时期,全国平均每亩使用量仅为 0.2 市斤。至

①黄宗智:《华北的小农经济与社会变迁》,第 178 页;何清涟:《人口:中国的悬剑》,四川人民出版社 1988 年版,第 78 页。

②李景汉:《定县社会概况调查》,第 623 页。

③二十世纪三十年代,一台 12 马力的柴油机及其配套设备需要 1200 元。参王方中:《旧中国农业使用机器的若干情况》,黄逸平编:《中国近代经济史论文选》下,第 847 页。

④〔美〕卜凯著,张履鸾译:《中国农家经济》,第 427 页。

⑤〔美〕卜凯著,张履鸾译:《中国农家经济》,第 559 页。

⑥李景汉:《定县社会概况调查》,第 668—680 页;李景汉:《中国农村土地与农业经营问题》,《东方杂志》1936 年第 33 卷第 1 号。

于定县，直到二十世纪四十年代末从未有过使用化肥的记载 ①。

华北农村的种植方式，通行两年三熟的轮作制度。在牛村，农作物种植就是这种典型的轮作制。也有的村庄，主要的不是这种方式，如北支合村，耕地面积共 450.5 亩，有三种类型的种植方式：一年一季 273.4 亩，占总耕地面积的 60.7%；一年二季 83.9 亩，占总耕地面积的 18.6%；二年三季 93.2 亩，占总耕地面积的 20.7% ②。一年一季是最多的，其次才为两年三熟轮作制，与华北最流行的两年三熟制有一些差异。

与先进的现代机械化种植方式相比，传统种植技术的差距是巨大的。不过，从另一方面看，也可以说传统种植技术与传统农具是互为表里，相辅而行的。其所以能够长期延续，同样说明它仍有顽强的生命力。对此，美国农业教育家白斐德指出："数千年来，中国农民常能维持土壤之肥美，供给亿兆人民之食物而不竭，即此一端，已足证明华农技术之优良。世界各国从未有如中国维持其国家独立及文明至如此之久远者。" ③

与此同时，在政府指导和民间组织的推动下，种植技术的现代因素也开始产生。其中，表现较为突出的是农作物品种的试验和改良。

清末民初以降，上自中央下至省县都开始关注农业生产的改进。在定县，县政府于 1916 年创办农事试验场，1919 年设立棉业试验场，1925 年成立棉业检查所，1931 年成立农产种子交换所。平教会来定县后，1927 年在翟城、陈村和高头创办 3 处棉场，1929 年建立县农事试验场，1933 年还与金城银行、南开大学合作成立华北农产改进社。平教会在小麦、棉花、高粱、谷子等新品种的培育以及防治病虫害上，都取得了一定的成绩。譬如，在 300 多个农家进行改良品种的表证试验，其中牛村刘玉田的小麦选育被中央农

---

①吴雨农：《定县牛村的平民教育》，1934 年，中国第二历史档案馆藏，全宗号 236，卷号 171；《典型户劳动力使用调查表》，1949 年 9 月，定州市档案馆藏，革命历史档案第 60 卷；章有义：《海关报告中的近代中国农业生产力状况》，《中国农史》1991 年第 2 期。
②吴雨农：《定县牛村的平民教育》，1934 年，中国第二历史档案馆藏，全宗号 236，卷号 171；华北人民政府农业部编：《华北典型村调查》，第 43 页。
③转引自谢泳：《一份关于中国农业史的历史文献——介绍〈改进中国农业与农业教育意见书〉》，《博览群书》2004 年第 1 期。

业实验所认定为华北小麦珍贵品种,平均亩产比普通种子高 2.5 斗,在全村种植 1500 亩,增加收入 4575 元。棉花选种的成绩更为显著,1933 年育成中棉 114 号和平教美棉,114 号的推广种植大受农民的欢迎。此后又培育出美棉新种——脱字棉,比以前种植的美棉品种增收 28.7%。到 1936 年,已推广到 26 村,种植面积达 11 473 亩,平均每亩增收 10.9 元,总计增收 13 万余元。1937 年,继续种植脱字棉 8.4 万亩,并推广新选育的斯字四号美棉 1.4 万亩[①]。当年全县植棉 218 025 亩,其中脱字棉、斯字棉达总植棉面积的近 45%。

一般总认为农民的观念是保守落后、故步自封的[②],但定县农作物改良的实践表明,只要能够适合本地的生长特性,有更多的收获,农民并不都拒绝新生事物,而是有一定程度的接受能力,由此体现了农民对农业生产的理性追求。当然,这一表现与平教会在定县举办乡村建设实验有关,当地农民的教育水平较高,更倾向于接受新的种植技术。

第三,农田灌溉。

在华北干旱地区,农业生产要素除了一般所认为的土地、劳力、资本之外,水也具有同等重要的意义,甚至有学者称之为"最感缺乏的一个生产要素"[③]。定县地处华北平原的核心,平均雨量缺乏,经常发生春旱,极不利于春播作物和冬季作物的生长。虽然县内也有沙河、唐河等河流,但雨季多水患,旱季流量小,少有灌溉之利。因此,从地下取水就成为解决旱灾的关键。在清末以前,有用井水浇园者,但"多半靠天吃饭,遇着风调雨顺,庄稼收成的好,大家就有饭吃;遇着天旱不雨,庄稼受了灾害,收成不好,大家就受饥饿"[④],完全是听天由命的状态。

定县首开凿井之风的,是翟城村,此举被誉为"北方农业上之革命举动,

---

① 樊宝勤:《定县三百表证农家中的一个实例》,《民间》1936 年第 3 卷第 10 期;《定县棉场》,《河北棉产汇报》1937 年第 33 期;《平教会改进定县棉业之成绩》,《民间》1937 年第 3 卷第 21 期。

② 李文治:《中国近代农业史资料》第 1 辑,第 578—579 页;房师文:《中国农村人口实况(五)》,《农业周报》1934 年第 3 卷第 35 期。

③ 应廉耕、陈道:《以水为中心的华北农业》,北京大学出版部 1948 年版,第 1 页。

④ 张世文:《定县农村工业调查》,第 351 页。

而开将来北省农业上之新纪元"①。清光绪末年，旱灾频发，翟城村村正、村副与其他乡绅率先商议凿井，在公地上凿井 8 眼，供村人仿办。对家境贫困而想凿井的农家，由村公款贷给一半开凿经费。到 1915 年左右，全村已凿井 100 多眼，可灌溉 3000 亩，成绩甚为可观。但更多地进行凿井，发生在 1920 年华北发生大旱灾之时。在此过程中，民间慈善团体起了重要作用。中国华洋义赈会提倡新法凿井，每凿一眼给予 20 元的贷款资助，达到总费用的一半。美国红十字会也对定县等 6 个县的凿井给予支持，资助凿井 3572 眼。此外，河北省实业厅在农林讲习所设立凿井班，各县选送有一定农业技术经验者入所学习，毕业后被派往各乡村轮流传习。定县 1920 年成立劝业所，也积极提倡凿井，对凿井成绩较好的村庄给予资助。平教会在定县进行实验期间，对凿井也多有倡导②。通过以上民间组织、政府机构和地方村落的共同推动，一时形成凿井的热潮。

凿井数量迅速增长，以定县 3 个村为例，从清顺治、康熙朝到 1920 年大旱灾爆发之前的 270 多年间，开凿 174 眼，平均一年半凿一眼；而民国之后，1921—1928 年仅 7 年就开凿 296 眼，平均每年凿井 42.3 眼。就全县言之，道光朝开凿 8090 眼，平均每村 19.7 眼③；到 1930 年，增至近 60 000 眼，平均每村 131.7 眼，为道光时的 6.6 倍。其中，村外井有 39 799 眼，平均每村 87.9 眼④。凿井增多之后，农田灌溉面积显著增加。1929 年定县县长的报告称："境内井田约在十之六七。"⑤1933 年，全县种植农作物 162 万亩（作物亩），其中水田为 113.1 万亩，占总面积的 69.8%。大多数村庄，水田已超过旱地，有的甚至达到耕地总数的 90% 以上⑥。卜凯估计，1930—1933 年，在中

---

① 伊仲才：《翟城村志》，1925 年铅印本，第 132 页。

② Sidney D. Gamble, *Ting Hsien: A North China Rural Community*, p.232；李景汉：《定县社会概况调查》，第 87、112、611 页。

③〔清〕宝琳：《直隶定州志》卷六、卷七《地理·乡约》。

④ 李景汉：《定县社会概况调查》，第 612、640—641 页。

⑤ 县长柳呈报民政所：《定县井田比例约数》，1929 年 5 月 17 日，南开大学经济研究所藏，1935 年定县抄档。

⑥ 李景汉：《定县经济调查一部分报告书》，第 5—6 页；《平分前各阶层占有土地房屋农具统计表》，1948 年，定州市档案馆藏，革命历史档案第 51、105—107 卷。

国小麦地带,灌溉面积达到总耕地面积的 16.6%,在冬麦小米区为 9.2%[1];徐秀丽估计,河北农田的灌溉率为 7%[2]。与这两个统计数据相比,定县的农田灌溉比例是非常之高了。耕作旱情由此大大缓解。以前春旱严重,种植冬小麦不多,而凿井灌田之后,种麦大大增加[3]。不仅如此,小麦收获后又可种植谷子、白薯等第二轮作物。1930 年,定县 71 村的统计结果显示,复种指数达到 1.45。复种指数提高之后,农作物的亩产量、亩产值也随之增加。谷子、小麦、玉米、棉花平均作物亩产量,水田比旱田分别增加了 70.0%、100.0%、57.1%、60.0%。如按亩产量计算,都要提高 1 倍左右甚至更高[4]。

尽管如此,但仍不能不说,一旦遇到大旱之年,农业灌溉仍是捉襟见肘。"若遇天旱,往往浇地一二小时,井水即干,甚至于有露井底的时候。此时浇地人必得等一两小时,俟井水充足时,再继续工作。在这种情形下,农夫浇地,一天顶多也不过能浇一亩。"[5]如何应对旱灾,仍是华北农民面临的一道难关。

由上所述,近代以来定县的农业生产条件保留了传统特色,农民所用的多是世代传承的手段,基本上能够适应本地的生态环境和人多地少的经营方式,表现出传统经验惯性的顽强生命力。与此同时,水车的推广、农作物新品种的改良,以及凿井的扩大、水浇地面积的增加,也显露出现代农业因素的萌发,生产手段处于逐渐变化之中。

二、以食用为主与商品化提高的农作物结构

农作物的种植结构不完全取决于生产条件,生态环境、市场供求关系等

---

① 〔美〕卜凯主编,乔启明等译:《中国土地利用》,第 39 页。
② 徐秀丽:《近代河北省农地灌溉的发展》,《近代史研究》1993 年第 2 期。
③ 竺可桢的研究发现:"华北冀鲁豫三省雨量变率甚大。如种小麦则四五月值小麦需雨量最急之时,华北四五月平均雨量已嫌不足,若降至平均以下,必遭歉收。所以若无灌溉设施,华北种小麦是不适宜的。"竺可桢:《论我国气候的几个特点及其与粮食作物生产的关系》,《地理学报》1964 年第 1 期。
④ 据李景汉《定县社会概况调查》第 655—661 页资料计算。
⑤ 张世文:《定县农村工业调查》,第 156 页。

也有重要的影响。在自然环境和传统经营方式的共同作用下，农作物的种类是比较稳定的，但其结构、比例往往具有一定的时代特征。

第一，以粮食作物为主的农作物结构。

首先是村民眼中农作物重要性的排序。按照农作物的重要性，村民将其分为第一种、第二种、第三种等层次。1930年，定县全县453村，有363村将谷子视为第一种重要农作物，占总村数的80%。其他被视为第一种重要农作物的，相继为小麦32村、高粱24村、棉花18村、玉米11村、白薯2村、花生2村和白豆1村。可见，村民习惯于将谷子、小麦、高粱、棉花、玉米等看作最重要的农作物[1]。

其次，农作物的种植面积。1933年，全县种植农作物162万亩，也以谷子为最多，有35.4万亩，占总面积的21.9%。其他主要作物的比例依次为小麦21.1%、豆类10.1%、白薯8.8%、高粱5.5%、大麦5.3%、荞麦4.7%[2]。

从以上两个指标不难看出，粮食作物在农作物结构中占主导地位，反映了华北平原旱作农业与小农经营相结合的基本特性。不过，定县也有与之不完全相同之处。定县谷子种植最多，其次为小麦，而冀鲁豫三省的统计显示，小麦居首，次为谷子或高粱，小麦在三省作物总面积的比例，1914—1918年为34.6%，1924—1929年为47.2%，1931—1937年为47.4%，都是比例最高的[3]。那么，为什么小麦种植面积在定县处于第二位呢？与此最相关的是土壤类型，定县绝大多数土壤适宜栽种谷子，有的土壤既可以种小麦，也能种豆类、甘薯、高粱等，从而降低了小麦的种植比例。不过，同属于冀中的清苑县，种植小麦仍居第一位，占30%以上。而另一距离不远的高阳县，却是高粱种植居首，占38%，小麦次之，占23%，谷子居第三位，占18%[4]。可见，即便在一个大致相同的生态区域内，作物种植的比例和重要性也不是完全

---

[1] 李景汉：《定县社会概况调查》，第607—609页。

[2] 据李景汉《定县经济调查一部分报告书》第7—8页资料计算。

[3] 徐秀丽：《农业自然资源和粮食生产》，从翰香主编：《近代冀鲁豫乡村》，中国社会科学出版社1995年版，第250—255页。

[4] 陈翰笙等：《解放前后无锡、保定农村经济》，《中国农业合作史资料》1988年第2期；吴知：《乡村织布工业的一个研究》，商务印书馆1936年版，第7页。

一致的,此为农作区域的一个正常现象。

为什么农作物种植结构是以粮食作物为主的? 人多地少是最根本的约束条件,在此限制之下,农民选择农作物种植的基本动力,首先是生存效用,"种植一些他们日常所食用的农产,例如谷子、小麦、豆类、甘薯等物",以保证自给自足和生存延续,此即民间所谓"因为吃什么才种什么"[①]。甘薯的大量种植,典型地表明了农民的这一倾向。甘薯适宜在贫瘠的土质种植,耐干旱,耐风雨,病虫害少,产量较高,是比"粗粮"还"低贱"的穷人食品,符合了贫困农民的需要。没有证据显示定县是何时开始种植甘薯的,只是到了二十世纪三十年代,甘薯的确成了"定产之大宗"[②]。当时,已有 408 个村把甘薯视为主要、次要、第三或第四重要的农作物,占村庄总数的 90% 以上;种植面积达 14 万余亩,近于农作物种植总面积的 9%,总产量 3 亿斤,平均每人约 700 斤[③],一定程度上缓解了农民的粮食紧张状况。

第二,以棉花为主的经济作物种植。

在一个以粮食作物为主的种植结构中,经济作物的扩大是中国近代农家经济变化的一个反映。从全国来看,1840—1933 年,经济作物面积的比例由 7.2% 增至 20.2%[④]。在定县,李景汉也发现,虽然"仍大半保持着自然经济的状态。……但自给自足的状态已不能保持。"[⑤] 仅棉花、花生和芝麻三种经济作物,1933 年的种植面积就达到 23.5 万亩,占当年各类农作物种植面积的 14.5%。小麦虽不是经济作物,但与其他杂粮作物不同,农民往往将其出卖换取杂粮食用,商品率达到 49%,故可视为半商品作物。定县当年种植小麦 34.1 万亩,按出卖率计算,有 16.7 万亩,如将此与以上三种经济作物合计,农作物商品率将达到 24.8%[⑥]。

---

① 李景汉:《定县土地调查(下)》,《社会科学》1936 年第 1 卷第 3 期;张培刚:《清苑的农家经济(下)》,《社会科学杂志》1937 年第 8 卷第 1 期。

② 贾恩绂:《定县志》卷二《舆地志·物产篇》,1934 年刊本。甘薯于乾隆二十三年(1758)传入河北。

③ 据李景汉《定县社会概况调查》第 607—610 页和《定县经济调查一部分报告书》第 7—8 页资料计算。

④ 莫曰达:《1840—1949 年中国的农业增加值》,《财经问题研究》2000 年第 1 期。

⑤ 李景汉:《定县土地调查(下)》,《社会科学》1936 年第 1 卷第 3 期。

⑥ 据李景汉《定县经济调查一部分报告书》第 7—8 页资料计算。

在经济作物中,棉花的种植是最为突出的。定县植棉始于明代万历年间,到清代,扩展较快,乾隆时直隶总督方观承在《棉花图》中谈道:"冀赵深定诸州属,农之艺棉者十之八九。"[1]光绪三十一年(1905)定州知州报告,本境销售棉花约30万斤(约合33.6万市斤),其中产自本地者十之五六,即18万市斤左右,加上农民自用部分(以6%计算),总计19万市斤[2]。进入民国后,植棉面积及产量的增速就更为显著了,见表16:

表16 冀中定县植棉面积及产量(1916—1936年)

年 度	植棉面积(亩)	占总耕地面积百分比(%)	总产量(担)	亩产量(市斤)
1916 年	28 050	1.18	12 623	45.00
1919 年	80 000	5.10	32 000	40.00
1920 年	214 600	13.60	79 400	37.00
1921 年	322 260	20.50	154 650	48.00
1922 年	344 650	21.90	93 950	27.26
1923 年	360 840	22.90	104 600	29.00
1927 年	260 000	16.50	110 000	42.30
1930 年	198 000	12.50	38 821	19.61
1931 年	200 000	12.60	58 857	29.43
1932 年	198 000	12.50	36 224	18.29
1933 年	196 750	12.50	50 650	25.74
1934 年	198 250	12.50	104 420	52.67
1935 年	200 600	12.70	84 121	41.93
1936 年	205 516	12.90	64 728	31.50
1937 年	218 025	13.70	64 175	29.43

资料来源:1.《二十六年份河北省各县棉田面积最后估计》,《河北棉产汇报》1938年第40期;2.金城银行总经理处天津调查分部:《天津棉花运销概况》,1937年印,第3表;3.河北省棉产改进会:《河北省棉产调查报告》,1936年印,第7页;4.曲直生:《河北棉花之出产及贩运》,社会调查所1931年版,第26—28、32页。笔者对有关资料进行了整理和计算。

---

[1]方行主编:《中国经济通史·清代经济卷》上,经济日报出版社2000年版,第409页。
[2]〔清〕定州知州:《呈报各集市产销棉花数量》,光绪三十一年十二月三十日,南开大学经济研究所藏,1935年定县抄档。

　　由表 16 可见,1916—1936 年,棉花总产量为 1905 年的六七倍至数十倍。植棉面积,1916 年为 2.8 万余亩,占耕地总面积的 1.18%;1920 年以后,多在 20—30 万亩之间,占耕地总面积的 13%—23%,为 1916 年的 7—12 倍[①]。同一时期,河北省 1910 年的植棉面积占耕地总面积的 2%—3%,1936 年增至 10%。与之相比,定县植棉不仅比例较大,增速也更快。有的村庄已发展成为植棉专业村,如王京村,植棉已达作物总面积的 80%,很少种植粮食作物,食用杂粮基本上依靠外地的输入了[②]。

　　农户植棉比例与其经济地位之间的关系,没有通则可寻。总体来看,人口压力大、拥有土地少者,植棉比例都是较大的。吕家庄、北支合两个村庄的中下层农户中,吕家庄占地最少的一家有地 19 亩,1948 年植棉占农作物种植面积的 11.6%,1949 年为 23.7%,在所有农户中是最高的;北支合占地最少的一家有地 2.8 亩,1948 年、1949 年的植棉比例都是 35.7%,此比例 1948 年居所有农户之首,1949 年居第二位[③]。有的学者对河北棉花生产进行研究后认为,植棉者大多为地主、富农一类的富裕农户,广大贫苦农民则无力种植棉花[④],此结论有失偏颇。再从冀东丰润、顺义两个县来看,占有土地越多的农户,植棉比例的确越高,不过以全部或极高比例的土地植棉的却都是贫困户。正因如此,棉花、花生、烟草等经济作物被称为"贫农作物"。如果说富户植棉在很大程度上是为扩大利润,而贫困农民以高比例植棉,则更多是为了生存[⑤]。

　　然而即便是为了生存,也是以棉花的销售和获利为前提的,需以此角度来理解植棉面积的扩大。1912—1921 年《海关十年报告》对河北农民的植棉评论道:"因为植棉获利两倍于高粱或小麦,人们愈来愈多地从事植棉。"[⑥]

---

① 严中平说:"1921 年以后,如春雨适调,则全县农田中往往有 60% 是种植棉花的。"严中平:《中国棉纺织史稿》,第 275 页。从所见资料看,未达到如此程度。

② 黄宗智:《华北的小农经济与社会变迁》,第 132 页;陈伯庄:《平汉沿线农村经济调查》"附件一",第 12 页。

③《典型户棉产调查表》,1949 年 9 月,定州市档案馆藏,革命历史档案第 60 卷。

④ 陈孟平:《1918—1947 年河北省的棉花生产》,《河北学刊》1983 年第 2 期。

⑤ 黄宗智:《华北的小农经济与社会变迁》,第 6—7、169—170 页。

⑥ 章有义:《中国近代农业史资料》第 2 辑,第 150 页。

定县也是如此，"种棉花收获后就能立即得到现款，较比种别的庄稼得利较厚，因此农家都相继种棉花，棉花才成为本地的一种主要农产品"①。吕家庄6个农户的数据更为具体，显示1斤皮棉可换8—9斤小米②。不过，要实现这一较高的获利，除了具备植棉的生产条件，还必须有广阔的销售空间。1933年，全县棉花产值868 418元，售出827 359元，商品率达到95.3%，这一数据表明棉花的销售率很高，市场销售决定着植棉的兴衰③。

棉花销售市场分县内、县外两部分。棉花在县内的用途有两项，一是用作本县手工棉纺业的原料，二是用于本县制作棉衣。1933年，用于县内的两项总计143.1万斤，占棉花总产量的28.3%；而县外运销部分，占棉花总产量的71.7%，它就成为影响棉花生产的最大力量④。在外销市场中，天津又是最大的集中地⑤，1932年12月至1933年8月，河北棉占天津棉花市场的92%⑥。其中最畅销的是西河棉，清末至二十世纪三十年代初达到天津棉花销量的60%⑦。定县棉属西河棉，其运销终点几乎都在天津。以上情况表明，天津棉花市场的波动对定县植棉的影响是最大的。

运往天津的棉花，除了少量由天津纱厂留用之外，多数销往国内各埠乃至国外市场。1919—1931年，从天津输往国内各埠和国外的棉花占55%—95%，其中又以国外市场居多，一般占65%—95%。国外市场有日、美、德、英、法等国，以输往日本最多，一般占国外输出的75%—95%；其次为美国，一般占10%—20%，两国合计几乎每年都在95%左右⑧。可见，日本、美国对中国棉花的需求是促进定县以及河北棉花种植的主要推手。正如李景汉所说："自从资本主义侵入中国农村以后，农产物遂逐渐卷入商品的旋涡。这

①张世文：《定县农村工业调查》，第361页。
②《典型户棉产调查表》，1949年9月，定州市档案馆藏，革命历史档案第60卷。
③据李景汉《定县经济调查一部分报告书》第7—8、146页资料计算。
④张世文：《定县农村工业调查》，第72页；李景汉：《华北农村人口之结构与问题》，《社会学界》1934年第8卷；李景汉：《定县经济调查一部分报告书》，第246页。
⑤华商纱厂联合会编：《民国十一年棉产调查报告》，1923年印，第6页。
⑥方显廷：《天津棉花运销状况》，南开大学经济研究所1934年版，第1页。
⑦曲直生：《河北棉花之出产及贩运》，社会调查所1931年版，第2页。
⑧方显廷：《中国之棉纺织业》，《方显廷文集》第1卷"统计附录七"，商务印书馆2011年版。

样,对于农产物种类的选择,就不能由农民完全自主,而须听命于市场的需要。"①农民的市场风险和不确定性加大了。

当然,商品作物的增加并不意味着农民会孤注一掷地种植经济作物,农民仍以种植粮食作物为主,以生存效用为先,追求利润的冒险是有限的。斯科特与波普金将农民的经济行为分别概括为"安全第一"与"经济理性"②,各有其理,但未免偏颇,实际上两种特征往往同时体现于农民身上,只是在不同地区、不同时代各有侧重罢了。

三、粮食产量的增长

作物产量是检验农业生产成效的根本标准。经济作物特别是棉花产量,已如前述,在民国以后快速增长,从一个侧面证明了农业发展状况,不赘。这里重点讨论与农家关系最为密切的粮食产量。

第一,粮食产量的增加。

近代中国粮食总产量不断增加这一观点,已为学界之共识。吴承明指出:"19 世的最后 30 年,粮食产量不仅恢复到战前(太平天国战争以前)的水平,还可能增长 10% 以上。……20 世纪以来,粮的总产量仍是增长的,于 1936 年达于高峰。"③这一观点较具代表性。那么,在近代定县,粮食产量的变化趋势如何呢?

经济学原理表明,粮食的消费弹性有限,"人口的长期性增长,意味着农业至少是粮食生产有相应的增长"④。按此理论,从清初到二十世纪三十年

①李景汉:《定县土地调查(下)》,《社会科学》1936 年第 1 卷第 3 期。
②〔美〕斯科特著,程立显等译:《农民的道义经济学:东南亚的反叛与生存》,译林出版社 2001 年版,第 202—248 页;Samuel L. Pokin , *The Rational Peasant —The Political Economy of Rural Society in Vietnam*, Berkeley: California University Press, 1979, pp.243—268.
③吴承明:《中国近代农业生产力的考察》,《中国经济史研究》1989 年第 2 期。
④吴承明:《中国近代农业生产力的考察》,《中国经济史研究》1989 年第 2 期。

代,定县人口由 5.8 万人、15 万人、20 余万人增至 44 万人[①],粮食产量的增加是必然的,否则怎么养活逐渐增加的人口呢？遗憾的是,关于粮食产量,缺乏从清代到民国时期长期趋势的统计,只有二十世纪三十年代初李景汉主持的调查比较详细,见表 17：

表 17　冀中定县粮食作物产量（1933 年）

作物种类	作物亩（亩）	总产量		亩产量	
		市斗	千市斤	市斗	市斤
谷子	354 266	6 119 563	91 793.45	17.27	259.1
小麦	340 802	4 347 610	49 997.52	12.76	146.7
黑豆	163 519	1 344 286	20 702.00	8.22	126.60
高粱	88 926	956 316	14 344.74	10.75	161.31
大麦	85 173	1 315 543	15 128.74	15.45	177.62
荞麦	76 468	976 852	11 233.91	12.77	146.90
玉米	38 642	666 917	10 003.76	17.26	258.88
白豆	34 991	86 703	1 335.23	2.48	38.16
露仁	20 653	262 708	4 045.70	12.72	195.89
稷子	16 285	186 627	2 799.41	11.46	171.90
黍子	15 851	189 314	2 839.71	11.94	179.15
绿豆	12 972	35 572	547.81	2.74	42.23
小豆	6 825	67 644	1 041.72	9.91	152.63
稻子	3 230	106 700	1 152.36	33.03	356.77
黄豆	2 560	26 054	401.23	10.18	156.73
豌豆	186	1 231	18.96	6.62	101.94
甘薯	142 353	5 356 846	74 995.82	37.63	526.83
共计/平均	1 403 702	22 046 486	302 382.07	15.71	215.42

资料来源：1. 李景汉：《定县经济调查一部分报告书》,第 3—8 页；2. 许道夫：《中国近代农业生产及贸易统计资料》,第 344—345 页。笔者对有关资料进行了整理和计算。

[①] 李景汉：《定县社会概况调查》,第 121—122 页；《从定县人口总调查所发见之人口调查技术问题》,《社会科学》1937 年第 2 卷 3 期。

由表 17 可见,1933 年全县粮食总产量为 2204.6 万市斗。对二十世纪二三十年代粮食产量的变化,李景汉有一个模糊的估计,认为 1933 年农产物的产量比 1920 年以前增加了三分之一[①]。按此可得出,1920 年的粮食总产量为 1653.5 万市斗。这一结论,与中国近代粮食产量的增加趋势是吻合的。

尽管缺乏长期的数量统计,但仍可从耕地面积、田赋额、粮价等几个方面对清代定县的粮食产量进行估算,以资比较。这是一项极为烦琐的工作。以同治十三年(1874)、光绪元年(1875)为例,耕地面积为 1 571 078.95 小亩(合 1 446 649.5 市亩),每小亩田赋正附税率折合为 0.03843936 两,总计田赋额 60 391.27 两。此时,每小亩田赋正附税约占土地产值的 3%,由此全县耕地总产值为 2 013 042.33 两。从 1874 年、1875 年逐月价格综合计算,各种粮食价格平均每仓石 1.72225 两。据此价格,全县耕地产值可还原为粮食 1 062 585.8 仓石,折合为 1 210 338.42 市石[②]。将此结果与 1933 年比较,1933 年的粮食总产量比同治和光绪朝增加了 82.4%,由此可以确证晚清之后定县粮食总产量处于增长趋势。

由于天灾人祸的影响,农业生产并不稳定,收成减少的情况常有发生。定县灾荒的发生,在公元 284 年至 1900 年平均每 16 年 1 次,1915 年至 1926 年平均每 2 年 1 次,频率明显增加。每次灾荒爆发,都导致农产急降。如 1917 年水灾,致 302 村遭灾、33 村歉收,被灾和歉收面积达 58.3 万亩;1924 年水灾,致 89 村遭灾、44 村歉收,被灾和歉收面积为 21.8 万亩;1920 年旱灾,致 163 村遭灾,被灾和歉收面积为 27.9 万亩;1934 年旱灾,被灾和歉收面积达到全县耕地总面积的 50%,农作物损失分别为高粱 3.6 万担、玉米 3.0 万担、小米 19.0 万担、大豆 11.0 万担[③]。

---

① 李景汉:《定县农村经济现状》,《民间》1934 年第 1 卷第 1 期。

② 参冯华德、李陵:《河北定县之田赋》,《政治经济学报》1936 年第 4 卷第 3 期;〔美〕王业键著,高风等译:《清代田赋刍论(1750—1911)》,人民出版社 2008 年版,第 164—167 页;中国社会科学院经济研究所编:《清代道光至宣统间粮价表》第 4 册《直隶》(下),广西师范大学出版社 2009 年版,第 220—222 页。笔者对有关资料进行了整理和计算。

③ 李景汉:《定县社会概况调查》,第 749—765 页;中央农业实验研究所:《民国二十三年全国旱灾调查》,《农情报告》1934 年第 2 年第 11 期。

第二，粮食产量增长的原因。

粮食总产量取决于耕地面积和单位面积产量。关于近代中国粮食总产的增长，有的研究者认为，由于耕地面积扩大了，即便粮食亩产量有所下降，总产量还是提高的；有的研究者认为，总产量的提高，既和耕地面积的扩大有关，也有粮食亩产量增加的因素①。在华北农村，徐秀丽认为，在二十世纪二三十年代，粮食亩产已基本恢复到清中叶的水平了，而且有所上升②。定县粮食总产量的提升，与耕地面积的扩大无关。如前所述，全县耕地面积不增反降，清初为156万亩，二十世纪三十年代降至147万亩，而且由于棉花等经济作物种植的增速较快，粮食作物面积处于减少之势。在此情况下，只有单产量的增长能够解答总产量为什么会增加。

关于粮食亩产量的资料，也很少见，所幸有1933年的统计，如表17所示，平均亩产量为15.71市斗。在清代，已知1874—1875年定县全县的耕地总面积和粮食总产量，但因不清楚粮食作物和经济作物的种植结构，也就不能得出粮食亩产量。从1916年的统计来看，植棉约占总耕地面积的1.2%，按植棉趋势判断，此值应高于1874—1875年的植棉比例。姑且以此作为1874—1875年所有经济作物的比重，将经济作物面积剔除之后，则粮食作物面积为1 429 289.7市亩，每亩产量为8.468市斗。与之相比，1933年粮食亩产量增加了85.6%。还有一条翟城村志的资料，也可为之佐证。清光绪末年（1900年左右），该村粮食亩产最多不过十二三市斗③，而二十世纪三十年代的粮食亩产量比此提高了60%左右。李景汉还估计，三十年代初粮食单产比1920年前大约增加了33.3%。

不仅如此，与同一时期华北乡村其他地方相比，定县的粮食亩产量是较高的。1934年，陈伯庄对平汉铁路线附近的34处村庄做过一项调查，按作物的轮种方式，如果是谷子—小麦轮种，平均亩产量各为7.2市斗、7.1市斗；

①吴承明：《中国近代农业生产力的考察》，《中国经济史研究》1989年第2期；〔美〕马若孟著，史建云译：《中国农民经济：河北、山东农业的发展》，第170—171页；〔美〕德·希·珀金斯著，宋海文等译：《中国农业的发展》，第43页。

②徐秀丽：《中国近代粮食亩产的估计——以华北平原为例》，《近代史研究》1996年第1期。

③李景汉：《定县社会概况调查》，第112页。

玉米—小麦轮种,平均亩产量各为 8.3 市斗、7.3 市斗。而同一调查显示,在定县,谷子—小麦轮种,平均亩产量各为 11.5 市斗、11.1 市斗,比 34 处谷子、小麦的平均亩产量分别高 59.7%、56.3%;玉米—小麦轮种,平均亩产量各为 15.0 市斗、12.0 市斗,比 34 处玉米、小麦的平均亩产量分别高 80.7%、64.4%[①]。

还要进一步追问,定县粮食亩产量增加的原因是什么?

其一,水车的增加尤其是凿井数量的增长都促进了农业生产。

难题是,这些因素各自对农业增产的贡献份额有多大? 水车与凿井对粮食亩产的影响,可用凿井来说明。如前所述,清光绪朝井灌面积接近全县耕地面积的 9%,二十世纪三十年代初井灌面积增至耕地面积的 65%,比光绪朝增加了 56%。井灌之后各种粮食作物的亩产都有明显增加,光绪朝至二十世纪三十年代初全县平均粮食亩产增加了 60%。按此计算,井灌对亩产量的增长大致贡献了 34% 的份额。

其二,更大的推动力来自劳动力的大量投入。

定县人口数量,光绪初年为 21.3 万人,1934 年增至 44.0 万人。从理论上讲,农业劳动力与总人口的增加成正比例关系,按此计算,1934 年的劳动力数量比光绪年间增长了 1.07 倍。在小农经营方式下,劳动力的投入一定程度上会导致粮食亩产量的增加,光绪初到二十世纪三十年代初劳动力增长 1 倍多,结合上述凿井灌溉的效果,这一劳动力投入的变化对于粮食亩产量的增长贡献了大约 66% 的份额。劳动力投入的增加与凿井灌溉的扩大是相辅相成的,凿井灌溉增加后无论是浇地还是作物轮作、中间环节都需要更多的劳动力投入。1927 年对定县 400 农家的调查就表明,平均每家在农业

[①] 陈伯庄:《平汉线农村经济调查》"附表 6"。1937 年以后的抗日战争与国共决战时期,定县受战乱之害,粮食亩产量明显下降。1939 年,谷子、小麦、大麦、高粱的亩产量分别为 1 石、1 石、0.6 石和 1 石。1946 年,小麦、大麦、玉米、豆子、荞麦的亩产量分别为 1 石、3 市斗、8 市斗、7 市斗和 4 市斗。参方绩佩等:《保定定县石家庄农村视察报告》,《农学月刊》1939 年第 2 卷第 2 期;滕茂椿:《定县经济现状概观》,《河北省银行经济半月刊》1946 年第 2 卷第 12 期。上述时期的粮食亩产量都低于 1933 年,甚至回落到清同治时期的水平。

生产上的支出为 158.4 元，其中家内劳力和雇工为 82.1 元，占总支出的一半以上。二十世纪三四十年代的村落调查还显示，各种作物的锄苗、锄草都达到 2—5 次，灌溉 5—8 次，这也是劳动投入增加的证明[①]。

在以上两个因素中，水车的使用带有较多的现代因素，凿井的增加也有一定的现代成分，而劳动力的大量投入则仍属于传统力量，此为粮食亩产增加的最大原因。

还有一个问题没有解决，即粮食总产量与人口总数是否能保持同步增长呢？学界对此也多有争论，有的学者认为，中国近代农业生产力的发展基本上能够适应人口增长的需要，二十世纪以来粮食总产量的增长速度大体可与人口的增长率相当[②]。有的学者还在对更长时段的情况进行研究后认为，自明代之后的六个世纪，中国的农业基本上能够跟上人口增长的步伐，二十世纪前半期粮食产量增加和人口增长之间大致是相等的[③]。然而，定县的状况并不充分支持上述结论。定县人口总量，二十世纪三十年代初比清光绪朝增加了 106%，比二十世纪二十年代初增加了 16.9%；而几乎同期的粮食总产量，如 1933 年比光绪朝增加 82% 左右，比二十世纪二十年代初增加了 33.3%。由此推论，二十世纪三十年代初与光绪朝比较，粮食产量的增加慢于人口数量的增长，但与二十世纪二十年代前后比较，粮食产量的增加则快于人口总数的增长。

无论对粮食总产和粮食亩产持什么看法，大多数学者都认为近代以来中国的人均粮食拥有量是下降的，粮食消费水平也很低[④]。在定县，人均粮食数量虽不是总处于下降趋势，但如果除去种子用量、田赋折粮量等，仍有缺口，二十世纪三十年代初达到 161 万斗，说明农业产量的增加仍不能满足农

---

①Sidney D. Gamble, *Ting Hsien: A North China Rural Community*, p.89；吴雨农：《定县牛村的平民教育》，1934 年，中国第二历史档案馆藏，全宗号 236，卷号 171；《农业生产调查表》，1949 年 7 月、8 月、9 月，定州市档案馆藏，革命历史档案第 60 卷。

②吴承明：《中国近代农业生产力的考察》，《中国经济史研究》1989 年第 2 期。

③〔美〕德·希·珀金斯著，宋海文等译：《中国农业的发展》，第 34、240 页。

④吴承明：《中国近代农业生产力的考察》，《中国经济史研究》1989 年第 2 期；徐秀丽：《农业自然资源和粮食生产》，从翰香主编：《近代冀鲁豫乡村》，第 331 页。

民的需求,事实上农家的整体消费水平的确很低[①]。

四、小农业生产的效率与效用

生产效率即一定时间内单个劳动力的生产量值,是检验农业生产力水平的另一重要标准。有的学者认为,对中国传统农家应使用以农户为单位的生产量来界定劳动生产率[②]。但农户在人数、占地数量上都有较大不同,在此基础上对不同农户的劳动效率进行横向比较,并无太大意义。当然,单个劳动力的生产效率并不能决定农民的一切行为,生存效用也有重要的影响。所谓效用,就是对农户生存更有意义的单位面积产量、总产量或总产值。相比而言,劳动力效率具有纯经济意义,而生存效用除了经济意义,还有家庭意义和社会意义。

近代以来,一般都认为,小农场经营的效率远比大农场低下,阻碍了农业生产力的发展。李景汉、余泽棠还针对定县发表议论:"如何使土地大量的集中,采用大规模的耕地合作办法而能采用机器,从事大规模的生产,是目前一个极重要的问题。""土地不集中,机器何能收效,井水何能及远?"[③]从定县来看,小农经营的劳动生产率的确很低。

首先,经营方式、经营面积与劳动生产率有密切的关系。

1936 年,杜修昌对定县以及南京的上下伍旗、余粮庄、浙江萧山县湘湖四个地方 177 农家所做的调查显示:"平均每劳动单位之总收入,以自耕农为较大,自耕农兼佃农次之,佃农为最小。……平均每劳动单位之总收入亦随经营面积之增大而增加。"[④] 这个结论,与卜凯 1921—1925 年主持的 7 省

---

① 李金铮:《收入增长与结构性贫困:近代冀中定县农家生活的量化分析》,《近代史研究》2010 年第 4 期。
② 李伯重著,王湘云译:《江南农业的发展(1620—1850)》,上海古籍出版社 2007 年版,第 149 页;侯建新:《农民、市场与社会变迁——冀中 11 村透视并与英国乡村比较》,社会科学文献出版社 2002 年版,第 120 页。
③ 李景汉:《定县土地调查(下)》,《社会科学》1936 年第 1 卷第 3 期;余泽棠:《论合作农场运动》,《民间》1936 年第 3 卷第 5 期。
④ 杜修昌:《农家经济分析:1936 年我国四个地区 177 农家记帐研究报告》,第 1、24 页。

16 处村庄的调查结果基本一致,即随着田场面积的增大,每个成年男子单位赚款增多①。不过,如将定县 5 村 20 农家从杜修昌的调查中抽出单独计算,则与上述总体结论稍有出入,见表 18：

表 18　冀中定县 20 农家经营面积与劳动单位年收入(1936 年)

经营面积(亩)	农家数(户)	每劳动单位收入(元)
10—15	3	127.33
15—20	4	122.83
20—25	2	146.02
25—30	4	191.54
30—35	2	160.48
35—40	3	124.02
40 以上	2	186.34

资料来源 :1. 杜修昌 :《农家经济分析 :1936 年我国四个地区 177 农家记帐研究报告》,第 25 页。

20 农家平均每户有耕地 29 亩,属中等偏上之家,只有自耕农和自耕农兼佃农两类,其中,9 户自耕农每劳动单位收入低于 11 户自耕农兼佃农的收入。以经营面积而言,经营面积 10 亩以上至 30 亩的有 13 户,每劳动单位收入呈增加趋势,也即经营面积越大,劳动效率越高 ;30 亩以上至 40 亩的有 5 户,每劳动单位收入又逐渐下降,即经营面积越大,劳动效率越低 ;40 亩以上的有 2 户,每劳动单位收入又有所回升。在所有农户中,经营 25—30 亩的农户,每劳动单位收入最多,也即劳动效率最高。但由于没有 50 亩尤其是 100 亩以上的较大农场,无从知道更大经营规模农户的劳动效率会发生什么变化。总之,在定县并不像杜修昌、卜凯所认为的劳动单位收入与经营面积完全成正比关系,而是一种正—反—正的混合状态。

其次,将定县小农场经营与美国大农场经营进行比较,更能看出劳动效率的差异。

以人工单位作为劳动效率比较的标准,一个人工单位是一个壮年男子

①〔美〕卜凯著,张履鸾译 :《中国农家经济》,第 147—148 页。

一日的工作量。在定县,对 5 村 20 农家的调查显示,小麦、玉米、棉花三种作物,平均每亩所需人工单位为 8.6 个、5.1 个、6.8 个[1]。在美国,同是这三种作物,平均每亩所需人工单位分别为 0.2 个、0.3 个、1.9 个,仅为定县人工单位的 2.3%、5.9%、27.9%[2]。可见,定县小农场的劳动效率远低于美国大农场的劳动效率。李景汉对翟城村进行调查后,也从劳动效率的角度做过评论,他的结论是,该村凿井较多,"固然有井田地每亩所收的粮数增加;但是,按所费的人力比较旱地约增两倍,这样算来,获利并不很厚"[3]。这表明靠投入大量劳动力提高土地产量的小农经营,并不能提高劳动生产率。

从世界经济发展史来看,经济增长的方式主要有三种:第一种为广泛性增长,只有总量增加而无劳动生产率的提高,此为近代以前主要的经济增长方式,属外延型扩大;第二种是斯密型成长,经济总量和劳动生产率都有提高,但技术变化不大,此种类型发生在工业革命前的"近代早期";第三种为库兹涅克成长,不仅有经济总量和劳动生产率的明显提高,还有重大的技术变革,这种类型是工业革命的产物。后两种均为内涵型的扩大[4]。以此衡量近代定县的农业生产,其仍属第一种类型,即传统的外延式、广泛性增长。黄宗智将高土地生产率与低劳动生产率的现象称为农业过密化,"没有发展的增长"。因无从判断定县农业劳动生产率是否处于边际递减状态,不宜附会过密化概念,可用"不发展"来概括。

对于一个有剩余劳动力的小农,尤其是处于饥饿边缘的小农来说,把剩余劳动力投入土地,虽只能获得较小的边际收益,却可获得很大的"边际效用"[5]。从经营规模与单位面积产值的关系,即可证明这一点。1927 年对定县 400 农家的调查显示,经营面积 1—10 亩的农家,每亩产值为 12.6 元;经营面积增至 31—40 亩,每亩产值降至 12.5 元;经营面积 51—100 亩,每亩

①杜修昌:《农家经济分析:1936 年我国四个地区 177 农家记帐研究报告》,第 72 页。
②〔美〕卜凯著,张履鸾译:《中国农家经济》,第 327 页。
③李景汉:《定县社会概况调查》,第 115 页。
④李伯重:《理论、方法、发展趋势:中国经济史研究新探》,第 130—131 页。
⑤陈翰笙:《解放前的地主与农民——华南农村危机研究》,第 14 页;黄宗智:《华北的小农经济与社会变迁》,第 6、142—176、199 页。

产值更减至 11.6 元；经营面积在 100 亩以上，每亩产值为 11.3 元。可见，经营面积越小，每亩产值越高，经营面积与单位面积产值的关系是反向的[①]。与定县相邻的深泽县南营村，也有同样的现象。农场经营面积在 9.9 亩以下、10—19.9 亩、20—29.9 亩、30—59.9 亩和 60 亩以上者，平均每亩收入分别为 15.4 元、11.4 元、10.5 元、9.5 元和 9.6 元[②]。在近代中国尤其是民国时期的动荡环境中，小农经济之所以还能够维系，与此有着密切的关系。

正因如此，也有学者对小农经营给予了肯定。苏联农学家恰亚诺夫指出，家庭农场具有长期存在的合理性，在生产力未发生重大变革的情况下，个体家庭农场比大规模土地集中经营具有优越性。经济学家舒尔茨提出要改造传统农业，但不是建立大农场和追求规模效益，而是要在传统农业中引入现代生产要素。也有中国学者认为，在人地关系紧张之下，仍有实行小农经营的必要，资本主义的现代化农业并不适合这种情况下的农业生产[③]。

新中国成立后，社会各界对小农经营的看法，主流意见是否定的。二十世纪八十年代以后，有学者对此提出了不同意见。吴承明认为，小农经济精打细算，不浪费资本和劳力，使土地得到充分利用，使人民得到足够的食用，对小农经济养家活口来说，仍是可行的[④]。在定县，1949 年、1959 年、1969 年、1979 年、1989 年和 1999 年的粮食产量为此提供了佐证。在这些年份，无论是亩产量还是总产量都大致处于增加状态，亩产量依次为 136 公斤、209 公斤、372 公斤、643 公斤、639.5 公斤和 940 公斤，总产量依次为 1.4 亿公斤、1.9 亿公斤、3.8 亿公斤、5.6 亿公斤、5.3 亿公斤和 7.4 亿公斤[⑤]。尤其

---

①据 Sidney D. Gamble, *Ting Hsien: A North China Rural Community*, p.88 整理。

②韩德章：《河北省深泽县农场经营调查》，《社会科学杂志》1934 年第 5 卷第 1 期。

③侯建新：《国外小农经济研究主要流派述评》，《世界历史》1999 年第 1 期；〔美〕舒尔茨著，梁小民译：《改造传统农业》，商务印书馆 1999 年版，第 4、85—86 页；刘光华：《农业政策》，南京书店 1932 年版，第 50 页。

④吴承明：《中国近代农业生产力的考察》，《中国经济史研究》1989 年第 2 期；吴承明：《中国的现代化：市场与社会》，生活·读书·新知三联书店 2001 年版，第 59—60 页。

⑤定县统计局：《河北省定县国民经济统计资料（1949—1979）》，1980 年内部印，第 257—258 页；定州市统计局：《定州市社会经济统计资料（1989）》，1990 年内部印，第 60 页；定州市统计局：《定州统计年鉴（1990—2009）》，2010 年内部印，第 126 页。

是在改革开放以来,实行农业生产承包责任制,仍然是小农场经营方式,粮食亩产量增长很快,二十世纪上半期的粮食亩产量更是不可与其相提并论了 ①。由此可见,小农经营处于连续而非断裂之中,继续显示着效用。不过,效用较高与效率低下仍是一对矛盾,如何维持二者的平衡与发展,是一道难解的大题目。

综上所述,在华北平原生态、人多地少的内部制约和现代机构、市场力量的外部推动下,近代定县农业经营无论是生产条件、作物结构还是农业产量,都处于传统与变迁、增长与不发展、连续大于跳跃的交叉过渡之中,由此共同维系着小农生产的延续,这与整个近代中国乡村发展的进程是基本一致的。其中,经济作物产量的增长,主要来自大城市尤其是国外市场的需求;粮食产量的增加仍主要来自传统力量,现代生产要素的影响极其有限;小农生产的高效用与低效率的矛盾颇为突出,农民的总体性贫困与维持糊口状态并没有发生实质性的改变。以上结论所反映的复杂而非单一的面相,与所谓近代中国乡村经济的完全衰落或增长论显然有别。

---

①尽管仍是小农经营形式,但现代生产要素的投入越来越多,是粮食产量增加的重要原因。

第七章 "纯粹"与"非纯粹"的租佃关系

与土地分配结构相关,占地较少或无地者向占地较多者租佃土地进行佃农经营,从而形成相互之间的租佃关系。由于这一关系具有丰富的经济、社会和政治意义,从而在中国历史上受到政府与社会的高度关注。在中国近代尤其是民国时期,它更成为不同党派、社会各界讨论农村改革,开展农村革命的重要内容,大多数学者都将佃农比例大、地租剥削率高、主佃关系紧张视为租佃关系的基本特征。二十世纪八十年代以来,有的学者提出不同意见,认为租佃关系不是中国近代占统治地位的生产关系(尤其在北方农村),佃农比重和地租率有下降之势,主佃矛盾也不是如以往所想象的那样激烈[1]。对上述新旧诸说,究竟应该如何看待,重要的不在于价值判断,而是认真挖掘资料,加强对不同地区的研究,还原历史真相。这里从冀中定县租佃关系的几个主要方面,包括租佃比例、地租率和主佃关系等进行研究。

一、纯粹租佃少而所涉关系多

出租户和租佃户是不可分割的一体,二者在农户中的比例反映了佃农和租佃关系的基本状况。

第一,出租地主的比例。

---

[1] 史建云:《近代华北平原地租形态研究》,《近代史研究》1997年第3期;高王凌:《租佃关系新论——地主、农民和地租》,第13—18、75—76页;李金铮:《土地改革中的农民心态:以1937—1949年华北乡村为中心》,《近代史研究》2006年第4期。

　　李景汉主持的调查显示,1931 年,定县全县有 70 034 户,其中自己占有土地且完全出租的地主有 514 户,仅占总户数的 0.73%[①],可见纯粹的出租地主颇为少见。此为按地权概念做出的划分,而是否还有占地较少但因劳力缺乏而出租土地的"地主",该统计并未给予说明,如果有,真正有经济实力的纯粹地主所占的比例还要减少。

　　除了地权分配标准以外,还有革命的阶级划分,即以占有土地和剥削率来计算。按此衡量,地主比例将有所增加,但也甚有限。1948 年,中共进行土改时,定县第四区有 15 个村 4007 户,其中划为地主成份者有 96 户,占总户数的 2.4%[②]。

　　以上是从全县或县内一个较大地区得出的结论。而在一县之内,不同地方也有差异性。1931 年,定县全县分 6 个区,其中城关和第一区,地主占总户数的比例分别为 7.8%、1.5%,而其他区多为 0.5% 左右[③]。至于单个村落,根据土改时的调查,七里堡村共 406 户,有地主 33 户,地主占总户数的 8.1%[④];东亭村共 588 户,有地主 22 户,地主占总户数的 3.7%[⑤]。与这两个村庄比较,翟城村就低得多了,在 540 户中,有地主 6 户,地主仅占总户数的 1.1%[⑥]。

　　将纯粹出租地主和所有地主进行比较,前者在地主总户数中的比例还不到五分之一,亦即大部分地主并不以完全出租土地为其主要的农业经营形式。社会学者卢晖临认为:"在解放前的村庄内部,并不存在一个以地租为主要剥削手段的地主阶级。"[⑦] 这一观点和上述定县的几个数据是比较吻合的。但马若孟说,华北农村"好象不存在农户完全不经营土地仅靠地租收

①李景汉:《定县土地调查(上)》,《社会科学》1936 年第 1 卷第 2 期。

②《定县第四区平分初步总结》,1948 年 6 月,定州市档案馆藏,革命历史档案第 9 卷。

③李景汉:《定县土地调查(上)》,《社会科学》1936 年第 1 卷第 2 期。

④《定县七堡村斗争情况》,1947 年,定州市档案馆藏,革命历史档案第 108 卷。

⑤《东亭村平分材料》,1948 年 4 月,定州市档案馆藏,革命历史档案第 46 卷。

⑥《定县翟城村贯彻土地政策为中心发动群众的经过情形》,1948 年,定州市档案馆藏,革命历史档案第 57 卷。

⑦卢晖临:《革命前后中国乡村社会分化模式及其变迁:社区研究的发现》,《中国乡村研究》第 1 辑,第 145 页。

入生活的情况"[1],则又太过绝对了。

为什么出租地主较少呢？可用利益比较做一解释。占有土地较多者更多地使用自家劳力经营,或兼用自家劳力和雇工(长工和短工,主要是短工)经营,这是因为华北农村多为黄土区域,地力比较贫瘠,亩产量低于南方水田区域,出租土地又只能获得农产物产量的一半左右,这样一来,出租经营的收获就不如自己经营多。而庞大的剩余劳力和工商业相对落后,机会成本低廉,导致劳动力价格便宜,降低了雇工经营成本,更使得雇工经营(或雇工兼出租)比出租土地有吸引力。对河北丰润县米厂村农场主的调查就表明,雇工经营每亩净收入为土地价值的13%—14%,而出租土地仅为5%[2]。

从土改时期对1937年前定县大兴庄、新全村等6个村庄的调查结果来看,也能证明上述看法。无论是占地百亩以上还是百亩以下的地主,有的完全雇工经营,有的既雇工经营也出租,但雇工比例较大,出租多于雇工的情况很少[3]。2004年笔者曾带领学生对土改前河北农村包括定县进行田野调查,经历过旧社会的在世老人也持这种说法,即田地较多者主要采用雇工经营,只有雇用长工管理不过来时,才会出租部分土地,纯粹出租地主很少[4]。2010年笔者又参与了美国人类学者主持的定县老年妇女调查,调查对象共200余人,如果将娘家和夫家分别计算,共计400多户。其中占地二三百亩的农户,少有出租土地者,多为以自家劳力和雇工经营[5]。

出租土地的比例,也不像以往传统观念所认为的那么大。以1931年为例,全县耕种面积为1 424 931亩,其中租种173 894亩,占总耕地的

①〔美〕马若孟著,史建云译:《中国农民经济:河北、山东农业的发展》,第325页。

②黄宗智:《华北的小农经济与社会变迁》,第181—182页;张稼夫:《山西中部一般的农家生活》,陈翰笙等编:《解放前的中国农村》第3辑,第88页。

③《定县第十三区大兴庄、新全村》,1948年,定州市档案馆藏,革命历史档案第51卷;《定县二十区小近同村结束土改工作报告》,1949年12月,定州市档案馆藏,革命历史档案第11卷;《定县四区吴家庄工作情况》,1948年,定州市档案馆藏,革命历史档案第47卷;《定县官道村基本情况》,1949年,定州市档案馆藏,革命历史档案第50卷;《定县五区庞家佐村土改平分材料》,1948年,定州市档案馆藏,革命历史档案第11卷。

④《旧中国时期河北农村雇佣关系调查资料》,2004年2月,李金铮收藏。

⑤《定县5个村落老年妇女调查资料》,2010年4月,李金铮收藏。

12.2%[①]。其他几位学者对华北农村的研究，也得出了类似的结论。钱俊瑞认为，500 亩以下的土地所有者多数是自己经营的地主和富农[②]。史建云认为，如无特殊情形，土地不足 100 亩的农户通常不会出租，而是雇工经营[③]。黄宗智认为，占地 100 亩至 200 亩的农户出租比例也很低，沙井村大部分在村富户经营式农场主与出租地主的比例为 3∶1[④]。刘克祥认为，100 亩以上的农户使用雇工的经营地主至少占一半[⑤]。各家在数据统计上的标准不完全一致，但对于出租地主比例较小的总体结论是一致的。

随着土地占有和家庭经济地位的变化，地主的经营方式也会发生变动。黄宗智认为，华北农村占地 200 亩以上的地主会趋向出租式经营[⑥]。不敢肯定这一说法的普遍意义，在定县没有找到土地占有上升与经营方式变化相关的资料，但有经济地位下降与经营方式变化相关的例证。从土改调查的情况发现，随着家庭经济地位的下降，出租地主会将经营方式转向雇工经营。以马家寨为例，1937 年"七七"事变前有地主 8 户，出租部分土地经营，抗战期间，因经济削弱，他们收回出租土地，添置农具和牲口，雇工经营[⑦]。此例表明，随着经济条件的下降，仍以雇工经营较出租经营更为划算。

第二，佃户比例。

与完全出租地主较少相一致，纯粹租种土地的佃户也不多见。1931 年，在定县全县，纯佃户有 3253 户，占总户数的 4.7%[⑧]。与河北省、全国比较，这一比例都是较低的。1912 年至 1937 年，在河北省 110 余县，纯佃户占总农户的 10%—13%；在全国，纯佃农占总农户的 28%—30%[⑨]。定县纯佃户的

①李景汉：《定县土地调查（上）》，《社会科学》1936 年第 1 卷第 2 期。

②钱俊瑞：《中国本部两大区域的土地关系》，《钱俊瑞选集》，第 143—144 页。

③史建云：《近代华北平原自耕农初探》，《中国经济史研究》1994 年第 1 期。

④黄宗智：《华北的小农经济与社会变迁》，第 78 页。

⑤刘克祥：《中国近代的地主雇工经营和经营地主》，《中国经济史研究》1994 年增刊。

⑥黄宗智：《华北的小农经济与社会变迁》，第 184—185 页。

⑦《定县九区马家寨各阶层经济情况》，1948 年，定州市档案馆藏，革命历史档案第 64 卷。

⑧李景汉：《定县土地调查（上）》，《社会科学》1936 年第 1 卷第 2 期。

⑨中央农业实验所：《民国二十四年各省农佃之分布及其近年来之变迁》，《农情报告》1937 年第 5 卷第 1 期；中央农业实验所：《民国二十六年各省农佃之分布及其近年来之变迁》，《农情报告》1938 年第 6 卷第 6 期。

比例,分别比河北、全国约低 8%、25% 左右。

　　与地主一样,佃户比例在定县各地也有不同。仍是 1931 年,全县 6 个区中,城关和第一区的佃户分别占总户数的 14.8%、11.4%,而其他区多为 3% 左右①。这一现象与前述地主的比例状态是基本一致的。关于影响佃户比例的相关因素,王建革认为与生态环境有一定的关系。他以华北为例指出,以纯佃农 10% 为基准,高于 10% 的村庄为多佃户村,低于 10% 的村庄为少佃户村,在生态条件差或人地关系紧张的地区,阶层分化较低,租佃关系较少;而在生态条件较好或人地关系宽松的乡村,阶层分化和租佃关系相对发达②。对此现象,费孝通也有过论断:"在这类作坊工业附近的地区,佃户的百分比也比较高。"③ 这一观点在定县也得到验证:城关和第一区为经济较为发达的地区,其租佃比例也较高。不过,按王建革所设定的标准衡量,定县 4.7% 的纯佃户比例所对应的极少佃户村,应该是生态环境特别差、人地关系非常紧张的地区,然而事实上定县村庄的生态条件、经济水平属于中等,人地比例关系也不算很紧张④。

　　从动态角度看,佃农比例的变化趋势如何呢? 未发现定县有长时段的佃户比例资料,仅以二十世纪二三十年代而言,李景汉在调查时发现:"据农民的意见,这一带地方的自耕农和半自耕农渐增,而佃农渐少。"⑤ 国民政府实业部的调查也表明,定县佃农由 1933 年的 14.7% 降至 1934 年的 8.8%。这一调查时间过短,且比例有过高之嫌,但所反映的佃农比例下降的结果和李景汉的调查是一致的。导致佃农比例下降的原因,一是与世界经济危机影响下农产品价格和地价的下跌有关,一些"佃农或半自耕农,得购买贱价之土地,而进为自耕农"⑥;二是也有贫困佃农离村导致佃农比例减少的因

①李景汉:《定县土地调查(上)》,《社会科学》1936 年第 1 卷第 2 期。
②王建革:《华北农村的生态与阶级》,复旦大学历史系:《近代中国的乡村社会》,上海古籍出版社 2005 年版,第 120、136 页。
③费孝通:《乡土重建》,《费孝通文集》第 4 卷,第 398 页。
④李金铮:《也论近代人口压力:冀中定县人地比例关系考》,《近代史研究》2008 年第 4 期。
⑤李景汉:《定县社会概况调查》,第 629 页。
⑥实业部中国经济年鉴编纂委员会:《中国经济年鉴》第三编上,第 F1—2、46—47 页。

素。就此而言，自耕农的增加未必是社会经济繁荣的征兆，反而可能是社会经济衰败的反映。

以上论述表明，传统观点把土地关系主要理解为地主与佃农之间的租佃关系，确属有所偏颇。不过，也要注意的是，纯佃户比例较低并不等于租佃关系所涉及的农户比例也低。换句话说，非纯粹的租佃关系，即与出租和租入有关的农户并不算少。这一现象，以往未曾引起学界的关注。1931 年定县 4 村的统计，为此提供了充分证据，见表 19：

表 19　冀中定县 4 村租佃关系统计（1931 年）

租佃种类	高 村		南 村		明 镇		李 镇	
	家数（户）	百分比（%）	家数（户）	百分比（%）	家数（户）	百分比（%）	家数（户）	百分比（%）
租入（无自田）	4	3.70	12	4.63	31	12.76	79	11.70
租入（兼当入）	——	——	2	0.77	2	0.82	3	0.44
租入（兼种自田）	45	41.67	46	17.76	85	34.98	126	18.67
租入（兼种自田和当入）	4	3.70	18	6.95	3	1.23	12	1.78
租入（兼种自田和当出）	3	2.78	23	8.88	9	3.70	14	2.07
租入（兼种自田和当出、当入）	——	——	5	1.93	——	——	——	——
租入（兼当出所有土地）	1	0.93	9	3.47	——	——	——	——
出租所有土地	8	7.41	9	3.47	21	8.64	49	7.26
出租（兼当出所有土地）	2	1.85	10	3.86	——	——	10	1.48
出租所有土地（兼出租当入土地）	1	0.93	1	0.39	——	——	——	——
出租当入	——	——	1	0.39	——	——	——	——
出租当入（兼种自田）	——	——	1	0.39	——	——	——	——
出租当入（兼种自田和当入）	——	——	2	0.77	——	——	——	——
出租（兼种自田）	17	15.74	13	5.02	23	9.47	31	4.59
出租（兼种自田和当出）	2	1.85	11	4.25	5	2.06	11	1.63
出租（兼种自田和出租当入）	4	3.70	2	0.77	——	——	——	——
出租（兼种自田和当入）	2	1.85	1	0.39	2	0.82	7	1.04

续表

租佃种类	高　村		南　村		明　镇		李　镇	
	家数（户）	百分比（%）	家数（户）	百分比（%）	家数（户）	百分比（%）	家数（户）	百分比（%）
出租（兼种自田和当出、当入）	——	——	2	0.77				
出租（兼种自田和当出、出租当入）	——	——	2	0.77				
出租（兼当入）					1	0.41		
出租（兼当出与出租当入）			2	0.77				
出租所有土地与租入			1	0.39	3	1.23		
出租所有土地与租入（兼当入）			1	0.39				
出租与租入（兼种自田）	6	5.55	3	1.16	5	2.06	1	0.15
出租与租入（兼种自田与当入）			1	0.39	1	0.41	1	0.15
出租与租入（兼种自田和当出）	1	0.93						
出租与租入（兼当出与当入）					1	0.41		
出租与租入（兼当出）							2	0.30
与租佃有关系的家数及百分比（%）	100	92.59	178	68.73	192	79.01	346	51.26
租入家数及百分比（%）	65	60.19	119	45.95	137	56.38	238	35.26
村庄家数总计	108	——	259	——	243	——	675	——

资料来源:1.李景汉:《定县土地调查(上)》,《社会科学》1936年第1卷第2期。

由表 19 可见,租佃关系非常繁杂,多达 28 种名目,令人眼花缭乱。与出租有关者占村庄总家数的比例,少则 39.81%,多则 64.74%;与租入有关者占村庄总家数的比例,少则 35.26%,多则 60.19%;与出租和租入都有关系者占村庄总家数的比例,少则 51.26%,多则 92.59%。这个比例,是纯粹地主、纯粹佃户比例所无法比拟的。可以推断,出租土地与租入土地之间往往为我中有你、你中有我的关系,一家甚至兼有自种者、出租者和租入者的三重身份,从而导致租佃范围的扩大。东汶村的张老瑞,就是此类农民,他既耕种自己的几亩地，又租种地主的地，有时还出租一点地[①]。

但同样是李景汉所主持的调查显示，在全县范围之内，与租佃关系有关者占总家数的 33.8%，租入户占总家数的 24.2%[②]，与 4 个村子的统计比例有较大的出入。之所以如此，主要是全县租佃关系的分类远不如 4 个村庄的分类那么详细，仅包括地主、佃户、自耕农兼租出、自耕农兼租种 4 种，而 4 个村子的租佃类型有 28 个名目，全县租佃关系的比例当然就降低了。

可见，研究租佃关系不能从言其居于统治地位的极端走向另一个无足轻重的极端。纯粹地主和纯粹佃户虽不多见，但与租佃有关的农户却大量存在，租佃关系与农民生活的关系仍然是非常密切的。

二、地租率变化不大

地租形态和地租率是研究佃农经营和租佃关系的又一重要内容。在定县，地租形态主要有实物地租和货币地租两种，到二十世纪三十年代初，二者几乎各占一半，货币地租有上升之势，这与近代农村商品经济的发展是一致的。实物地租又有分成租、定额租两种，但分成租在当时已不多见。定额租方式的特点是，"除田地外，地主不供给其他农用物件，但有供给井和水车的"，分成租方式是"除田地外，地主不供给佃农其他用具"，两种方式在经营方法上也有相近之处。在分成租方式中，还有一种极少见到的雇工佃种法，"地主供给种子、肥料、房屋、牲畜等项，佃农只出人力"[③]。学术界对地租形态似无大的分歧，兹集中讨论地租率问题。

---

① 张老瑞土改时被定为富农成份，其实他出租土地的剥削所得和租入土地的被剥削所失相互抵消，但开始只算他出租土地的剥削量，加上他平时死心眼，别人借什么东西也不容易借出来，所以就被提高了成份。参《定县九区东汶村平分工作总结》，1948 年 6 月，定州市档案馆藏，革命历史档案第 52 卷。
② 李景汉：《定县土地调查（上）》，《社会科学》1936 年第 1 卷第 2 期。
③ 李景汉：《定县土地调查（上）》，《社会科学》1936 年第 1 卷第 2 期；李景汉：《定县社会概况调查》，第 630、634—635 页；鲁绍柳：《定县农村经济概况》，《文化建设》1937 年第 3 卷第 4 期。

第一,分成实物地租率。

两千多年来,中国的分成租佃基本上以对半均分为分益率,其他也有四六分、二八分、三七分等分益率,但均属少数。赵冈认为:"西方学者不了解分益租佃制的性质,认为分益率维持 2000 多年不变,是不可思议的事。他们认为,在任何租佃制下租金都是佃户付给地主的价格,用以购买土地使用权,分益率既然是价格就应该随市场供需的变动而浮动。2000 多年来中国人口增加很多,而耕地增加有限,分益租佃制的分益率不可能固定在同一水平上,永不变动。这是一种误解,西方学者并不了解分益租佃方式究竟是什么性质。……主佃双方都提供生产要素,但双方都不是买者或卖者,也都不是 residual claimant,没有一方独负盈亏。……在这种安排下,分成租率不是一种购买要素的价格,而是双方合伙人协议的一种比率。"[1] 在华北农村,直到近代仍是如此。史建云的研究表明,在分成实物地租率中,以 50% 最为普遍,50% 是分成制的一个基准,其他各种比例都是围绕这一基准进行调整的[2]。二十世纪三十年代定县的分成实物地租率,最常见的也是对半分租法,地主与佃农分别获得农产物的 50%,散碎的柴草给佃农,齐整的禾秆、高粱秸也平分。其他还有四六分租法,地主、佃农各得十分之四、十分之六。现实中已极为少见的雇工佃种法,则分细粮和粗粮两种分成方法,细粮如小麦地主、佃农各得十分之八、十分之二,粗粮如谷子地主、佃农各得十分之六、十分之四[3]。

第二,定额实物地租率。

1928 年对定县 6 个村落的调查显示,中等田地每亩纳租:谷子 3.2 市斗、小麦 1.7 市斗、高粱 4.0 市斗、棉花 23.2 斤[4]。按当时的平均亩产量计算[5],以上农作物的地租率分别为 14.3%、10.6%、22.9%、54.8%。比较而言,经济作物因赚利较高,其地租率比粮食作物要高。另有一个 1931 年的村落

---

① 赵冈:《农业经济史论集——产权、人口与农业生产》,第 251—252 页。
② 史建云:《近代华北平原佃农的土地经营及地租负担》,《近代史研究》1998 年第 6 期。
③ 李景汉:《定县社会概况调查》,第 635 页。
④ 李景汉:《定县社会概况调查》,第 634 页。
⑤ 李景汉:《定县经济调查一部分报告书》,第 3—8 页;许道夫:《中国近代农业生产及贸易统计资料》,第 344—345 页。

调查,每亩旱田粮租最多为5—6市斗,水田粮租最多为10市斗[1]。也按当时平均亩产量计算,地租率分别为28.1%、51.1%。水田种植因产量较高,其定额实物地租率比旱田要高。

以上统计还表明,与分成实物地租率相比,定额实物地租率大多较低。1930年国民政府立法院对河北省地租率的统计,也显示了类似现象,定额实物租率在上田为48.0%、中田为45.9%、下田为44.8%,分成实物地租率在上田为48.1%、中田为47.4%、下田为47.0%[2]。为什么定额实物地租率一般要低于分成实物地租率呢?国民政府主计处统计局和经济学家张五常认为,由于定额租制下地主的收入是旱涝保收的,而分成租制下地主获得的租金与产出有密切的关系,分成租"高出的部分可以看作是对地主承担风险的回报"[3]。遗憾的是,此为理论解释,缺乏数据分析。

第三,定额货币地租率。

货币地租为定额地租之一类,它与定额实物地租之比较,见表20:

表20　冀中定县6村定额货币地租、定额实物地租及占地价的比例(1928年)

田地类型	上等地(亩)		中等地(亩)		下等地(亩)	
地价(元)	96		53		14	
纳租形态	定额货币租	定额实物租	定额货币租	定额实物租	定额货币租	定额实物租
地租(元)	5.60	4.90	3.30	2.60	0.70	1.20
占地价比例(%)	5.80	5.10	6.20	4.90	5.00	8.60

资料来源:1.李景汉:《定县社会概况调查》,第631、633—634页。

[1]李景汉:《定县土地调查(下)》,《社会科学》1936年第1卷第3期。
[2]实业部中国经济年鉴编纂委员会:《中国经济年鉴》上,第G65页。
[3]国民政府主计处统计局:《中国租佃制度之统计分析》,第79页;张五常:《佃农理论——应用于亚洲的农业和台湾的土地改革》,第104页。方行的看法有所不同:"定额租制是由分成租制转化而来的,分成租制作为一种历史传统,不能不对定额租制产生影响。这种影响主要表现为定额租租额的确定,是以分成租原有租额作为依据的。根据历史文献记载,这大体有两种具体做法。一个是……根据丰收年对分制的租额来确定定额租租额。一个是……根据多年对分制租额的平均数,或者根据多年对分制的中等租额,来确定定额租租额。……因此采取上述这些做法,定额租租额比对分制的一般租额可能是略有提高,或者是大体相当。"参方行:《中国封建经济论稿》,第63—64页。

由表 20 可见,货币地租率上等地为 5.80%,中等地为 6.20%,下等地为 5.00%。1931 年,另有两个村落的统计,南村的货币地租,每亩水田最多为 6 元,旱田最多为 4 元;李镇的货币地租,每亩水田最多为 7.5 元,旱田最多为 3.5 元。如以中等地价来计算,南村的货币地租率,水田为 8.5%,旱田为 10%;李镇的货币地租率,水田为 10.6%,旱田为 8.8%[1]。1930 年立法院对河北省的统计也显示,货币地租率上田为 8.7%,中田为 10.3%,下田为 10.1%[2]。

史建云、张五常认为,货币地租一般低于实物地租,因为地主分担了佃农销售农产品的成本[3]。但如表 20 所示,定县的货币地租额和地租率,除了下等地以外,上等地、中等地都比实物地租的高。对此,李景汉指出:"此仅按各种作物收获时之价格而言。若按一年中价格最高之时,也许农产之租金略高于现金租金矣。且农产物每年之价格涨落不定,很难说何种纳租为高低。"将货币地租和实物地租进行比较,实际是"有的地方较高,也有的地方较低"[4]。可见,在定县并无货币地租低于实物地租的规则。

无论是实物地租还是货币地租,其高低还受土地质量的影响。郑庆平认为:"按一般常理,地等越高,土地的生产能力越大,其土地的租佃价格也就应该越高,并使其保持较高的地租率。但在中国近代,上述常态并不在现实租佃关系中占大多数,相反地,在大多数场合,却出现了地等高低与地租率高低相背离的特点,即土地越贫瘠,其地租率越高。"[5]在定县,并未发现这一背离性的结论,如表 20 所示,从绝对值而言,土地质量与地租量成正比。下等地、中等地、上等地的定额租平均每亩分别为 1.2 元、2.6 元、4.9 元,货币租平均每亩分别为 0.7 元、3.3 元、5.6 元,与一般常理相符。但地租率未表现出规律性,如上面所说的南村、李镇 2 个村,地租率并未随着土地等级的提

①李景汉:《定县土地调查(下)》,《社会科学》1936 年第 1 卷第 3 期。

②实业部中国经济年鉴编纂委员会:《中国经济年鉴》上,第 G63—64 页。

③史建云:《近代华北平原佃农的土地经营及地租负担》,《近代史研究》1998 年第 6 期;张五常:《佃农理论——应用于亚洲的农业和台湾的土地改革》,第 107 页。

④李景汉:《定县社会概况调查》,第 634 页。

⑤郑庆平:《论中国近代的地租剥削及其发展变化特征》,《中国农史》1991 年第 2 期。

高而持续增加或下降。南村的情况是，地价在 25 元以下者地租率为 5.5%，其他地价的地租率：25—49 元为 6.0%，50—74 元为 6.3%，75—99 元为 6.4%，呈逐渐上升的趋势；至此，当地价继续上升时，地租率又变为下降了，100—149 元为 5.3%，150 元及以上为 5.0%。李镇也是如此，地价 25 元以下者地租率为 5.9%，25—49 元为 8.9%，50—74 元为 8.3%，地租率是增加的；当地价继续上升时，地租率也变为下降了，75—99 元为 6.4%，100—149 元为 6.5%，150 元及以上为 6.5%。可见，随着土地质量的提高，地租率增加到一定程度时又转为下降了。

地租额、地租率有无增减的趋势，也是需要研究的问题。已有学者发表过意见，差别很大，或者认为近代中国的地租率处于增长之势，或者相反，地租剥削是逐渐减轻的[1]。从定县看，地租率没有发生明显的变化。如分成租，按清康熙朝《保定府志》所记，保定府以西的许多州县（包括定县）通行"计谷均其半"[2]；到二十世纪三十年代，历经 250 余年，分成租依然是 50% 左右。至于货币地租，从翟城村看，到 1915 年前后，有井的水浇地的租价比以前的旱地多了 1 倍[3]，但地租额的增加并不意味着地租率的增加，因水浇地的亩产量也往往比旱地增加了 1 倍左右。在中共土改运动中，有一些地租增加的例子。1947 年 12 月，在塔宣村召开的贫农诉苦大会上，"大家一谈受穷，谈着就谈到租种地，1 亩地 5 斗租，有的长到 8 斗、9 斗，一大家人就没有办法了，只得将地交回"[4]。但须考虑到贫农诉苦夸大的可能性，就经济的基本常识而言，地租额和地租率的持续增长是不可能的，否则租佃关系很难长期延续。仍是以塔宣村的诉苦大会为例，佃户任老海又说，租地前后达四五十年，"不租地吧，也是没办法"。任家租种土地长达四五十年的时间，如果说

---

[1]陈廷煊：《近代中国地主土地所有制下的租佃关系》，《中国经济史研究》1991 年第 4 期；方行：《中国封建经济论稿》，第 53 页；侯家驹：《我国近代租佃制度之分析》，本书编辑部：《"中华民国"历史与文化讨论集》第 4 册，台北正中书局 1984 年版，第 156、180 页。

[2]〔清〕郭棻编：《保定府志》卷一○《风俗》，清康熙十九年刻本。

[3]李景汉：《定县社会概况调查》，第 112 页。

[4]《定县十一区塔宣村两个会的详细经过总结》，1947 年 12 月，定州市档案馆藏，革命历史档案第 53 卷。

地租率一直在增加,这是难以让人理解的。

此外,其他因素也会影响地租率的计算。

其一,遇到荒歉,地租是否会减免。大多数学者认为地主会酌量减免地租,少数持不同意见①。1934年陈正谟的调查显示,实物地租不能减免者较少,占全国22省1520处的10.1%,占河北省271处的9.2%;货币地租相反,能减免者较少,不能减者的比例在全国为62.6%,在河北省为78.1%②。在定县,一般是不能减免的,"地主对于作物收获之丰歉,概不过问"③。何以如此呢?黄宗智针对华北农村的此类现象解释道:"这里的地主多是小地主,他们和佃户间生活水平的差距,远没有象缙绅地主和其佃户之间那么悬殊。对这样的小地主来说,损害了一半庄稼的自然灾害,也即减低了他一半的收入,很可能会威胁到他习惯的生活水平……要他自愿地为维持佃户不好计量的'生计'的朦胧'权利'而减租,似乎过分乐观。有的大地主,也许会在歉收时按照'道义'观念减租赈济穷佃,但本区一般的小地主,不见得会这样做。"④除此以外,还有一点也应注意,租佃关系大多发生在普通农民之间,相互间没必要互相减免。

其二,是否为折成交租。高王凌认为,多数地区的地主并非照额征收,而是按原额折成,加之还有佃户拖欠不交的现象,地主实收田租是低于实际租率的⑤。在定县,没有查到折成交租的资料,佃户拖欠或不交租的情况也不多见。李景汉调查时发现:"至交租时期,多由佃农将租金送到地主家里来,少有待地主催讨而始纳租的。除有特别亲友关系外,少有不按期纳租的。"⑥与地主不减租一样,佃户也多不欠租,其原因应与如上所说的普通农民之间

①刘大钧:《我国佃农经济状况》,上海太平洋书店1929年版,第23页;谢劲键:《中国佃种制度之研究及其改革之对策》,《中国经济》1933年第1卷第4—5合期;董汝舟:《中国农民离村问题之检讨》,《新中华》1933年第1卷第9期。

②陈正谟:《中国各省的地租》,商务印书馆1936年版,第44页。

③李景汉:《定县社会概况调查》,第630页;郑佩刚:《平汉沿线农村见闻杂述》,陈伯庄:《平汉线农村经济调查》,第12页。

④黄宗智:《华北的小农经济与社会变迁》,第216—217页。

⑤高王凌:《地租征收率的再探讨》,《清史研究》2002年第2期。

⑥李景汉:《定县社会概况调查》,第632页。

的租佃关系有关。

其三,市场价格变动的影响。主要表现在货币地租上,当市场价格下降时,佃户需要出卖更多的农产品,才能弥补价格下降所带来的差距,由此带来一定的损失。譬如,由于世界经济危机的爆发和中国白银货币的紧缩,造成 1933—1935 年农产品价格的连续下降,农民交纳的货币地租一定是增加的。不过,物价剧烈下降的情况并不常见,清末之后直至二十世纪三十年代初,农作物和手工业品的价格一直呈缓慢上升的趋势[1],对佃户交纳货币地租是有利的。

总的来看,截至全面抗日战争爆发前,定县地租率并未发生明显的变化。即便考虑以上直接或间接影响的因素,也未导致地租率有大的提高或下降。

三、主佃关系比较缓和

关于主佃之间的关系,历史遗存资料极少,只能根据有限的记载作一简略的介绍。

传统看法将出租地主视为横行霸道、吸尽农民膏血的恶魔。这样的地主的确存在,如在定县翟城村,米家茂德堂是有地 600 多亩的大地主,土改时期农民诉苦道：“米老花呀,当时在街上是横着走,谁敢惹他哩!”[2]虽有渲染的成分,但地主对农民的气焰可见一斑。

但是,总体来说,定县租佃关系没有显示出特别的紧张。所谓横行乡里、作恶多端的地主是少数,“大量在现实和具体生活中的农民面对更多的可能并非这种恶霸,或者说碰上恶霸的几率并没有与碰上平平常常的富人那么高”[3]。地租虽是地主对佃农的剥削,但也可以说是主佃之间基本认可的

---

[1]中央农业实验所：《全国各县乡村物价指数表》,《农情报告》1937 年第 5 卷第 6 期；张世文：《定县农村工业调查》,第 111 页；李景汉：《定县经济调查一部分报告书》,第 254 页。
[2]《定县翟城村贯彻土地政策为中心发动群众的经过情形》,1948 年,定州市档案馆藏,革命历史档案第 57 卷。
[3]张鸣：《乡村社会权力和文化结构的变迁》,广西人民出版社 2001 年版,第 253 页。

契约关系。租佃契约中,"没有显示出一个集团或个人强加于另一个集团或个人的经济意志","佃农对于地主基本上没有人身依附,主佃之间保持相对平等,形成一种单纯经济上的契约关系"①。此外,还有一个以往为学界所忽视的因素,即如前所述的租佃关系多发生在普通农民之间,彼此少有可能发生激烈的身份冲突。

即便在纯粹的地主与佃户之间,李景汉在调查定县时也发现:"本区地主与佃户间之关系颇好,没有地主无理压迫佃农的事情。这大半由于双方有同族或近邻或同乡之谊,平日感情都很融洽,每遇婚丧等事皆互相往来庆吊。因此,没有听见有佃农抗租或霸种,或地主欺诈或威吓的事情发生。"②此说有绝对化之嫌,但所反映的现象一定是存在的。国民党中央地方自治计划委员会主委李宗黄也曾考察过定县,他发现"雇农大多数为佃农,纳租额及习惯尚能按实际情形,得经济上之平衡,故业佃间之纠纷极少"③。在山东邹平主持乡村建设实验的梁漱溟,对定县的租佃关系也有过描述:"在定县这个地方,佃户把地主的土地耕种了,耕种之后嘛,他跟地主分,把收获的几成分,有对半分的,也有六四分的。那么总而言之,到收成的时候给地主交去了,交去的时候,地主要请客,地主要请替他种地的农民坐下来吃酒,地主还要给他敬酒。"④但主佃之间的缓和确非定县所独有的现象,其他地区也有不少例证。譬如在福建厦门林村,林氏地主"对待佃农和村民,都没有什么不当之处"⑤。淮北萧县李家楼村,李氏地主和佃户之间"有经济地位和社会地位的差距,但是李氏并没有因此就虐待他们的佃户,没有在村里村外制

---

①李景汉:《定县社会概况调查》,第 630 页;史建云:《近代华北平原地租形态研究》,《近代史研究》1997 年第 3 期;Ramon Myers, "North China Villages during the Republican Period: Socioeconomic Relationships", *Modern China*, 1980, vol.6. no .3, pp.247–252,262–264 ;《旧中国时期河北农村租佃关系调查资料》,2004 年 2 月,李金铮收藏。

②李景汉:《定县社会概况调查》,第 635 页。

③李宗黄:《考察江宁、邹平、青岛、定县纪实》,1935 年印,第 193 页。

④〔美〕艾恺采访,梁漱溟口述:《这个世界会好吗:梁漱溟晚年口述》,东方出版中心 2006 年版,第 331 页。

⑤黄树民:《林村的故事——1949 年后的中国农村变革》,生活·读书·新知三联书店 2002 年版,第 40 页。

造出仇恨。李氏经常比较体贴穷人的苦衷，比如在收割之后，他们允许附近的穷人到他们地里拾麦穗"①。

为什么会有这种比较缓和的现象呢？费孝通从伦理的角度解释道："中国传统租佃关系里还常充满着人的因素。这因素又被儒家的'中庸'、不走极端，所浸染得富有弹性。我幼年常听祖母讲：有些下乡收租的地主非但没有收到租反而放了一批赈。我提到这事实，并非说中国地主阶层怎样慈善……我要借此指出的，在传统的礼教中确有鼓励不走极端的力量，在消弭租佃之间的冲突。"②费氏所看到的是江南一带的收租情况，但他对传统租佃关系的分析确富启发性。

以上主要是从地主对佃户的态度看主佃关系，反过来从佃户看地主的角度，也可得出基本一样的结论。在农民看来，"财主""东家"是靠起早摸黑、辛勤劳作、省吃俭用，才慢慢起家的，土地多、财富大"成了道德高尚的证明"，羡慕的对象。当然，现实中的贫富分化、贫富差别，也使得在艰难困苦中挣扎的农民产生心理上的不平衡，但他们不曾意识到地主对农民存在着剥削关系，不曾意识到剥削与贫困的必然联系，因此也就不会对租佃体制产生反抗行为。不仅如此，农民还视地主为衣食父母，认为租地交租乃天经地义，甚至心存感激之情③。全面抗日战争时期，中共实行减租减息政策所引起的农民的反应，也为重新理解主佃关系提供了佐证。1938 年初，冀中区定县实施减租减息政策，但"佃户顾虑很大，有的说：'减了租明年地主不让种地吃什么！'……'种人家的地，给人家租子，是应该的，减了租于心不忍。'"④传统主佃关系的缓和，一度成为中共推行减租减息政策的障碍。

有的学者为了突破传统认识，在表明地主减租、让租的"仁慈"的同时，又把佃户描述得似乎都是刁民了："农民交租，一般只交地租定额的八成或

①韩敏：《回应革命与改革：皖北李村的社会变迁与延续》，江苏人民出版社 2007 年版，第63 页。

②费孝通：《乡土重建》，《费孝通文集》第 4 卷，第 375—376 页。

③李金铮：《土地改革中的农民心态：以 1937—1949 年华北乡村为中心》，《近代史研究》2006 年第 4 期。

④梁双璧：《在减租减息中农民与地主的斗争》，《定县党史资料》1984 年总第 37 期。

七成左右,而且一般多交瘪谷,即品类较次或水分较大的粮食。"①难道佃户都是如此顽劣,不讲信用吗? 这与上述材料所显示的情况有些出入,原因值得斟酌。

佃户对租佃关系的认同,除了以上因素,还有一个原因,即传统中国的社会分层往往是流动的,有的佃户勤劳苦干,经营有方,也有改变社会地位的可能,由此强化了租佃方式的合理性。1934 年,平教会定县实验区戏剧教育部主任熊佛西写了一篇小说《桑二嫂》,为此提供了一个例子。桑二嫂二十四岁时丈夫去世,留下大福二福两个孩子,没有半点财物。桑二嫂帮人做整工零工,辛苦劳作,从不停息。大福二福也养成了勤快的习惯,纺线、织布、缝纫样样都会,长大之后又学会了种庄稼。桑二嫂租了地主的地,让大福二福耕种,每年的收获,纳租后,除去三人的食用,还有少许赢余。租种之外,桑二嫂还替别人做针线,挣零钱贴补家用。就这样,租地几年之后,桑二嫂的家景有了很大改善,她丈夫死时的情形已与之不可同日而语了。尤其是在大福二福娶了媳妇之后,全家没有吃闲饭的人,桑家的日子更有改观,有了自己的地,在村里虽非富豪,但也不是贫苦之家了②。这一事例生动地反映了租佃土地在家庭经济地位转变中起到了一定作用,农民并不将之视为残酷的剥削关系。

与上一例证有关的是,在各种经营方式中,租佃经营的效率并不低,为佃农的生存提供了一定的经济基础。对此经济现象,卜凯指出:如果从企业上观察,佃农对于田场投资的利润是稍占优势的,佃农倘若获得耕地所有权,而又保持原来精密的耕作方式,则其经营状况比自耕农要好。每一作物亩的纯利,佃农高于半自耕农,半自耕农又高于自耕农③。这一结论在定县也得到了证实。1927 年对定县 400 农家的统计显示,平均每亩产值在自耕农为 12.0 元,半自耕农为 12.1 元,佃农为 12.3 元,佃农经营的亩产值是最多

①高王凌:《租佃关系新论——地主、农民和地租》,第 130 页。
②熊佛西:《桑二嫂》,《民间》1934 年第 1 卷第 1 期。
③〔美〕卜凯著,张履鸾译:《中国农家经济》,第 205—210 页。

的[①]。尽管缴纳地租减少了佃农的收入，但较高的生产能力一定程度上缓和了主佃关系的紧张。

基于此，作为一项历史悠久的制度安排，租佃经营确有其适应社会经济关系的理由，过分强调其阻碍农业生产力发展、地租剥削的残酷性和主佃关系的斗争，是无法解释其长期延续的原因的。"如果租佃制真是万恶不赦的话，在过去二千年历史中早就被农民革命所抛弃，农民每一次革命之后，采取的仍是租佃制，说明广大农民也看到了其好处。"[②] 当然，租佃之间不可能没有矛盾，但这些矛盾往往是以宗族、邻里、个人的纠葛表现出来的，而非自觉地指向现存体制的阶级冲突。中国历史上所显示的主要矛盾并非租佃关系，而是官民之间关系的紧张，正如革命史家斯考切波所指出的："农村动荡几乎很少表现为农民齐心协力地反对本地地主的形式……更为普遍、组织得更好的农村造反形式，则主要是反对帝国政权的官员。这些造反的形式包括：经常发生在县衙门的骚乱、坚决抗税或要求救灾的骚乱以及偶尔发生的大规模的起义。"[③] 法国学者比昂科也认为："无论地租多么沉重，高利贷的后果多么惹人注目，它们却很少激起激情的反抗和骚动，就是激起了，也不如土地税所激起的那么频繁。"农民的抗税骚乱往往指向政府当局的地方代表（文职的或军人），而不是富人，不是共产党人所要求和鼓动的反对地主和放债人的社会斗争[④]。

当然，主佃关系不紧张并不意味着主佃关系是平等的。由于收入不能完全属于自己，农民还是愿意耕种自己的土地，而不是租佃土地。之所以租佃土地，是因为在缺乏土地时，"为了避免更糟的命运，他多么愿意遵守这种

[①] Sidney D. Gamble, *Ting Hsien: A North China Rural Community*, p.88；1932 年实业部统计司对河北省各阶层平均每家收入的统计，也是佃农、半佃农比自耕农较高。冯和法编：《中国农村经济资料续编》，第 229—236 页。

[②] 刘正刚：《中国传统社会经济的启示——访美国经济学家赵冈教授》，《社会科学战线》2001 年第 1 期。

[③] 〔美〕西达·斯考切波著，何俊志、王学东译：《国家与社会革命——对法国、俄国和中国的比较分析》，上海人民出版社 2007 年版，第 181 页。

[④] 〔美〕费正清等编，刘敬坤等译：《剑桥中华民国史》下，中国社会科学出版社 1998 年版，第 329 页。

关系的条件。但是,依赖性和被强制的遵从很难说就是合理的。若非如此推理,就会把'什么是公正'等于现存的一切"①。卜凯对此也指出,佃农的经营效率虽较高,但"就实际而言,还是以自耕农为最合算。因为自耕农每年无须交纳田租"②。难题在于,在已有的租佃制度下,是否还有改进的空间以提高农民的生活水平?对此,二十世纪二三十年代社会各界都曾发表过意见,大多认为需要修改地租率,实行"公平地租"。国民政府相继提出过,佃农纳租不准超过租地收获的 40%、37.5%(即二五减租)、1/3 以及不得超过地价的 8% 等③;学界也有不得超过 30%、25%、22.1% 之说④。但事实证明,以上意见都没有进行有效的具体实践,只有中共革命才颠覆了传统的租佃关系,实现了对地主的减租。

---

① 〔美〕斯科特著,程立显等译:《农民的道义经济学:东南亚的反叛与生存》,第 208 页。
② 〔美〕卜凯著,张履鸾译:《中国农家经济》,第 205 页。
③ 实业部中国经济年鉴编纂委员会:《中国经济年鉴》上,第 G95 页;徐穗:《试论抗战胜利后国统区土地改革大辩论》,《民国档案》1993 年第 3 期。
④ 中山文化教育馆编辑:《中国地租问题讨论集》,商务印书馆 1937 年版,第 31—34、50 页;陈正谟:《中国各省的地租》,第 42 页;〔美〕卜凯著,张履鸾译:《中国农家经济》,第 220 页。

第八章　长短工结合的雇佣关系

雇工和雇佣关系是与小农经济相关的一种经营方式。不过,和社会各界对佃农和租佃关系的广泛关注相比,雇工和雇佣关系则远逊之。已有的研究,大多既不具体,也未完整地揭示历史真相。早在二十世纪三十年代的中国社会性质大论战中,对此就有过争论,以中国农村派的观点最有影响,认为封建势力居于统治地位,雇佣关系为落后的封建剥削性质[①]。新中国成立以后的最初三十年间,仍延续此说。二十世纪八十年代以来,学界陆续提出了有别于传统观点的见解,认为雇工与雇主的关系不像以往所说的那样紧张,经济越落后雇佣劳动越发达,而商品经济越发达则雇佣劳动比例越小[②]。然而,传统观点仍具有统治地位。无论是传统观点还是新的解释,都需要通过大量的区域性研究做进一步的验证,以还原历史真相。对定县乡村雇工和雇佣关系的研究,为此提供了一个冀中平原地区的例证。

一、以短工为主的雇工类型与偏低的雇佣劳动比例

雇工类型和雇佣劳动规模可以反映雇佣关系的结构。

---

①余霖:《中国农业生产关系底检讨》,《中国农村》1935 年第 1 卷第 5 期。

②史建云:《浅述近代华北平原的农业劳动力市场》,《中国经济史研究》1998 年第 4 期。尚海涛《民国时期华北地区农业雇佣习惯规范研究》(中国政法大学出版社 2012 年版)一书从习惯规范的角度对这一问题做了比较深入的研究,笔者对短工的重要性及其身份、雇佣比例与租佃比例的比较及其性质、雇工生活水平等都提出了自己的看法。

第一，雇工类型。

雇工类型主要是以雇工的劳动期限来判断的，全国各个地区大致类似，没有太大的区别。在定县，雇工一般分为长工、月工和短工三类，每个类型都按照劳动期限有相应的工资、伙食待遇。其一，长工。又有过冬、不过冬两种，过冬长工自阴历十月初一上工到第二年十月初一下工，或者自阴历二月初一上工到第二年二月初一下工，也就是一整年；不过冬长工为阴历正月十六日上工至十月初一日下工，约合三个季度。其二，月工。主要在农忙时雇用，以补长工之不足，一般有三四个月的时间，故亦称季工。月工雇用的具体方式，又分为逐月雇用、数月雇用或一季雇用等数种。其三，短工。又称日工，按日计算工资，也主要是在农忙时雇用。短工多在短工市寻找，较大的村庄一般都有短工市，又叫人市，自春忙日开始到秋收后结束这一段时间，每天早晨天还未明，农工就集合到村庄街头，等候他人雇用。农家如果用工，就到人市选择，直接说价。一般情况下，大农雇用短工是为了帮助长工，小农雇用短工是为了帮助自己[①]。结合华北平原的农业生态、生产季节和农村经营方式来看，以上雇工类型与这些因素是密切相关的。

在三种类型中，较为常见的是短工和长工，短工的使用又最为普遍。1930年，李景汉对定县男子种地以外所从事的职业做过统计，453个村庄中，没有一个村庄以长工为主要职业和次要职业者；有6个村以短工为主业，7个村以短工为次要职业[②]。其他地区也有短工使用比例较大的情况。1933年陈正谟对全国雇工情况的调查显示，以雇用短工为主的县份占总县数的61.9%，以雇用长工为主的县份占38.2%。在河北，雇用短工和雇用长工的比例分别为59.8%和40.2%，与全国的平均水平差别不大[③]。

就雇主来说，有的只使用短工，有的长短工混用。随着土地占有、家庭人口、劳动力的不同，使用短工、长工的类型、数量也变得复杂起来。二十世纪四十年代末的土改调查资料显示，在吴官庄，吴洛海家有地25亩、5口人、

---

①李景汉：《定县社会概况调查》，第645页。

②李景汉：《定县社会概况调查》，第150—154页。

③陈正谟：《各省农工雇佣习惯之调查研究》，《中山文化教育馆季刊》1934年创刊号。

1个主要劳力,仅在农忙时雇用短工,平均每年雇5个,最多时不超过10个;同村的吴云学家,有地50亩、19口人、2个主要劳力、3个附带劳力,雇用长工1人,每年雇用短工3个①。在新全村,王得玉家有地29亩、5口人、2个主要劳力,与其他2户伙用1个长工,雇短工2个②。在东亭镇,狄老风家有地45亩、11口人、3个主要劳力,农忙使用短工,每年雇15个;同一个镇的张老让家,有地30多亩、9口人,也是农忙时雇几个短工③。长短工使用数量及其相关因素,似无规律可循。以上雇主多为占地中等偏上的农户,与经营地主不是一回事。

对于短工所表现出的雇佣关系,有的学者表示质疑。当时的青年经济学者张培刚认为,雇用短工的主要是普通农户,他们和雇用长工的地主与富农不能等量齐观,只有雇用长工才能真正体现雇佣关系的性质。进一步说,雇用短工只是农忙时的临时帮忙,雇主与雇工的主从关系不是长久而只是暂时的。只有少数雇主不参加耕作,大多数雇主与雇工一样从事劳动,因此中农、贫农这样的普通农户不能被视为雇主阶级。反之,地主、富农与长工之间,则存在着一种比较深刻的主从关系,主人处于指挥或监督地位,一般不参加田间劳动。而且,在雇用长工及兼雇用短工的户数中,地主、富农占绝大多数,因此他们才是真正的雇主阶级④。从阶级角度来看,强调地主、富农作为雇主阶级的强势地位以及他们与雇工的主从关系,当然是有道理的。不过,也应该看到,雇主无论是地主、富农还是普通农民,雇工无论是长工还是短工,都有一个共同特点,即以工资为纽带,短工与长工都是受人雇用的劳动者,故必须注意"为货币而受人雇用的短工阶级"⑤。对此现象,列宁早在十九世纪末就指出:"雇佣短工在农业中是起着特别重大的作用的","短工是最能说明农村资产阶级的标志的"⑥。二十世纪六十年代初,傅衣凌据明代

①《定县四区吴家庄工作情况》,1948年,定州市档案馆藏,革命历史档案第47卷。
②《定县第十三区大兴庄、新全村》,1948年,定州市档案馆藏,革命历史档案第51卷。
③《东亭村平分材料》,1948年4月,定州市档案馆藏,革命历史档案第46卷。
④张培刚:《清苑的农家经济(上)》,《社会科学杂志》1936年第7卷第1期。
⑤史建云:《浅述近代华北平原的农业劳动力市场》,《中国经济史研究》1998年第4期。
⑥列宁:《俄国资本主义的发展》,《列宁全集》第3卷,人民出版社2013年版,第56、75页。

中叶后的情况也指出,短工较长工为多,更能具有自由雇佣劳动者的若干特点①。由此,短工与长工都应视作农业雇佣关系的重要组成部分。何况,以雇工为职业的纯雇农,并不仅仅指长工,也包括短工,甚至短工还可能占多数。对定县附近清苑县 500 农家的调查显示,有雇农 66 户,其中长工 16 户、短工 40 户、兼做长短工 10 户,短工占雇农总数的 60.6%,为长工的 2.5 倍②。这些短工不可能只受雇于地主富农,也会受雇于普通农民(详见后述),如果将受雇于普通农民的短工忽略,纯雇农阶层就会被肢解,雇佣关系的全貌也就无法理解了。

第二,雇佣劳动规模。

雇佣劳动规模是反映雇佣关系程度的数量指标。

其一,雇工占总户数或总人口的比例。在定县,有对纯雇工的统计。以户数而言,1931 年全县 453 村有 70 034 户,其中纯雇农 798 户,占总户数的 1.2%,比例是很低的③。从人口角度来看,纯雇工的比例更低。1930 年 65 村 5255 户有 30 847 人,其中有雇工 204 人,占总人数的 0.66%,比雇农户数比例低一倍④。此时全县 453 村有 420 573 人⑤,按 0.66% 的比例计算,纯雇工只有 2776 人。将纯雇工与纯雇农户进行比较可以发现,大多数的雇工并非孑然一身,而是有家庭之人。他们并不完全依靠雇工生活,而是还从事农副业生产,是小农经济的一部分,此与以往所理解的纯雇工不太一样。

纯雇农和纯雇工包括长工和短工,但定县统计并未涵盖全部短工。更多的短工,实际上是纯雇农和纯雇工以外的农户,如将短工计入,雇工比例将大大增加。对清苑县 500 农家的调查为此提供了佐证。清苑县的纯雇农有 17 户,占总农户的 3.4%;自家有田兼做短工或长工的农家有 204 户,占

①傅衣凌:《我对于明中叶以后雇佣劳动的再认识》,《明清社会经济史论文集》,中华书局 2008 年版,第 34 页。

②张培刚:《清苑的农家经济(上)》,《社会科学杂志》1936 年第 7 卷第 1 期。

③李景汉:《定县土地调查(上)》,《社会科学》1936 年第 1 卷第 2 期。

④李景汉:《农村家庭人口的统计分析》,《社会科学》1936 年第 2 卷第 1 期。

⑤李景汉:《从定县人口总调查所发见之人口调查技术问题》,《社会科学》1937 年第 2 卷第 3 期。

总农户的 40.8%，二者合计 221 户，占总农户的 44.2%[①]。从 1933 年全国各省的调查来看，雇工占河北农村人口的 11.6%，占全国农村人口的 10.3%。与之相比，清苑县的雇工比例偏高[②]。即便以雇工占河北农村人口的比例 11.6% 来衡量，定县纯雇工的比例要变成所有雇工的比例，则要增加 10% 还多，以此比例计算，长短工约为 48 786 人。

其二，雇工劳动在农业劳动总量的比例。1936 年，中央农业实验所杜修昌对定县 5 村 20 农家的调查表明，户均劳动总量为 509 个人工单位，其中雇工 55 个人工单位，为劳动总量的 10.8%[③]。黄宗智根据二十世纪四十年代初日本学者对冀鲁农村的调查，估计华北平原雇佣劳动占农场工作总量的 16% 左右[④]。对同一地区，卜凯主持的调查显示，雇工费用占家庭农场劳动费用的 19%[⑤]。比较而言，定县 20 农家的数据比黄宗智、卜凯的估计都低，应与 20 农家的经济地位有关。这 20 农家平均每家占地 23 亩，略高于全县平均水平，加上租种地也才 29 亩，主要是中农。如果将范围扩大到全县，计入占地更多的农户，则雇工劳动的比例会有提高。

与江南农村进行比较，还衍生出另外一个有趣的问题。黄宗智对华北平原和江南农村的研究表明，在经济相对落后的华北平原，靠雇工经营的经营式农场占耕地总面积的 9%—10%，而在商品经济较为发达的长江三角洲根本不存在这种农场，仅有少数相对较小的富农雇用帮工[⑥]。另据曹幸穗的研究，苏南 5 县 11 村农业劳动总量中，雇佣劳动仅占 2.5% 左右，也比华北农村低得多[⑦]。由此，黄宗智等学者得出一个结论：经济落后的北方农村雇佣

---

① 张培刚：《清苑的农家经济（上）》，《社会科学杂志》1936 年第 7 卷第 1 期。

② 陈正谟：《各省农工雇佣习惯之调查研究》，《中山文化教育馆季刊》1934 年创刊号。

③ 据杜修昌《农家经济分析：1936 年我国四个地区 177 农家记帐研究报告》第 67—68 页资料整理计算。

④ 黄宗智：《华北的小农经济与社会变迁》，第 81 页。

⑤〔美〕卜凯著，张履鸾译：《中国农家经济》，第 333 页。

⑥ 黄宗智：《华北的小农经济与社会变迁》，第 81 页；黄宗智：《长江三角洲小农家庭与乡村发展》，第 59—60 页。

⑦ 包括雇工和佣工，按曹幸穗所引资料统计，应为 4.7%，因雇佣限于本村家庭之间，为避免重复计算，结果减半。参曹幸穗：《旧中国苏南农家经济研究》，第 55 页。

关系比较发达，甚至远远超过了租佃关系比例，由此它与资本主义经济的产生和发展没有太大关系；相反，商品经济发达的南方农村，雇佣关系较弱，租佃关系发达，也没有发展成资本主义经济。这是一个经济悖论[①]。其实，这一观点薛暮桥早在二十世纪三十年代就提出来了，他认为，在华北旱作区域，一般认为地主经营和富农经营比较华南水田区域来得普遍，亦即在工商业不发展的地方，富农经营往往反而比较发展；自然，愈是经济落后的地方，富农经营也就愈是带着多量的封建意味[②]。以上看法一定程度上反映了中国乡村的历史实际，但也有夸大或引人误解的成分。

首先，北方农村雇佣劳动比例比南方高是事实，但与本地租佃比例相比，仍不能说占居了明显的优势。1931 年对定县全县的调查显示，纯雇农占总户数的 1.24%，纯佃户占总户数的 4.65%，纯雇农比纯佃户比例低 3% 强。同年对定县 4 村的调查也表明，涉及租入土地的农户，少的村子占总农户的 35.3%，多者达 60.2%，平均为 43.5%。可见，定县租地农户的比例并不低于雇工比例。再看雇佣劳动的比例，1931 年定县 5 村雇佣劳动占劳动总量的 10.8%，而租地面积占总耕地亩数的比例，在全县为 12.2%[③]。这一数据虽不是劳动量，但大致也能说明雇佣劳动不见得比租佃劳动比例高。因此，不能因为北方农村雇佣劳动比南方高，就将其夸大，认为雇佣劳动大大超过了租佃劳动。在经济相对落后的地区，除了自营经济以外，仍是以租佃关系为主，占地不足的农户更多的是通过租种土地维持生活的。

其次，对北方农村雇佣劳动是否变成了落后经济或者与资本主义经济无关的代名词，更须进一步斟酌。半个世纪以前，景甦、罗仑对晚清山东经营地主的调查研究仍值得推重，他们已经证明，经营地主的雇工经营虽有封建残余，但其劳动效率比一般小农经营高，商品生产的目的也很突出，具有

---

① 黄宗智：《长江三角洲小农家庭与乡村发展》，第 44、58 页。相关成果，见章有义：《明清及近代农业史论集》，第 281—282 页；秦晖：《耕耘者言：一个农民学研究者的心路》，第 216、224—228 页；钞晓鸿：《本世纪前期陕西农业雇佣、租佃关系比较研究》，《中国经济史研究》1999 年第 3 期。

② 余霖：《中国农业生产关系底检讨》，《中国农村》1935 年第 1 卷第 5 期。

③ 李景汉：《定县土地调查（上）》，《社会科学》1936 年第 1 卷第 2 期。

明显的资本主义经济性质[1]。也就是说,使用长工(包括短工)的雇佣经营本身与资本主义经济并不是什么悖论,即便是在经济相对落后的北方,雇佣经营也应该是经济发展的重要标志。北方农村经济之所以落后,不是因为雇佣经营发达,而是因为自耕小农仍很普遍,雇佣经营远未发达到压倒小农经营的程度。

　　与北方相反,对江南地区的租佃关系也不能简单地说成是封建经营方式。对租佃关系性质的判断,关键取决于其地租的消费与积累是否从属于真正的商品经济。如果说,北方地区的地租收入主要用于地主个人的消费,封建自足性较强,那么对商品经济发达的江南地区的租佃关系,就不能完全从封建经营方式的角度来理解。因为江南地区大量的城居地主,不仅出租土地,还经营近代工商业,二者是相互奥援的。地主收租获得的农产品大部分进入了商贸流通领域,为近代工商业积累资本,亦即已基本上从属于商品经济和资本主义经济体系。我们在研究农村手工业时,将从属于包买商的家庭手工业称之为资本主义经营,那为什么对那些从属于资本主义工商业的租佃经营就不能视作资本主义经济呢?根据以上认识,所谓南北地区的经济"悖论"恐怕不是一个真命题。北方雇工经营地主与南方租佃经营都或多或少具有资本主义性质,北方雇工经营的力量仍是比较微弱的。

　　再回到雇工问题上来。从历史的动态考察来看,雇工数量有无变化呢?相关资料非常之少,只有一份1929年对定县515家的调查有一点反映。515家中,1929年有59人以农业雇工为主要职业,而此前只有22人,增加了1.5倍多[2]。遗憾的是,该调查所谓"以前"到底指什么时候,没有交代。雇工数量增长了,也就意味着雇工需求的增加,问题是雇工需求为什么会增加。用传统观点来解释,一般会将其归因于农民土地较少或"贫困化"。这一看法不无道理,但还需要考虑农作物种植结构变化的因素。譬如高产粮食作物的种植面积扩大,甘薯种植面积到1933年已达14万余亩,接

---

[1]景甦、罗仑:《清代山东经营地主底社会性质》,第129—152页。
[2]李景汉:《定县社会概况调查》,第162—164页。

近农作物总面积的 9%[1]。甘薯种植需要的劳动力远高于普通粮食作物，在华北农村，每公顷甘薯所需人工 104 个，分别为谷子、小麦和玉米的 1.5 倍、2.6 倍、1.7 倍[2]。又如，商品经济作物尤其是棉花的种植增长迅速。棉花、花生、芝麻三种经济作物的产值，1933 年达到 243.9 万元，占定县工农业总产值的 15.6%[3]。植棉面积由 1916 年占总耕地面积的 1.2%，增长到二十世纪二三十年代的 12% 左右[4]。经济作物需要的劳动力比普通粮食作物更多，每公顷棉花所需人工达到 158 个，为谷子、小麦和玉米的 2.3 倍、3.9 倍、2.6 倍[5]。以上农作物种植结构的变动，必然导致雇工需求的增长。

二、市场需求与雇佣劳动关系的形成

农业经营中的雇佣关系是怎样形成的？为什么有的农民被雇用，有的雇主需要雇工？雇佣劳动关系形成的机制是什么？

有无农业剩余劳动力，是雇佣劳动形成的第一个前提。如前所述，1934 年定县过剩劳力达 7.8 万个，占劳力总数的 44.3%。而定县需要长短工约 4.9 万人，远低于剩余劳动力数量，潜在的劳动力是相当充裕的。前述凡属较大的村庄都有短工市，就是劳动力充足的证明。劳动力充足只是为雇工市场提供了客观条件，还要看农民是否有受雇于农业生产的意愿，不管其是主动的，还是被迫的。

存在短工市现象本身，基本上可以说明农民当雇工是自愿的。造成雇工自愿的具体原因比较复杂，在定县，有的是因为家里土地很少，几乎完全给别人做工；有的是因为占地较少，既给自己做工，也为别人做工，间隔轮流

---

①据李景汉《定县经济调查一部分报告书》第 7—8 页资料计算。
②据卜凯《中国农家经济》第 323—324 页资料计算。
③据李景汉《定县经济调查一部分报告书》第 3—12 页资料计算。
④曲直生：《河北棉花之出产及贩运》，社会调查所 1931 年版，第 26—28、32 页；金城银行总经理处天津调查分部：《天津棉花运销概况》表 3。
⑤据卜凯《中国农家经济》第 323—324 页资料计算。

做两三天;还有的,是因为家里人手富余,打短工赚取额外收入[①]。1933 年对河北各县的调查进一步表明,有 33 个县的农民愿意做长工,15 个县的农民愿意做短工,39 个县的农民因具体情况而有差别。愿意当长工的主要原因是无田地、无家室、生活安定,愿意当短工主要是因为有田地、有家室、多挣钱等[②]。不仅如此,即便是经济条件中等的中农,也可能受雇于人。清苑县的调查提供了一个佐证。除了雇农、贫农以外,清苑县有的中农也做短工和长工,占中农总户数的 3.7%[③]。可见,农民受雇的理由颇为复杂,长工、短工的身份也并非单一的贫雇农面孔。

也有的农民当雇工,属被迫"自愿"。此类农民,因无其他生活出路,做长工的时间很长,甚至是代际传递的。以 1947 年土改调查资料为例,牛村邸万顺家,1937 年"七七"事变前他自己已做长工十一年,哥哥做长工已达二十一年;同村李狗保家,大儿子做长工也达十五年[④]。马家寨村有 5 个雇农,其中 2 个都是三辈做长工[⑤]。做长工时间如此之长,很难说是心甘情愿的。

由上可见,雇佣关系形成的要害,不是有人是否愿意受雇,而是有无雇佣市场的需求,也即有多少愿意雇用之家。

如果自家劳力足够,或者能够最大限度地"压榨"自家劳力,是不会轻易地雇工进行生产的。吴家庄有两例。一户是吴鹿华家,有地 65 亩、10 口人,土地全都是自家经营,甚至年龄较大的祖父也参加主要劳动。另一户吴有杰家,有地 90 亩、18 口人,其中有父母兄弟 4 人、妯娌 4 人、侄子侄女 5 人,劳力比较充裕;农具也比较齐全,有 1 辆车、1 匹马、2 匹骡、1 头驴,土地也是全由自家经营[⑥]。不过,所有农户都依靠自家劳力进行生产是不可能的,一些农户尤其是富裕农户总是存在对长短工的需求[⑦]。

---

① 李景汉:《定县社会概况调查》,第 645 页;《旧中国时期河北农村雇佣关系访谈资料》,2004 年 2 月,李金铮收藏。
② 陈正谟:《各省农工雇佣习惯之调查研究》,《中山文化教育馆季刊》1934 年创刊号。
③ 张培刚:《清苑的农家经济(上)》,《社会科学杂志》1936 年第 7 卷第 1 期。
④ 《牛村的检查资料》,1947 年,定州市档案馆藏,革命历史档案第 50 卷。
⑤ 定县县委:《平分通报》第 12 期,1948 年 1 月,定州市档案馆藏,革命历史档案第 94 卷。
⑥ 《定县四区吴家庄工作情况》,1948 年,定州市档案馆藏,革命历史档案第 47 卷。
⑦ 从本文所述不难看出,中国乡村的雇佣劳动与欧美国家租地农场主的雇佣劳动不是一回事。

　　先看短工需求。即便劳力较多，一到农忙季节，也会人手缺乏，急需劳力调剂。调剂的办法，一种是农户之间的换工，为无报酬的互惠性质；另一种为有酬劳的雇工形式，就是短工。其实，无论是平常还是农忙季节，只要自家劳力缺乏，都会雇用短工，只是农忙季节对短工的需求更加旺盛罢了。北方四季分明，更是如此，"农闲期与农忙期劳力使用，有甚大之差异，虽自家劳力有余，而于农忙期亦须使用若干雇工"[1]。尤其是在农作物耕种的重要环节——春季作物的抢种、播种、施肥、中耕锄草、灌溉、中耕，小麦抢割抢晒，秋季谷类抢收，都要在短时间内集中完成，从而造成对短工的大量需求。表21为定县20个农家十二个月的雇工劳动统计：

表21　冀中定县20农家月份雇工劳动统计（1936年）

月　份	家　工		雇　工	
	数量（人工单位）	比例（%）	数量（人工单位）	比例（%）
一	24.15	94.48	1.41	5.52
二	24.71	85.65	4.14	14.35
三	29.01	89.48	3.41	10.52
四	30.60	90.37	3.26	9.63
五	42.39	85.64	7.11	14.36
六	45.78	87.73	6.40	12.27
七	44.32	89.55	5.17	10.45
八	39.03	93.08	2.90	6.92
九	47.00	91.51	4.36	8.49
十	46.95	84.61	8.54	15.39
十一	42.30	89.11	5.17	10.89
十二	37.91	91.99	3.30	8.01
总　计	454.15	89.17	55.17	10.83

　　说明：原表格中有的数字略有误差，兹改正。

　　资料来源：1. 杜修昌：《农家经济分析：1936年我国四个地区177农家记帐研究报告》，第67—68页。

---

[1]杜修昌：《农家经济分析：1936年我国四个地区177农家记帐研究报告》，第76页。

由表 21 可见,凡属雇工比例增加的月份,几乎都是农忙季节,二者具有高度的相关性。

雇用短工者几乎包括了各个阶层。经营地主和富农占有土地较多,使用短工主要是为了弥补长工之不足;占有土地适中、无需长工的中农,以及占地较少的贫农,雇用短工主要是为了临时帮忙。清苑县 500 农家的调查资料,可为之佐证。调查显示,地主、富农、中农、贫农使用短工占其阶层总户数的比例依次为 17.6%、7.7%、53.0%、13.1%。令人诧异的是,贫农使用短工的比例比富农使用短工的比例还高[1]。对此现象,王亚南有过解释:除了极少数富农而外,雇工者差不多是一些连必须简单农具都不齐备,生活一直在困难中的中小农及佃农。他们并不是因为备有较好的农具,备有得力牲口,才雇佣劳动,反之,却往往是因为备置不起这些劳动条件,才以劳动力来补充代替的[2]。可见,使用雇工者的身份比较复杂,并不固定在一个阶层,尤其是贫困的雇工者,今天是雇主,明天也可能变为雇工,处于流动状态。相反,当短工者也可能来自占地较多之家。定县西市邑村邢春正家就是一例。他家有地 80 亩,土地占有量是较大的,农忙时使用短工,但因家庭劳力多,有的用不上,他的父亲也常为人打短工[3]。但这种情形不会太多。

雇用短工占其阶层户数的比例,尽管会出现贫农高于富农的情况,但从雇用短工的劳动量来看,与土地占有面积仍呈正比例关系。对 1936 年定县以及南京、萧山的 177 农家调查显示,农家占地多在 40 亩以下,以自耕农和半自耕农为主,使用雇工以短工为主,雇工劳动占农业劳动总量的比例依次为:占地不到 5 亩的农家为 8.0%,10—15 亩者为 9.0%,20—25 亩者为 11.0%,30—35 亩者为 15.9%,40 亩以上者为 38.5%[4]。40 亩以上农家的雇工劳动量为未满 5 亩之家的 5 倍,土地占有数量为决定雇工数量的决定性因素。

---

①史建云:《浅述近代华北平原的农业劳动力市场》,《中国经济史研究》1998 年第 4 期;张培刚:《清苑的农家经济(上)》,《社会科学杂志》1936 年第 7 卷第 1 期;《旧中国时期河北农村雇佣关系访谈资料》,2004 年 2 月,李金铮收藏。

②王亚南:《中国经济原论》,商务印书馆 2014 年版,第 224 页。

③《定县 5 个村落老年妇女访谈资料》,2010 年 4 月,李金铮收藏。

④杜修昌:《农家经济分析:1936 年我国四个地区 177 农家记帐研究报告》,第 66 页。

再看长工的雇用需求。雇用长工者,主要是占地较多、家庭经济条件较好的地主、富农。与短工使用主要取决于农忙季节的需求相比,长工使用的关联因素要复杂得多。

田主所在的区域位置,是影响其经营方式选择的一个因素。如果是城居地主,因距离其所有的土地较远,监督与管理不便,最可能采用的经营方式是出租土地。1931年定县的调查表明,城关2169户中,纯出租地主为169户,占总户数的7.79%;而周边其他区域,总户数共67 865户,纯出租地主为345户,仅占总户数的0.05%[①]。周边地区的地主主要是在村地主,在村居住有利于直接监督和管理,故采取雇工经营。当然,即便是城关地主,也有占地较多完全使用雇工经营者。如东关陈清芬家,有地200多亩,没有出租土地,而是雇用1个长工和临时短工来经营[②]。

生态环境也有重要的影响。田主最关心的是经营利益,出租经营与雇工经营哪一种获利多,就会倾向于哪一种经营方式。在华北农村,租佃经营的成效不够显著,如前所述,因用于农作物生产的土地主要是黄土,生产能力低于南方水田区域,出租土地又只能得到农产收获的50%左右,故出租经营不如自己经营划算。1938年日本学者对河北丰润县米厂村做过调查,自己雇工经营的农场主,每亩净收入为土地价值的13%—14%,而出租地主所得仅为土地价值的5%[③]。正因如此,纯出租地主比较少见,即便出租土地也多是自营之外兼出租。1931年对定县453个村庄的调查表明,纯出租地主仅占总户数的0.7%,自营兼出租者占总户数的4.7%[④]。如前所述,笔者主持或参与的河北农村包括定县的调查,也验证了以上说法,即占地较多者主要采用雇工经营或雇工兼出租的形式,单纯的出租地主是很少见的。东丈村佟秀英家就是一例。她家占地300多亩,没有出租土地,而是使用自家劳力,并雇用数个长工和季节性短工经营[⑤]。

---

①李景汉:《定县土地调查(上)》,《社会科学》1936年第1卷第2期。
②《定县5个村落老年妇女访谈资料》,2010年4月,李金铮收藏。
③黄宗智:《华北的小农经济与社会变迁》,第181—182页。
④李景汉:《定县土地调查(上)》,《社会科学》1936年第1卷第2期。
⑤《定县5个村落老年妇女访谈资料》,2010年4月,李金铮收藏。

那么,一般土地占有达到什么程度才会雇用长工,并使用多少长工呢?

1928年,李景汉主持的对定县34家的调查认为,耕种8—60亩难以支撑雇用长工,亦即60亩以下不适宜雇工经营。不过,1929年同样是李景汉主持的对515农家的调查,结果却略有差别。此次调查结果显示,雇用长工占各级农户总数的比例依次为:不到50亩为2%,50—99亩为30%,100亩以上为72%[1]。前一调查所谓60亩以下的农户不适合雇工经营,并不意味着他们都不使用雇工,只是比例较小罢了。

其他学者对华北平原的调查,则另有说法。如日本学者的调查显示,河北顺义县沙井村的习惯是,一个农户如有40亩地,大概需要雇用半长工1人,50亩以上即须雇用长工了[2]。经济学家钱俊瑞认为,在华北农村,占地500亩以下者,大多为自己雇工经营的地主和富农[3]。当代学者也各持己见,景甦、罗仑对晚清山东农村的调查认为,100亩以下和500亩以上虽有雇工经营者,但100—500亩是使用雇工经营面积的常数[4]。史建云认为,如不是特殊情形,土地不足100亩的农户通常都会雇工经营,而不是出租[5]。黄宗智认为,拥有100—200亩的农户通常采取雇工经营[6]。刘克祥认为,占地30—50亩左右雇用1个长工,100亩以上的农户使用雇工的经营地主至少占50%[7]。以上看法莫衷一是,从中无法得出适合雇工经营的土地数额,但土地占有与雇用长工数量的相关性是可以肯定的。

再根据中共土改调查资料做一补充。1937年抗日战争全面爆发前,在定县新全村、大兴庄、官道庄、庞家佐、小近同、吴家庄等村庄,雇用长工者大

---

①转引自 Sidney D. Gamble, *Ting Hsien: A North China Rural Community*, p.102 ;Sidney D. Gamble, *Ting Hsien: A North China Rural Community*, p.13。

②〔日〕中国农村调查刊行会:《中国农村惯行调查》第2卷,东京岩波书店1981年版,第187页。

③钱俊瑞:《中国本部两大区域的土地关系》,《钱俊瑞选集》,第144页。

④景甦、罗仑:《清代山东经营地主底社会性质》,第105、112页。

⑤史建云:《近代华北平原自耕农初探》,《中国经济史研究》1994年第1期。

⑥黄宗智:《华北的小农经济与社会变迁》,第68、78、181—182、184—185页。

⑦汪敬虞主编:《中国近代经济史(1895—1927)》中册,人民出版社2000年版,第1009页;刘克祥:《中国近代的地主雇工经营和经营地主》,《中国经济史研究》1994年增刊。

多是地主、富农和富裕中农①。

先看地主，其中又分占地 100 亩（含）以上和 100 亩以下两类。占地不足 100 亩的地主，有两种情况：第一种，全部雇工自营。如刘文灿家，6 口人，有地 80 亩，曾经雇工 7 人。第二种，自营兼出租。这种情况比较复杂，有的自营地多于出租地，如刘云斗家，有地 51 亩，3 口人，自营 26 亩，出租 25 亩，雇长工 1 人；潘老化家，有地 67 亩，4 口人，自营 32 亩，出租 25 亩，雇长工 2 人；刘文法家，有地 73 亩，7.5 口人，自营 56 亩，出租 17 亩，雇长工 2 人。有的自营地少于出租地，如刘云升家，有地 52 亩，4 口人，出租 27.5 亩，自营 24.5 亩，雇长工 1 人；潘老贝家，有地 80 亩，5 口人，出租 60 亩，自营 20 亩，雇长工 1 人。以上资料表明，占地 100 亩以下者雇工较少，一般为 1 人，少数为 2 人。占地 100 亩（含）以上的地主，也有两种情况：第一种，全部雇工自营。如刘季盛家，有地 171 亩，14 口人，雇 2 个长工；另一户，不知姓名，有地 150 亩，雇 3 个长工。第二种，自营兼出租土地。其中，大多数地主自营土地比例较大，如刘计琪家，有地 114 亩，10 口人，自营 65 亩，出租 49 亩，雇长工 2 人，3 个大活，1 个小工，1 人做饭；潘老景家，有地 120 亩，4 口人，自营 80 亩，出租 40 亩，雇长工 2 人；刘计增家，有地 157 亩，9 口人，自营 107 亩，出租 50 多亩，雇长工 3 人，1 人做饭；马老开三兄弟，有地 500 亩，自营 300 亩，出租 200 亩，雇 8 个长工，短工 10 多人。也有自营地低于出租地的情况，如卜老建家，有地 130 亩，12 口人，自种 40 亩，出租七八十亩，雇长工 1 人，1 人做饭。以上资料表明，有地 100 亩以上的地主，雇工较多，一般超过 2 人。1926 年定县的一份调查认为，农家占地 100 亩者至多雇用长工 3 人②，这一数据可与土改调查资料相互印证。

其次，富农和富裕中农。同样有两种情况：第一种，全部雇工经营。此

---

① 《定县第十三区大兴庄、新全村》，1948 年，定州市档案馆藏，革命历史档案第 51 卷；《定县二十区小近同村结束土改工作报告》，1949 年 12 月，定州市档案馆藏，革命历史档案第 11 卷；《定县四区吴家庄工作情况》，1948 年，定州市档案馆藏，革命历史档案第 47 卷；《定县官道村基本情况》，1949 年，定州市档案馆藏，革命历史档案第 50 卷；《定县五区庞家佐村土改平分材料》，1948 年，定州市档案馆藏，第 11 卷。

② 《定县之棉花与土布》，《中外经济周刊》1926 年第 192 号。

种类型最为常见。如富农潘洛赏家,有地36.5亩,6口人,雇长工1人;王克仁家,有地58亩,7口人,雇长工1人;张小水家,有地67亩,5口人,雇长工1人;张东林家,有地92亩,7口人,雇长工2人。有些富裕中农基本上属于雇工经营,如王文德家,有地29亩,5口人,与其他两家共用长工1人,自家2人参加劳动;潘志和家,有地59.5亩,4口人,雇长工1人,与别人共用1人,自家2人参加劳动。第二种,以雇工经营为主,少量土地出租,家人几乎全部参加劳动。如张朝家,有地66.5亩,8口人,自营63.5亩,出租3亩,雇长工1人,兼用短工;潘汝舟家,有地149.5亩,15口人,自营132.5亩,出租17亩,雇长工1人,也用短工。可见,富农和富裕中农雇用长工一般为1人,有的是与其他农户伙用,比地主的雇工数量要少。

从以上土改调查资料可以看出,实际情况比前述各家的估计要复杂得多,既与李景汉的推断有所不同,也与钱俊瑞、史建云、黄宗智和刘克祥的推论略有区别。总之,纯粹雇工自营的地主较少,大多为雇工自营与出租经营并用,只是各自比例有所不同。而富农和富裕中农,则基本上采用雇工经营的方式。

对长工的使用,往往随着土地占有数量和家庭经济地位的变化,处于被动的动态变化之中。黄宗智指出,在华北农村,随着经济地位的提高,占地超过200亩的地主将倾向于出租经营[1]。这一看法符合经济学原理,因为对大面积土地的雇佣经营,将增加监督成本,而"监督成本的确促进了租佃制度的实施"[2]。在定县,没有找到与之类似的例子予以证实,但有与之相反的家庭经济地位下降的例子。在此情况下,使用雇工发生了两种变化:

其一,家庭经济地位下降,雇工逐渐减少甚至不再雇工。小近同村的卜老建家,就是一例。1937年以前,卜老建家有地130亩,自家经营40亩,其余土地出租,雇1个长工和1人做饭,他本人和两个儿子不参加耕作。但在"卢沟桥事变"爆发前,家里连续死了几头牲口,不得不出卖一部分土地,于是长工减为1个,两个儿子也开始参加劳动了。随着家境更糟,到1940

---

①黄宗智:《华北的小农经济与社会变迁》,第185页。
②王昉:《传统中国社会中租佃制度对产出的作用分析》,《财经研究》2006年第3期。

年，又将出租的土地卖掉，自种剩下的 30 多亩地。1941 年，雇工减至半个。1942—1944 年，雇工一个也没有了，他和儿子三个人都变为主要的劳动力[1]。卜家经历了从雇工兼出租到雇工自营、雇工减少乃至于无的过程。

其二，原来是出租地主或出租经营较多的富农，随着家庭经济的减弱，降为雇工经营。如前面所述之马家寨村，1937 年"七七"事变前有 8 户地主，土地多为出租经营。全面抗战以后，经济下降，由出租变为雇工经营。还有 2 户富农，过去也主要是出租土地，少数雇工经营，1940 年以后收回一部分出租土地，改为雇工经营[2]。以上地主经历了从出租为主到雇工为主乃至全部雇工经营的过程。

上举例子表明，随着经济条件的下降，仍以雇工经营较为有利。那么，这反过来是否也可说明经济状况越好，土地越有可能变为出租，亦即与黄宗智所描述的现象一致呢？限于资料，还不能做出肯定的推断。

三、雇工与雇主之间相对缓和的关系

雇佣关系或者说雇工与雇主之间的关系，是雇佣劳动得以实现和延续的前提。总体来看，二者的关系是相对缓和的——当然，也只能说是与"紧张""激烈"相对的一种状态。

第一，雇佣劳动关系的形成为双方自由的选择。

由雇佣关系形成的机制不难看出，雇用和被雇都是基于土地、劳动力和经营利益的考虑，是出于经济理性和生存理性的选择。其他资料也可为之佐证，如村短工市场，1933 年的调查表明，一般无中人说合，这种情况在全国各县达到96%以上，河北稍低，也达到87%以上[3]。在此类短工市场，雇佣关系和工资待遇的达成是由雇佣双方自由议定的，前述定县短工市场的情况

①《定县二十区小近同村结束土改工作报告》，1949 年 12 月，定州市档案馆藏，革命历史档案第 11 卷。
②《定县九区马家寨各阶层经济情况》，1948 年，定州市档案馆藏，革命历史档案第 64 卷。
③陈正谟：《各省农工雇佣习惯之调查研究》，《中山文化教育馆季刊》1934 年创刊号。

就是如此。对长工的使用,也少有人身强迫和人身依附的因素。定县西安
乐村有一例证。党文才十五六岁时在本村党家做长工,打水、扫院子、干农
活,做了一个月就不干回家了,原因是雇主嫌他早晨起得晚,而他对东家也
不满意[①]。这种相互不满导致雇佣关系的解体,应当是一种相互自由的表现。
对此现象,赵冈认为中国自秦朝以来就建立了私有财产制,握有耕地产权之
人享有选择土地经营方式的自由,大多数人也享有自由支配其劳动力的权
利。不同经营方式的区别,主要表现为取得劳动力的方式,不同经营方式的
相对优势主要取决于劳动者的工作意愿[②]。这一看法或许有所偏颇,但农民
做工出于被动和无奈的情况的确不能被夸大,何况其社会经济地位也可能
出现上升,由被雇变为雇用别人。

第二,雇工待遇基本体现了雇工自身价值和雇工供求关系。

雇工待遇包括工资和伙食两个部分。工资一般采取货币形式,但在物
价波动较大时,也发粮食等实物[③]。定县雇工的工资水平,见表22:

表22　冀中定县雇工工资情况(1912—1931年)

雇工种类		1912年(元)	1921年(元)	1931年(元)
工头	大头(年)	20	30	60
	二头(年)	15	25	50
长工(年)	普通长工	10	20	45
	初次长工	5	10	20
月工	上等月工	2.5	3.5	7
	中等月工	2	3	5.5
	下等月工	1.5	2.5	3.5
日工	上等日工	0.1	——	0.3—0.4
	中等日工	0.07		0.25
	下等日工	0.04	——	0.13

资料来源:1.李景汉:《定县社会概况调查》,第645—646页。

---

① 《定县5个村落老年妇女访谈资料》,2010年4月,李金铮收藏。
② 赵冈:《农业经济史论集——产权、人口与农业生产》,第243页。
③ 《旧中国时期河北农村雇佣关系访谈资料》,2004年2月,李金铮收藏。

由表22可见，雇工工资随雇工种类而有所变化。按耕作的技术和经验，长工分工头和随伙（一般长工）两类。工头又称掌作，有大头、二头两种：大头负责指导和支配全体雇工，工资也最高，比随伙工资高三分之一以上；二头也称二掌锄、拉下把，当大头不在时，由其代理大头的职责，工资高于随伙，低于大头。至于随伙，又分普通长工、初次长工两种，普通长工的耕种技术比较熟练，工资比初次长工高1倍。除了长工之外，还有月工、日工，同样分等级，有上等、中等、下等，不同层次之间的工资一般相差近1倍[①]。可见，雇工的工资与生产技术、生产经验是直接挂钩的，反映了雇工劳动贡献和自身价值的差别。

工资待遇与雇工的性别和年龄也有关系。1933—1934年中央农业实验所有一项对雇工工资的统计，其中的数据涉及定县。当时定县的雇工工资分男工、女工和童工三类：在男工中，长工工资最低为20元，最高为70元，平均为43元；月工工资最低为2元，最高为6元，平均为4元。在女工中，长工工资最低为10元，最高为30元，平均为19元；月工工资最低为1元，最高为3元，平均为2元。以上女工的工资，与同类型男工相比，一般都低1倍以上。童工只有长工有工资，最低为5元，最高为15元，平均为10元，比女工低1倍多[②]。这种工资结构，也反映了雇工劳动贡献和自身价值的差别。

工资待遇还受到雇工供求关系的影响。以表22中1931年技术最好的上等日工、上等月工和大头长工工资为例，如将他们的工资都折合为年工资，分别为127.8元、84元、60元。这一现象表明，日工最为农忙季节所急需，工资也是最高的；月工也是在雇主较为需要的时候才雇用，工资相对较高；而长工由于比较稳定，与急需关系不大，工资相对较低。可见，工资待遇基本上反映了雇工供求关系的规律。

如将上述工资折合为粮食，可衡量雇工的生活水平。以1931年的长

[①] 二十世纪三十年代初，上海纱厂的童工每日工资约为0.2元，丝厂童工为0.2—0.25元，烟厂童工约为0.2—0.3元。定县中等日工的工资水平与上海童工差不多。参周谷城：《中国近代经济史论》，复旦大学出版社1987年版，第89页。

[②] 国民政府主计处统计局：《中华民国统计提要（二）》第4册，商务印书馆1935年版，第498、501、504页。

工为例,平均年工资为43.8元,按当时物价计算,可购买小米74.1市斗,合1112斤。对当时平均每人一年的粮食消费量,学者估计不一,以400斤计算[1],这一工资可满足2.78个人的食用。由于雇工工资反映的是二十世纪三十年代初世界经济危机以及中国经济危机高潮时期的情况,农产品价格是急剧下降的,小米价格比此前降低了43%,那么,在正常情况下,长工工资换取的粮食比上面的数字要少,43.8元工资可购买51.8市斗,合778斤,不到2个人的食用量[2]。

雇工及其家庭费用的支出不限于粮食,还有其他日常消费。在粮食之外,如增加其他日常生活消费,长工工资可以养活几人呢? 陈重民估计,其他日常支出与粮食消费之间的比例至少为1∶1[3]。按此比例计算,43.8元工资所能维持的总体消费就要缩小1倍,降至1.4人,而在社会经济处于正常状态下就只能供1人了。陈氏此估计值偏高,根据定县34家的调查数据计算,其他日常支出与粮食消费的比例为76.6%[4]。以此计算,可供消费的人数稍多,43.8元工资能维持2.1人的消费,正常情况下为1.5人。

传统观点以为,"农业雇佣劳动者所得工资尚不足以维持一个人所必需的生活资料的费用,也就不能维持农业雇佣劳动者自身劳动力的再生产。这就是说,雇主剥削的不仅仅是农业雇佣劳动者的剩余劳动所创造的剩余价值,还侵占了农业雇佣劳动者维持自己的劳动力再生产的部分必要劳动"[5],但从定县来看,一个长工工资能养活1.5—2人,与上一解释有不小的出入。不仅定县,清苑县500农家的年度收支统计数据也可为之佐证。在这500家中,除了地主、富农,其他雇农、贫农和中农都是亏损的,但平均每家的亏空,以贫农为最多,计31元;次为中农,亏空21.4元;雇农居末,亏空11.9元。与之相应,借贷家数占其阶层户数的比例,贫农、中农、雇农分别为

---

[1]李金铮:《也论近代人口压力:冀中定县人地比例关系考》,《近代史研究》2008年第4期。

[2]据李景汉《定县经济调查一部分报告书》第156页资料计算。

[3]转引自罗尔纲:《太平天国革命前的人口压迫问题》,《中国社会经济史集刊》1949年第8卷第1期。

[4]李金铮:《也论近代人口压力:冀中定县人地比例关系考》,《近代史研究》2008年第4期。

[5]陈廷煊:《近代中国农业雇佣关系的封建性》,《中国经济史研究》1987年第3期。

62.7%、58.2%、54.5%，雇农居末[1]。在整体经济落后的情况下，一般来说负债与贫困是可以画等号的，而上一统计说明雇农不一定是生活最贫困的阶层。

随着社会经济尤其是物价的波动，雇工工资也会发生变化。由表22计算，1912—1931年定县雇工工资呈上升之势，增长了2—4倍。此为全国农村的普遍现象，卜凯的调查就显现了清末之后工资增长的趋势。在北方冬麦小米区，田场雇用的年工工资指数（以1926年为100），1901年为46，1910年增至56，1921年更增至97，到1930年达到115，1930年为1901年的2.5倍[2]。但以上是名义工资，还要结合物价涨落计算实际工资的变化。以定县产量最高的小米为例，天津批发物价每石由1913年的6.15元增至1931年的7.90元[3]，物价上涨了28.5%。而同一时期，定县乃至全国雇工名义工资的增速要快得多，说明实际工资也是增长的。1930年后，由于世界经济危机和银价下跌的影响，农产品价格骤降，雇工的名义工资也随之下降了。与1930年比较，1933年长工的最低、普通和最高工资分别下降了44.4%、35.5%、43.6%；日工的工资降低更多，最低、普通和最高工资分别下降了230.8%、171.4%、266.7%[4]。但仍要结合物价的变动来衡量，以小米为例，1930—1933年，定县物价指数由100.0降为53.1，物价下降了46.9%[5]。与物价下降的速度比较，雇工长工名义工资的下降是较慢的，亦即实际工资仍是上升的。至于短工工资，下降的速度要快得多，实际工资则明显下降了，其原因"乃因为许多农家如地主与富农对于长工的雇用是必要的，而对于短工的雇用，如上所述，多是农忙时临时的雇用性质，且雇用短工的农家，除了地主与富农以外，还有中农与贫农，因之，一遇恐慌发生，各农家对于农业经营自然要采取紧缩政策，减少一切开支，所以地主与富农只有使所雇长工尽量工作，以节省短工的费用，而中农与贫农则更因工资支出的困难，只有自己

---

①张培刚：《清苑的农家经济（下）》，《社会科学杂志》1937年第7卷第1期。
②〔美〕卜凯主编，乔启明等译：《中国土地利用》，第438—439页。
③孔敏主编：《南开经济指数资料汇编》，第8页。
④据李景汉《定县经济调查一部分报告书》第96页资料整理。
⑤据李景汉《定县经济调查一部分报告书》第162、169页资料计算。

更加紧的工作,而不雇用短工,在这种情形之下,一方面短工的需要极度减少,他方面又因弃地失业人数日增致短工的供给加多,结果自使短工每日工资呈示着惊人的跌落趋势"[①]。不过,经济危机毕竟是短期现象,从更长的时段考察,雇工工资仍是增长的。传统观点认为,在近代中国农村,随着失去土地的破产农民日益增加,农业雇工的工资呈下降趋势,二十世纪初叶一些地区的农业雇工的工资虽有提高,但它远不能赶不上物价的增幅,其结果是名义工资增加,实际工资下降[②]。这一推断,与历史实际有一定的距离。

为什么会出现雇工工资的增长呢? 主要有两层原因:一是前述对雇工的需求增加,雇工需求增加与工资上升呈正相关;二是民国以后大量青壮年农民离村谋生,减少了雇工存量。据 1924—1934 年的统计,定县离村者达 3 万余人,占 1934 年全县人口总数的 7.6%,他们主要是到东北农村做雇工或佃农。其中,以单个男性青年为最多,占 72.9%;其次为父子或弟兄两人一同离村者,占 13.2%。两项合计,占离村总数的 86.1%。从年龄分布来看,15—49 岁者占离村总数的 83.6%,即绝大多数为婚龄内青壮年[③]。以上两个因素交互作用,应该会增加雇工讨价还价的余地。

雇工工资领取过程中所发生的一些现象,也令人思考。李景汉调查时发现,当雇工与雇主发生纠纷而不得不解除雇佣关系时,工资的处理方式为:如工人已领取的数额与工作日期相合,则两不找;如领取的数额超过工作日期应得的,雇主一般不计较,雇工不予退还,"因为工人既然已将工资领走,再令退回,实在不易。但是也得看是主人辞工人,是工人辞主人。如果主人辞工人,当然无法追究。如果工人辞主人,或者可以究回",相反,如果所领工资少于做工日子应得的数额,雇主要按他工作的实际日期计算,照数补发所欠部分[④]。总体看,在工资问题上照顾了雇工一方,这与前述雇佣市场的供求关系是基本吻合的。

①张培刚:《清苑的农家经济(上)》,《社会科学杂志》1936 年第 7 卷第 1 期。

②陈廷煊:《近代中国农业雇佣关系的封建性》,《中国经济史研究》1987 年第 3 期。

③据李景汉《定县经济调查一部分报告书》第 99—100 页资料计算。

④李景汉:《定县社会概况调查》,第 647 页。

　　在工资之外，雇主还供给雇工饭食。以长工为例，1922—1925 年卜凯主持的 7 省 17 处农村调查显示，在多数地区，长工饭食的价值与工资基本上是一样的[①]。定县长工的饭食，也大致如此。二十世纪二十年代末，定县长工每月饭食消费为 3 元[②]，合计一年 36 元，与前述长工的工资比较接近，这样一来，长工工资大多可以用于家人的消费。

　　普通饮食，多为一日三餐。主食有小米、高粱、玉蜀黍面、荞麦面、豆面，雇工与雇主的饭食相差不多。因伙食太差，容易出现怠工问题，定县民谣"大白面，马尾罗，什么饭食什么活，不教吃，咱就磨，看是耽误的谁的活"[③]，就是反映饭食好坏与雇工劳动情况的生动写照。在特殊日子尤其是农忙季节，还有"犒劳"饭，包括：上工饭，指在上工当日，雇主请长工吃酒肉；吃刚手，为麦熟时节，雇主犒赏雇工麦面、酒肉；吃开锄，指庄稼到中耕时，主人犒赏雇工，之所以称开锄，因此时开始用锄头锄草；吃开镰，指秋收时开始用镰刀收获，主人也犒赏雇工；下工饭，为长工下工的时候，主人通过犒劳表示对雇工一年辛苦工作的感谢。此外，还有一些其他名目的犒劳，如二月二龙抬头、三月二十一北齐庙会、五月五端午节、六月十三单刀会，以及中秋、重阳、冬至、腊八、新年等重要节日，雇主都要犒劳雇工[④]。笔者 2010 年参与的定县老年妇女调查，也为以上说法提供了佐证。她们回忆，雇工的伙食比雇主家庭成员还要好，尤其是雇主家的家庭妇女，其饭食比雇工往往差很多。有的雇主不仅在节日犒赏雇工，还可能惠及其家人，如南王吕村刘铁玲家，过节时给长工"篮子"，即一篮子干粮，长工将其拿回家看望家人[⑤]。

　　对节日犒赏的习俗，黄宗智提出了不同看法。他认为，在华北农村，雇工的礼节性待遇处于变化之中。二十世纪前的雇农，长工几乎是雇主家中的一员，冷酷的经济关系常被各式各样的礼节所掩盖了。到了二十世

①〔美〕卜凯著，张履鸾译：《中国农家经济》，第 422 页。
②Sidney D. Gamble, *Ting Hsien: A North China Rural Community*, p.13.
③李景汉：《定县社会概况调查》，第 410 页。
④李景汉：《定县社会概况调查》，第 646—647 页；《旧中国时期河北农村雇佣关系访谈资料》，2004 年 2 月，李金铮收藏。
⑤《定县 5 个村落老年妇女访谈资料》，2010 年 4 月，李金铮收藏。

三十年代,这些礼节仍有迹可寻。不过,随着人口流动的频繁,许多旧日习俗逐渐废弃了,雇主与雇工之间已变成纯经济性的关系,剥下了旧日的礼节外衣[1]。但从定县来看,传统的犒劳习俗仍普遍存在。

无论是平日饮食还是节日犒赏,雇工具有的高于雇主普通家庭成员的待遇,都是雇主提高雇工耕种积极性和劳动效率的手段。正如刘克祥所指出的,这一现象从经济角度分析,无非是雇主笼络人心,希望换取雇工更多的剩余劳动。也有的地区,农业劳力供应紧张,形成雇佣劳动者的卖方市场,雇主不得不用优厚待遇招徕人手。因此,雇工物质待遇的某种改善,不能简单地一概归之于其法律和社会地位的提高;但也不能只从经济的角度进行分析,而应当把它看成是雇佣劳动者获得人身解放,以及法律和社会地位提高的一个标志[2]。

最后,雇工与雇主的日常关系基本上是缓和的。

由于雇佣关系基本上是自由的,雇主和雇工在日常生活中也多能和平相处[3]。根据笔者的调查,雇工与雇主的关系还不能说完全处于平等的地位,但的确已经没有经济契约以外的人身限制了。雇工与雇主的纠纷和冲突虽不能说没有,但并不常见,大致维持了"乡里乡亲,关系不错"的原则。有的地主甚至把耕地都交由长工来管理,由长工决定每天的劳动内容。反过来,雇工觉得,能得到雇主的使用,就是找到了饭碗,只有努力劳动才能保住这个工作的机会。其实,即便是双方产生矛盾,也可能是互有缘故,不一定就是雇主单方面对雇工苛刻所致,也与雇工要争取更大的利益有关。此外,农村中阶层的社会流动性较强,做长工、短工对大多数农户而言都是可能发生的,雇工已是一种职业,一般不会受到特别的歧视。甚至,还出现过地主将长工纳为女婿的情况[4]。杨懋春1945年对山东台头村的考察也发现:"家庭成员与雇工的关系通常是融洽的。经济地位变化频繁,长期雇用劳力的家

---

[1] 黄宗智:《华北的小农经济与社会变迁》,第226—227页。
[2] 汪敬虞主编:《中国近代经济史(1895—1927)》中册,第955页。
[3] 1912年民国成立后,颁布暂行《新刑律》,废除了"雇工人"的名称和相关条款,雇工从法律上获得了与雇主平等的地位。
[4] 《旧中国时期河北农村雇佣关系访谈资料》,2004年2月,李金铮收藏。

庭很可能在同一代发生受雇于其他人的情况，而大量曾经贫穷的家庭也会变得相对富裕。由于这种变化是大量发生的，因而一个家庭不会觉得比另一个家庭高贵或低贱。"[①]英国经济学家托尼也曾指出，中国的雇农没有形成一个在经济地位上与其雇主存在尖锐矛盾的阶级[②]，这看来绝非无稽之谈。尽管如此，杨懋春仍对此表示了忧虑："近年来情况有所变化，雇主与雇工之间发生了更多的争执……所以情况总的说来并不乐观。"[③]这是近代中国乡村社会矛盾日益凸显的一个征兆。

综上所述，定县雇工的使用，形式多样，以短工最为普遍，也有一些为长短工相结合的混合类型。短工虽与长工的经济性质有别，但皆属农业雇工经营的重要组成部分，其作用不可小视。雇工数量，在农民贫困和经济作物扩大种植的交互作用下，有所增加。该地区的雇佣比例明显高于商品经济发达的江南地区，但与本地租佃比例相比仍居劣势，不可夸大。南北方农村雇佣关系的差异，并不存在所谓经济落后与资本主义经济发达的悖论。雇佣劳动关系的形成，是雇主与雇工自由选择和理性选择的结果，与雇工的供给和需求密切相关。而雇工需求，又主要取决于土地占有和家庭劳动力的变化。雇工的身份比较复杂，尤其是短工，雇人和被雇可能会出现在同一家庭，而不完全固定在一个阶层。雇主与雇工之间的关系，虽不能说是平等的，但已无经济契约之外的人身限制。雇工工资基本上体现了自身价值和供求变化的关系，其名义工资和实际工资均有一定增长。长工工资和伙食待遇除了养活自己以外，还可以供养家里一两人。雇工的饭食，一般会受到雇主较高的待遇，从而提高了其劳动积极性和劳动效率。与贫农相比，雇农的生活不一定是低下的。总之，与欧美国家租地农场主的雇佣关系不同，这一地区雇佣关系的特征是基于生态环境、地权分配和经营方式的合力所形成的，基本

[①]〔美〕杨懋春著，张雄等译：《一个中国村庄：山东台头》，第32页。
[②]〔英〕理查德·H.托尼著，安佳译：《中国的土地和劳动》，第27页。
[③]〔美〕杨懋春著，张雄等译：《一个中国村庄：山东台头》，第33页。

上为明清之后雇佣方式的延续①。传统的阶级和剥削理论有其道理,但无法全面解释雇佣关系历史悠久之本身②;而新的解释则又过分强调了现代化理念,似乎一切农村经营方式都是封建落后的,也有不能服人之处。

---

①李文治等:《明清时代的农业资本主义萌芽问题》,中国社会科学出版社 1983 年版,第52—197、322—499 页。

②中共开展土地改革时,一些贫雇农开始时没有积极响应,而是顾虑重重。究其原因,与他们对租佃关系、雇佣关系的认识有一定关系。参李金铮:《土地改革中的农民心态:以1937—1949 年的华北乡村为中心》,《近代史研究》2006 年第 4 期。

第九章　家庭手工业的存续及其动力

　　手工业是小农经济的重要组成部分。对十九世纪中期之后直至二十世纪八十年代以前的中国农村,绝大多数学者认为手工业处于不断的瓦解和崩溃之势。这一看法,又基于不同的理论来源,其中,影响最大的一种是基于民族主义史观,认为外国商品的倾销导致中国农村手工业处于衰败之势,并引发了中国农村经济和农民生活的巨大危机[①]。另外一种理论来源,基于资本主义市场理论,主要是在二十世纪二三十年代提出的,从现代化进程的角度分析,认为现代机器工业的冲击必然导致家庭手工业的解体,建立和发

[①] 从新中国成立后至二十世纪八十年代前的情况来看,其理论渊源主要是对马克思、毛泽东经典论述的注解。马克思指出:"不列颠侵略者打碎了印度的手织机,毁掉了它的手纺车。……不列颠的蒸汽和不列颠的科学在印度斯坦全境把农业和手工业的结合彻底摧毁了。""外国工业品的输入,对中国工业也发生了类似过去对小亚细亚、波斯和印度所发生的那种影响。中国的纺织业在外国的这种竞争之下受到很大的损害。"参马克思:《不列颠在印度的统治》,《马克思恩格斯选集》第1卷,人民出版社2012年版,第780页;马克思:《中国革命和欧洲革命》,《马克思恩格斯选集》第1卷,第852页。毛泽东指出,外国资本主义的侵入"破坏了中国自给自足的自然经济基础,破坏了城市的手工业和农民的家庭手工业"。参毛泽东:《中国革命和中国共产党》,《毛泽东选集》第2卷,第626页。马克思这两篇文章发表于1853年,他没有预料到,到十九世纪末期,印度手工织布业又重新恢复和发展起来。参樊亢主编:《外国经济史》第2册,人民出版社1982年版,第297—298页。揆诸中国近代经济史,中国手工业的历史与印度有一定的相似之处。

展大机器工业才是中国经济的唯一出路[①]。在以上主流意见之外，也有少数学者注意到手工业的保存和延续性[②]。二十世纪八十年代以来，更有一些学者重视家庭手工业解体的多元性、家庭手工业与机器工业的互补性，认为手工业并未完全破产，而是一直处于生存、延续和发展之中。迄今，关于这一问题的研究已无须再对手工业是衰落还是延续进行争论，而是转换到如何揭示手工业的延续、发展及其动力了。这里通过冀中定县，分析家庭手工业延续过程中传统力量和现代因素的影响以及二者之间的相互作用。

一、家庭手工业的延续和发展

近代中国农村手工业的延续和发展已是不争之事实，但各地仍有自己的演变轨迹和特点。

在定县，手工业有着悠久的历史。早在汉代，定县就生产平绢类的纺织品；隋唐时期，为北方丝织业中心，以织绢最有影响；到宋代，缂丝生产独树一帜[③]。到了明代，定县的手工棉纺织业已经比较普遍，地方志的节烈传中有不少这方面的反映，如郝氏"织纴课子"，刘氏"奉姑纺绩，以给甘旨"，甄氏"贫甚，以纺绩资生"等等[④]。二十世纪三十年代初，张世文在主持定县工业调查时发现，东不落岗村织花布的历史可追溯到数百年前，其他手工业也多是岁月绵长，如做高香、做木瓢有二百多年，选猪鬃达五百年之久，织席业在清乾隆年间就有了，织粮食口袋、腰带、钱口袋、钱褡子、腿带、散机带在清嘉庆初年也产生了[⑤]。

①贺岳僧：《解决中国经济问题应走的路》，罗荣渠主编：《从"西化"到现代化——五四以来有关中国的文化趋向和发展道路论争文选》，第762页；严中平：《手工棉纺织业问题》，《中山文化教育馆季刊》1937年第4卷第3期。
②吴知：《工农立国下中国乡村工业的新评价》，《大公报》1935年7月24日；费孝通：《乡土重建》，《费孝通文集》第4卷，第382—390、435页。
③定州市地方志编纂委员会：《定州市志》，第314页。
④〔清〕宝琳：《直隶定州志》卷一六《人物·节烈》。
⑤张世文：《定县农村工业调查》，第183、201、413—451页。

　　近代以来,随着外国列强的侵入,城市工商业较早进入现代化进程,而传统乡村经济并未发生根本的变化,家庭手工业仍继续保持。定县所处的地理位置并不偏僻,与天津、北京、保定等大中城市的距离不算远,但直到二十世纪三十年代初,全县 453 村仍无一不从事手工业。手工业种类繁多,有纺织、食品、编织、铁工、木工、化学、杂项等七大类,细分为 120 种。在所有村庄,以从事 2—4 种手工业的村庄为最多,有的村庄从事的种类多达 8 种[①]。从事手工业的家庭有 43 150 户,涉及人数达 80 800 人,此时全县农村有 78 657 户,439 729 人,按此计算,从事手工业的家庭占总户数的 54.9%,涉及人数占总人数的 18.4%[②]。史建云对华北地区的研究,估计从事手工业者占总户数的比例,河北为 12.8%,山东为 4.3%,河南为 34.8%[③]。与之相比,定县的手工业更为突出。

　　在手工业中,以纺线、织布者为主。定县单纯从事纺线者有 24 600 户、30 700 人,单纯从事织布者有 11 000 户、31 800 人,纺线兼从事织布者有 2000 户、6800 人,纺线兼从事其他手工业者有 1500 户、2100 人,织布兼从事其他手工业者有 150 户、500 人。将以上专、兼从事纺织布业者一起计算,占全县总户数的 49.9%、总人数的 16.4%,占从事家庭手工业总户数的 91.0%、总人数的 89.0%。计算单纯从事纺织业的家数和人数,也占到从事家庭手工业总户数的 82.5%、总人数的 77.4%。如将纺与织分别开来,单纯从事纺纱者占从事家庭工业总户数的 57.0%、总人数的 38.0%,单纯从事织布者占实际从事家庭工业总户数的 25.5%、总人数的 39.4%。从实际产值看,手纺业、织布业分别占到手工业总产值的 11.3%、47.4%[④]。

　　如果说以上为静态统计,那么家庭手工业的变化趋势如何呢? 以织布业为例,在东不落岗村,1882 年从事织布业的家庭有 90 户,占总户数的 58.1%,此后续有增长,到 1932 年,发展到 154 户,占总户数的 85.5%,为

---

①张世文:《定县农村工业调查》,第 47—48 页。

②据张世文《定县农村工业调查》第 49—50 页资料整理计算。

③史建云:《农村工业在近世中国乡村经济中的历史作用》,《中国经济史研究》1996 年第 1 期。

④据张世文《定县农村工业调查》第 49—50、52—60 页资料整理计算。

1882 年的 1.7 倍[①]。织布产量也有较大幅度的增加，定县全县运销外地的土布，1892 年为 60 万匹，1915 年为 400 万匹。1916 年之后尤其是 1919 年，织布产量开始降低，外销也随之减少，但到 1932 年的十几年间，大多数年份仍在 100 万匹以上，最少的一年也有 81 万匹，比清末高出 20 多万匹[②]。由此可见，定县织布业总体处于发展之势。

有的农民将手工业由副业转为正业经营。据 1929 年对 515 农家 13 岁以上农民的统计显示，男子从事正业者共 1282 人，其中有 12 人选择织布、造酒、烧砖、制水车等手工业为正业，以织布作为正业者最多；女子从事正业者共 1176 人，有 167 人以纺线和织布为正业，远高于男子的比例[③]。有的村子，生产的专业性已极为明显，有的集中织布，有的集中纺线，有的集中织粮食口袋，有的集中织席，等等[④]。当然，就总体来看，以手工业作为正业的比例还不大，家庭副业仍是主要形式。

以上关于家庭手工业的统计表明，以往所谓手工业崩溃之说缺乏充分的历史依据。

二、维持和提高农家生计

当中国的近代化进程开始后，为什么家庭手工业仍能继续生存和发展呢？根本在于小农经济的存在，自古皆然，近代仍是如此。对于绝大多数普通农民而言，从事手工业主要是为了补充农业生产之不足，维持农家生计。这正如费孝通所说的："各种生产事业配合了维持这家的生存。"[⑤]当然，也有少数农家，生存压力并不大，单靠农业生产就可以满足温饱，但他们并不满足于此，而是希望通过经营手工业，进一步增加收入，提高生活水平，这是被

[①] 张世文：《定县农村工业调查》，第 421—422 页。
[②] 张世文：《定县农村工业调查》，第 101 页；李景汉：《定县经济调查一部分报告书》，第135—140 页。
[③] 李景汉：《定县社会概况调查》，第 162—167 页。
[④] 张世文：《定县农村工业调查》，第 395—456 页。
[⑤] 费孝通：《乡土重建》，《费孝通文集》第 4 卷，第 394 页。

以往学术界所忽视的现象。

在定县,多数农家从事手工业的原动力,就是如上所说的补农业生产之不足。二十世纪二三十年代,以已有的人均耕地 3.3 亩进行农业生产,大致可以满足最低限度的粮食需求,但要加上其他生活必需品消费,如衣服、燃料、祭祀、饲料、应酬等,人均耕地 3.8 亩才够,约差半亩[1]。如何解决这一不足呢? 农民可以寻求多种方案,如从事家庭养殖、做小买卖、从事小手艺加工、做临时工,甚至移居他乡等,最重要的方式就是从事家庭手工业。

人均耕地指标掩盖了不同阶层之间的差别,定县全县尚有 10% 左右的农户没有土地,30% 左右的农户达不到土地的平均数[2]。对于土地不够平均数乃至没有土地的农户,手工业就更加重要了。对于人均占有 3.8 亩以上土地的农户,从事家庭手工业则可能是一种提高收入的手段。以大西涨村为例,全村 340 户,从事家庭手工业的有 274 户。该村平均每家有 4.5 人,按人均 3.8 亩的标准,占有 17.1 亩以上土地的家庭如果从事手工业,就有帮助提高收入的功能。数据统计中只有占地 25 亩以下和 25 亩以上的农户,其中占地 25 亩以上并从事手工业者有 41 户,占从事手工业总户数的 15%,这些农户从事手工业应是以提高收入为主要目的[3]。

手工业为农家贴补多大利益呢? 据 1931 年张世文对全县家庭手工业赚利的统计,分两种情况:一是按从事家庭手工业的农户进行计算,平均每家赚利 21 元;另一个是按所有农户进行计算,平均每家赚利 13.3 元。当时一个普通农家年收入 200 元左右,那么从事家庭手工业农家的赚利占总收入的 10.5%;按所有农家计算,平均每家手工业赚利占总收入的 6.7%[4]。可见,农家收入主要来自农业,手工业起了补充农业收入不足之用。

从定县农村经济总产值,也可看出手工业在农家经济中的地位,见表 23:

①李金铮:《也论近代人口压力:冀中定县人地比例关系考》,《近代史研究》2008 年第 4 期。

②李景汉:《定县土地调查(上)》,《社会科学》1936 年第 1 卷第 2 期。

③据张世文《定县农村工业调查》第 399 页资料计算。

④张世文:《定县农村工业调查》,第 16 页;李景汉:《华北农村人口之结构与问题》,《社会学界》1934 年第 8 卷。

表23　冀中定县农村经济总值（1933年）

类　　别	产值（元）	百分比（%）
粮食作物	7 161 973	45.89
经济作物	2 438 591	15.62
蔬菜	885 677	5.67
果品	527 721	3.38
畜牧	882 963	5.66
手工业	3 710 704	23.77
总　计	15 607 629	100.00

资料来源：1.李景汉：《定县经济调查一部分报告书》，第3—12页；2.张世文：《定县猪种改良实验》，《民间》1935年第1卷第20期；3.《二十二年度河北省各县家畜家禽数量统计表》，《冀察调查统计丛刊》1937年第2卷第3期；4.《营养研究设计报告（1932年7—12月半年工作报告）》，中国第二历史档案馆藏，全宗号236，卷号115；5.李孝悌：《河北定县的乡村建设运动——四大教育》，《台北"中研院"近代史研究所集刊》1982年第11辑。笔者对有关数据进行了整理和计算。

表23显示，手工业已接近全县农村经济总产值的25%。这一比例与前述赚利统计有些出入，原因不得而知。不过，无论哪一个统计都表明，如果没有手工业的补充，农家经济和农民生活将受到很大影响。

有些村庄对手工业的依赖程度，明显高于平均水平。1932年，大西涨村有274个家庭从事手工业，平均每家总收入为178.3元，其中手工业赚利31.8元，占总收入的17.8%；东不落岗村有174个家庭从事织布业，平均每家总收入为262.9元，其中织布业赚利75.3元，占总收入的28.6%；西板村有250个家庭从事织席业，平均每家总收入为152.0元，其中织席赚利57.1元，占总收入的37.6%。这几个村落都是人均耕地亩数较低的，分别为2.68亩、2.48亩、1.78亩[①]。

土地占有数量与从事手工业人数的比例有密切的关系。以大西涨村为例，从事手工业者占不同土地占有层次人数的比例，没有土地的农户为74%，25亩以下的为79%，75—99亩的为36%，100亩以上的为39%。占地

---

①张世文：《定县农村工业调查》，第395—424、451—455页。

25亩以下农户从事手工业的比例,约为占地75亩以上农户从事手工业者比例的2倍[1]。可见占有土地越少,对手工业的依赖越大。

与之相应,家庭收入越低,对手工业的依赖也越大。仍以大西涨村为例,见表24:

表24 冀中定县大西涨村从事家庭手工业与家庭收入之关系(1932年)

全年收入组(元)	家数(户)	平均每家年收入(元)	从事手工业者平均每家赚利(元)	赚利占总收入百分比(%)
50以下	4	41.25	10.38	25.16
50—99	53	73.57	16.52	22.45
100—149	65	118.00	28.81	24.42
150—199	61	166.21	36.23	21.80
200—249	22	215.95	32.65	15.12
250—299	35	264.86	49.29	18.61
300—349	11	300.91	59.70	19.84
350—399	11	353.64	43.70	12.36
400—449	5	400.00	17.33	4.33
450—499	3	450.00	8.51	1.89
500—549	2	500.00	2.72	0.54
550—599	——	——	——	——
600—649	1	600.00	6.56	1.09
650—699	——	——	——	——
700及以上	1	800.00	3.60	0.45
总计/平均	274	178.26	31.78	17.83

资料来源:1.张世文:《定县农村工业调查》,第407—410页。

由表24可见,家庭收入50元以下者,从事手工业赚利占总收入的25.16%;家庭收入700元以上者,从事手工业赚利仅占总收入的0.45%,相差55倍。

佃户的收支状况,更为上一观点提供了有力佐证。1934年,陈伯庄对

---

[1]张世文:《定县农村工业调查》,第399—400页。

平汉沿线地区的调查包括定县，调查显示，佃户人均耕种 2.9 亩土地，农业收入为 22.0 元，如除去种子留用、工料支出、购买粮食、交纳地租等，结果净亏 2.78 元。但由于从事手工副业有 2.39 元的收入，就基本上弥补了农业生产之不足。在同一调查中，清风店佃户的收支统计更显示，佃户人均耕种 0.8 亩，如仅仅从事农业，其亏损程度比全县佃农的平均状况还高，净亏 4.14 元，但由于从事手工副业，净收入达 8.02 元，除了弥补农业之不足，还剩余 3.88 元[①]。以上两个统计都证明，如果没有家庭手工副业的支撑，佃农经营都将入不敷出。费孝通也发现了其中的秘密："单从土地利用上看是不值得租种，但是在农家经济上说，租了田地来种，多少可以得到一些收入，和其他收入合并了，足以维持生存。从整个乡土经济说，那是手工业津贴了土地制度。"[②]

从表 24 还可看到，收入在 250 元以上之家，包括三四百、四五百元以上之家有 69 户，占从事手工业户数的四分之一。这些家庭的收入已经超过了普通农户的收入水平，其从事手工业就主要不是为了弥补农业生产之不足，而是为了提高收入，手工业由副业变成了"富业"。不过当家庭收入更高时，人均手工业产值又有所下降，其原因主要是"收入多的农家因他项收入能够维持生活，少用时间从事家庭工业"[③]。

美国人类学家斯科特说，在传统经济中，有许多可称之为"退却方案"

---

①陈伯庄：《平汉沿线农村经济调查》，附表 20B。陈振汉先生 1956 年前后写的一篇文章《地租剥削：1720—1820》也发现了这一问题：一个耕种水田 10 亩或旱地 20 亩的 5 口自耕农户，全年的农业收入，最多仅能勉维温饱，连简单再生产所需要的费用尚且不敷，也就是说这一农户的常年劳动全部都是必要劳动，剩余劳动量不仅没有，可能还是负数。在这样的情况下，假如这一农户是佃户，其还须向地主缴纳占生产物总量 50% 的地租，这地租不也就是他的必要劳动的一半吗？这似乎是不可能的事。因为这是否意味着这一家庭的人口，每年要有一半忍饥挨饿或者流离转徙呢？然而，18 世纪又是我国人口增长很快的时期。这里最重要的原因，是佃户家庭人口所从事的直接农业劳动以外的劳动在家庭经济中的重要性，这类劳动包括家内手工业劳动、农业雇佣劳动等等。参陈振汉：《社会经济史学论文集》，经济科学出版社 1999 年版，第 706—707 页。
②费孝通：《乡土重建》，《费孝通文集》第 4 卷，第 435 页。
③张世文：《定县农村工业调查》，第 16 页。

的东西,这些东西就是辅助性的手工业生产和交易,它们能够在庄稼歉收时,弥补家庭收入的亏空①。这一看法不无道理,但中国家庭手工业之所以能够生存和发展,主要的不是庄稼歉收时的弥补亏空,不是退却方案,而是家庭经济必需的过程和环节。又有学者彭南生等认为,近代手工业之所以长期存在和发展,主要是因人口压力所导致的传统农民经济的贫困化以及日渐加深的贫困化压力②。这一观点也有道理,但自古以来手工业就是中国农家经济的重要组成部分,无论是否存在人口压力都是如此,近代以来人口压力只是条件之一而已,而贫困尽管是家庭手工业存在的重要基础,但也不是"日渐加深"才导致了手工业的存在和发展。

还要进一步思考的是,除了补充农业生产之不足,还有哪些因素支撑着手工业的延续,或者说,如果维持家计是手工业存在的原动力,但要实现这个原动力,还需要哪些农家自身条件和外部社会条件的支持呢?

三、历史传承和"农闲"不闲

劳动力是手工业生产的重要因素。农民从事手工业具有"人力"上的优势,因为既有无需成本的历史传承,又有大量的农闲时间。如同维持农家生计一样,这也是自古以来家庭手工业生存和延续的传统因素。

美国经济学家熊彼特的一段话对分析这一问题有启发:"一切知识和习惯一旦获得以后,就牢固地植根于我们之中,就像一条铁路的路堤植根于地面一样。它不要求被继续不断地更新和自觉地再度生产,而是深深沉落在下意识的底层中。它通常通过遗传、教育、培养和环境压力,几乎是没有摩擦地传递下去。"③中国的家庭手工业就是如此,相关技艺和经营方式口手相传,绵延不断。如前所述,定县一些手工业已有几百年甚至更长的历史,最重要的棉纺织业在明代就比较普遍了。小孩自出生以后,就在这种传统的

①〔美〕斯科特著,程立显等译:《农民的道义经济学:东南亚的反叛与生存》,第79—80页。
②彭南生:《中间经济:传统与现代之间的中国近代手工业》,第81页。
③〔美〕熊彼特著,何畏等译:《经济发展理论》,商务印书馆2000年版,第93页。

生产氛围之中生活,接受老人们为其准备的一套人生经验,无须知道理由,只要"学而时习之"足矣。乡村姑娘一般在十二三岁时,甚至更早,八九岁时就开始参与纺线、织布的活动了①。1932年的村庄调查表明,开始从事手工业的年龄以 10—14 岁所占比例最大。譬如大西涨村,888 个家庭手工业者中,以此年龄开始从事手工业的有 468 人,占家庭手工业者总人数的 52.7%;在东不落岗村,588 个家庭手工业者中,以此年龄开始从事手工业的有 339 人,占家庭手工业者总人数的 57.7%;西板村更高,593 个从事织席者,以此年龄开始从事手工业的有 486 人,占家庭手工业者总人数的 82.0%;西市邑村也有同样高的比例,468 个从事家庭工业者,以此年龄开始从事手工业的有 385 人,达到家庭手工业者总人数的 82.3%②。在这个过程中,像其他传统生活礼仪一样,手工业技术在传习中得以延续,甚至成为一种地方文化。

　　手工业生产常常是在农业种植之外的"农闲"时完成的。对那些没有或少有其他就业机会的农民来说,从事手工业可以填补农闲时间这个空白。

　　农闲与农业劳动力剩余基本上是一回事,正是因为有了农闲,才产生了剩余劳动力。如前所述,二十世纪三十年代初,定县剩余劳动力有 7.8 万个,达到劳动力总数的 44%。1936 年对 5 村 20 农家的调查,也为此提供了具体佐证。20 家的劳动力存量为 32 171.4 人工单位,但实际使用仅为 9083.1 人工单位,劳动利用率仅为 28.2%,绝大多数劳动力处于剩余状态。按每个成人男子计算,一年的劳动使用量为 103.3 人工单位,也即 260 余日是空闲的③。

　　其实所谓农闲时间和农业剩余劳动力如此之多,并不意味着农民真的就闲下来了。正是在此期间,农民要进行农业准备,做日常家务,进行家庭副业、手工业生产,这就使得农民处在农闲而不闲之中。对此现象,费孝通指出:"这些劳工并不能离开农村,离开了,农忙期会缺工,可是农闲期怎么办呢? 这里引入了乡土工业,乡土工业在劳力利用上和农业互相配合了来

①张世文:《定县农村工业调查》,第 65 页;《定县 5 个村落老年妇女访谈资料》,2010 年 4 月,李金铮收藏。
②张世文:《定县农村工业调查》,第 398、414、444、452 页。
③杜修昌:《农家经济分析:1936 年我国四个地区 177 农家记帐研究报告》,第 75、77 页。

维持农工混合的经济。"①李景汉在定县调查中,对农闲不闲的现象有更加详细的记述:

> 自大雪前后(即阴历十月十五日前后)作物收获妥当,秋耕终了,农事完毕的时候起,一直到来年春分前后止(即阴历二月二十五日前后),在这四个月的期间内,可以说是男工的休闲时期。在这四个月里男工有几种代替的工作。有的转运土粪,或出外拾粪,以备来年做肥料用。有的出外拾柴。有的在家里做家庭工业如织布、编柳器、编席、打绳等。有的开木厂,锯树买木头,以备来春在庙会出卖,这种工作大半由多人合办。也有在家练习算盘,读书写字的。也有的自己修理房屋农具的。也有在家管杂务的如卖房卖地、买房买地之类。有的因为无事可作,到外边庙会上卖杂货做小生意的。……女工除了正月休息半个月,平常的工作不在男工以下。妇女不但在家做饭,料理家务,并且帮助男工在农场工作,如打辘轳、割谷、拔麦等。有时从事织布、打绳、纺线等工作。童工的闲暇时间与男工相同,所作的工作也相差不多。闲暇时就帮助家中织布、络线、推碾、推磨、香房黏签,有时出去捡柴拾粪。②

署名明己的作者在一篇关于定县妇女纺织业的文章中,对女孩和妇女纺线织布的忙碌景象做了生动的描述:

> 不在田间工作的时候,每天料理完家事,就是坐在织机上织布,或纺车旁纺线。因为这是帮助家用的唯一方法,机车摇动之后,衣食两项便有着落了。每天五更起来工作,直作到夜半收工,如果家里等钱用时,只得整夜纺织,听到鸡鸣之后,略为休息,天明以后,又立刻起来摇动纺车。屋里没有灯的人家,她们在黑暗中纺纱,因为技术熟练的缘故,不必用眼去注视就能纺得很好。六七十岁的老妇人,做到半夜之

---

① 费孝通:《乡土重建》,《费孝通文集》第 4 卷,第 368 页。
② 李景汉:《定县社会概况调查》,第 647—648 页。

后,不知不觉就在纺车旁打盹,不久又吓醒了,赶快继续着做。因为精神的疲乏,这种打瞌睡的现象,一夜不知要发生几次。但是她们不肯到炕上去躺一会,因为那样一来,就会沉沉入睡,岂不耽误了工作? 小女孩做到半夜之后,也支持不住了,母亲听不到她的纺车响声之后,走过去在她身上重重地击一拳,喝一声"快做",小女孩立刻惊醒,两手乱摸着纺车,嘴里说着"就做啦"! 于是若断若续的勉强纺着。姊妹两个人时,她们轮流纺纱,日夜相继,不使纺车有休息的时间。[1]

在冬季,昼短夜长,织布经常是"一人专织白天,两人专织夜班,一人前半夜,一人后半夜,所谓'人闲机不闲'也"[2]。

可见,农民从事手工业生产大大填补了农闲的空当,甚至挤占了农民本该休息的时间,从而缓解了剩余劳动力多的状况。比较巧合的是,定县全县从事家庭手工业者达到 8 万余人,恰恰接近上面所统计的 8 万剩余劳动力。按此而论,以往所谓劳动力大量剩余只是针对农业种植而言,如将农业和手工业结合起来或者说将农村经济作为一个整体来看,则劳动力大量剩余的说法几乎是不存在的,至少不像原来所认为的那样严重。

如果用资本主义企业的经济理论来衡量,除去原料、劳动力成本和工具折旧,中国家庭手工业的利润率是很低甚至是亏本的。那么,它是靠什么来支撑自己的生存和延续的呢? 问题的秘密就在于,传统小农经济中的劳动力和时间是不算报酬和成本的,除去原料成本之后的剩余就是赚利[3]。这就使得手工业的成本降低,"不管产品的售价低到何种程度,他们还是可以和国外生产的机制品进行面对面的竞争"[4]。以织布为例,1931 年全县 453 村织布业总值为 2 307 019 元,除去原料 1 922 531 元,剩余 384 488 元就是

---

[1] 明己:《定县农村妇女纺织业》,《大公报》1934 年 1 月 4 日。
[2] 张世文:《定县农村工业调查》,第 73 页。
[3] 张世文指出:"此处所说的赚利系指除原料费用外,每单位家庭工业品的收入。"参张世文:《定县农村工业调查》,第 61 页。
[4] 赵冈:《农业经济史论集——产权、人口与农业生产》,第 130 页;赵冈、陈钟毅:《中国棉纺织史》,中国农业出版社 1997 年版,第 191 页。

赚利,销售利润率达到 16.7%[①]。而二十世纪三十年代初期,中国机器织布业的资本利润率多在 10% 左右,有的低至百分之四五[②]。两相比较,家庭手工业在与机器工业的争斗中,还是有一定的竞争力的,这也正是在相当长的时期内,手织业生产率虽然远低于机织业,但又能与机织业并存的一个重要原因。

四、传统原料与现代原料的结合

原料是手工业生产的另一要素。近代以来,手工业原料的范围和种类较以往扩大,既有来自本地所产的,也有来自外地输入的;既有传统农业、手工业所生产的,又有现代机器工业提供的。这种传统与现代原料的结合,成为家庭手工业延续和发展的又一重要条件。

原料最多来自定县本地和附近地区,而且以传统原料居多。张世文的调查显示,原料有的为自家农业生产的,如用自家的棉花纺线织布,用自家的高粱秸、麦秸编蒲锅盖,用自家的豆子磨豆腐;有的是从邻家购买的,如做干粉条的从邻家买绿豆、甘薯和高粱,做猪胰的从屠户那里买猪油,织席的从种苇子的农家购来苇子;有的购自店铺、集市、庙会,如轧花店买籽棉,磨坊买小麦,油坊买棉籽、花生,编柳罐、笸箩、簸箕买柳子。有的购自更远的县外,如编织业,苇子来自曲阳、阜平,荆条来自完县;木器业中,松木购自天津,竹、藤、桐油来自南方,苇子、红土来自曲阳,麻来自山西,丝线、红蓝洋呢购自束鹿;食品业中,江米、青丝、红丝来自保定,山楂来自易县;做香业,从平山、获鹿县买香面;猪鬃业,到察哈尔、山西、绥远、东三省等地收买猪毛鬃[③]。

也有的手工业,开始使用现代机器工业所生产的原料,如木器手工业所需的洋钉,购自保定;化学手工业所需的原料,有的购自天津,有的甚至来自

①据张世文《定县农村工业调查》第 57、62 页资料计算。

②汪敬虞:《近代中国资本主义的总体考察和个案辨析》,中国社会科学出版社 2004 年版,第 316—317 页。

③张世文:《定县农村工业调查》,第 6—10 页。

国外，如染坊所用的颜料[①]。

由于原料来源范围和种类的扩大，手工业生产就突破了村落和县域的局限，形成了村内与村外、县内与县外相互支撑、联系密切的经济共同体。

尤其值得注意的，是手工织布业原料的变化。如果说大多数手工业仍是靠山吃山，靠水吃水，利用传统原料进行生产，而规模最大的织布业，其原料来源则改变了这一传统，机制棉纱的供给越来越多，甚至超过了传统土纱的供给。在全国范围内，手织棉布使用的棉纱量，1875 年为 7.45 亿磅，1919 年为 7.46 亿磅，1931 年为 7.30 亿磅。其中，使用机纱占棉纱总量的比例，1875 年为 1.7%，1919 年为 55.2%，1931 年为 76.3%，明显处于增长之势[②]。在定县所属的河北省，也有类似的统计。1929 年，手工织布业使用棉纱529 048 公担，其中机纱 317 412 公担，占棉纱总量的 60.0%[③]。名闻全国的三大织布区——河北高阳织布区、宝坻织布区和山东潍县织布区，100% 都使用机纱了。与几个织布区有所不同，在定县，由于仍有大量农民从事纺纱业，所以织布业原料既用本地土纱，也用外来机纱。不过，使用机纱的比例也逐渐超过土纱了。在清末，织布的主要原料为定县本地土纱（或称笨线），少量土纱购自邻近的无极、晋县。进入民国以后，开始大量使用机纱。到二十世纪二十年代末，有的全用机纱，有的经线用机纱，纬线用笨线，也有经线纬线全用笨线，"不过用笨线较少耳"[④]。二十世纪三十年代初，张世文的调查进一步表明，织布所用经线皆为洋纱，大多来自天津纱厂；所用土线，多来自本地和邻近县份。从 1931—1933 年的数据来看，土纱使用量已明显减少。1931 年，定县出产土纱 96.2 万斤，从县外输入土纱 70 余万斤，合计 166万余斤，县内县外差距不大[⑤]。这一统计缺乏县外输入的机纱数额，故无从比

---

①张世文：《定县农村工业调查》，第 7、254 页。

②〔美〕容国石著，蒋学桢译：《中国手工纺纱的衰落与演变》，张仲礼主编：《中国近代经济史论著选译》，第 290 页。

③严中平：《中国棉纺织史稿》，第 256 页。

④《定县的棉花与土布》，《中外经济周刊》1926 年第 192 号。

⑤张世文：《定县农村工业调查》，第 60 页。定县自产土纱，农家自用 6 万斤，其余 90 余万斤用于织布及织其他手工业品。

较土纱和机纱使用的比例。1933年,定县自产土纱变化很小,仍有96.3万斤,合433 490元,县外输入土纱大幅下降,仅3220码,合580元。以上县内县外土纱,合计434 070元。与1931年的统计不同,该年有了机纱输入的数据,其中国货机纱3710包,每包354斤,合计1 122 180斤、667 770元;另外还有日美洋纱5340码,合950元。以上国内外机纱共计668 720元,为土纱的1.5倍多[①]。可见,此时定县织布所用的原料已主要是现代机纱了。在现代机纱中,国产机纱占绝大多数,表明民族工业对乡村手工业的影响更大。

对1933年定县土布业的棉纱使用量及其构成,严中平在其名著《中国棉纺织史稿》中也有涉及,但和上面的统计结果有一些差别。严氏认为:"1933年全县出产土布1 620 400匹,只输入机纱3710包,其余用纱全靠本县手纺业供应,估计前者只占全部消费量的三分之一,后者却占到三分之二。"[②]这一说法有两个疑点:其一,3710包只是国产机纱,除此之外还有洋纱5340码,数量虽不大,但不可遗漏;其二,从棉纱值来看,土纱值是低于机纱的,定县自产土纱和县外输入土纱合计约为机纱的三分之二。因此,应将严先生的说法倒过来,机纱占三分之二,土纱占三分之一。不过,严先生的误会并不妨碍他对机纱的作用有正确的估价:"在产量上,在棉纱品质上,手纺车一直成为手织业充分发挥效能的很大障碍。纱厂的建立,恰恰替手织业解除了这些障碍。它不独为手织业供应了充足的棉纱,使无原料缺乏之虞;并且也为手织业制造了高支的棉纱,从而扩大了手织业的活动领域。应该说,作为一行独立的产业部门而言,手织业是在纺业已经机械化了以后,才有充分的发展机会。……中国机器棉纺业的发展,恰恰也正是保持手织业继续存在的条件之一。"他还以1915年定县土布外销量高达400万匹为例指出,这一数量"所需要的棉纱,如果全靠手纺业供应,那么就需要从事纺纱的农家8万户,这就超过全县农户总数达14 000家。所以,没有机纱的供应,定县那400万匹的外销量是不可想象的。在这里,我们看到了输入洋纱对于中国农村社会结构的作用,在一定条件下,并不是单纯地代替手纺纱,

---

① 李景汉:《定县经济调查一部分报告书》,第9、45、67、70页。
② 严中平:《中国棉纺织史稿》,第272页。

相反的,倒是补充手纺纱的不足而成为手织业进行商品生产的必要条件。"[1]
由此深刻地揭示了机纺纱与土布业的相互依存关系。

　　有的学者从民族经济和地域经济的角度出发,认为应该发展本地纺线,
抵制外来机纱,以保护地方农民利益。张世文在做完定县手工业调查后就
指出,农民织布所用的经线都是从外面纱厂输入的,建议在本地进行研究,
使本地所出的棉线也能作经线,那么本地农家就可多得 1 倍的利益[2]。这一
建议的初衷是不错的,但它不符合经济现实,也违背了经济分工和生产效率
的原理。在市场经济下,各方面经济的关系是相互支撑、相互作用的。从表
面上看,机纱的输入夺走了从事纺线业的农民的一部分利益,但与此同时也
推动了土布业的发展,农民获得了更大的利益。另外,定县其他手工业也有
一些原料来自县外,倘若按张世文的建议,这些原料都在本地生产以替代外
来产品,那更是难以做到的。本地是否有资源、有技术来生产这些原料,是
否本地原料比外来原料更有利于当地手工业的发展,同样是存疑的。

五、传统工具与改良工具

　　生产工具也是手工业生产的必备条件。近代以来,定县手工业生产仍
是以传统工具为主。从二十世纪三十年代初张世文、李景汉对手工业工具
的调查来看,在 16 种工具中,有 11 种为本地出产,3 种或为本地所产或来自
保定,2 种来自保定、曲阳、石家庄。在本地和邻县出产的,多为传统工具,
价格便宜,像手摇一锭的旧式纺车,每张仅五六角钱,在形制上与明清乃至
更远的秦汉时期没多少差别。而来自保定、石家庄的工具,大多不仅工艺复
杂,价格也较高,如铁机、轧花机、弹花机都在 30—50 元之间[3],占定县普通
农家年收入的 15%—25%。

---

①严中平:《中国棉纺织史稿》,第 269、272 页。
②张世文:《定县农村工业调查》,第 43 页。
③李景汉:《定县社会概况调查》,第 679—682 页;张世文:《定县农村工业调查》,第 108—
　　113、252、262、280—281 页。

传统工具的流行,一方面说明它仍能适应当地手工业生产的需要,另一方面或者更重要的是,因价格较低,贫困农民买得起。手纺车是最典型的,尽管机纱挤压乃至取代土纱的现象越来越普遍,但用便宜的纺车进行纺纱的手工业仍有相当的生存空间,"从事手工纺纱之人不外是年幼的小女孩或老迈妇女,她们不能从事任何其他生产工作,因此她们的纺纱劳动没有任何机会成本可言"①。平教会在定县进行乡村建设实验时,曾将手工业的改进作为重要内容,其中一项即为对纺车进行改良,试图改用铁机纺线,"此种纺机如能推广,实可增加农家之收入"。但由于改良纺车的构造比较复杂,成本也相应提高,农民用此纺线不是特别划算,所以平教会发现"现今能代表农村纺业的用具,仍然还是旧式纺车"②,手摇纺车仍保持着顽强的生命力。

其他手工业,有的在使用旧式工具的同时也有所改进。以轧花业、弹花业为例,大多数从业者仍用旧式工具,产量较小,用旧轧车轧花,每人每日轧籽棉仅20斤,用吊弓弹花每人每日弹瓜子8斤。但也有的开始使用比较先进的轧花机、弹花机,1931年的调查显示:"近几年来又有改用发动机推动筛花机、轧花机及弹花机筛花、轧花、弹花者。用发动机推动筛花机,每日可筛花10 000斤;用发动机推动轧花机,每日可轧籽棉500斤;用发动机推动弹花机,每日可弹出瓜子1000斤;用筛花机筛花,普通每人每日可筛花1500斤。由此可知,用机器筛花当用人力筛花之7倍;用机器轧花,当用人力轧车轧花之25倍,当用人力轧花机轧花之5倍;用机器弹花,当用人力吊弓弹花之125倍,当用人力弹花机弹花之7倍强。"不过,由于轧花机、弹花机价格昂贵,6马力的机器需要500元,相当于普通农家两年半的收入,故只有少数资本较多的轧花店、弹花店才可能使用,人力机仍是大多数手工业者的选择③。

①赵冈等:《中国棉纺织史》,第196—197页;严中平:《手工棉纺织业问题》,《中山文化教育馆季刊》1937年第4卷第3期。
②严中平:《手工棉纺织业问题》,《中山文化教育馆季刊》1937年第4卷第3期;张世文:《定县农村工业调查》,第43页。此外,平教会在定县实验期间还介绍和试用新式84锭纺纱手摇车,较之旧式纺车效率大增,但未见推广。参秘书处编《中华平民教育促进会定县实验二十一年度工作概况》,中国第二历史档案馆藏,全宗号236,卷号55。
③张世文:《定县农村工业调查》,第371—372页。

　　变化最大的，当属织布机的改良。到二十世纪三十年代初，定县农民使用的织机，既有原始的木制笨机，也有改良的拉梭机，还有先进的铁织机。具体使用哪种类型的织布机，主要取决于织布用途和操作者性别。从织布用途来说，织普通自用布多用笨机，织卖布多用铁轮机，尤其是织庄布用铁轮机更多；从操作者性别来讲，"用木机织布者多系女子，用铁机织布者则多系男子。因用铁机织布比较费力，妇女不胜其劳，并且铁机常容易犯毛病，一般妇女不懂铁机之构造，更不懂怎样修整，一遇机中发生问题，便得停止，不能继续工作。因此一般妇女多不愿用铁机而喜用木机"。可见，无论是新式工具还是传统工具都各有其适用性。从变化趋势来看，1912 年以前，使用的都是木制笨机，也称扔梭机，"简直可以说与古代的织布机没有什么分别"，一人一天织布仅 30 尺左右。进入民国，开始使用拉梭机，它由笨机改良而成，生产效率为笨机的 2 倍，一人一天可织布六七十尺。1920 年以后，开始使用铁轮机，"系由保定输入者，现在本地已能自造"，用铁轮机织布，一人一天可织 100—120 尺，生产效率为笨机的 4 倍、拉梭机的 2 倍。用铁轮机织布的赚利也大大提高，平均每家赚利为笨机的三四倍[①]。1912—1932 年，东不落岗村所用各类织机的数量变化，反映了笨机使用越来越少，拉梭机、铁轮机使用越来越多的趋势，见表 25：

表 25　冀中定县东不落岗村各类织布机数量统计（1912—1932 年）

年　　度	织布机总数量（架）	铁轮机		拉梭机		笨　机	
		数量（架）	占总布机数百分比（%）	数量（架）	占总布机数百分比（%）	数量（架）	占总布机数百分比（%）
1912 年	280	——	——	20	7.14	260	92.86
1917 年	270	——	——	45	16.67	225	83.33
1922 年	255	15	5.88	72	28.24	168	65.88
1927 年	246	36	14.63	84	34.15	126	51.22
1932 年	239	69	28.87	122	51.05	48	20.08

　　资料来源：1. 张世文：《定县农村工业调查》，第 423 页。

[①]张世文：《定县农村工业调查》，第 72、86—87 页

由表 25 可知,在织布机总量中,笨机使用比例由 1912 年的 92.86% 减至 1932 年的 20.08%;拉梭机比例由 1912 年的 7.14% 增至 1932 年的 51.05%,增长最为显著;铁轮机比例由 1922 年的 5.88% 增至 1932 年的 28.87%,也超过了笨机的比例,由此"可以看出笨机在最近将来有完全被拉机与铁机替代之势"[1]。对此现象,严中平评论道:"(笨机)是一种效率极低的工具,无论如何是不堪和动力机器相竞争的。如果没有拉梭机和铁轮机的发明,则中国手织业必然早就消灭了。"[2] 这是对传统因素与现代因素相互依存现象的又一个有力解释。

由上证明,曾经流行的传统与现代相互对立的"二元经济论"是不符合历史事实的,机器工业与手工业、现代与传统的关系不是非此即彼,而是相互促进的。不仅如此,它还说明农民并不像以往传统观念所认为的那样保守,农民对市场的反应并不特别迟钝,而是有一定的应变能力。

六、土货的市场销售空间

手工业之所以能生存和延续,除了劳动力的经验、空闲时间以及原料、工具等因素以外,消费需求和销售市场也是重要前提。即便在传统经济之下,不仅个体小农单靠自己的农业经营不可能满足自身的需要,就是兼营一两种手工业也不可能完全满足需要,因此手工业生产供应民众消费和用于市场交换就是必然的了。尽管传统社会的商品交易率不高,但其背后的交换动力却一直持续到近代。近代以后,随着中外贸易的频繁、经济作物种植的扩大以及租税货币化的提高,农民对市场的依赖愈益密切,手工业商品化程度也显著提高了。二十世纪三十年代初对大西涨村、东不落岗村、南王吕村 3 个村庄的调查表明,有 23 种手工业品的商品率在 97% 以上,19 种产

---

[1]张世文:《定县农村工业调查》,第 423 页。定县与同一时期高阳、宝坻和潍县三个手织区相比,仍有相当差距,那里铁轮机几乎全部淘汰了老式木机。参吴知:《乡村织布工业的一个研究》,商务印书馆 1936 年版,第 14 页。

[2]严中平:《中国棉纺织史稿》,第 270 页。

品达到 100%[1]。对一些具体的手工业品的调查也显示了这一趋向,如第三区 85 个村的纺织业,纺线户全年纺线 22.4 万斤,售卖 19.2 万斤,商品率达 85.7% ;织布户出产 42.7 万匹,售卖 40.7 万匹,商品率更高达 95.3%[2]。其他手工业如做猪胰,做高香,开麻绳铺、点心铺、眼药铺,开木厂,做杆权,做椅子,做板凳,做木瓢,编柳罐,做干粉条,做豆腐,做芝麻糖,磨香油,做水胶,选猪鬃,织毛毯等等,均以卖出赚钱为主要目的者占大多数[3]。所有这些,都反映了土货生产仍有较为广泛的销售市场。问题是,在国外商品输入和国内机器工业品的冲击之下,何以手工业品仍有如此大的市场空间呢?

第一,广大民众的消费需求远非机器工业品所能满足。棉纺织业最能反映这一问题。在全国棉纱市场供应中,机纱占棉纱总量的比例,增速可谓相当之快,但直至二十世纪三十年代初也没有占领全部市场,手工纺纱仍有一定的售卖空间[4]。严中平估计,中国人口有 4 亿人,如果机纱每锭生产能供给 10 人的棉纱消用量,那么满足 4 亿人需要 4000 万纱锭,但 1936 年中外籍纱厂总共只有 553 万锭,尚不及总需求的 14%,缺口非常大。因此,"机纱产量不够全国人民消费之用,甚为明显。此不足数的补足方法,即为手纺纱"[5]。前述定县每年仍有 96 万斤的土纱产量,仅比国货机纱输入量少 16 万斤,就充分说明了这个问题。棉布就更是如此了,其市场供应总量 1875 年为 20.9 亿平方码,1905 年为 25.2 亿平方码,1919 年为 27.4 亿平方码,1931 年为 29.5 亿平方码,其中国内外机织布各年度先后为 4.6 亿平方码、5.4 亿平方码、9.5 亿平方码、11.3 亿平方码,分别占供应总量的 22.0%、21.4%、34.7%、38.3%[6]。可见,机织布份额虽呈逐渐增长之势,但仍给土布业留下了

---

①据张世文《定县农村工业调查》第 403、418、440 页资料计算。
②据张世文《定县农村工业调查》第 70、80 页资料计算。
③张世文:《定县农村工业调查》,第 11 页。
④〔美〕容国石著,蒋学桢译:《中国手工纺纱的衰落与演变》,张仲礼主编:《中国近代经济史论著选译》,第 288、290 页。也参〔日〕森时彦著,袁广泉译:《中国近代棉纺织业史研究》,社会科学文献出版社 2010 年版,第 50—51 页。
⑤严中平:《手工棉纺织业问题》,《中山文化教育馆季刊》1937 年第 4 卷第 3 期。
⑥〔美〕容国石著,蒋学桢译:《中国手工纺纱的衰落与演变》,张仲礼主编:《中国近代经济史论著选译》,第 288 页。

较大的销售余地。对此,有的学者提出异议,认为棉布的消费总量与商品流通量不可等量齐观,如果去除农民自织自用部分,洋布在中国市场的比例应有很大的增加[1]。问题是,洋布比例的增加并不能改变土布业的优势地位,而且大量的自织自用不正说明机织布无法充分占领织布市场吗?

第二,农民对某些手工业品仍有消费的偏好。这一倾向在土布业中是很明显的,"由于消费者的习惯需要,也能保持一部分的销路"[2]。其主要原因是,土布比机织布更加结实、耐用,机织布所用的机制棉纱"强力所以较好,是因为支数细,捻度紧,但在遭受重体力手工劳动的磨损时,细支棉纱更易断裂"[3]。而传统土布,虽做工粗糙,但厚实耐磨,即使从事重体力劳动,也能穿三四年,即使有的地方磨破了,缝补后仍可再穿一段时间。到了实在不能穿的地步,还能用不破的部分以外改内,以大改小,继续穿用。直到最后,剩下的破布片还能做鞋的材料[4]。在纯土布以外,还有用机纱与土纱混合织成的布,但"这种布基本上保持了原貌",对农民穿用仍是适合的[5]。在定县清风店,几乎有 90% 的农民穿用这种混合土布[6]。土纱之所以一直生存下来,也恰恰是因为这种混合土布需要一部分土纱作为原料。总之,直到 1937 年全面抗战爆发前,正如严中平所说的:"手工棉纺织业在中国人民衣料的制造上还占有极其重要的地位。"[7]事实上,甚至到了二十世纪五十年代,农民纺线织布也没有停止过。

第三,广阔的地域为手工业品保留了一定的销售市场。仍以土布业为例,直至近代,中国仍有一些地区没有棉纺织业,需要其他织布地区的供应。

---

①张思:《遭遇与机遇:19 世纪末中国农村手工业的曲折经历》,《史学月刊》2003 年第 11 期。

②王子建:《中国土布业之前途》,千家驹编:《中国农村经济论文集》,第 139 页。

③〔美〕容国石著,蒋学桢译:《中国手工纺纱的衰落与演变》,张仲礼主编:《中国近代经济史论著选译》,第 289 页。

④李长莉:《洋布衣在晚清的流行及社会文化意义》,《河北学刊》2005 年第 2 期;王子建:《中国土布业之前途》,千家驹编:《中国农村经济论文集》,第 139 页。

⑤〔美〕杨懋春著,张雄等译:《一个中国村庄:山东台头》,第 29 页。

⑥郑佩刚:《平汉沿线农村见闻杂述》,陈伯庄:《平汉线农村经济调查》,第 12 页。

⑦严中平:《中国棉纺织史稿》,第 254 页。

譬如西北各省、内蒙古、东三省以及内地偏僻地区,织布业向不发达,一直都是土布的运销地。定县土布,就是长期在西北地区销售的[①]。1921—1930年,对定县土布外销有一个统计,见表26:

表26　冀中定县土布外销统计(1921—1930年)

运销地区	输出土布		占输出总量的百分比(%)
	数量(匹)	价值(元)	
察哈尔	7 459 610	7 782 372	70.35
山西	1 826 070	1 894 702	17.22
绥远	1 280 450	1 344 364	12.08
河北	36 300	40 363	0.34
总　计	10 602 430	11 061 801	100.00

说明:察哈尔包括张家口、蔚州、阳原、怀安、暖泉、大王城;山西包括广灵、阳高、灵丘、浑源、天镇、大同;绥远包括丰镇、归绥、包头、萨县、兴河;河北仅有涞源一县。

资料来源:1. 张世文:《定县农村工业调查》,第103页。

由表26可知,定县土布大多销至察哈尔省,山西、绥远也有一定的份额。在察哈尔所辖的张家口地区,售卖最多,占总外销量的一半以上。这就说明,土布业仍有比较广阔的市场。定县的一些村庄正是因为有西北销售市场的存在而扩大织布业的,大西涨村就是一例,清末之后,因"清风店及砖路皆设有布店,收买土布,输出西北,所以该村从事织布者日多,织布工业渐渐发达起来"[②]。

至于其他手工业品,大多独具地方特色,也有自己的销售市场。在二十世纪三十年代初,定县的织腿带业,30% 售于本地,50% 运销张家口、蔚州,20% 销于邻县;织腰带业,外销比例更大,百分之二三十销于本县,百分之七八十运销省外,在察哈尔、绥远、山西很受欢迎;织单子业,10% 销于本地,90% 运销张家口、绥远、包头等地;棉籽油、花生油业,全部销往县外,其中80% 销于保定、北平、天津,20% 销往邻县和西北地区。还有的产品,甚至远

①李景汉:《定县经济调查一部分报告书》,第135—136页;张世文:《定县农村工业调查》,第74页。
②张世文:《定县农村工业调查》,第395页。

销外国,以选猪鬃业最为突出。1902 年以前,产品主要在束鹿县一带销售,1902 年以后,与天津市场建立联系,经过天津公司运销国外①。

以上材料证明,尽管国内外工业品进入农村的数量不断增加,但无法也不可能全部满足广大民众的需求,始终没有或者说绝大部分没有代替农村手工业。正如"原始工业化"一词的发明者孟德尔斯所言,"在工业中手工业方法与近代方法将会长期共存"②,传统观点以为在现代工业品的冲击下手工业解体和崩溃了,是难以成立的。

七、一些手工业衰落的多重因素

手工业的延续甚至有所发展,并不意味着没有手工业出现过波动乃至衰落的现象。问题是,为什么会产生这种现象。传统观点强调洋货或现代工业对手工业的排挤和冲击,解释得通吗?

因相关资料较少,仅对此做一简述。首先看土布业的情形。进入民国之后的 1916 年,定县土布的输出由增转降。出现这种转变,虽不能说与洋布的销售没有关系,但受其他因素的影响更大。对 1916—1929 年的起落变动,张世文做过详细的调查和分析:1916 年外销下降的原因,主要是布店增加太快,竞争激烈,只要有人要货,布店就发,结果导致货款拖欠,阻碍了外销。1917 年,上半年的销售形势不错,后半年急转直下,主要是因定县遭遇了水患,许多织布户停止织布。布店也因交通受阻,停止了买卖。再就是口外的收成下降,欠款不能回收,有些布店就倒闭了。1919 年,有所回升,主要是因西北地区的布商存货较少。1920—1921 年,开始降落,后来又有恢复。1927 年,晋奉战争的爆发又使外销陷入谷底。1929 年,北伐战争成功后,市面稳定,西北地区的收成也比较好,土布外销又有提升③。1931 年后,遭受世

---

①张世文:《定县农村工业调查》,第 107—122、192、201、294 页。
②转引自王国斌:《转变的中国——历史的变迁与欧洲经验的局限》,江苏人民出版社 1998 年版,第 39 页。
③张世文:《定县农村工业调查》,第 105—106 页。

界经济危机的影响，张家口、宣化一带又"时局不靖，布商多不敢收买，以致布价大形跌落"①。可见，天灾人祸和恶性竞争是影响土布外销的重要因素。当然，外国机布的输入也对此产生了一定的冲击，尤其是京张铁路建成后，"定县土布利用铁路运输大量销出外口的时候，也就是洋布开始在口外大力竞争的时候。外商如英之仁记、日之三井在张家口、库伦乃至各蒙旗都设有分行和推销处，争夺定布销路"②。1933 年，霍六丁就任定县县长时发出"销在定县口外的定县土布，都卖不出去了"的感叹③。霍氏所言虽不无夸张，但定县土布的确没有以前的风光了。

其他手工业，也有衰落情形，原因也很复杂。同样是张世文的调查表明，衰落原因有的与现代工业品的冲击有关，譬如，自洋毯、线毯流行后，曾经发达的毛毯业减少了；自外国靛输入后，染坊染蓝色由用本地靛改用外国靛，本地靛业衰败了；自价格便宜的洋瓷盆进来之后，农民由用铜洗脸盆改用洋瓷盆，笨重而且昂贵的铜盆制造业消失了；自肥皂流行后，做猪胰的手工业也大大减少了。有的手工业的衰落与现代工业品的冲击没有多大关系，譬如，以前妇女没有剪发者，梳头多戴发网，织发网很发达，后来因剪发日益流行，发网需要减少，织发网就衰败了；以前农民从事猪鬃刷子业，后来由于猪鬃运销国外，价格高涨，就不再做刷子，而改为贩卖猪鬃了；以前县境内唐河、沙河的水流较大，两岸居民多有捕鱼者，遂有织渔网的手工业，后来两河逐渐干涸，捕鱼困难，织渔网业便衰落了④。

由上可见，有的手工业之所以衰落，既有机器工业品的排挤，也有其他社会经济乃至自然因素的影响。不同类型手工业的兴衰，本是极为正常的社会经济现象，传统观点以为洋货进口以及本国机器品的冲击导致了手工业的衰败，值得斟酌。据统计，在输入定县的产品中，国内产品仍占绝大多

---

① 《定县土布价落》，《大公报》1933 年 6 月 6 日。
② 严中平：《中国棉纺织史稿》，第 271 页。
③ 霍六丁：《河北省县政建设研究院实验部县政府成立五个月工作报告》，中国第二历史档案馆藏，全宗号 236，卷号 169。
④ 张世文：《定县农村工业调查》，第 3—4 页。

数,国外产品还不到 7%①,那么它究竟能有多大冲击力呢?

综上所述,近代以来,手工业一直在延续、生存和发展之中,在农家经济和农民生活中仍占有重要的地位。其之所以存续,主要是基于传统与现代的两股合力,既有传统因素的惯性,也有现代因素的刺激,但以传统力量为主,现代因素为辅,现代工业产品、生产工具的引入是在与传统小农经济的配合中发生作用的。有些手工业的衰落,更多是由传统因素所致,虽然与机器工业包括洋货有一定关系,但现代因素不是主要力量②。

①据李景汉《定县经济调查一部分报告书》第 13—16 页资料计算。
②费孝通指出:"强调传统力量与新的动力具有同等重要性是必要的,因为中国经济生活变迁的真正过程,既不是从西方社会制度直接转渡的过程,也不仅仅是传统的平衡受到了干扰而已。目前形势中所发生的问题是这两种力量相互作用的结果。"费孝通:《江村经济》,第 1 页。

第十章 集市的数量、结构与农产品交易

自给自足是中国小农经济的特性,不过要维持一个纯粹自给自足的局面,几乎是不可能的。实际上,小农经济向来是以自给为主、市场为辅的混合模式。近代以降,随着中外经济交流的愈益加深,农产品的流通范围不断扩展。在这一历史演进过程中,市场始终充当着产品交换的媒介,而集市又是市场系统的基础,对小农经济的延续发挥着重要作用。二十世纪二三十年代,社会经济学者和历史学者对此有过一些关注和研究[①]。二十世纪六十年代,美国学者施坚雅发表了《中国农村的市场和社会结构》[②],二十世纪八十年代以来,大陆学者也发表了不少成果[③]。兹通过研究冀中定县的集市,主要讨论以下几个方面的问题:近代以来集市数量的发展趋势如何,相关因素是什么? 集市的空间结构如何? 集市交易是怎样进行的? 交易价格有何特征?

一、集市数量的增长

自清代顺治朝起,历经康熙、雍正、乾隆、嘉庆、道光二百年的时间,定县

①杨庆堃:《市集现象所表现的农村自给自足问题》,《大公报》1934 年 7 月 19 日。

②G. William Skinner, "Marketing and Social Structure in Rural China", Part 1,2,3, *Journal of Asian Studies*. vol. 24, No. 1–3（1964–1965）;〔美〕施坚雅著,史建云、徐秀丽译:《中国农村的市场和社会结构》,中国社会科学出版社 1998 年版。

③丁长清、慈鸿飞:《中国农业现代化之路》,第 222—228 页;夏明方:《近代华北农村市场发育性质初探》,《中国乡村研究》第 3 辑,第 86—87 页。

集市数量一直是 11 个[①]。集市数量的停滞，从一个侧面说明清前期冀中平原地区商品经济发展的缓慢。然而，从道光末年起，经过七八十年，到二十世纪二三十年代，定县集市数量增至 83 处[②]，比清代前期增加了 6 倍多。

对于定县所在的河北省的集市数量，慈鸿飞做了深入研究。首先，对河北 16 个县集、镇、庙的数量进行估计，他认为十九世纪下半叶共计有 168 个，二十世纪三十年代增至 300 个，增长了 78.6%。另外，他对同一时期河北省所有县份的集镇数量也做了估算，认为由 1785 个增至 3066 个，增长了 172%[③]。由于前后两个统计的范围不一，结果差别较大，但都反映了集市数量增长的趋势。与河北的统计相比，定县集市数量的增幅要大得多。

许檀对明清城乡市场网络也做了系统研究，认为明代嘉靖至万历年间全国的集市共有 1 万个上下，到清代中叶增至 2.2—2.5 万个，清末超过 3 万个。其中，直隶、山东上涨了 20% 以上。为了证明传统经济发展的连续性，她还指出，中国近代市场体系的形成并非始于开埠之后，"19 世纪中叶外国资本主义的入侵，并非创建了一个新的市场体系，不过是利用和部分地改造了中国原有的市场体系来为之服务。鸦片战争后，侵略者的洋货倾销和原料掠夺也都是利用了中国原有的市场网络——从城市直至农村集市"[④]。这

[①]〔清〕宝琳：《直隶定州志》卷七《地理·市集》；王庆成：《晚清华北定期集市数量的增长及对其意义之一解》，《近代史研究》2005 年第 6 期。

[②]李景汉：《定县社会概况调查》，第 715—716 页。新中国成立后，随着集体化和人民公社的兴起，定县集市数量显著下降，1966 年前有 30 个，1966 年为 19 个，1978 年则仅有 18 个。改革开放后，随着市场经济的逐步实行，集市得以恢复和发展，1979 年为 35 个，1988 年为 48 个，1989 年为 51 个，2004 年有 85 个。参见平清：《华北乡村集市变迁与社会结构转型》，第 38 页。集市数量基本恢复甚至超过了二十世纪二三十年代的水平。农村集市经过了延续、增长、断裂和恢复、发展的过程，显示了集市交易的强大生命力。

[③]慈鸿飞：《近代中国镇、集发展的数量分析》，《中国社会科学》1996 年第 2 期。据慈先生统计，定县十九世纪下半叶有 9 个镇、2 个集，到二十世纪三十年代，有 81 个集，镇为 0。此说有误，他对河北省的估算也当存疑。他对十九世纪下半叶河北省的 23 个县进行统计，得出平均每县有集镇 15.26 个，以此合计全省 117 个县，认为共有集镇 1785 个。以 20% 的县份（除了少数几个县为山区外，其他为平原地区）的平均数量来计算全省，与事实可能存在较大误差。

[④]许檀：《明清时期城乡市场网络体系的形成及意义》，《中国社会科学》2000 年第 3 期。

一见解富有新意,不过从近代定县的集市来看,尽管传统市场的形式并无太大的变化,但集市数量、市场规模明显扩大了,而且如后所述,与外国商品势力的渗透没有多大关系,更多还是本地商品经济发展的结果。

集市数量的增长,导致集市密度显著提高。清道光朝,定县平均每个集市辐射周围的 39.4 个村庄,覆盖范围 110 平方公里,人口 18 912 人。到二十世纪三十年代初,平均每个集市所辐射的村庄降至 5.5 个,覆盖范围 14.6 平方公里,人口 4819 人[①]。村庄与集市之间的距离都在 10 公里以内,而且以 5 公里以内居多[②]。杨庆堃对山东邹平 14 个集市的考察也可为之佐证。他认为 5—10 里是农村集市活动最普遍的范围,"因为一方面五里至十里的基本经济需要,适可由一个市集去供给,别方面乡下人赶集往返之间,不能太远,以致妨碍农作"[③]。

美国学者施坚雅所论定的中国基层市场模式中,也包括集市密度与人口密度[④]。与此模式相比,定县的集市密度、人口密度有一定出入。譬如,清道光朝定县的人口密度为 171.8,按施坚雅模式,这一密度在他设计的 150—175 之间,其对应的集市状况为:市场面积 52.5—46 平方公里,市场人口 7870—8050 人。而定县实际市场面积为 110 平方公里,人口 18 912 人,与施氏模式几乎相差 1 倍。到二十世纪三十年代初,定县人口密度为 330,和施氏设计的 325—350 之间相对应,其集市状况为:市场面积 27.3—25.1 平方公里,市场人口 8870—8890 人。而定县实际市场面积为 14.6 平方公里,人口 4819 人,与施氏模式也大致相差 1 倍。此非定县一地的特例,王庆成对清代华北 44 个州县集市的研究也表明,按人口密度的等差来对应市场人口、市场面积,与施氏模式相符者很少[⑤]。

从翰香对近代冀鲁豫乡村的研究,也涉及河北集镇的密度(集镇个数 / 千平方公里)及其类型。依据 1934 年河北省民政厅编的《河北省各县

①据李景汉《定县社会概况调查》第 35、715、717 页资料计算。

②李景汉:《定县社会概况调查》,第 716 页。

③杨庆堃:《市集现象所表现的农村自给自足问题》,《大公报》1934 年 7 月 19 日。

④〔美〕施坚雅著,史建云、徐秀丽译:《中国农村的市场和社会结构》,第 41 页。

⑤王庆成:《晚清华北的集市和集市圈》,《近代史研究》2004 年第 4 期。

概况一览表》，河北 124 县的集镇密度可分为 4 类：第一类，集镇密度 10—33 个，有 32 个县；第二类，集镇密度 4.6—9.9 个，有 41 个县；第三类，集镇密度 3—4.5 个，有 20 个县；第四类，集镇密度 3 个以下，有 31 个县。从先生认为定县集镇属于第三类[①]。但同一时间，定县实际上有 11 个镇，集镇密度为 9.1，应归第二类，而不是第三类。

　　近代以后，定县集市数量为什么会出现迅速增长呢？

　　其一，与经济商品化的提高有密切关系。1933 年，在定县农村经济总产值中，商品率较高的经济作物以及手工业、果品、养殖业已达到 54.1%。如果将出售率较高的小麦也算入，商品化程度还要加大[②]。另据 1936 年对 5 村 20 农家的统计，在各项收入中，现金已占 59.8%，农作物种植收入的商品率已达到 64.4%[③]。而在清代前期，从整个中国农村来看，农副产品总商品率不超过 21.6%，农家货币收入比例不到 13.8%[④]。相比之下，民国时期定县农村的商品化程度大幅提高。从理论上讲，随着农民对市场的依赖程度增强，必然导致商品交易频率和集市数量的增长。

　　其二，人口增长的影响。日本学者加藤繁指出："集市的增加不妨看作反映了这些地方人口的增加、经济的发展和商业的繁荣。"[⑤]杨庆堃也认为："人口数和市集数具有很密切的正比例关系。"[⑥]不过，集市数量的增加与人口数量的增加并不同步。定县人口数量由清道光朝的 20.8 万人增至二十世纪三十年代初的 40 多万人，增加了 1 倍多。而在此期间，集市数量增加了 6 倍多。王庆成也认为集市数量与人口数量的增长并不同步，但与定县不同，

①从翰香：《近代冀鲁豫乡村》，第 127 页。

②李景汉：《定县经济调查一部分报告书》，第 3—12 页；张世文：《定县猪种改良的实验》，《民间》1935 年第 1 卷第 20 期；《二十二年度河北省各县家畜家禽数量统计表》，《冀察调查统计丛刊》1937 年第 2 卷第 3 期。

③据杜修昌《农家经济分析：1936 年我国四个地区 177 农家记帐研究报告》第 26—30 页资料计算。

④史志宏：《清代前期的小农经济》，第 229、232 页。

⑤转引自王庆成：《晚清华北定期集市数量的增长及对其意义之一解》，《近代史研究》2005 年第 6 期。

⑥杨庆堃：《市集现象所表现的农村自给自足问题》，《大公报》1934 年 7 月 19 日。

人口增长率高于集市数量的增长率。在清顺治朝十二年（1655）至宣统三年（1911），中国人口由 1.19 亿增至 4 亿，增加了 2.4 倍，而集市数量，从清初到晚清二百年间华北数省的定期集市看，仅增加了 60%—100%，最多者也不过 2 倍[①]。

其三，现代交通运输条件的改善。二十世纪二三十年代，定县交通仍是以传统的土路运输为主，运输工具为骡马大车和人力推车，但也开始有了现代设施，一条汽车路起自定县车站，终点至邻县安国，于 1928 年修成。平汉铁路于清光绪二十三年至二十七年（1897—1901）修成，贯穿定县全县，县内设 3 个车站，北边为清风店站，由此运出县城以东、以北和东南出产的棉花；中部设县城西关车站，运出本地的花生、棉花、芝麻，输入外来的各种杂货，外来的药材也在这里卸车，再用大车拉到安国；西南设寨西店车站，运出城西所产的棉花、花生和梨。据 1928 年的统计，由铁路运输的货品有土布 100 万匹、棉花 300 万斤、鸭梨 300 万斤、花生油 100 万斤、香油 150 万斤。京张铁路于 1910 年通车，1914 年延至归绥，便利了土布向西北尤其是张家口、绥远的运销，1915 年达到 400 万匹的高峰。此外，邮政代办局于 1901 年设立，邮政局于 1903 年设立。1935 年，已有 5 条邮路通至清风店、明月店、城东南以及县外阜平、安国。1936 年，邮政代办所增至 18 处。邮局也承办货物寄送业务，定县一部分棉花瓜子（即弹瓜子）就是通过邮包寄达东三省的[②]。以上无论是公路、铁路还是邮局，都对农产品的销售产生了一定的影响，而这些产品往往来自农村集市。就此阶段而言，现代运输不是削弱而是推进了集市的发展。

关于集市数量变化与现代经济因素的关系，已有学者进行了研究，认为现代经济将导致集市数量的下降。1934 年，杨庆堃指出："在现代的经济系统中，人口的积聚会减少零碎的交易活动中心数目，造成集中化的大规模企

①王庆成：《晚清华北的集市与集市圈》，《近代史研究》2004 年第 4 期。
②李景汉：《定县社会概况调查》，第 729—731 页；Sidney D. Gamble, *Ting Hsien: A North China Rural Community*, p.462；定州市地方志编纂委员会《定州市志》，第 344、350 页；张世文：《定县农村工业调查》，第 30、105、377 页。

业,地域和人口的单位都是随之扩大。这样,人口数和交易活动中心点的数
目,就成了一个反面的或负项的相关数。这相关数之所以变成负式的原因,
是因为专业化和分工制的发展,以致许多小中心凝聚成少数的大中心。"[1]
二十世纪六十年代初,施坚雅基本上继承了杨庆堃的思想,认为"真正的现
代化是会使市场区域的面积随着较小市场的消亡而扩大的。因而,一个县的
市场体系现代化程度越高,该县市场区域的平均面积与其人口密度等级相
比就越有可能异常大"。集镇上升为现代贸易中心"所依赖的过程却使市场
区域的面积随着旧市场的关闭而不断扩大"。据他测算,到 1948 年,中国农
村市场体系有 10% 提升为现代贸易体系,1700 个中心地达到现代化程度,
包括大多数城市和中心集镇。自二十世纪初开始,城郊和农村有 5300 个传
统基层市场衰亡,所在地也不再是经济中心地[2]。但近代以来定县不仅没有
一个集市消亡,反而一直快速增长,符合杨庆堃所说的"人口和市集的正项
相关数愈高,则交易系统中专业化和分工制就愈幼稚,在地方经济里,交易
系统的分工制和专业化的幼稚,就是整个社会经济中专业化和分工制不发
达的一个反映"[3]。按杨庆堃和施坚雅的理论,定县地区还未进入到贸易现代
化的阶段,现代交通运输条件没有发展到减少集市,为较大的市场贸易中心
创造条件的地步。或者说,现代化因素与传统经济并未形成激烈冲突,现代
化力量远未达到消解传统集市的程度。

二、集市的类型与结构

集市既可设在村,也可设于镇,县城也是集市所在地。二十世纪三十年
代,杨庆堃对集市的分类有较大影响,他按货物种类将集市分为基本集、辅
助集,基本集的货物种类仅限于简单的日用品、食物、杂耗,数量很少,主要
是满足地方日常生活和生产的需要;辅助集的货物种类多,数量大,可随意

---

①杨庆堃:《市集现象所表现的农村自给自足问题》,《大公报》1934 年 7 月 19 日。
②〔美〕施坚雅著,史建云、徐秀丽译:《中国农村的市场和社会结构》,第 97、101、115 页。
③杨庆堃:《市集现象所表现的农村自给自足问题》,《大公报》1934 年 7 月 19 日。

挑选,既满足地方日常生活的需要,也供给生活中的特殊需要,如较贵重的农具、牲口[①]。

二十世纪六十年代,施坚雅对中国市场如何分类影响较大。他将农村市场分为基层市场、中间市场、中心市场三个层级:第一级为基层市场,也称基层集镇或标准市镇,"它满足了农民家庭所有正常的贸易需求,家庭自产不用的物品通常在那里出售,家庭需要而不自产的物品通常在那里购买。基层市场为这个市场下属区域内生产的商品提供了交易场所,但更重要的是,它是农产品和手工业品向上流动进入市场体系中较高范围的起点,也是供农民消费的输入品向下流动的终点";第二级为中间市场,也称中间集镇,"它在商品和劳务向上下两方的垂直流动中都处于中间地位";第三级为中心市场,"通常在流通网络中处于战略性地位,有重要的批发职能。它的设施,一方面,是为了接受输入品并将其分散到它的下属区域去;另一方面,为了收集地方产品并将其输往其他中心市场或更高一级的都市中心"。以上三个层次,"每个较低层次的体系通常都面对着两个或三个体系,结果是,与行政结构不同,市场结构采取了连锁网络形式。正是基层市场对两个或三个中间市场体系的共同参与、中间市场对两个或三个中心市场体系的共同参与等等,使以各集镇为中心的小型地方经济连接在一起,并首先组成地区经济结构,最终形成具有社会广泛性的经济"[②]。

按施坚雅的划分标准,定县集市有两个层级,第一级为村庄基层市场,定县的 83 个集市中有 71 个在普通村庄,构成最低一级的基层市场;第二级为城镇中间市场,包括县城以及清风店、东亭、明月店、砖路、李亲顾、五女集、大辛庄、北高篷、邢邑、子位等市镇。按施氏的标准,定县市镇没有中心市场,中心市场多见于县级政府所在地。然而,按他对中心市场所具有的批发职能的界定,清风店、砖路镇的土布批发业已很发达,两个镇应划为中心

①杨庆堃:《市集现象所表现的农村自给自足问题》,《大公报》1934 年 7 月 19 日。

②〔美〕施坚雅著,史建云、徐秀丽译:《中国农村的市场和社会结构》,第 6—8、39 页。在此基础上,施坚雅提出中国大的经济区存在基层集镇、中间集镇、核心集镇、地方性城市、较大城市、区域性城市、核心城市等多层市场体系。参刘玉照:《村落共同体、基层市场共同体与基层生产共同体——中国乡村社会结构及其变迁》,《社会科学战线》2002 年第 5 期。

市场而不是中间市场了[①]。县城虽然也有商业批发的功能，属于中心市场，但商业交易规模、市场地位不一定高于市镇。据从翰香对近代冀鲁豫三省50个集镇的统计，有39处的商业规模是超过县城的，到1935年前后有80%—85%超过县城[②]。在定县，也有市镇交易规模大于县城的情况，譬如清风店、明月店、砖路镇。牙行纳税额是反映商业交易规模的一个重要指标，以此来衡量，1915年，清风店牙税为503.5元，占全县牙税总额的24.0%；明月店牙税为315.5元，占全县税额的15.0%，而县城的牙税为307元，占全县牙税总额的14.6%，比清风店、明月店都低[③]。土布外销在地方产品交易中占有重要地位，也可以此来比较。1931年，全县布店有45家，其中砖路有13家、清风店有10家，而县城及西关只有9家，也低于地方市镇。外销额更能说明问题，1921—1930年全县运销西北的土布共有1060万余匹，其中砖路镇为419万匹，占总销量的39.4%；清风店为354万匹，占总销量的33.3%，而县城及西关为24.9万匹，占总销量的23.5%，也低于两个市镇[④]。可见，县城并非全县最发达的商业交易中心。

在集镇网络中，店铺是一个重要的交易载体。清道光朝，定县全县有店铺470家，其中城内和三关有196个，地方集镇有274个[⑤]，普通村落很少有店铺。到1930年，店铺总量增至2228个，比清道光时增加了近4倍，虽低于集市增长速度，但同样反映了商品经济扩大的趋势。店铺结构也发生了变化，除了城内和三关的663个、地方市镇的1121个店铺外，村庄店铺也有453个，一般村庄有1—5个，也有十数家乃至数十家的[⑥]。店铺多为传统的杂货铺、货庄之类，尚未产生现代商贸公司和服务行业，但店铺在产品交易中扮演了重要角色。以土布外销为例，在布店产生前，由经纪铺在村庄为客商收买土布，抽取佣金。后来一个山西人发现了土布买卖所存在的商机，在

---

① 〔美〕施坚雅著，史建云、徐秀丽译：《中国农村的市场和社会结构》，第142页。
② 从翰香主编：《近代冀鲁豫乡村》，第203页。
③ 李景汉：《定县社会概况调查》，第534页。
④ 张世文：《定县农村工业调查》，第88、102页。
⑤ 据〔清〕宝琳《直隶定州志》卷七《地理·乡约》计算。
⑥ 李景汉：《定县社会概况调查》，第709—714页。

定县县城内办了一个布店,获利颇丰,引起他人仿效,本地人开办的布店也逐渐增多。到 1931 年,全县布店增至 45 个,几乎遍及土布产出较多之地。外地客商预订土布数量,由布店负责购买,清风店、砖路等镇的布店购买织户送来的土布,城内、西关的布店到集市的布庄购买,布庄的土布也是农民送来售卖的。土布运输的具体过程为:布店将土布打捆,运到属于转运公司性质的过货店、骡店、骆驼店,过货店既包运经铁路运输的货物,也包运由驮子(赶脚者)走旱路输出的货物,骡店、骆驼店只包运经旱路输出的货物。平汉铁路通车之前,骡店、骆驼店很发达,通车之后转为萧条,外销货物多转为铁路运输[①]。通过布店运销,定县农民、集市、外地客商、赶脚者以及铁路相互联系起来,形成县内外商品交易的机制。

在集市交易结构中,牙行牙纪扮演了中介角色。清末民国之后,政府对基层社会的渗透力越来越强,但对乡村市场仍未设立正规的管理机构,而是通过包商、牙行牙纪与集市发生联系。在县政府,包商包揽一定范围的集市税收,牙行牙纪再从包商那里包缴所在集市的税收,这种方式一定程度上影响了集市交易价格[②]。在定县,直至二十世纪三十年代初仍是如此,并无一个专门管理集市事务的组织,"从来民间习惯,货物交易,买卖两方,多由一中间人为之说价,并过秤量斗等事。此中间人俗称牙子,一称牙纪"[③]。有的牙行还设有行栈,代卖方存货,并寻找买主,在代客买卖中抽收牙佣。定县牙行的数量,清咸丰至光绪朝近半个世纪没有变化,一直是 53 个,包括斗行 14 个、骡马行 9 个、布行 8 个、猪行 7 个、花行 5 个、煤炭行 3 个、酒行 2 个、牛行 2 个、驴行 2 个、稻米行 1 个[④]。民国以后,略有增加,1915 年为 59 个,1925 年为 64 个。不是每个集市都有牙行,全县 83 个集市,1915 年只有 17个集市设牙行,1925 年有 22 个集市设牙行[⑤]。令人惊讶的是,在国共决战时期的 1947 年,牙行数量竟有不小的增加。定南县为原定县分出的一个县,

①张世文:《定县农村工业调查》,第 87—93 页。

②李正华:《乡村集市与近代社会—— 20 世纪前半期华北乡村集市研究》,当代中国出版社 1998 年版,第 50—51 页。

③张世文:《定县农村工业调查》,第 30 页;李景汉:《定县社会概况调查》,第 515 页。

④冯华德:《河北省定县的牙税》,《政治经济学报》1937 年第 5 卷第 2 期。

⑤李景汉:《定县社会概况调查》,第 528—531 页。

有 314 个村庄，在 20 个集市设有牙行 119 个，牙纪 2362 名 [①]。可见，在革命战争时期，中共政权对牙行牙纪仍是鼓励的。

三、集市的交易时间与农产品交易

以上所述主要是从空间上呈现集市的类型与结构，下面从时间上说明农产品在集市交易的过程。

第一，集市交易时间。

集市分为定期市、半定期市、不定期市、常市，以定期市最为常见。定县的定期集市，见表 27、28：

表 27 冀中定县集期（1849 年）

集市地点	每月集期（农历）
城内东大街	三、八日
南大街	一、六日
西大街	一、六、三、八日
东亭	一、六日
北高篷	一、六日
子位	一、六日
大辛庄	二、七日
清风店	二、七日
李亲顾	三、八日
邢邑	四、九日
明月店	四、九日
砖路	四、九日
五女集	五、十日

资料来源：1.〔清〕宝琳：《直隶定州志》卷七《地理·市集》。

①《集委会主任训练班总结报告》，1947 年 9 月，定州市档案馆藏，革命历史档案第 25 卷；《定县工商业统计数字》，1948 年 7 月，定州市档案馆藏，革命历史档案第 25 卷。定南县为原定县的一部分，1938 年 5 月经中共晋察冀边区政府批准，定县划分为定南县和定北县，定南县辖平汉路以东、唐河以南的 314 个村庄。1947 年 11 月，定南、定北又合并恢复为定县。

表 28　冀中定县集期（1933 年）

集市日期（农历）	村镇数（个）	百分比（%）
一、五日	1	1.22
一、六日	9	10.98
二、七日	18	21.95
三、八日	12	14.63
四、九日	20	24.39
五、十日	22	26.83
总　计	82	100.00

资料来源：1. 李景汉：《定县社会概况调查》，第 716 页。

　　清道光时，定期集多为一、六日与四、九日。到 1933 年，多为五、十日，四、九日和二、七日。与此对应，有关定期集又称一六集、四九集、五十集、二七集等。将两日作为集市名，主要是为了方便记忆，如东亭镇一六集，表示初一、初六、十一、十六、二十一、二十六为开集日期；翟城村四九集，表示初四、初九、十四、十九、二十四、二十九为开集日期。从表 28 还可推算出不同开集日期的集市数量：逢一 10 个、逢二 18 个、逢三 12 个、逢四 20 个、逢五 23 个、逢六 9 个、逢七 18 个、逢八 12 个、逢九 20 个、逢十 22 个。定县平均每天开集 16.4 个，一年开集约 6000 个。

　　观察以上集期，几乎全部为 5 天一集，只有 1 个集市为一、五日，4 天一集。对 5 天一集的现象，张世文解释道："每集五天，一般妇女总要在五天内纺一斤线，卖了钱以后，再买一斤棉絮，回去再纺，下集再卖，如此继续进行，利上加利。"[1] 但这种解释不能说明所有家庭的情况，因为有些家庭并不纺线，而是从事其他手工业、农业生产。施坚雅认为，在中国尤其是华北地区，每旬 2 次的集期最为普遍。"只要每 5 天或 6 天进行一次交易活动是满足这个家庭需求的最有效的方式"[2]，这一判断比较符合定县的情况。除了县城

[1] 张世文：《定县农村工业调查》，第 71 页。
[2]〔美〕施坚雅著，史建云、徐秀丽译：《中国农村的市场和社会结构》，第 13、17 页。

集期为每旬 4 次，其他村镇通常为每旬 2 集^①。

有的集市不算定期集，但有固定时间，称露水集，只在早晨很短的时间内进行买卖，有点像露水，太阳一出来就结束。例如有的村庄设线子集，专卖棉线，就是露水集^②。

相邻集市的集期一般不会重复，以避免互相冲突^③。譬如清风店，开集日期为二、七日，在其周边有 4 个集市，大西丈五、十日集，席家庄四、九日集，西南合三、八日集，留早一、六日集，都和清风店不重复。又如李亲顾，三、八日开集，其周边也有 4 个集市，油味村二、七日集，西城村一、六日集，西张谦四、九日集，李辛庄二、七日集，也没有一个集期和李亲顾是一样的^④。但也有令人不解之点：油味村、李辛庄两个村庄相距较近，开集日期却是相同的；明月店、小油村两个集市也距离较近，出现了同样情况，都是四、九日开集^⑤。为什么会出现这一偏差呢？施坚雅认为："毋宁说，集期分配的原则是要使一个基层市场与它所邻近的几个高层次市场间的冲突最少，相邻的基层市场的集期则根本不必考虑。换言之，当建立新的基层市场时，所采用的集期要尽量不与邻近的中间市场发生冲突，而不管邻近的基层市场的集期。"结果，"毗连的基层市场常常有同样的集期，而中间市场与它下属的任何一个基层市场通常都没有集期冲突"^⑥。

集市之间大致有自己的边界和范围。杨懋春对山东台头村的考察表明："集镇辐射范围由该地区的交通运输设施以及自然屏障决定。有些地方是集镇与集镇之间的交错地带，也有处于几个地区之间的'中立区'。但总的说来，尽管没有明确的分界线，每个集镇仍有可辨认的确定区域，它把某些

---

①李景汉：《定县社会概况调查》，第 715、723 页。

②李景汉：《定县社会概况调查》，第 723 页。

③Sidney D. Gamble, *Ting Hsien: A North China Rural Community*, p.279.

④河北获鹿县的资料也证明，新设集市须考虑避免与周边集市集期重合，有的违背了这一常规，侵犯了周边集市利益，双方发生纠纷乃至反目成仇。有关事例，见河北省档案馆藏获鹿县档，全宗号 656，目录号 1，卷 452，1915 年，转引自任吉东：《多元性与一体化：近代华北乡村社会治理》，天津社会科学院出版社 2007 年版，第 148—149 页。

⑤定州市地方志编纂委员会：《定州市志》，第 103—163 页。

⑥〔美〕施坚雅著，史建云、徐秀丽译：《中国农村的市场和社会结构》，第 27—30 页。

村的村民看作它的基本顾客,相应地,这些村民也把它看作他们的镇。"① 集市密度越大,重合地带就越多,"有时方便就赶这个,有时方便就上那个,有时附近的市集很多时,则中间的庄子更可以随便赶几个"②。定县集市较为密集,赶集重合的现象更为明显,1930 年平均每个集市覆盖 5.5 个村庄,但到东亭镇赶集的有 50 个左右③,周边村庄的赶集边界是比较模糊的。

第二,以农家"余缺调剂"为主的集市交易。

民国以前关于集市交易的有关记述很少,清道光朝《直隶定州志》有简单记载:"其用惟镰锸筐筐盆碗布袋席,其食物惟豆麦菽粟瓜菜,其畜牧惟马骡驴羊猪鸡鹜之稚者,物之稚者弗鬻,器之窳且靡者,甚少所见。"④ 由此可知,集市交易的种类较多,既有农产品、手工业品,也有农用物品、生活用品和养殖品。光绪十二年(1886),外国传教士威廉姆生旅行时路过定县,看到明月店的猪市交易:"9 月 17 日傍晚我们在明月店镇的集市上度过。户外一些大树荫下是个猪市,有不少大车围成一圈,大车牲口系在树上,圈中央卧着一些猪……从街道这端到那端都挤满了人。"⑤ 这是一个生猪交易的专业市场。

二十世纪二三十年代,平教会的实地调查为集市交易提供了丰富的记录,彼时的集市主要有以下几个特点:

其一,特色交易集市已成普遍现象。县城之外的 82 个村镇集市,有 65个以交易粮食为主,10 个以交易棉花为主,还有 5 个主要交易纺线,1 个主要交易棉布,1 个主要交易胶⑥。

其二,物品交易的活跃期与生产季节、民间习俗有关。阴历二月、三月农业生产急需牲畜,七月农业生产结束,马、骡、牛、驴的交易特别集中。秋收季节过后,为集市买卖最为繁忙的时间。中秋节、春节之前,即阴历八月、

①〔美〕杨懋春著,张雄等译:《一个中国村庄:山东台头》,第 185 页。
②杨庆堃:《市集现象所表现的农村自给自足问题》,《大公报》1934 年 7 月 19 日。
③李景汉:《定县社会概况调查》,第 713 页。
④〔清〕宝琳:《直隶定州志》卷七《地理·市集》。
⑤转引自王庆成:《晚清华北的集市和集市圈》,《近代史研究》2004 年第 4 期。
⑥李景汉:《定县社会概况调查》,第 717 页。

十二月，猪肉食用增加，猪市买卖活跃。秋冬两季，线市交易较多[1]。

其三，不同物品的交易多有固定地点。譬如县城的集市，主要有粮食市、棉花市、菜市、葱市、蒜市、西瓜市、花生市、牲口市、猪市、鸡市、柴草市。在翟城村集市，主要有猪肉市、牛羊肉市、粮市、干粉市、水果市、棉花市。

其四，摊贩遍布集市。集市所在地平日即有摊贩叫卖，开集时摊贩数量则大大增加。在县城，平常有摊贩 124 处，开集时 434 处，增加了数倍。摊贩分三类：最多的一类是从农村到县城赶集的小贩，有 247 处；其次，由店铺将货物摆在街旁零售，有 94 处；再者，城内谋生的小商人有 93 处。摊贩所占地面，多为 10—20 方尺，最大者 300 方尺[2]。

更加细致的交易情形，以东亭镇集市为例来呈现。东亭镇有 300 多个住户，50 多个店铺。一、六日开集，开集之日有二三千人参加，中午 12 时至下午 3 时买卖最为繁忙。街道两旁，有摆摊的，有担的，有推的。货物买卖多为农产品、食物，自村东门到村西口沿大街绵延二里多，有卷子、煎饼、豆腐汤、粑糕、花生糖果、水果、烟卷、农具、木器、瓷器等。猪、牲口等专门的价格较高的交易在支街，最热闹的是专门的交易市场，如牲口市、猪市、粮市、棉花市、青菜市、柴草市等，譬如：

粮市："五谷杂粮都是由附近村庄运来贩卖的，有麦子、高粱、小米、黍子、黑豆、芝麻、黄豆、白豆、绿豆、荞麦、玉蜀黍、大麦、稷子等。普通粮食的贩卖都属于间接卖出，意思就是说卖主不直接与买主交易，必须由经纪人从中接洽，或卖主先卖与经纪，再由经纪卖与买主。卖主将粮食自行运到市场，或请拉脚的用车运载到市上。这种拉脚的大半是村里贫寒农家或曾经做过经纪的，把卖主的粮食运到市上。运到集市某粮摊之后，这一个粮摊的经纪人就斟酌情形给这个拉脚的以相当的报酬，或将拉脚人的村中运来的粮食的斗佣，让他征收。如此拉脚人与经纪合作，求得利益。粮食既已运到集市，某某经纪粮摊就由该经纪介绍过斗的卖与消费者或行贩。分别说来，间接卖出的方法可分为二种。一种是经纪人从中介绍，卖者买者将价目商

---

[1] Sidney D. Gamble, *Ting Hsien: A North China Rural Community*, p.279.

[2] 李景汉：《定县社会概况调查》，第 720—728 页。

妥以后,由经纪过收斗佣。一种是由经纪人向农民直接买进,按照市面情形价格,随定随卖。关于集市上粮食的价目,并没有什么机关给规定,多由经纪人从中介绍,再由卖者与买者双方斟酌情形而定。定价所根据的是附近较大市场最近的价格,及当日上市粮食的供给的多少,与购买者需求的多少。如果上市的粮食多,购买粮食的少,粮食的价钱就一定贱;如果上市的粮食少,而买粮食的多,粮食的价钱就一定贵。买卖粮食,两方都是当地农民,商贩很少。所以其中经纪只有斗官一种专管给过斗,从中取佣。所收数目杂粮每斗铜元 4 枚,芝麻每斗铜元 8 枚,就是佣钱。此外尚有所谓吃杂粮者,就是经纪给人过斗时蒲箩中所剩的杂粮收归己有。粮食间接卖出,关于交款,以现款居多,记账者少。记账者由经纪设账桌,请管账先生担任,从中作保,期限多至 5 日。若到期购物人不缴款,经纪必得代为催讨。普通每集卖粮食的有五六摊。"

牲口市:"地点不在一处,逢六集期(初六、十六、二十六日)牲口市在东街,逢一集期(初一、十一、二十一日)牲口市在西街。每逢集期,附近居民就将牲口牵拉或用大车载运赴市,由经纪为之介绍,卖与行贩或农民。上市的牲口有骡马牛驴等。牲口到市后,经纪人介绍出卖。卖者与买者将价格商妥之后,经纪或将牲口系以红绿麻绳于牲口头上,叫作税绳。然后再往税桌登账及填写税票,记明牲口的价格及应交的税佣。关于牲口价值也多先由经纪人从中介绍,摸手讲价,再由买主与卖主双方斟酌情形而定。牲口的价格也是根据附近较大的集市最近价格及当日供给与需求而定。牲口卖出的价格公平与否,全看卖主是否熟悉当时情形。若不熟悉行情,完全听经纪用摸手方法讲价,那么一定吃亏,因为经纪常常舞弊。比如说,经纪以手示卖主价 45 元,又以手示买主价 50 元,两方遮瞒,从中取利。至于经纪的佣钱,多与国税同时抽收,卖者买者双方均出 3%,共得 6%。包税人取 4%,经纪得 2%。普通每集上市的牲口约达 500 头。买卖牲口最多的时候,在三月与七月,因为三月是农忙之始,七月是农闲之初。有愿意把老牲口卖出,买年轻力壮的牲口。有的需要牲口使用,故此要买,有的不需要牲口,故此卖出。"

猪市："在鸡市街南头。东亭附近十里、二十里地方的村庄，都到这里卖猪。东亭附近一带有商贩，到东亭来贩猪，运到北平、天津销售。普通买卖猪也由经纪介绍，卖主买主将价格商妥之后，经纪就将猪染以红绿颜色，然后再往税桌登账及填写税票，记明猪的价格及应交的税佣。猪税与牲口税一样，都是6%。普通八月十一日与腊月十一日卖猪的最多，因为一是为八月中秋节，一是为新年。这时所卖的猪都是肥猪。"

棉花市："以农民摘棉花的时候与冬季买卖最多。买卖手续也是由经纪介绍，双方议定价格，互相同意，就能立刻过秤打包。现款交易的最多，也有记账者，但交款期不得过5日。关于价格也是由市面情形，及供给与需求的多少而定，但与附近其他市面的价格，也不能相差太多。普通交易时，都在下午，买者多半是轧花店，将棉花轧成花衣，卖与商店。棉花每百元抽2元，由经纪收下，称为佣钱。"

青菜市："在十字街及大街。所卖的菜有韭菜、葱、蒜、莴苣、根达、菠菜、黄瓜、豆芽菜等。卖菜农民都是来自附近村庄，有男人，有妇女，有儿童。菜市都在早晨买卖，由经纪人介绍的很少，普通都是直接买卖。如有经纪人介绍，佣钱抽3%。"

柴草市："柴类有劈柴、秫秸、豆秸等。关于草类有干草、碎草等。交易时间在上午。买卖也由经纪介绍，卖主买主双方议定价格。价格的标准也由市面情形及附近各集柴草价目为定。经纪人每元抽3分。例如卖柴百斤，价洋5毛，佣钱合1分5厘。普通买卖柴草以冬天春天最多，夏天简直没有。"[1]

集市交易多为农家产品的"余缺调剂"，但也有一些产品从县内流向县外，进入远程贸易；同时，县外乃至外国的产品也进入县内并在集市销售。前述土布的对外交易对此已有所体现，再用全县贸易额数据做一申论。以1933年为例，全县外销货物315.7万余元[2]，按农产品商品率60%来估算，

---

① 李景汉：《定县社会概况调查》，第717—720页。
② 据李景汉《定县经济调查一部分报告书》第131—133页资料计算。

全县商品总值为936.4万元,由此外销货物占商品总值的33.7%,也即全县商品的三分之一销往县外,三分之二在本地买卖。外销货物中,绝大多数输往邻县及国内其他区域,只有棉花、猪鬃、猪羊小肠、丝麻帽等向国外输出[1]。同年,由县外向定县输入的商品值为319.3万元,比县外输出多3.6万元,没有明显的差别。此为地方乡村交易市场一大变化,如果说明清时期"城乡间的商品流通几乎完全是单向的,小农向城市的上层社会提供丝和布、地租和税粮,但几乎没有回流"[2],而近代以来,国内外的机器工业品则愈益流向农村,如洋布、棉纱、煤油、火柴、洋灰、卷烟、胰子、牙粉等等。对此现象,李景汉指出:"洋货不但充满了都市,也渐渐的输入农村。这与中国的经济情况大有影响。"[3] 正因如此,不同地区的经济联系日益紧密,市场交易范围不断扩大,农村的生产资料与生活消费结构都发生了变化。

不过,正如第九章所示,国内外机器产品的输入还远不能满足广大民众的消费需求,不能或绝大部分不能代替农村手工业。直到二十世纪三十年代初,从事家庭工业者占定县总户数、总人数的比例分别为65.2%、20.9%;在输入定县的产品中,国外产品不到7%,绝大多数仍是国内产品[4],这表明外国商品尚未构成对地方产品的强烈冲击。

四、农产品交易价格

价格是产品交易达成的货币表现形式,因受多方面因素的影响而波动起伏。从农业、手工业品来看,主要表现为以下几个方面:

第一,价格的变动趋势。

表29、30反映了定县农业和手工业品价格的历史变化:

---

①张世文:《定县农村工业调查》,第133、201—204页。
②黄宗智:《长江三角洲小农家庭与乡村发展》,第92页。
③李景汉:《定县输入各国货物之调查》,《民间》1935年第1卷第21期。
④据李景汉《定县经济调查一部分报告书》第13—16页资料计算。

表 29　冀中定县农作物价格指数（1912—1936 年）

年　　月	农作物种类及物价指数		
	小麦	高粱	棉花
1912 年元月	75	——	66
1931 年 1 月	114	——	120
1932 年 1 月	128	——	116
1933 年 1 月	100	100	100
1933 年 4 月	102	——	100
1933 年 7 月	65	——	122
1933 年 10 月	70	——	94
1934 年 1 月	64	65	126
1934 年 4 月	60	68	108
1934 年 7 月	64	69	104
1934 年 10 月	79	79	113
1935 年 1 月	97	104	107
1935 年 4 月	71	84	100
1935 年 7 月	88	107	92
1935 年 10 月	89	111	81
1936 年 1 月	93	106	83
1936 年 4 月	112	149	94
1936 年 7 月	112	160	93
1936 年 10 月	123	142	122

资料来源：1. 中央农业实验所：《全国各县乡村物价指数表》，《农情报告》1937 年第 5 卷第 6 期。

表 30　冀中定县土布实际价格和布行议定最高价格（1892—1933 年）

年　　度	平均每匹实际价格		布行议定最高价格	
	制钱	元	制钱	元
1892—1902 年	700	0.70	750	0.75
1903—1908 年	750	0.80	800	0.85
1909 年	800	0.75	850	0.90

年　度	平均每匹实际价格		布行议定最高价格	
	制钱	元	制钱	元
1910 年	800	0.75	850	0.90
1911 年	850	0.78	900	0.94
1912 年	950	0.86	1000	0.91
1913 年	950	0.79	1000	0.83
1914 年	950	0.77	1000	0.81
1915 年	1100	0.79	1200	0.88
1916 年	1100	0.80	1200	0.87
1917 年	1100	0.91	1200	0.99
1918 年	1200	0.87	1300	0.94
1919 年	1200	0.85	1300	0.92
1920 年	1400	0.96	1500	1.02
1921 年	1400	0.89	1500	0.94
1922 年	1400	0.83	1500	0.88
1923 年	——	1.00	——	1.20
1924 年	——	1.00	——	1.20
1925 年	——	1.00	——	1.20
1926 年	——	1.10	——	1.30
1927 年	——	1.10	——	1.42
1928 年	——	1.15	——	1.42
1929 年	——	1.15	——	1.42
1930 年	——	1.20	——	1.42
1931 年	——	1.20	——	1.42
1932 年	——	1.13	——	——
1933 年	——	1.08	——	——

资料来源 :1. 张世文 :《定县农村工业调查》,第 111 页 ;2. 李景汉 :《定县经济调查一部分报告书》,第 254 页。笔者对有关数据进行了整理和计算。

　　由表 29、30 可见,农产品小麦的价格自民初直至 1932 年一直呈上升之势,增加了 70.7%。此后下降极为猛烈,1935 年 4 月比 1932 年 1 月下降了

80.3%。同年 10 月以后开始恢复并有所上升，1936 年 10 月比 1935 年 4 月增加了 73.2%。手工业品也显现了同样的趋势，清末至 1931 年，土布价格上升 71.4%，此后也是下降状态，1933 年 10 月比 1931 年 1 月下降了 11.1%，但比农作物价格下降幅度小。也就是说，在同一时期物价下降之时，手工业产品的下降速度比农产品低，这一现象与现代经济学所谓工业品与农产品比价的变动原理基本是一致的。

在一个比较正常的经济环境中，物价逐渐上涨是必然趋势，中国近代百年的物价总体上就是处于上升之势①。之所以如此，主要是白银流入和货币贬值的结果②。而某一阶段物价突然间的大幅度涨落，通常是特殊环境导致的，表 29 所显示的 1933 年后物价的猛跌就是证明。其中，最主要的因素与 1929—1933 年爆发的世界经济危机有关，国外农产品尤其是米谷、小麦的大量倾入，导致国内农产品价格跌落。二为货币波动的影响。中国本为世界最大白银进口国，近代货币供给总体充裕，银价下跌，物价上涨。但 1933—1935 年产银大国美国提高银价，引致中国白银外流，银根紧张，银价大涨，随之农产品价格显著下跌③。谷贱必定伤农，农家收入随之而减少，张培刚认为："因为农业经营与工商企业不同，一旦投下了资本与劳力，便很难放弃，同时如前所述，我国的农业经营，实际便是农民的生活，所以农家为维持农业的再生产，只有减低生活程度，此所以愈到近年，农民的生计愈趋于窘困。"④ 平教会主办的刊物《民间》发表了一篇四幕剧《生路》，通过农民赵达之口，对农民的遭遇表达了愤懑之情："这个年头不好过，粮食也贱，棉花也贱，别的东西却又贵得出奇！一年忙到头，得不到一顿饱饭吃，什么捐呀、税呀，除去人工肥料，归里包堆不够它的！我们庄稼人有什么干头，只好等死！"⑤ 由此不难窥见价格低落对农民生活造成的影响。

世界经济危机结束后，中国农产品的外销逐渐恢复常态。国民政府对

---

①陈其广：《百年工农产品比价与农村经济》，社会科学文献出版社 2003 年版，第 52 页。
②王玉茹：《近代中国价格结构研究》，陕西人民出版社 1997 年版，第 26 页。
③章有义：《中国近代农业史资料》第 3 辑，第 403—408 页。
④张培刚：《清苑的农家经济（中）》，《社会科学杂志》1936 年第 7 卷第 2 期。
⑤李再云：《生路》，《民间》1936 年第 3 卷第 10 期。

国外米麦杂粮的进口采取了征税措施,尤其是 1935 年实施新的法币政策,对农产品价格的变动产生有利影响。1935 年后,农产品价格跌落的局势开始扭转并有所回升。到 1937 年抗日战争全面爆发前,华北农产品批发物价指数达到历史最高水平[①]。由此表明,物价下降"通常是暂时性的,因为价格剧烈下降并不常见,如果发生了也不会持续较长时间"[②]。但短时期的物价下跌和谷贱伤农,恰恰成为当时中国农村经济崩溃论的一个重要理由。

第二,价格季节差。

因季节及供求关系不同,商品交易价格形成了一定的季节差,这是普遍且历史悠久的现象。以粮食为例,见表 31:

表 31　冀中定县主要农产品各月价格变动(1931—1933 年)

年　月		小麦(元/市斗)	大麦(元/市斗)	谷子(元/市斗)	玉米(元/市斗)	高粱(元/市斗)	黑豆(元/市斗)	黄豆(元/市斗)	绿豆(元/市斗)
1931 年	1 月	0.890	0.376	*0.452*	*0.473*	0.508	0.688	**0.688**	*0.821*
	2 月	0.939	0.376	0.459	0.494	0.522	0.730	0.744	0.841
	3 月	**0.987**	0.424	0.480	0.529	0.529	0.772	0.786	0.890
	4 月	**0.987**	0.410	0.501	0.556	0.556	0.807	0.779	0.925
	5 月	0.960	**0.445**	0.515	**0.577**	0.570	**0.821**	0.828	0.960
	6 月	0.821	0.369	0.522	0.563	0.570	0.807	0.821	1.029
	7 月	*0.786*	*0.362*	0.524	0.567	0.558	0.814	0.834	1.036
	8 月	0.800	0.424	**0.584**	0.538	**0.589**	0.814	**0.890**	**1.092**
	9 月	0.807	0.415	0.496	0.515	0.533	0.756	0.809	1.006
	10 月	0.828	0.415	0.482	0.531	0.549	0.686	0.721	0.888
	11 月	0.848	0.410	*0.452*	0.508	0.529	*0.627*	0.758	0.862
	12 月	0.862	0.389	0.494	0.508	*0.487*	0.647	0.730	0.890

[①]史建云:《论近代中国农村手工业的兴衰问题》,《近代史研究》1996 年第 3 期。
[②]〔美〕马若孟著,史建云译:《中国农民经济:河北、山东农业的发展》,第 313、328 页。

续表

年　月		小麦 （元/ 市斗）	大麦 （元/ 市斗）	谷子 （元/ 市斗）	玉米 （元/ 市斗）	高粱 （元/ 市斗）	黑豆 （元/ 市斗）	黄豆 （元/ 市斗）	绿豆 （元/ 市斗）
1932 年	1 月	0.855	0.417	0.494	0.522	0.501	0.647	0.779	0.911
	2 月	0.890	0.424	0.522	0.515	0.515	0.668	0.793	0.960
	3 月	0.911	0.480	0.529	0.535	0.529	0.723	0.834	0.994
	4 月	**0.981**	**0.522**	0.570	0.605	0.563	**0.744**	0.848	0.987
	5 月	0.939	0.508	0.570	**0.633**	**0.598**	0.737	**0.848**	1.008
	6 月	0.834	0.452	0.570	0.605	0.577	0.730	0.841	**1.022**
	7 月	*0.730*	0.410	**0.591**	0.501	0.501	0.702	0.841	0.974
	8 月	*0.730*	0.417	——	0.459	——	0.688	0.841	0.981
	9 月	0.807	0.424	0.494	0.459	0.473	0.633	0.765	0.883
	10 月	0.821	0.410	0.459	0.459	0.466	0.612	0.695	0.737
	11 月	0.821	0.410	*0.431*	*0.403*	*0.431*	0.529	0.612	*0.675*
	12 月	0.765	*0.369*	0.438	0.430	0.438	*0.522*	*0.598*	*0.675*
1933 年	1 月	**0.834**	0.417	0.403	0.455	0.442	0.535	0.608	0.758
	2 月	**0.834**	0.417	0.403	0.455	0.442	0.535	**0.688**	0.758
	3 月	0.811	0.426	0.398	0.452	**0.445**	0.535	0.617	**0.769**
	4 月	0.774	**0.436**	**0.408**	**0.474**	0.426	**0.547**	0.612	0.760
	5 月	0.677	0.403	0.387	0.459	0.408	0.515	0.584	0.690
	6 月	0.533	0.355	0.346	0.445	0.408	0.507	0.582	0.679
	7 月	0.459	0.273	——	0.403	0.417	0.487	0.582	0.677
	8 月	0.452	0.252	——	0.262	0.323	0.501	0.567	0.638
	9 月	0.459	0.241	0.248	*0.248*	0.260	0.343	0.392	0.468
	10 月	0.452	0.236	0.236	0.264	0.273	0.292	0.297	0.348
	11 月	*0.450*	*0.234*	*0.232*	0.259	0.248	*0.264*	*0.287*	*0.334*
	12 月	0.464	0.236	0.234	0.269	*0.245*	0.287	0.297	0.362

说明：标黑体者为年度最高价格，标黑斜体者为年度最低价格。

资料来源 :1. 李景汉《定县经济调查一部分报告书》,第 165—168 页。

由表 31 可见,粮食价格季节差有两个特点:一是每当收获季节及收获后数个月,价格较低,到青黄不接季节,价格又开始上升;二是不同农作物因收获时间有一定差异,价格波动也有相应的差别。

季节性差价本为反映农产品供求关系的必然现象,但总体上对处于弱势地位的贫困农民是不利的。"农民的商品卖不起钱,而当他们要向市场买进的时候,却要吃贵价钱。例如每当秋收以后农产物上场的时候,农民急于还债不得不出售一部分产品,这时商人一定压低价格,从事收买。到了第二年青黄不接,农民需要粮食再买进的时候,商人又一定高抬物价以出卖。就在这一进一出之间,农民不知要吃多少亏。"[①] 与此相反,商人则是"收获后正当农民出售农作物之时,此时的价格正是他们所收进的价格,收获前则多是农民粮食垂罄之时,此时的价格正是他们所付出的价格。"[②] 也有的学者为商人给予辩护,卜凯就指出:"吾人未曾注意谷类初获,所含水分较多,产品储藏,亦系一种耗费,且或发生虫、鼠、潮、火、偷窃等项之损失。凡此诸端,均为谷类收获数月后,价格稍高之因素。有时价格高涨,足使囤积者获利,有时则又不然,囤积农产,期待善价,以弥损耗,是否恒为上策,则材料尚少,未可断言。"[③] 这个看法有一定道理,但农民在市场交易中所处的不利位置是不能忽视的。

第三,价格地区差。

价格地区差是同一产品在本地市场交易和商人运销至高一级市场所形成的价格差异。以粮食和棉花为例,比较定县本地和天津市场的价格,见表 32。

天津当时是华北地区最大的粮食和棉花集散地,也是定县农产品外销的终点市场,两地的价格差大致上可以说明县域和大城市之间的差别。以商品率较高的棉花、小麦为例,具有较强的说服力:每百斤棉花在定县与天津之间的价格差,1930 年为 11.0 元,1931 年为 11.8 元,1932 年为 8.6 元,1933 年为 4.6 元;每百斤小麦在定县与天津之间的价格差,1930 年为 4.2 元,1931 年为 2.8 元,1932 年为 3.1 元,1933 年为 3.9 元。

① 孙晓村:《中国田赋的征收》,中国人民政治协商会议全国委员会文史资料委员会编:《孙晓村纪念文集》,第 373 页。
② 张培刚:《清苑的农家经济(中)》,《社会科学杂志》1936 年第 7 卷第 2 期。
③ 〔美〕卜凯主编,乔启明等译:《中国土地利用》,第 481 页。

表32　冀中定县、天津两地主要农产品价格比较（1930—1933年）

种类	1930年（元/担）		1931年（元/担）		1932年（元/担）		1933年（元/担）	
	定县	天津	定县	天津	定县	天津	定县	天津
小麦	7.18	11.42	7.18	9.96	6.34	9.47	3.84	7.69
玉米	4.12	10.28	4.58	8.70	3.79	8.34	2.43	6.96
高粱	4.44	7.00	4.53	5.44	3.70	5.16	2.52	4.40
黑豆	6.08	10.43	5.97	8.64	4.77	7.19	2.87	5.37
芝麻	9.36	15.31	11.18	17.51	8.08	16.26	5.68	10.23
青豆	6.32	12.34	6.77	13.88	5.64	14.67	3.09	10.32
黄豆	6.22	10.72	6.73	9.25	5.53	7.85	3.10	6.98
绿豆	7.18	10.57	8.09	10.88	6.48	10.70	3.71	7.41
白豆	6.50	10.70	7.72	8.65	6.18	8.48	3.50	6.86
棉花	35.24	46.70	36.27	48.02	29.67	38.28	33.65	38.23

资料来源：1. 李景汉：《定县经济调查——部分报告书》，第162、246页；2. 许道夫：《中国近代农业生产及贸易统计资料》，第344页；3. 中国联合准备银行总行：《天津物价年报（1912—1942）》1944年第1期。笔者对有关数据进行了整理和计算。

　　价格差不仅表现在大城市与县域之间，在县域之内也有明显的差异。1934年，定县县城和清风店、寨西店两个市镇，小米每市石价格分别为3.6元、5.5元、3.8元，最高最低相差1.9元；小麦分别为3.7元、3.6元、5.3元，最高最低相差1.7元[1]。农民在本村集市出卖农产品的价格与在县城、清风店之间，也有不小的差距。1935年9月，100斤上等棉花在村集市卖10元，在县城增至25.6元，到天津卖30元。正因如此，当有人问农民今年的棉花价怎样时，农民回答："还不是同往年一样，咱们强得过花贩子吗？他们转转手就得赚一半，真是吃我们的汗血啊！"[2] 这一数据表明，中国还远未形成统一市场。

　　如果考虑到运输成本、储存成本、税捐交纳以及获得的交易利润，县域和大城市之间的价格差并没有表面上那样悬殊。张世文的调查发现，在清

---

[1] 陈伯庄：《平汉线农村经济调查》，附表5。
[2] 李再云：《生路》，《民间》1936年第3卷第10期。

风店某花店,来此收买棉花瓤子的天津客商算了一笔账,他每购买一包瓤子(150斤)78元,须缴纳以下费用:经纪佣钱1.04元,打包绳皮费1.2元,打包工资0.3元,火车运费2.4元,保定干果统捐5.4元,天津常关税0.7元,以上总计11.04元[①]。按此计算,每100斤成本7.36元,"经纪人和中间人吸收了棉花贸易利润中的一大部分。然而这些中间人对贸易是必须的,因为缺乏标准化的市场程序和度量衡,使得初级市场上必须具有专业知识的商人群体营业,并建立中级市场和中心市场的联系","商人发现在这种高度竞争的市场结构中很难积累高额利润"。1930—1933年,定县运销棉花至天津,除去各方面的成本,每百斤商人所得利润先后为4.10元、4.39元、1.25元、-2.78元,明显低于两地的价格差;甚至在1933年后,由于农产品价格急剧下跌,买卖发生了亏损。对此现象,马若孟指出:"20世纪30年代初,出口需求的减少和纺织业的萧条使价格暴跌,商人承受了巨大损失。"[②]以往学界对表面的地区价格差及商人利润有些夸大了。

第四,农产品交易的性质。

农产品交易的性质主要指交易主体农民和商人的关系。传统观点认为,在交易中,农民是不自由的,商人居于绝对垄断地位。有的学者对此提出不同看法,马若孟强调,尽管定县布行对布匹价格有很大的控制权,但在主要的商品交易中,并不存在此类垄断权力,"大批中间人进入农村市场使商人很难统制贸易或垄断供给","市场的高度竞争性把任何阶层能够加之于其他阶层的垄断权降到最低"[③]。赵冈也指出,在私有制下的市场中,人们"有出卖财货的自由,也有不出卖的自由,他要斟酌情形,视何种方式能够获得最大利益,方作一抉择"[④]。慈鸿飞表达了类似的看法,他认为农民是自由参与市场的,清末到抗日战争全面爆发前中央集权无力,政府对农村除了收

①张世文:《定县农村工业调查》,第376—377页。吴承明认为,"现代化市场被定义为'一个价格',如两地的价格差等于运费,则属一个市场"。参吴承明:《传统经济·市场经济·现代化》,《中国经济史研究》1997年第2期。
②〔美〕马若孟著,史建云译:《中国农民经济:河北、山东农业的发展》,第284、289页。
③〔美〕马若孟著,史建云译:《中国农民经济:河北、山东农业的发展》,第325、327页。
④赵冈:《农业经济史论集——产权、人口与农业生产》,第29页。

税一项很少干预,没有人去管理农民的市场参与[1]。以上见解不无道理,但不可夸大。

从表面上看,在参与市场交易的过程中,农民并没有受到政府及商人的强迫,市场买卖基本上是自由的。但是,也要考虑到,农民出卖产品的"自由"常出于迫不得已,当收获农产品后,价格正值低落时出卖,很难说是心甘情愿的,纳税、交租、还债和购买其他生活必需品往往起了逼迫的作用。"粜精籴粗""粜精留粗",更是农民处理粗细粮的基本模式,"随时随地我们可以看出一般农人自己所吃的食粮,通常都是粗劣的农产物,而出售的部分,倒比较上来得精美。中国北部农人自己吃的是高粱,而出售的却是小麦"[2]。正是因为如此,小麦的商品率很高。1927 年,定县粮食作物的商品率,谷子为6%,高粱为 3%,玉米为 8%,甘薯为 2%,小麦却高达 42%[3]。这种贱卖贵买、粜精留粗的交易,与其说是农民参与市场的自由,还不如说是一种虚假的、病态的"自由",浸透了农民太多的辛酸和苦难。

但又要指出,农产品价格基本上取决于市场的供求关系。张世文以定县棉花与花生的价格为例指出:"(一)棉花与花生丰收之年,棉籽与花生的价格必落;反之,歉收之年,价格必涨。(二)客商到本地买油者多,油价必涨,棉籽与花生的价格,也要随着往上涨;反是,客商到本地买油者少,油价低落,棉籽与花生的价格也要随着往下落。(三)棉籽麻饼与花生麻饼如果销路不好,价格低落,棉籽与花生也就不能不落;反是,棉籽麻饼与花生麻饼如果销路通畅,价格高涨,棉籽与花生也就必要上涨。(四)花生在收获后,农家多在此时赶集销卖,价格必落;过了这个时期,价格要涨。冬季农闲,榨油者虽多在此时到轧花店去买棉籽;但因此时轧花店多,出棉籽多,棉籽的价格也不往上涨。春季农家多种棉花并用棉籽做肥料上地,买者多,棉籽价格确是往上涨。"[4] 以上两种农产品价格的变化,是基本符合市场经济学原

---

[1]慈鸿飞:《二十世纪前期华北地区的农村商品市场与资本市场》,《中国社会科学》1998 年第 1 期。
[2]〔美〕卜凯著,张履鸾译:《中国农家经济》,第 280 页。
[3]据 Sidney D. Gamble, *Ting Hsien: A North China Rural Community*, p.89 整理计算。
[4]张世文:《定县农村工业调查》,第 100、290—291 页。

理的。

也不能说就没有垄断行为,"在一个不和外界接触的乡村社会中,交易只发生于本村村民之间,我们可以说其中或许存在有某种形态的完整竞争。只要农民一旦和久享垄断特权的专业商人及工业家发生交易关系,将农产品售出,又将工业品购入,我们就可以应用不完整竞争或垄断竞争的理论"[①]。在定县,张世文发现:"普通做猪羊小肠之家庭将肠制好,都自己携带到北平或天津售卖。北平天津专有收买猪羊小肠之洋行。……据说北平天津收买猪羊小肠之洋行,他们彼此都互通声气,垄断价格。公司收买小肠,也一根一根的灌水试验,破孔者不收。公司有时所给的价钱极低,农民因种种关系,赔钱也得出售。农家也有因赔钱而卖地偿债者。"[②] 更突出的,是布行对价格的控制,如严中平所言:"土布售价永远徘徊于议定价格之下!财神庙——定县原有土布的公开交易市场规定,非得各布商的收布代表到齐后,不得开始买卖。这无异于组成联合阵线,一致压抑市价。织布的农民,毫无组织,且资本微小,每织成少量布匹,也不能囤积,必须立即出售,以便买纱或生活必需品等。"[③] 何止于此,近代以来,在国内外经济联系愈益紧密的情况下,农产品价格还受到通商口岸乃至国外市场的制约,"远非自由和合理。……与国内农业的边际生产成本完全脱节"[④]。

鉴于农民在市场交易中的不利处境,有人建议成立销售合作组织,减少商人的中间剥削。张世文针对定县土布的销售提出:"如果能指导农民组织土布贩卖合作社,由合作社自己办理土布输出事宜,免去布店中间人从中得利;一方面农民可不受布店之垄断,一方面利益农民可完全自己得到,对于定县织庄布之农民,必有极大补益。"[⑤] 这一建议预示了农民与市场关系改良

---

①张培刚:《农业与工业化》上卷,华中科技大学出版社 2002 年版,第 10 页。

②张世文:《定县农村工业调查》,第 204 页。

③严中平:《中国棉业之发展》,商务印书馆 1943 年版,第 240 页。

④吴承明:《中国的现代化:市场与社会》,第 68 页。慈鸿飞认为,农村市场不仅和全国市场联为一体,也和国际市场息息相通,不如此就不是市场经济。参慈鸿飞:《二十世纪前期华北地区的农村商品市场与资本市场》,《中国社会科学》1998 年第 1 期。

⑤张世文:《定县农村工业调查》,第 105 页。

的前景。

　　人类贸易发展的历史表明，产品交换形态一般经过了以下几个逐级递进阶段：简单的本地交换，地区性贸易，远程贸易，国际国内广阔的市场贸易。随着贸易范围和贸易数量的扩大，从事交易的服务性职业越来越发达，越来越复杂，以至经济发达国家已成为以服务业为主的社会 ① 。事实上，不可能每个地区都经历这样一个纵向发展的完整进程，不同历史阶段也不会表现得如此纯粹。近代定县的集市贸易就是一个比较复杂的交易形态，它既有本地产品的余缺调剂，也有产品的输出和输入，甚至与国际市场发生了联系。但产品交换媒介仍是传统的集市和商铺，数量和交易量有所增长，尚未产生现代化的服务业组织。集市交易价格一直呈上升趋势，偶然的急剧下降是一种特殊经济环境的产物。季节差价、地区差价是农产交易的必然现象，不利于农民售卖产品，但考虑到交易成本，差别并非以往所认为的那样悬殊。农民参与市场基本上是"自由"的，农产品价格也主要是根据供求关系而定，然也不能说没有"被迫"因素和垄断行为。总体言之，农民参与的市场交易仍以传统为主，但也开始渗入现代因素，处于比较低级的量变阶段。

---

① 〔美〕道格拉斯·C. 诺斯著，杭行译：《制度、制度变迁与经济绩效》，格致出版社 2008 年版，第 163—167 页。

第十一章　农民借贷的传统方式与现代迹象

在小农经济和农民生活中,借贷扮演着调剂的角色。与其他经济构成相比,以往学者对此关注较少,实际上借贷所关联到的农户比例比租佃关系还高。对 1929—1931 年定县 5 村借贷的调查显示,借债户占总农户的比例分别为 32.5%、43.7%、58.0%①。而如前所述,1931 年纯佃户仅占总户数的 4.7%,与租佃土地有关者占户总数的 35.3%—60.2%,农家与借贷的关系不可小视。

与传统借贷不同,新式借贷的产生是中国近代乡村金融发展的一个重要标志,它指的是近代金融机构的借贷,包括银行、合作社和农业仓库对农民的借贷,其中以合作社借贷较为突出。当新式借贷开始起步之时,就有一些社会经济学者对其做过评价,既有肯定者,也有质疑和否定者。新中国成立后,基本上是否定的。二十世纪八十年代以来,开始有学者认为,既要看到地主士绅对新式借贷的控制,也要注意其对农家经济和农民生活的积极影响②。兹从冀中定县的情况,对此做一阐述和辨析。因新式借贷是在传统金融的基础上产生的,有关论述对传统金融也会有所涉猎,只是以往对此研究较多,故本章主要侧重新式借贷与农民之关系。

---

① 李景汉:《定县农村借贷调查》,《中国农村》1935 年第 1 卷第 6 期。
② 李金铮:《借贷关系与乡村变动——民国时期华北乡村借贷之研究》,第 27—49、104—109 页;李金铮:《民国乡村借贷关系研究:以长江中下游地区为中心》,第 191—194 页。

一、传统借贷居于统治地位

农民从哪里借贷呢？在定县，有关统计很少，只找到一份 1934 年西朱谷村的调查，富户占农民借贷来源的 90%，请会占 5%，钱庄占 2%[①]。富户、请会、钱庄都属于传统借贷方式，富户指地主、富农、商家之类。该统计数据合计为 97%，那么剩余的 3% 是否为新式借贷呢，不得而知。

以传统借贷方式为主这一现象，也可在其他统计中得到验证。最有影响的是 1934 年中央农业实验所对全国各省农民借贷来源的调查，兹将华北乡村部分抽出，见表 33：

表 33　华北乡村农民借贷来源统计（1934 年）

省　份	报告县数（个）	借款来源百分比（%）								
		银行	合作社	典当	钱庄	商店	私人			总计
							地主	富农	商人	
河北	105	3.3	11.9	5.1	10.7	13.8	13.2	19.8	22.2	100.0
山西	75	4.9	1.3	18.9	13.1	11.4	14.4	13.4	22.6	100.0
山东	83	6.1	3.4	3.5	16.3	15.4	15.5	19.6	20.2	100.0
河南	63	1.7	1.3	6.3	6.5	15.7	28.8	16.6	23.1	100.0
华北四省	326	4.0	4.5	8.5	11.7	14.1	17.9	17.4	22.0	100.0
全国	871	2.4	2.6	8.8	5.5	13.1	24.2	18.4	25.0	100.0

资料来源：1. 中央农业实验所：《各省农村金融调查》，《农情报告》1934 年第 2 年第 11 期。

由表 33 可知，在华北乡村借贷来源中，地主占 17.9%，富农占 17.4%，商人占 22.0%，商店占 14.1%，钱庄占 11.7%，典当铺占 8.5%，合作社占 4.5%，银行占 4.0%。其中传统借贷占 91.5%，基本上控制了乡村借贷，合作社、银行两项新式借贷占 8.5%，仍属力量较小的新生事物。

在定县，尽管缺乏对借贷来源比例的统计，但有与之相关的放贷者资

[①]张家鋆：《农村社会经济调查表》，1934 年 6 月，中国第二历史档案馆藏，全宗号 284（2），卷号 12。

料,可做一补充。

对 1929—1931 年 5 村借贷的调查显示,村庄农家共有 526 户,放贷家庭平均每年有 51 户,约占总户数的 10%。放贷数额,少则 5 元,多至 3 万余元,100 元以下者最多。每年放贷 500 元以上者,1929 年有 6 户,1930 年有 9 户,1931 年有 10 户。普通农家年收入仅 200 元左右,这些放贷者当为富户无疑。另据统计,"民国十八年……贷出款额 500 元及以上之家数虽仅占总家数 12%,而此数家贷出之数额为 42 980 元,占贷出款额总数 84% 之多。即此 42 980 元中,有 37 000 元为一家独自贷款,又有 1900 元为另一家贷款。民国十九年,贷款总额为 57 950 元,有 49 800 元为 9 家之贷款,其中有 38 000 元来自一家。民国二十年,贷款总额 59 373 元内,有 52 010 元为 10 家之贷款,其中有 39 000 元为一家占去。"以上放债者中,5 个富户放债最多。他们都占有较多的土地,2 家各有 100 余亩,1 家有 200 余亩,2 家各有 300 余亩,其中一家有在外发过财的师长。所以,李景汉说:"每年贷出的家庭虽有五十左右之多,但大部分的贷款不过来自少数的家庭。"[1]

放贷者的身份比较复杂,除了富户,也有普通农民。仍是以上 5 村,"有的人家虽非富户,但以放土债为生,即专放给农人。此种营业,不需多大之资本,又有厚利可图。所谓'阎王账'是由此种人放出。5 村内专以放债为营业的计有 3 家。有两家的田地,不过各有 30 余亩。除去专以放债为生的家庭以外,还有普通饱食暖衣的勤苦之家,省吃俭用,放点小账。这种家庭的壮丁,有的在自家的工作以外,又出去为人作短工,得些血汗钱,用以放出生利。每年放出的次数不过两三次,每次放出的款额亦颇少,多在 10 元左右。有的普通农家内,有人在外作事。若能往家寄款,便是格外的收入,即用此款放出生利。"[2] 相反,地主也不一定都放债,如土改调查资料显示,在大兴庄、新全村,地主刘文法、潘老景、刘云升、刘季盛、刘文灿,富农张小水都没放过债[3]。此外,有的放贷户不是单纯的放贷,也兼有借贷。5 村的调查中,

①李景汉:《定县农村借贷调查》,《中国农村》1935 年第 1 卷第 6 期。
②李景汉:《定县农村借贷调查》,《中国农村》1935 年第 1 卷第 6 期。
③《定县第十三区大兴庄、新全村》,1948 年,定州市档案馆藏,革命历史档案第 51 卷。

此类农户平均每村有六七家，占放贷户的 14% 左右[①]。以上现象，以往很少引起学者的关注。

借贷的核心是利率。1927 年，南京国民政府规定民间借贷的年利率不得超过 20%[②]，但多为一纸具文，传统借贷利率依然延续，绝大多数都超过 20%。1928 年定县 6 村 68 个借款农家，普通借贷年利率为 24%，但多未超过月利 3 分或年利 36%[③]。在荒歉之年，如 1932—1933 年之交，食粮缺乏，金融停滞，借款利率高至月利 5 分[④]。

钱会也属于传统借贷方式，但带有互助性质。在定县，有摇会、乾会、坐乾会、坐会、走会等类型。在农民借贷中，钱会比例不大，在西朱谷村仅占 5%[⑤]，但所涉及的人数却比较广泛。1928 年对定县 3 个村的调查显示，有 27 个摇会，成年男子共 2064 人，参加者 1093 人，占成年男子总数的 53%[⑥]。从会额来看，大多规模较小。1934 年对 29 个村 85 个摇会的调查显示，平均每个会有会员 39 人，会额在 100—200 元之间，得会者一般得到 4 元左右。"小会多，大会少，推求其原因，是一般农民宽裕者少，贫穷者多，所以小会容易组织，大会组织较为困难。"[⑦] 不过，由于参加人数较多，李景汉认为摇会"可说是乡村中流通金融的一种重要组织"，"一般的农人借此作为经济上的调剂"[⑧]。

二、新式借贷产生和发展的合力

在传统借贷居于统治地位的情况下，到二十世纪二三十年代出现了新

①李景汉：《定县农村借贷调查》，《中国农村》1935 年第 1 卷第 6 期。
②李谟：《民法债编总论》，上海大东书局 1931 年版，第 127—128 页；南开大学商学院讲义：《中国商事法判解例初选本》（四·借贷），1935 年版，第 1 页。
③李景汉：《定县社会概况调查》，第 735 页。
④姚石庵：《定县农村合作组织之发展》，《民间》1936 年第 3 卷第 3 期。
⑤张家鋆：《农村社会经济调查表》，1934 年 6 月，中国第二历史档案馆藏，全宗号 284（2），卷号 12。
⑥据李景汉《定县社会概况调查》第 745 页资料计算。
⑦李柳溪：《定县摇会的研究》，《民间》1937 年第 4 卷第 3 期；李柳溪：《定县摇会的研究（三）》，《民间》1937 年第 4 卷第 5 期。
⑧李景汉：《定县社会概况调查》，第 739、746 页。

式借贷。那么,是什么力量推动了新式借贷的产生呢? 就定县来看,主要有四个:华洋义赈会、平教会、银行和政府机构,从性质上说,前两种属民间团体,故也可说是三种力量。

第一,华洋义赈会的催生。

定县翟城村米迪刚是较早有合作社思想的人物。民国初年,他从日本留学归国,在翟城村倡议成立"因利协社",计划以"金融协社"为核心,成立购买协社、贩卖协社和消费协社。受诸多原因所限,此一设想并未实现,但在合作思潮刚刚传入中国的时候[1],仍具有思想先锋之重要价值。

中国乡村合作社的产生,始自华洋义赈会在河北创办的信用合作社。1920 年,北方五省爆发大旱灾,各界纷纷成立义赈救灾团体。1921 年 11 月,设在北京的国际统一救灾总会邀请各地义赈团体组建中国华洋义赈救灾总会,试图作为永久性的救灾机关。1922 年 4 月,华洋义赈会举办会议,讨论防灾及改良农民生计之法,一些专家提出从建立信用合作社入手。1923 年,成立合作委办会,专门办理合作社事宜。同年,河北的香河、唐县、涞水、定县等县先后建立乡村信用合作社。这些信用合作社的建立既标志着中国乡村合作社的开端,也标志着中国乡村新式借贷关系的开始。定县的信用合作社设于悟村,1924 年 2 月与涞水县娄村信用合作社一起被华洋义赈会承认合格并给予贷款,由此开启了华洋义赈会对合作社放款的序幕[2]。河北信用合作社很快发展起来,到 1930 年,已承认、未承认的合作社有 946 个,社员计25 727 人[3]。

华洋义赈会办理合作社的活动,并未获得北洋政府的支持。该会曾于

---

[1] 合作运动起源于十九世纪欧洲的自由资本主义时代。清末民初,合作思想传入中国,北京京师大学堂设有"产业组合"一门课程,其名称仿自日本,实即西欧的合作制度。1919年"五四"运动后,合作主义作为社会主义思想流派之一,与其他思潮一起由欧美、日本传入,开始在中国传播,合作主义的宣传者们还亲自组建了一些合作社。参李金铮:《借贷关系与乡村变动:民国时期华北乡村借贷之研究》,第 163—164 页。

[2] 李金铮:《借贷关系与乡村变动:民国时期华北乡村借贷之研究》,第 165—167 页。

[3] 巫宝三:《华洋义赈救灾总会办理河北省农村信用合作社放款之考察》,《社会科学杂志》1934 年第 5 卷第 1 期。

1923 年、1924 年致函北洋政府财政部、农商部，要求县公署为合作社立案，给予保护。到 1927 年 6 月，财政部才正式批准备案。成立于 1925 年 12 月的定县油味村信用合作社，即是此时被批准注册的[①]。然而，同年 11 月农工部（由农商部改名而来）突然下令，合作社应由政府依法组织，华洋义赈会在京兆、直隶省区创办的各社，未经许可，应由地方官署切实考查，如有纠葛，应予限制禁止[②]。此令一颁，定县、安平、良乡、香河等县纷纷查禁境内的合作社。华洋义赈会派员到各地调查真相并问询农工部，农工部的答复有所和缓："对于合作一事，正在设法提倡，始终未取决绝禁止态度。咨送省区文中，亦明白说及，所惜辗转传述，致生误会，总会试办成绩，素所深悉，合作有益于民，原则上甚为赞同。现在社数众多，惟恐其中有逾越范围以及财产上发生纠葛情事，所以有切实考察之举。苟无流弊，在法令未颁布以前，不妨维持现状。"[③] 可见，北洋政府并非否定华洋义赈会成立合作社的作用，只是强调要由政府来指导而已。从当时的舆论来看，合作事业已得到社会的普遍认可，兴办合作社已成为一股不可逆转的潮流。

第二，平教会定县乡村建设实验的推动。

此为推进定县合作社发展的更大力量。如后所述，二十世纪二三十年代，为了达到复兴农村的目的，一部分知识分子组织乡村建设团体，到农村去进行乡建实验。平教会所主持的定县实验，是全国影响最大的实验之一，1926 年先是将翟城村作为试验区，1929 年又将全县扩大为实验区。创办合作社，是开展生计教育的一个重要方面，正如晏阳初所说："（生计教育）一方研究农产品产量的增加与品质的改进，农村工业的提倡与改良，以增进农民的收入；一方实验新的农村经济组织，以期解决农民的借贷、购买、运销等问题……必须设立一种健全的合理的组织，以作有效的经营，方能建立农村经济的基础。"[④]

---

①《河北合作——优良社之实况》，《中国华洋义赈救灾总会丛刊》C2 种，1935 年版，第 116 页。

②张镜予：《中国农村信用合作运动》，商务印书馆 1938 年版，第 71 页。

③张镜予：《中国农村信用合作运动》，第 72 页。

④晏阳初：《〈定县农村工业调查〉序》，张世文：《定县农村工业调查》，第 1 页。

合作事业的发展分为两个阶段:第一阶段由平教会推动,第二阶段由河北省县政建设研究院推动,但实际上仍为平教会所设计。在第一个阶段,开始为合作教育,再到合作社实验,偏重考核合作社的组织、训练、社务。1932年1月,平教会在高头村成立消费合作社,为本村第一个合作社。同年12月,业务扩大,兼营购买和信用。以高头村为中心,又划定周围60村为研究区,以13个合作社为实验对象。在第二个阶段,1933年10月河北省政府在定县成立县政实验县和县政建设研究院,由晏阳初担任院长,通过政教两方的力量推动合作社的发展。当年12月,成立自助社226个。1934年5月,自助社增至270个,自助社"既已普遍成立,合作组织已具雏形,稍加以教育指导,即可改组为合作社"[①]。1936年初,合作社已有127个,见表34:

表34 冀中定县合作社类别统计(1936年)

类 别	数量(个)
信用	42
信用兼营购买	42
信用兼营购买、运销	12
信用兼营运销	13
信用兼营购买、仓库	5
信用兼营仓库	2
信用兼营运销、购买、仓库	2
信用兼营购买、生产	1
信用兼营运销、购买、生产	1
购买	1
运销	1
生产	5
总 计	127

资料来源:1.姚石庵:《定县合作社联合社二年来之回顾》,《大公报》1936年1月15日。

由表34可见,信用或信用兼营其他业务的合作社较为突出,达到合作

---

① 姚石庵:《定县农村合作组织之发展》,《民间》1936年第3卷第3期。

社总数的 94.5%。由于"信用组为合作社的中心，各组的活动皆借助于该组的力量"①。全国也是如此，1934—1936 年，信用社占全国合作社总数的 60% 左右②。

对于合作事业采取兼营的办法，国联合作专家甘布尔在考察定县后提出不同意见："兼营的合作社，内容复杂，常由少数社员或雇员经手，因之失去合作的意义，并且社员中各部业务之结果，常不易分别清楚。信用社更不应兼营供给业务。因两种业务的性质完全不同，信用部常限制社员借款，而供给部则希望信用部多多放款，而使社员购买力加大，以增加营业额。且通常信用社多区域小，对社员资格选择较严；而供给部则业务区域大，对社员资格之选择宽，故此两部大相冲突。……以上各种弊端，采用单营制即可免去。因单营合作社各有其社章，简单清楚，社员易于了解，各部盈亏情形，亦能分清。"③张世文不同意甘布尔的看法，认为合作社兼营有不少优点，"不但人才可以兼用，时间财力可以节省，信用、购买、生产及运销的种种业务活动可得到连锁的运用与平衡的发展，资本可以统一，并且可使组织统一，力量集中与稳固"④。在合作社开展的初期，张氏的主张更加符合农家经济的实际。

成立县单位合作组织，是平教会开展合作社的目标。生计教育部主任姚石庵对华洋义赈会在定县所办的合作社以及苏、浙、鲁、冀各地的合作社进行了考察，将县单位合作组织分为三级制，即村合作社、区合作联合组织、县合作联合组织，后改为县、村二级制，区设县联合社办事处⑤。1933 年 9 月，县联合社组织正式成立。翌年 10 月，在李亲顾镇建立南区办事处。到 1936 年初，已有 83 个合作社加入县联合社，有社员 3651 人。与普通合作社一样，联合社也以信用为核心，兼营购买等业务⑥。

---

① 张世文：《县单位经济合作制度的实验》，《新农村》1935 年第 21 期。
② 章有义：《中国近代农业史资料》第 3 辑，第 213 页。
③ 转引自杨骏昌：《河北合作事业报告译评》，《大公报》1936 年 10 月 14 日。
④ 张世文：《县单位经济合作制度的实验》，《新农村》1935 年第 21 期。
⑤ 姚石庵：《定县农村合作组织之发展》，《民间》1936 年第 3 卷第 3 期。
⑥ 姚石庵：《定县合作社联合社二年来之回顾》，《大公报》1936 年 1 月 15 日。

第三,银行贷款的推动。

在合作社尤其是农业仓库建立和发展的过程中,银行发挥了一定作用。如果说在江浙等南方省份的农场,政府银行尤其是农民银行的贷款占一定比例[1],而在河北农村,则主要是商业银行贷款。1934年国民政府《储蓄银行法》规定,商业银行对于农村贷款不得少于存款总额的五分之一[2],多少推动了商业银行向农村的投资。

在平教会独立推动合作社时,定县合作金融主要仰给于中孚银行的信用放款。到河北省县政建设研究院推动合作社时,定县与中国银行、金城银行和河北银行联络,对合作社进行信用放款、掘井贷款和农产品抵押贷款。1933年,县合作社联合会营业资金为4.8万元,来自中国银行的贷款就有3.2万元。1934—1935年,又得到中国银行、金城银行贷款7万多元[3]。1935年,全县合作社贷款达到50多万元,皆出自中国银行、金城银行、河北银行和中孚银行[4]。

随着银行贷款业务的开展,农产仓库和农产抵押所也设立起来。1933年,县中心仓库有5家,其中中国银行的3个设于城里、清风店和东亭,金城银行的2个设于明月店和李亲顾。经平教会介绍,合作社社员可向农产仓库进行农产物抵押借款[5]。1933年,5个中心仓库抵押总额达到51090元[6]。

---

[1]截至1935年,全国共有农民或农工银行总行23家。参吴承禧:《中国银行业的农业金融》,《社会科学杂志》1935年第6卷第3期。

[2]中国人民银行上海分行金融研究所:《上海商业储蓄银行史料》,上海人民出版社1990年版,第443页。

[3]张世文:《县单位经济合作制度的实验》,《新农村》1935年第21期;《定县农村合作社县联合社民国二十四年度报告书》,中国第二历史档案馆藏,全宗号236,卷号182。

[4]鲁绍柳:《定县农村经济概况》,《文化建设》1937年第3卷第4期。

[5]吴半农:《河北乡村视察印象记》,千家驹编:《中国农村经济论文集》,第410页。农业仓库古已有之,清道光二十九年(1849)定县义仓仍有11处。1914年后翟城、东亭、史村还成立义仓,1927年后相继停办。甘布尔考察华北4省农村,到1933年只有少数村子有积谷仓。参〔清〕宝琳:《直隶定州志》卷二〇《政典·仓储》;李景汉:《定县社会概况调查》,第95页;Sidney D. Gamble, *Ting Hsien: A North China Rural Community*, p.152;Sidney D. Gamble, *North China Villages: Social , Political , and Economic Activities* , p.5.

[6]张世文:《县单位经济合作制度的实验》,《新农村》1935年第21期。

由于一些村庄距离中心仓库较远，县联合社与金城银行、中国银行商定在适中地点设立 12 个附库。1934 年 7 月至 1935 年 6 月约一年的时间里，附库办理抵押贷款 43 795 元[①]。后来，各银行对农产仓库贷款的区域做了划分，由金城银行负责定县南部，中国银行负责定县北部，河北银行不分地域，但限于专门的掘井贷款[②]。

第四，南京国民政府自上而下的促动。

南京国民政府成立后，试图推动中国经济建设。与此同时，社会各界掀起一股复兴农村、"资金归农"的思潮。这些都促使国民政府推动合作社的发展，如颁布合作法规，举办合作教育，整合合作业务，确立全国性的合作制度。各省陆续成立了合作社推进机构，定县所在的河北省，1930 年在省农矿厅成立合作事业指导委员会，各县配备合作指导员，负责合作技术与合作行政。随之，河北的信用合作社进入较快发展阶段，到 1936 年 7 月，合作社已由 1930 年的 946 个增至 4737 个，增加了 4 倍[③]。

由上可见，新式借贷的产生和发展靠的是多方合力，以民间力量为主，政府作用为辅，政府对乡村的渗透力呈增加之势。

三、新式借贷的去向

新式贷款到了谁的手里，关系到放贷对象的利益，在当时就受到社会各界的瞩目。定县以平教会乡建实验而闻名，所有问题包括合作社、农产仓库贷款比其他地区更受到热议。不少学者以定县为例，对新式借贷提出批评。甘布尔考察定县等地的合作社后指出："有拒绝非地主加入的情形。……合作社的利益，并未能普及于贫农。"[④] 符致逵也认为，定县合作社"经理权大都为村中之富农或村中有最大势力之人所掌管，银行对合作社

---

①姚石庵：《定县合作社联合社二年来之回顾》，《大公报》1936 年 1 月 15 日。

②李文伯：《县政实验区合作事业之比较》，《大公报》1936 年 12 月 9 日。

③梁思达：《河北省之信用合作》，南开大学商科研究所经济部第一班研究生毕业论文，1937 年。

④杨骏昌：《河北合作事业报告译评》，《大公报》1936 年 10 月 14 日。

所给予之低利资金,即往往被土劣自借或冒名借去,转以高利贷与农民,以达其剥削之目的"[①]。阎振熙也指出,定县仓库的抵押贷款,"得有借款的,为属士绅土劣及奸商之流,将款再转到农村去做高利贷,更助长了农村中的封建剥削关系","银行资本虽逐渐伸入农村,而并不是直接移入于农业生产,依然是采取获得利息和重利盘剥的形式,所以其结果是愈促进农民穷困化的过程,农村经济将益趋瓦解"[②]。迄今研究这一问题的学者,大多仍沿用此说。

以上批评,当不全是空穴来风,但经济现象是异常复杂的,地主、商人控制新式借贷的现象肯定是有的,问题是到了什么程度。对此问题,学者们的批评基本上没有给出有力的证据。

相关数据的确不多。在定县,笔者找到三份与新式贷款去向有关的资料。

第一份,1937年6月金城银行定县办事处的农业放款数据。该放款项下有李亲顾仓库、清风店仓库的抵押贷款统计:李亲顾仓库的贷款户,多者有2100元、1400元、1000元;清风店仓库的贷款户,多者有1500元、500元。这些贷款不是小数目,说明"其中有不少农业放款是以地主、富农为对象,或通过他们再行转放给贫苦农民,濒于破产境地的贫苦农民是不可能取得数百元甚至千元以上的放款的"。但除此之外,大多数贷款户仍是中小额贷款。李亲顾仓库列有279户,其中贷款50元以下者为94户,合计2589元,户均27.5元,少者仅5元、9元;50—99元者有79户,合计5561元,户均70.4元;200元以上者有38户,比例较小[③]。

第二份,1933年218家抵押贷款数据。其中,有地60亩以下者为132户,占总户数的61.6%,在这里面有无地者19户、20亩以下者42户。贷款100元以内者有195户,为总户数的89.4%,其中又以50元以下者居多,有

①符致逵:《商业银行对于农村放款问题》,《东方杂志》1935年第32卷第22号。
②阎振熙:《定县实验区考察记》,第23、34页。
③中国人民银行上海分行金融研究室:《金城银行史料》,第461页。

145 户；10 元以内的，也有 50 户 ①。

第三份，1934 年 53 个合作社的构成数据。合作社包括农家 2120 户，户均占地约 25 亩，多为中等户。其中又以有地 25 亩以下者为最多，有 943 户，占总户数的 44.5%；还有无田产者 75 户，占总户数的 3.5%②。

可见，普通农户也享受了新式借贷的利益，那种以为合作社、农业仓库由地主、富农完全控制的观点，缺乏足够的证据。

不仅如此，合作社和农业仓库为了照顾普通农民的利益，也付出不少努力。1934 年 3 月，吴半农考察金城银行李亲顾仓库时指出，仓库的借款额原定 50 元起，"因农民拿不出这样多的抵押品，故中途不得不变通办理，准许农民以合作的方法，联合数家，共同借款。谁知道这个办法也走不通，于是只好减低借款额，现起码数已改定为二十元了。押款期限原定六个月，不过实际办理的时候，亦常有伸缩"③。张世文也发现，仓库放款"初限于须满 50 元之货始能接受，后因抵押者少，办不通行，又改为 10 元的限度。实则小农除自己消费者外，余粮数量有限，限度过多则便利只及于少数人，未能惠及于贫农。近则凡属粮食能满一麻袋者均可抵押，对于农民倍加便利"④。抵押品数额的下降，明显缓解了底层农户的压力。

此外，如果说新式借贷受到地主、商人势力的控制，他们对合作社、农业仓库应该是完全持欢迎的态度，但张世文认为，这些人往往是合作社发展的障碍，"从我们的经验得知，信用合作确有减低一般债主放债的利率的作用。购买合作确有防止一般商人抬高或垄断市价的作用。运销合作确有增加农民利益的作用。因为合作社有这种实际的影响，当然要引起了放高利贷者与一般商民的反对"⑤。如果地主、商人控制了合作社并获取暴利，这种情形是不会出现的。

---

① 李景汉：《定县经济调查一部分报告书》，第 121、129 页。
② 张世文：《县单位经济合作制度的实验》，《新农村》1935 年第 21 期。
③ 吴半农：《河北乡村视察印象记》，千家驹编：《中国农村经济论文集》，第 415 页。
④ 张世文：《县单位经济合作制度的实验》，《新农村》1935 年第 21 期。
⑤ 张世文：《县单位经济合作制度的实验》，《新农村》1935 年第 21 期。

四、新式借贷与农民之关系

对于农民从新式借贷所受之益处,再就以下几个方面做一补充。

第一,农民借贷较前活跃。

就传统借贷而言,农民负债率与贫困程度几乎成正比。但负债率的提高并不必然意味着贫困程度的加深,譬如商品经济发达之地,负债率往往比经济落后地区高。相反,负债率的下降也并非农民的幸运,很可能是金融死滞的结果,并陷农民于困境。二十世纪二三十年代,新式借贷出现后,农民增加了一个新的借贷来源,负债率随之提高,就可能意味着经济状况的改善。

李景汉对定县农村借贷的调查,可为之做一佐证。1931 年,原本"农村经济渐呈疲敝之现象,至二十一年发生恐慌,人心动摇,生活不安。欠债无力偿还者日众,纠纷亦随之日多。此时许多债主急于收回旧债,不再轻易放出新款;因此本年内借贷之家数、次数与款额,皆较二十年时减少。至民国二十二年农村经济之不景气加甚,借贷之家数、次数和款额,较二十一年时尤为减少"。然而,到 1934 年,"金融渐呈活动现象,因此借贷之家数、次数和款额亦随之增加,超过前两年之数目。这一方面是因为本年农产丰收,人心安定,又一方面是因为本县境忽然设立了三个银行的分行或办事处(金城、河北、中孚)与中国银行的抵押仓库,并且都是标榜着救济农村的口号。此外尤有关系的是信用合作社和自助社,渐次普遍于农村。有这种种方面的促进工作,遂渐次打开金融吃紧的沉闷空气,而呈一时活动的气象"[1]。如前所述,定县合作社和农业仓库获得较快的发展,正是在 1933 年 10 月县政府与平教会力量合一之后,这一状况与农民借贷的恢复是吻合的。

第二,新式借贷的利率较低。

1929—1931 年定县乡村借贷利率的统计,见表 35:

---

[1] 李景汉:《定县农村借贷调查》,《中国农村》1935 年第 1 卷第 6 期。

表 35　冀中定县 5 村借贷利率（1929—1931 年）

月利率（%）	1929 年		1930 年		1931 年	
	借入款额（元）	占总额百分比（%）	借入款额（元）	占总额百分比（%）	借入款额（元）	占总额百分比（%）
0.00	——	——	60	0.18	65	0.14
1.00 以下	——	——	5000	15.28	5000	10.65
1.00—1.49	1883	9.57	1664	5.08	2555	5.44
1.50—1.99	11 174	56.82	15 802	48.28	23 383	49.79
2.00—2.49	5850	29.75	9084	27.75	13 810	29.41
2.50—2.99	629	3.20	999	3.05	1787	3.80
3.00	130	0.66	122	0.37	364	0.77
总　计	19 666	100.00	32 731	100.00	46 964	100.00

资料来源：1. 李景汉：《定县农村借贷调查》，《中国农村》1935 年第 1 卷第 6 期。

由表 35 可见，多数借贷利率在月利 1.5 分、2 分以上。该统计包括传统借贷和新式借贷，如果除去新式借贷，传统借贷利率应略为提高。

与此相比，新式借贷利率明显较低。合作社联合会向银行借款，利率为 7 厘；村合作社向联合会借款，利率增加 1 厘，为 8 厘；村合作社转放社员，又增加 2 厘，为 1 分，也即合作社原所得贷款的利率比传统借贷低 1 倍多。另有资料证明，定县村合作社的《棉花青苗抵押贷款办法》规定，社员贷款月利率为 8.5 厘[1]。自助社简章规定，社员向仓库抵押贷款的月利率也是 8.5 厘（栈租保险等费包括在内），非社员贷款月利率为 9 厘（栈租火险等费另算）[2]，比村合作社贷款利率还低。

因新式借贷一定程度上冲击了高利贷，农民借贷利率有所降低。定县最高、普通、最低月利率，1924 年分别为 2.8 分、2.5 分、2.0 分，1933 年分别为 2.1 分、1.8 分、1.5 分，比 1924 年下降了 7 厘、7 厘、5 厘[3]。导致利率下降尽

[1]张世文：《县单位经济合作制度的实验》，《新农村》1935 年第 21 期。
[2]《农村合作借款自助社简章》，中国第二历史档案馆藏，全宗号 236，卷号 182；《石家庄中国银行定县农产仓库章程》，中国第二历史档案馆藏，全宗号 236，卷号 183；《中国银行农产仓库抵押统计》，《民间》1935 年第 1 卷第 22 期。
[3]李景汉：《定县经济调查一部分报告书》，第 97 页。

管不止新式贷款一因,但一定是与它有联系的,正如李景汉指出的:"利息有稍微低落的趋势,这是因为信用合作社和银行低利放款的影响……有了此种新式金融机关的产生,固有的旧式金融机关不得不把他们放款的利息亦随之减低。总之,农民存款与借款均较以前便利,所受高利贷的剥削亦渐减轻。"①

第三,新式借贷主要用于生产和经营。

新式借贷对社员借款的用途限制较严。高头村信用合作社规定,借款必须用于生产事业②。1933 年 50 个合作社的借款统计显示,用于购买农具、牲畜、肥料、种子、养猪、轧棉等生产活动者约占 84%,用于赎地占 12%、粮食购买占 3%,其他仅占 1%③。如将赎地也算作农业经营,新式贷款用于生产经营者达到 96%。而 1928 年对定县 6 村 68 个借户的统计显示,用于偿还旧债、日常生活、婚丧嫁娶、不良嗜好等非生产用途者占总借数的 78%;用于购买农具、牲畜、凿井等生产经营用途者占总借数的 22%④。相比之下,新式贷款用于生产经营的比例要高得多。

当然,对新式借贷的作用不可夸大其词。新式借贷毕竟是初生事物,力量仍然十分弱小。河北是新式金融比较发达的地区,银行、合作社借贷也不过占农民借贷的 15%,在整个华北地区所占比例更低,仅占 8.5%⑤。也就是说,新式借贷只是乡村金融现代化的一个迹象。

在农村经济落后和社会动荡的背景下,发展新式金融是相当困难的。新式借贷规定借款要用于生产经营,实属贷款机关的无奈之举。无论是银行还是合作社、农业仓库,必须考虑效益。而事实证明,在农村放贷的成本很高,效益低下,如农村学者杨开道指出,"农民来往账目数目很小,但是手

---

① 李景汉:《定县农村借贷调查》,《中国农村》1935 年第 1 卷第 6 期。
② 《发起定县高头村信用合作社问答》,中国第二历史档案馆藏,全宗号 236,卷号 182。
③ 张世文:《县单位经济合作制度的实验》,《新农村》1935 年第 21 期。
④ 李景汉:《定县社会概况调查》,第 736 页。
⑤ 中央农业实验所:《各省农村金融调查》,《农情报告》1934 年第 2 年第 11 期。

续和办事员不能减少，所以营业费也较大"，结果出现亏损①。金城银行李亲顾仓库主任梁振熙也很苦恼："金城所办的两处仓库，直至现在止，仅放出款项一万元，但两处开销，每月即需一百五十元。拿目前的情形说，这当然是个赔本的玩意儿！"②可见，靠银行投资来维持新式借贷确实不易。

　　为此，有的学者建议应继续发挥传统借贷方式的作用。譬如，对于互助借贷组织摇会，李景汉认为其有七个优点：乡人急难，可以相帮；按期抽拨，周转较易；养成储蓄的习惯；免因偿微债或发生意外之事而破产；可以联络感情；养成互助的精神；有保人负责以及使会会员立质契为抵押，不致发生短款之虞③。对定县摇会颇有研究的李柳溪更认为，在信用合作社还未成立的农村，摇会"尚有相当好处"，"普通借钱要有抵押品，并且利率高，期限短，整使整还。然坐会纯粹以信用担保，利率低，期限长，整使零还，连环担保，其组织颇与今日信用合作社相合"，"如能使摇会内部加以改善，范围扩大，会期缩短，得到政府的保障，依照合作社原则'我为人人，人人为我'的精神，结合起来，集合大家的力量，从事生产事业的活动，实为调剂农村经济的最好团体"④。1936年11月，定县农民银行成立，提倡合作社兼办钱会储金，社员及其家属将参加钱会的储金每次提出一部分存在合作社，用于钱会会员和会外其他人的借贷⑤。这种做法，可谓传统金融与现代金融合作的一个尝试。

①杨开道：《我国农村生活衰落的原因和解救的方法》，《东方杂志》1927年第24卷第16号。
②吴半农：《河北乡村视察印象记》，千家驹编：《中国农村经济论文集》，第415页。
③摇会也有缺点，李景汉指出：会员中途不能按期缴款；使会后会员携款潜逃；摇会时须设宴席，殊不经济；借会生利，致富者愈富，贫者愈贫。参李景汉：《定县社会概况调查》，第745页。
④李柳溪：《定县摇会的研究》，《民间》1937年第4卷第3期；李柳溪：《定县摇会的研究（三）》，《民间》1937年第4卷第5期。
⑤《定县农行提倡"钱会"》，《中外经济情报》1937年第55期。

第十二章　商税制及征收漏洞

农民所纳税不仅有田赋,也有商税。商税是国家对商品流转交易征税的统称,起源甚早,殷末周初即开始征收商税,一般指关税、市税,即所谓"关市之征"。但"商税"名称迟至唐代才出现,历经宋、元、明、清前期以及晚清民国,商税的种类随着时代的变化而变化。学界对中国古代商税多有探讨,而对晚清民国时期的商税则较少讨论,即使有也多为对盐税、关税等某一税种的研究。田赋与农民的关系较为密切[①],但以往研究较多,本章就不拟将其作为考察对象,而是集中于对农家影响面更广的商税。兹对冀中定县的商税制及其运作做一探讨,为此问题的研究提供一个例证。

一、商税种类及其历史变动

秦汉之后,中国一直实行中央集权财政体制。到清末民国时期,税制发生的最大变化是出现了国家税和地方税的划分,以及直接税、间接税和行为税等新的概念。至于具体的税种,则既有传统的延续,也有新的种类的产生。

1905 年清朝实行预备立宪时,已有实行分税财政体制、划分国家税和地方税的议论。1910 年清政府在清查各省财政收支的基础上,开始试行分税财政体制,通过划分国家税与地方税来明确国家和地方的权限。由于 1911

[①]定县田赋正附税占农户耕地收入的比例,1927 年为 3.4%,1928 年为 1.2%。参李景汉:《定县社会概况调查》,第 301 页;冯华德、李陵:《河北省定县之田赋》,《政治经济学报》1936 年第 4 卷第 3 期。

年发生辛亥革命，清朝覆亡，新税制改革并未真正展开。民国肇始，1913 年、1914 年北洋政府财政部订立《划分国家税地方税法（草案）》，并具体实施这一法案。南京国民政府成立后，1927 年 7 月通过《划分国家地方收入暂行标准》，详列国家税和地方税各项名目，1928 年 7 月、1935 年 7 月又相继做了修订和调整。

定县税目基本上是依据国家的法令而变通的。从李景汉主持的社会调查来看，1927—1930 年分为国家税和地方税，具体又有国税、省税和县地方捐三个部分：1. 国税为中央收入，包括盐税、烟酒税、烟酒牌照税、卷烟统税、统税、印花税、验契费等七项；2. 省税为河北省政府收入，包括田赋及差徭、田赋附征各种特捐、烟酒税附征特捐和赈款、契税及附征、牙税、牲畜花税、屠宰税、芦盐食户捐等八项；3. 县地方捐为县地方收入，包括田赋附加地方经费、村捐、契税牙佣、花生木植捐、牙捐、牲畜花附捐、屠宰附捐等七项。如按税收的性质划分，也可分为直接税、间接税和行为税三个部分：1. 直接税以财产及营业为课税基础，税的担负直接归纳税者本人，如田赋及附征各项、田赋附征各种特捐、烟酒牌照税、牙税牙捐、村捐；2. 间接税以货物及消费为课税基础，含有转嫁的性质，负担不归纳税者本人，最后由消费者负担，如盐税及食户捐、烟酒税、烟酒税附征特捐和赈款、卷烟统税、统税、牲畜花税及附捐、屠宰税及附捐、花生木植捐；3. 行为税以行为为课税基础，一部分属于直接税，一部分属间接税，如印花税、契税及附征各项[1]。以上税收种类，与 1928 年南京国民政府所划定的税种相比[2]，比国家税少九项，比地方税多三项。

如以商税概念来衡量，以上税种属于商税者有以下各项：盐税及芦盐食户捐、烟酒税捐、烟酒牌照税、卷烟统税、统税、印花税、契税及附征、牙税及牙捐、牲畜花税及附捐、屠宰捐及附捐、花生木植捐等。就税收性质而言，这

---

[1] 李景汉：《定县社会概况调查》，第 447—449 页。有的税种，在收入归属上有变化，如牙税，自清代到南京国民政府成立，名义上一直是国税，但实际上自民国成立之后就已转为省税，南京政府不过是正式确认罢了。

[2] 中国第二历史档案馆编：《国民党政府政治制度档案史料选编》下，安徽教育出版社 1994 年版，第 207 页。

些税种多属间接税,税收包含在商品价格之内,商税的特征也多在于此。有的税种较为复杂,一部分属于间接税,另一部分又属于直接税,很难归类,但只要与商业流转交易有关,即可归入间接税。上述商税的开征时间,见表36:

表36 冀中定县商税种类及其历史变化简表(明代至二十世纪三十年代)

税 种	开征时间	税 别
盐税	专商承包始于明代	国税
芦盐食户捐	1928 年	省税
烟酒税捐	始于清光绪朝	国税
烟酒牌照税	1928 年	国税
卷烟统税	1928 年	国税
统税	1928 年	国税
印花税	1913 年	国税
田房契税	明末	省税
牙税	清初	省税
牙捐	1915 年、1916 年	县地方捐
牲畜花税	清初	省税
牲畜花税附捐	1915 年	县地方捐
屠宰税	1915 年	省税
屠宰税附捐	1915 年、1916 年、1917 年	县地方捐
花生木植捐	1903 年	县地方捐

资料来源:1. 李景汉:《定县社会概况调查》,第450—562页;2. 申玉山:《长芦盐税研究》,河北师范大学博士学位论文,2008年,第2、12页;3. 中国第二历史档案馆编:《中华民国史档案资料汇编》第5辑第1编《财政经济(二)》,江苏古籍出版社1994年版,第364页;4. 李景汉:《定县土地调查(下)》,《社会科学》1936年第1卷第3期;5. 冯华德等:《河北省定县之田房契税》,《政治经济学报》1936年第4卷第4期;6.《定县教育经费之来源》,1918年9月,南开大学经济研究所藏定县抄档。

对表36中的税种做进一步说明:

盐税及芦盐食户捐。中国的产盐场地共有11区,盐的销售各有引地,由专商承运。定县销售的盐,属天津长芦盐场范围。长芦盐场自汉代即有征税记录,由专商售盐始自明代。"引"是盐商纳税后准许贩盐的凭证,盐商按引完税后，到指定盐场购盐，运赴指定地区销售。民国时期，改为就场征税，在盐场买盐时缴税。芦盐食户捐为盐税的附捐，1928 年 8 月设立，是对 1914 年之后产捐、销捐、整顿捐、省钞基金捐、食户饷捐等附征的归并。

烟酒税捐及烟酒牌照税。烟酒税为出产税，始于清光绪朝。民国成立后，1913 年继续征收。烟酒牌照税是对贩卖烟酒商人征收的一种营业税，1913 年设立，在定县 1928 年开始征收。

卷烟统税及统税。统税即从前的厘金，为清政府为平定太平天国起义所征收的临时税项，属货物通过税，举凡一切通过厘卡的货物都要征收。"有人谓，百数十年来，赋税之中，万恶所归，以厘金为最。"[1] 民国建立，北洋政府时期，此税依然存在，曾有整理之议，未取得效果。南京国民政府成立后，1928 年通过裁撤厘金案，将全国的厘金和类似厘金的通过税一律废除，以重新举办特种消费税作为弥补。先从卷烟统税开始，就场征税，定县从 1928 年开始征收。不过，绝大多数销售的货物仍然缴纳统税。到 1931 年，特种消费税扩展到麦粉、水泥、棉纱、火柴等项，自此改变了物物抽税的局面。

印花税。一种对因商事、产权等行为而发生的凭证而征收的税，以在凭证上贴印花税票的方式纳税。清光绪朝先后两次试办，因商人反对，没有成功。民国成立后，1913 年 2 月财政部公布《印花税票总发行所章程》，正式征收印花税，定县于当年征收。

田房契税。契税是田房买卖或典当时，由买者或典者缴纳的一种行为税。其中田产交易最多，占 9.5 成以上。新业户须凭草契到县办理"印契"手续，县政府在查验草契办理登记和颁发正式官契时，向新业户按契值抽税，以确定田房权利。印契收费始于东晋，隋唐两代曾一度中辍，宋朝再行恢复，收取"印契钱"，元朝称为"契本费"，明末改称契税。民国时期，1933 年定县契税有十种名目，包括正税、附收学费、田房交易中佣、草契纸、契纸价、注册费、印花费、民众教育捐、过割费、收据费等。其中，正税分买契、典契和推契三种，买契税清朝以前就有，典契税和推契税较晚，光绪末年开始征收。

牙税、牙捐。牙税近似营业所得税，凡市场交易货物，只要以牙纪抽佣

---

[1] 李景汉：《定县社会概况调查》，第 462 页。

为媒介,都要征收此税。该税始于明末清初,定县从清初开始征收,1915 年始有牙税的正式名称。牙捐即牙税的附加捐,也称牙行公益捐,1915 年、1916 年开办,包括畜行牙捐、棉花棉籽行牙捐、布行牙捐、斗行牙捐、油饼柴菜水果口袋线带子行牙捐、花生席麻行牙捐、树木油槽牛马羊皮油骨行牙捐、猪毛鬃行牙捐、牙捐学款等。

牲畜花税及附捐。牲畜花税是对牲畜和棉花交易进行征税,始自清初,分为牛驴税、猪羊花布烟油税、马税。后来三种税合并,统称牲畜花布税,1928 年改为牲畜花税。牲畜花税附捐又称牲畜花公益捐,定县 1915 年开办此捐。

屠宰税及附捐。屠宰税是宰户屠宰牲畜时所纳的税,清末始设,开始仅限东南数省。民国之后,1915 年北洋政府财政部通令各省征收,定县于同年 3 月开办。屠宰牲畜附捐又称屠宰公益捐,包括屠宰猪附捐、屠宰牛羊附捐、屠宰骡马驴附捐三项,分别于 1915 年、1916 年、1917 年设立。1929 年,禁止屠宰骡马驴,猪与牛羊两项合并为屠宰附捐。

花生木植捐。凡市场交易中的花生木植及麻饼等,均征此税。清光绪二十九年(1903)开办。

由上可见,不同税种的设立时间不一,有的历史悠久,清代以前就已设立,如盐税、田房契税;有的在清代尤其是晚清时期设立,如牙税、牲畜花税、烟酒税捐、花生木植捐;有的设立于民国之后的北洋政府时期,如印花税、牙捐、牲畜花税附捐、屠宰税、屠宰税附捐;也有的设立于南京国民政府时期,如芦盐食户捐、烟酒牌照税、卷烟统税、统税。总之,晚清民国时期的商税名目比以往有明显增加。

那么,商税在定县整个赋税中占到什么地位呢? 相关资料缺乏,只有 1927—1929 年的数据,见表 37。

由表 37 可见,除了田赋及附征各项、村捐,其他各项都可看作商税。据此计算,商税总计为 306 973 元,占全县赋税总量的 55.3%。由于关税、火车货捐等数项无从调查,多少降低了这一比例。就全国而言,1911 年,田赋已降至税收总量的 27%[1]。到抗日战争全面爆发前,农业税已经不到税收总量

---

[1] 邓绍辉:《晚清财政与中国近代化》,四川人民出版社 1998 年版,第 99 页。

表37 冀中定县平均每年赋税统计（1927—1929年）

税　种	征收数（元）	百分比（%）
田赋及附征各项	226 887	40.86
盐税及食户捐	115 239	20.75
牙税、牙捐	40 347	7.27
牲畜花税及附捐	37 503	6.75
卷烟统税	35 100	6.32
契税及附征各项并验契各费	25 997	4.68
村捐	21 438	3.86
花生木植捐	14 176	2.55
统税	12 462	2.24
烟酒税费及附征并牌照税	11 023	1.99
屠宰税及附捐	8786	1.58
印花税	6340	1.14
总　计	555 298	100.00

资料来源：1. 李景汉：《定县社会概况调查》，第581页。

的5%了[①]。与此比较，定县的商税比例是较低的，这一现象大概体现了平原农业社会的特征。

二、商税税率、税入的变化

税率表示某一税种应纳税额与课税对象之间的数量关系或比例关系，又有定额税率、比例税率、累进税率之别。税入则是一定时间内某一税种的征收总量。关于定县商税，不同税种的税率和税入的记载极不统一，其简要情况，见表38：

---

①杨荫溥：《民国财政史》，中国财政经济出版社1985年版，第47页；赵津：《中国近代经济史》，南开大学出版社2006年版，第19页。

表 38　冀中定县商税的税率、税人表(清乾隆朝至二十世纪三十年代)

税　种	税　率	税　入
盐税	每 100 斤 1914 年初 2 元,同年冬 2.5 元,1915 年 2.75 元。	盐税,清光绪初年 3244.95 元,平均每人负担 0.015 元。盐税与芦盐食户捐,1928 年 115 238.75 元,平均每人负担 0.295 元。
芦盐食户捐	1928 年每 100 斤 1.7 元。	
烟酒税	民初,每 100 斤烟草 2.2 元,烧酒 2.2 元,黄酒、枣酒 1.1 元。1930 年,每 100 斤烟草、烧酒 2.5 元,黄酒、枣酒 1.25 元。	烟酒税和烟酒牌照税总额,1928 年 4344 元,1929 年 10 466 元。
烟酒牌照税	1913 年,全年整卖营业和甲、乙、丙零卖分别为 40 元、16 元、8 元、4 元。1925 年,分别为 60 元、24 元、12 元、6 元。	
卷烟统税	1928 年,以海关估价为标准,按 32.5% 缴纳①。	1929 年 12 462 元,1931 年 35 100 元。
印花税	1920 年,每张契纸粘贴印花 1 角。1929 年,每张在 10 元以下者粘贴印花 1 分,10 元以上 100 元以下者 2 分,100 元以上 500 元以下者 4 分,500 元以上至 1000 元者 1 角,1000 元以上至 5000 元以下者 2 角。	1917—1919 年每年 400 多元,1920 年 1019.8 元,1921 年 1052 元,1927 年 2941 元,1929 年 6340 元。
田房契税	买契税,清初按买卖田房价值,每银 1 两征税 3.3 分,1906 年 4.95 分,1910 年 9 分,1914 年初 7 分,1916 年 6.6 分,1930 年 7.6 分。典当田房契税,1908 年 2.45 分,1910 年 6 分,1915 年 2.8 分,1917 年 3.3 分。1930 年,买契正税、附加学费以及牙佣合计 12.6 分,典契正税、附加学费和牙佣合计 5.3 分。	买契税,在清前期每年不及 1000 元,1931 年 15 000 元以上。田房契税总额(不包括牙佣、契纸价、注册费),1911 年 9904 元,1921 年 13 795 元,1934 年 24 063 元。
牲畜花税	清初,按交易值征收 3%。1915 年,牲畜税率仍是 3%,棉花与布的税率为 1%。	1911 年 11 214 元,1912 年 12 492 元,1913 年 15 206 元,1927 年 18 780 元,1928 年 22 020 元,1929 年 22 928 元。
牲畜花附捐	1915 年,按值抽税 1%。	1921 年 10 349 元,1922 年 11 986 元,1923 年 13 000 元,1927 年 11 988 元,1928 年 17 052 元,1929 年 19 740 元。

①1931 年初,南京国民政府对卷烟统税税率做了修改,国制卷烟税率提高到 40%。参财政部财政年鉴编撰处:《财政年鉴》,商务印书馆 1935 年版,第 942 页。

续表

税　种	税　率	税　入
屠宰税	1915年，猪每头3角、牛每头1元、羊每只2角。1916年，猪每头3角，羊2角，牛2元，骆驼、马8角，驴6角。	1921年2432元，1922年2897元，1923年4215元，1927年3939元，1928年4692元，1929年5000元。
屠宰税附捐		1921年2332元，1922年2799元，1923年4215元，1927年3815元，1928年4414元，1929年4500元。
花生木植捐	1903年，按交易值征收3%。	1917年6070元，1922年10 000元以上，1929年17 156元。
牙税	清初，一般为物价的3%，1929年为3%。	清乾隆十八年10.9元，1894年1475元，1915年8880元，1924年17 407元，1934年36 273元。
牙捐	清初，一般为1分，即1%。民初，多1分，也有的3分。布行牙捐，每匹抽提1文，1917年2文，后3.5文。	

资料来源：1.李景汉：《定县社会概况调查》，第450—562页；2.〔清〕黄彭年：《畿辅通志》卷一〇一《经政八·盐法二》；3.冯华德、李陵：《河北省定县之田房契税》，《政治经济学报》1936年第4卷第4期；4.冯华德：《河北省定县的牙税》，《政治经济学报》1937年第5卷第2期；5.《定县23年度牙行调查表》，1935年11月，南开大学经济研究所藏定县抄档。

根据相关材料，对表38所列做进一步说明：

盐税及芦盐食户捐。1928年，盐税和芦盐食户捐合计，每100斤纳税4.45元，比1914年每100斤缴纳盐税2元增加了1.2倍。盐税人均负担，1928年为0.295元，比清光绪初年0.015元增加了18倍以上。

烟酒税捐及烟酒牌照税。烟酒税，1930年每100斤烟草、烧酒、黄酒、枣酒征税都比民国初年增加了13.6%。烟酒牌照税，1925年整卖营业和甲、乙、丙零卖征收额都比1913年增加了50%。烟酒税各项总额，1928年至1929年即增加1.4倍。

卷烟统税。1931年，定县城内卷烟商号每月销售100箱左右，每箱5000盒，每箱160元，一月消耗1.6万元，一年销售19.2万元，纳税35 100元，比1929年纳税12 462元增加了1.8倍。

印花税。1929年的印花税总额为6340元，比1917—1919年每年400多元增加了14.9倍。

田房契税。买契税率,1910年比清初增加了1.7倍,1930年有所下降,但也比清初增加了1.3倍。典契税率,1917年比清末的1908年增加了34.7%。如将附加和牙佣计入,1930年,买契税率比清初增加了2.8倍,典契税率比1908年增加了1.2倍。买契税总额,1931年比清初增加了14倍。田房契税总额,1934年比1911年增加了1.4倍。

牲畜花税及附捐。税率变化较小。牲畜花税总额,1927—1929年三年分别比1911年增加了67.5%、96.4%、104.5%。牲畜花附捐总额,1927—1929年分别比1921年增加了15.8%、64.8%、90.4%。

屠宰税及附捐。屠宰税税率,1916年与1915年比较,猪、羊没有变化,牛增加了1倍。屠宰税总额,1927—1929年比1921年分别增加了62.0%、93.0%、105.6%。屠宰附捐总额,1927—1929年分别比1921年增加了63.6%、89.3%、93.0%。

花生木植捐。征收总额,1929年比1917年增加了1.8倍。

牙税牙捐。牙税税率没有变化。牙捐税率,布行增加明显,1917年以后比民初分别增加了1倍、2.5倍。牙税总额,清光绪二十年(1894)比乾隆时增加了130余倍。民国以后,牙税及牙捐总额也有大幅增加,见表39:

表39　冀中定县牙税牙捐数额统计(1915—1934年)

年　　度	正税(元)	牙捐(元)	合计(元)
1915年	2658	6222	8880
1920年	2042	3124	5166
1925年	22 137	24 273	46 410
1930年	18 093	28 863	46 956
1934年	8122	28 151	36 273

资料来源:1.冯华德:《河北省定县的牙税》,《政治经济学报》1937年第5卷第2期。

由表39可见,1934年,牙税牙捐总额达3.6万余元,为清末1894年的24.6倍、乾隆时的3500多倍。

无论是税率还是税入,除少数之外,几乎所有的税种都处于增加之势,尤其是税入的涨幅更为显著。为什么会有如此增长的趋势呢?主要原因是,近代以来,随着民族国家现代化建设的逐步展开以及政治、军事、公安、外交、经济、社会和文化机构设施的扩大，财政需求和财政支出越来越多。撇开中央和省级层面，仅从定县地方而言，财政支出明显处于增长之势，见表40：

表40　冀中定县年度支出预算（1917—1932 年）

项　目	1917年（元）	1923年（元）	1927年（元）	1928年（元）	1929年（元）	1932年（元）
党费	——	——	——	7100	16 800	7200
政费	34 049	26 991	44 933	36 993	43 922	53 055
教育费	30 080	17 487	37 601	37 017	39 349	60 370
建设费	1691	587	1466	1472	1472	3926
特别费	894	1486	8474	6343	6343	8052
总　计	66 714	46 551	92 474	88 925	107 886	132 603

资料来源：1.李景汉：《定县社会概况调查》，第596—600 页；2.李景汉：《定县经济调查一部分报告书》，第418—419 页。笔者对有关数据进行了整理和计算。

定县1917年财政支出预算约为6.7万元，1932年增至约13.3万元，接近1917年的2倍。无论是党费、政费还是教育费、建设费和特别费，多是因清末民国之后设立新机构、开展新建设而增加的。譬如，在政费支出中，公安机构所占比例最大，这与清末之后警务人数和经费的不断增加有关。定县在1902年设立警务总局，有办公人员9名。民国之后，1912年改为警务长公所，相关人员增至23名。1915年改为警察所，人员增至283名。1919年、1920年，相关人员达到308名。1928年改为公安局，人数有所减少，但仍有221名，全年经费为2.3万余元。同年，在公安局下附设民间组织保卫团，6个自治区每区1个，全年经费4.2万元，比公安局系统的经费还高[1]。

随着财政支出的增长，对财政收入的需求也因之加大。县级财政收入主要是县地方捐，除了田赋附加之外，大部分为商税。1927年、1928年、

----

[1]李景汉：《定县社会概况调查》，第85—86 页；《定县警察配置区域人数表（1917—1921年）》《定县公安局及所属各派出所职员长警人数表》，1929 年10 月，南开大学经济研究所藏定县抄档。

1929 年,县地方捐总额分别为 98 847 元、106 117 元、135 428 元[1],这一数据与财政支出的增长趋势是吻合的。对此现象,冯华德解释道:"民国五年以后,新政渐多,税源扩大,如牙捐、牲畜税附捐等收额,并不在田赋附加捐收数以下。"[2] 张世文也指出,抽取牙捐用途"多系为本村学校经费,或其他公益事体;在县方规定的,多为全县地方自治事业,或筹办学校,或振兴实业,及其他属于全县的公益事项"[3]。这些评论,都反映了商税增加与地方建设的密切关系。

商税之所以增加,商品流转交易的提高也提供了一定的动力。由于商品经济的发展、人口的增加和交通运输条件的改善,商品交易空间有明显的扩大。如前所述,定县集市数量自清顺治朝至道光朝二百年间一直是 11 个,到二十世纪二三十年代,增至 83 处,比清代早中期增加了 6 倍。集市数量的增加,与商品交易的扩展是互为因果的。1933 年,全县输出和输入商品价值分别为 316 万元、319 万元,总计 635 万元,是该县商税总值 306 971 元的 20.7 倍,如果加上市场上交易的本地工农业品,还要高得多。

值得注意的是,尽管各类税项的税率、税入多有增长之势,但商税在商品交易值和经济产值中所占的比例并不大。1933 年,定县全县商品交易值为 1032 万元,经济总产值约为 2100 万元[4],按商税总额为 30.7 万元计算,仅占商品交易值的 2.97%,占经济总产值的 1.46%。当然,全县所有税收总计 55.5 万元,也不过占经济总产值的 2.4%。

---

① 据李景汉《定县社会概况调查》第 565—567 页资料计算。
② 冯华德、李陵:《河北省定县之田赋》,《政治经济学报》1936 年第 4 卷第 3 期。
③ 张世文:《定县农村工业调查》,第 36 页。
④ 李景汉:《定县经济调查一部分报告书》,第 3—12 页;张世文:《定县农村工业调查》,第 60、216、222 页;张世文:《定县猪种的改良实验》,《民间》1935 年第 1 卷第 20 期;《营养研究设计报告·1932 年 7—12 月半年工作报告》,中国第二历史档案馆藏,全宗号 236,卷号 115;《二十二年度河北省各县家畜家禽数量统计表》,《冀察调查统计丛刊》1937 年第 2 卷第 3 期;商会查报:《定县商店调查表》,1933 年 7 月,南开大学经济研究所藏定县抄档等。

三、商税的征收方式及其问题

税收为政府的财源，由政府实施征收。但因政府能力有限，也有一些税种由商人转包承办，商人就成为介入税收的一个重要力量。这种情况，在古代和近代中国都曾存在。就定县而言，清末民国时期，征税多由县政府主持，但也有由省级税收的派出机构实施的。但由这两类部门直接进行征收的税种较少，转包商人征收的情况居多，个别也有政府部门和包商混合征收的。据 1929 年的统计，为了对 83 个集市进行征税，定县设有 22 个税收中心及其下属的 68 个征税组织[1]。征税过程，本应涉及政府、商人和纳税人几个方面，但有关纳税人的资料极少，因此很难反映不同力量之间的博弈关系。

由政府机构及人员征收的税种，主要是卷烟统税和印花税。

卷烟统税。1928 年开始征收，南京国民政府财政部设立卷烟统税总处，各省分设卷烟税局。河北省卷烟税局设在天津，由其监督、指挥所属机关办理卷烟统税事项。在水路交通扼要地点，设立卷烟统税查验所、分所，专司登记、税照申请、检查、侦缉。

印花税。1913 年开始举办，北洋政府财政部设印花税处，在各省区设印花税处并派税收数额，各县由县知事经征。南京国民政府时期，各省成立印花税局，省级中心区域设立印花税分局。1928 年，河北省第六区印花税分局在定县成立，管辖区内 14 个县。定县境内的征收，设 4 个代销处办理。

有的税种，由政府选定代理人办理，代理人具有官方性质，不属商人。以田房契税的征收最有特色，称"官中制"。

田房契税的经征机构，南京国民政府时期为县政府税契所。该机构设书记 3 人，税收旺季时临时聘人帮忙。业户投税，先申请呈验草契，由税契所查核，然后按地价缴纳契税，领取正式官契。投税之前，须完成田房交易，比纳税过程还复杂，不仅指交易，也涉及税项的核查。田房交易向为牙人说合，收取佣钱。官府开始介入田房交易始自清末，在定县，1904 年官府设立

---

[1]Sidney D. Gamble, *Ting Hsien: A North China Rural Community*, p.166.

田房牙纪,凡欲做牙纪者,向官厅纳费,交制钱 8000 文,以后如继续充当,每年交 3000 文。牙纪除了介绍田房交易、抽收牙佣,还为政府稽核契税,他们每人有一个稽查税契簿,将所经手说合与签证的交易,逐宗填入簿内,故有半公务员的性质。1910 年,政府改变章程,由村庄公举一两人作为一村的说合人,负责丈量田房与催缴契税,双方分取牙佣。民国成立后,1915 年,取消说合人,设立官尺,视村大小每村设官尺 1—3 人。1916 年,改设田房官中,全县 6 个自治区分为 29 个小区,每小区设田房官中 1 人,遴选“殷实可靠,素无劣迹”者充任,有效期 10 年,除一次缴纳帖捐 80 元外,每年须缴纳帖税 20 元。官中除作中人外,还负责调查该区域的田房价值、买典、契约、丈量、漏税等事务,与政府公务人员已无多少区别。由于每区所辖村庄较多,官中一人难以兼顾,他往往又将一小区划为几个分区,包给他人代行监证事务。有些分区的承包人,又以村为单位,转包给一村的私中。例如,第五自治区第一小区官中邢某以 130 元将赵村等 13 村包与张某,而张某又将 13 村转包他人。1918 年,官中被政府取消,改由村正副或学董充任,称田房交易监证人。充任的村庄,须以设有国民学校者为限,未设者由该村学生就学的村庄兼理。有些村庄仍将田房交易的监证业务招人承包,如 1932 年,玉女店村田房交易监证人即由村人崔某以 90 元承包充任。1933 年,河北省财政厅鉴于各村长副与交易双方当事人同居一地,非亲即友,瞻徇情面,匿契瞒价,于是将全县划分为 34 个监证区,每区设监证 1 人,“就境内居民,遴选品行端正,精通书算,对于田房交易具有经验且素孚乡望者委任之”,任期三年,成绩显著者可连任。监证人先交押款 300 元,其酬金由政府按月核发,不得向交易当事人抽取佣钱。监证人不再收取佣金,是田房交易的一项重要的制度变革[①]。

　　最流行的征收方式,是政府转给商人的包税制。在定县,晚清之后,包税制不仅没有退出历史舞台,反而有些税种恰恰是在这一时期,尤其是在民

──────────

[①]冯华德、李陵:《河北省定县之田房契税》,《政治经济学报》1936 年第 4 卷第 4 期;李景汉:《定县社会概况调查》,第 506 页。李怀印认为,北洋政府时期设立的“田房官中”实际上是包税商。参李怀印:《中国乡村治理之传统形式:河北省获鹿县之实例》,《中国乡村研究》第 1 辑,第 94 页。从定县的情况看,二者之间有一定的区别。

国以后才开始使用的。

盐税及芦盐食户捐。大商人包税后，再购盐在指定区域销售。大盐商一般不直接到地方销售，而是转包给地方盐商纳税和销售。在定县，包运盐商原来只有一家，后因内部意见不合分为南号、北号两家，分别位于城内南街、城内北街，掌握全县销盐地面的三分之二、三分之一。1929 年，北号歇业，转归南号，全年销售 5000 余包[1]。

烟酒税捐。南京国民政府时期，归财政部烟酒税处管理。各省设烟酒事务局，省之下划分若干区设区局，区局下又设分局。定县属于河北第十五区烟酒事务分局管辖，局设深县。因稽征困难，多招商包收，凡属烟酒商行、殷实商户都可包征，以一年为期，除预交保证金外，每月 20 日前缴纳烟酒税。经营烟酒的商户，按产销数量分四季将税收交给包税商。酒类产销数量由酿酒商人自报，税局随时派人稽查。烟类交易数量由收买商人自报，因收买人负担税额。烟酒牌照税的承包期限较短，以半年为期，也预交保证金，如果是上半年，牌照税于 3 月 20 日前缴纳，如果是下半年，于 9 月 20 日前缴纳。烟酒商行按营业额大小分等，也分四季缴纳牌照税[2]。

其他如牲畜花税及附捐、屠宰税及附捐、花生木植捐、牙税及牙捐等，也都是招商包收。

牲畜花税及附捐。1915 年，由县政府招标包办，税款由买户负担。全县分三个区域招包，第一个为城内及清风店等八镇，第二个为高蓬、邢邑、怀德，第三个为市庄集。八镇因地面较广，后来变为六个区分包。

屠宰税及附捐。1916 年开办屠宰税时，分屠宰猪、屠宰牛羊和屠宰骡马驴三项招商投标，每项仅包给 1 人。屠宰附捐也照此办理。投标时一张票写两个数目，一为正税额，一为捐额，捐额不能超过正税。1925 年，改为分区招包。

花生木植捐。清末归县立中学管理，1915 年改县政府招商投标，包与 1人。1918 年，按六个区投包，第二年停止。1926 年，又恢复分包办法。标额

---

① 李景汉：《定县社会概况调查》，第 451 页。
② 李景汉：《定县社会概况调查》，第 455、458 页。

在本县预定标准以上最多者得标,以一年为期,每月初十日前交齐。有时征收地面广阔,包商自己不能兼顾,也分包出去。买卖经牙子说成后,由买主到收税处纳税。

牙税及牙捐。县政府主持,涉及面广,极为复杂。定县牙纪的数量,清乾隆时有54名,光绪二十年(1894)减至52名。1925年,增至64名。牙税包收前,在清代,官府以数额不等的牙贴发给牙行,牙行缴纳牙贴税,实为执照费,1904年增收牙佣盈余,实为牙佣税。民国后,1915年,牙纪换领新的牙贴,除牙贴费之外,还交牙贴捐、牙税。牙贴费相当于以前的牙贴税,牙贴捐为领贴时一次性缴纳,是真正的牙贴税。而牙税相当于以前的牙佣税,经营期限为五年,每年分两期完纳。同年,开始设立牙行公益捐,由自治事务所征收,征收方式与以往由牙纪抽佣征税不同,而是招标承包,包商认定牙捐后,再向买卖商人抽佣纳税。1925年,牙税征收也采取了与牙捐一样的投标包税办法,包商认定税额,抽佣缴税。同年11月,县政府取消旧牙行,成立新的8个牙行,包括牲畜行、棉花棉籽行、布行、斗行、油饼柴菜水果口袋线带子行、花生席麻行、树木油槽牛马羊皮油骨行、猪毛鬃行,又称"八包税"。每行选总牙行1名,招商包税,承包期限一年。包商得标后,先缴总包额的5成,其余5成,每3个月缴总额的2.5成,分两次交清。有时因所辖地面广,包商不能兼顾,可自招牙伙,将部分税收转包,牙伙还可以再转包给小牙伙。1929年,政府规定不准抽收牙佣,只能按值征税,牙行变为政府的收税吏[①]。

以上所涉及的征税方式,皆有弊端和漏洞,既不利于政府,也不利于纳税对象。存在的问题主要是多征少报,在定县以田房契税和牙税的征收最

---

①李景汉:《定县社会概况调查》,第516、534页;冯华德:《河北省定县的牙税》,《政治经济学报》1937年第5卷第2期;建设局:《定县捐客情形》,1933年5月,南开大学经济研究所藏定县抄档。有的牙捐为专款专用,不一定由商人包收,如清风店镇申请将猪羊肠等三宗物品的牙捐用于补助设于此处的定县第三高小,并由本校招人投标。有的牙捐,由原来的商人包税变为村庄直接征收,如子位村为了增加小学经费,申请将由商人包办庙会税佣改为直接由村庄征收。参《请办牙捐补助学款》,1929年1月,南开大学经济研究所藏定县抄档;《定县子位村筹小学经费》,1929年10月,南开大学经济研究所藏定县抄档。

为突出。

首先，田房契税征收问题。

一是需索与浮收。冯华德对定县的调查多有发现，如 1904 年设立田房牙纪后，他们"只要照章纳捐，就能承充。在身份方面，原没有什么限制。承充的人，流品颇杂，虽说章程上有罚则的规定，依然不免发生需索舞弊的事情"。1916 年全县分为 29 个小区，每小区设田房官中 1 人，但有些分区承包人又以村为单位转包给私中，私中还可再转包给他人。冯华德指出："私中既然出资投充田房交易监证事务，血本攸关，自不能不多方设法，以谋余利，于是串通漏税，浮索勒诈的弊端，也就层出不穷了。"传统的佣金由于有了法规支持，渐渐变为一种规费，成为交易当事人必需的负担，结果"人民对于田房中佣的观念，感觉它是一种苛税的成分比之认它是一种自愿致送中人的酬金为多"。在田房交易过程中，"从最初订草契起，当事人即有田房中用、草契纸价之负担。到县政府办理印契，又有契税、契纸价、印花费、收据费及注册费等负担。在验契时期，还有验契费。几乎每经一步手续，当事人必有一重负担"。二十世纪三十年代初，假设一次田房交易的值为 100 元，如果是买卖交易，税费为 14.25 元；如果是典推交易，税费为 5.97 元，"如果把乡间田房交易监证人及县政府书吏之额外浮收，可以计算在内，当事人的负担，恐又不止此数"[1]。

二是偷税漏税。李景汉指出，契税的积弊"最主要的是减价匿税。许多购产业者不肯填写确实地价数目在草契上，常写较实际价值为少的价额，例如每亩实价原为 80 元，而在草契上只填 40 元。匿价的原因是要少纳税款。……虽然章程规定减价匿税者处罚，但乡民依旧瞒价偷税。只要买主、卖主与监证人三方面，通同作弊，异口同声，即使有人告发减价偷税，亦不易实行处罚。因此漏税的事实已成全县普遍的现象，县人谓之'瞒上不瞒下'演成一种公开的秘密"[2]。由此判断，偷税漏税不仅是监证人的问题，也是交易当事人利益之所在。

---

[1] 冯华德、李陵：《河北省定县之田房契税》，《政治经济学报》1936 年第 4 卷第 4 期。
[2] 李景汉：《定县土地调查（下）》，《社会科学》1936 年第 1 卷第 3 期。

其次,牙税征收问题。

招商包税虽缓冲了政府与纳税人的直接矛盾,但因监管不力,极易发生舞弊、需索现象。冯华德在对定县牙税进行调查之后指出:"包商承办税收,政府只求其能按时缴足定额的税捐,税率和收税的方式,就不能不予以伸缩的便利,结果法定税率对于包商很难发生拘束力的。"政府为了增加财政收入,总是提高牙税额度,"牙税正式税的负担固然增加很多,但是另一方面,很多种的陋规和胥吏的勒索,并没有像预期中的得以完全扫除无遗。从前正税远少于陋规,还可以互剂盈虚,因为陋规终究是秘密的,比较可有伸缩性;现在正税达最高限度,而陋规又不能尽免,牙行的负担,缺乏了伸缩性。最终,羊毛还出在羊身上,牙行只好从他们的收入上着想,在抽收牙佣的名义下,渐渐牙行所得的收入,细细分析起来,很多也就不仅限于牙佣了。因此,牙税的负担,间接地转嫁于买卖当事人,甚至在极端的情形下,牙税的负担竟转嫁于未成交易的货物所有者,以致最终归着于货物消费者"[1]。除此以外,李景汉还发现,斗行有所谓合子,牲畜行有所谓绳钱及票钱等滥征的名目。吃合子即牙商对于粮食买卖,除应征正税之外,还勒取少许粮食,归入私人腰包。绳钱票钱则是买卖牲畜后,须以绳索作标记,买家写税票记明价目税额,在此过程中牙商从中索费。其他如油饼柴菜水果口袋线带子行等,也有额外浮收之弊[2]。通过以上手段,包商获取了厚利。1933年定县牙纪包商盈利情况,见表41:

表41　冀中定县牙行包商盈利统计(1933年)

牙行类别	交易值（元）	实收税		实包税		包商净得	
		金额（元）	占实收税的百分比(%)	金额（元）	占实收税的百分比(%)	金额（元）	占实收税的百分比(%)
牲畜行	1 620 654	48 620	100.00	8020	16.50	40 600	83.50
棉花行	1 291 951	12 920	100.00	4675	36.18	8245	63.82
斗行	2 186 309	21 863	100.00	7170	32.79	14 693	67.21
花生行	752 692	22 581	100.00	3080	13.64	19 501	86.36

资料来源:1.冯华德:《河北省定县的牙税》,《政治经济学报》1937年第5卷第2期。

----

[1]冯华德:《河北省定县的牙税》,《政治经济学报》1937年第5卷第2期。
[2]李景汉:《定县社会概况调查》,第527页。

　　从表41看,包商获利是缴税的2倍乃至5—6倍。正如冯华德所言:"包商收税制度以后,政府的收入固然大有增加,就是包商的净利,亦颇可观。受剥削的确是一般出力生产的农民或小商人了。"[1]再以粮食作物为例,市场交易值为218.6万元,而牙税只有5750元,占总交易值的0.26%[2],与牙税税率3%有较大差距,说明包商获利的比例很高。

　　如前所述,与经济产值相比,税收不一定很重,但不重却杂,成为扰民之关键。对于苛捐杂税包括商税的弊端,民国时期的一些学者提出了种种改革的主张,南京国民政府也于1928年、1930年、1932年、1933年先后四次颁布限制地方苛捐杂税的规定。李景汉针对定县的情况指出,直接税中大部分是田赋,太偏重地主的赋课,而忽略了对房主与资本家的征收。至牙税牙捐,虽近似一种营业税,但究嫌苛细,将来终应该改良或取消。间接税中,税品太滥,如盐税、统税、牲畜花税捐、花生木植捐等,皆涉及于一般的消费品,加重普通人民负担,殊非公平的办法。至统税,根本是一种恶税,理应从速废止。至其他如盐税等,亦应加以改良整理,或者在相当时期断然取消。行为税中,契税税率失之太重,反于税收前途有碍,将来亦应加以改良,或者仿照欧美办法,改办登录税[3]。应该说,1934年6月后,废除苛捐杂税之举取得了一些成绩。河北省于1935年底废除苛杂237种,定县于同年7月废除棉花税4200元、蔬菜牙税1740元、口袋牙税100元、线带牙税140元,总计6180元,这些都属招商包办的税种[4]。然而,这与国民政府所期望的目标相比还有不小的距离。苛捐杂税之旧习积重难返,治理很难一时奏效,李景汉感叹道:"'免除苛税杂捐'的标语出现以来,并看不出实际情形比从前好,又叫人民失了一次望……不知何年何日政府才能挽回人民的信任。"[5]

[1]冯华德:《河北省定县的牙税》,《政治经济学报》1937年第5卷第2期。

[2]Sidney D. Gamble, *Ting Hsien: A North China Rural Community*, p.184；李景汉:《定县经济调查一部分报告书》,第142页。

[3]李景汉:《定县社会概况调查》,第577—578页。

[4]贾宗献:《河北省废除苛捐杂税实施情形(续)》,《河北月刊》1936年第4卷第5期。

[5]李景汉:《住在农村从事社会调查所得的印象》,《社会学界》1930年第4卷。

第十三章　收入微增与结构性贫困

农家生活既是社会经济运行的结果,反过来又影响着社会经济的运行。正因如此,它成为衡量一个国家或地区经济发展程度和政府统治水平的基本指标,进而倍受社会各界的广泛关注。关于中国近代农家的生活水平,二十一世纪初的学界发生过一场热烈的讨论,形成"改善"与"恶化"两种意见的分歧[①]。在持不同观点的学者中间,几乎都以二十世纪二三十年代李景汉主持的定县 34 家调查和 123 家调查作为重要证据,只是对其各有理解,令人迷惑。事实上,对同一地区农民生活真相的研究,不可能得出总体上相反的结论。兹也以这两项调查为核心,并挖掘其他相关调查结果和档案资料,对定县农家生活水平做进一步的分析和解释。

一、农家收入微增

农家生活水平取决于家庭收入水平。关于定县农家的收入,迄今能找到 1927—1936 年约十年的资料,包括五份比较系统的调查:第一份,1927 年翟城村和附近 400 家调查;第二份,1928—1929 年翟城村和附近 34 家调查;第三份,1931—1932 年 123 家调查,具体村庄不详;第四份,1932 年大

① 郑起东:《近代华北的农业发展和农民生活》,《中国经济史研究》2000 年第 1 期;郑起东:《再论近代华北的农业发展和农民生活》,《中国经济史研究》2001 年第 1 期;刘克祥:《对〈近代华北的农业发展和农民生活〉一文的质疑和辨误》,《中国经济史研究》2000 年第 3 期;夏明方:《发展的幻象——近代华北农村农户收入状况与农民生活水平辨析》,《近代史研究》2002 年第 2 期。

西涨村 274 家调查；第五份，1936 年 20 家调查，包括 5 个村庄，其中大陈村
5 家、大羊平 10 家、寺羊平 2 家、小陈村 2 家、水磨屯 1 家。前面四份调查，
都是在平教会主持下进行的，由社会学家李景汉、张世文、甘布尔具体负责。
第五份调查，由国民政府中央农业实验所杜修昌负责，定县是他调查农家记
账的区域之一，其他还有南京的上下伍旗、余粮庄、浙江萧山县湘湖等三个
地方。在调查定县时，他邀请了平教会的人进行指导。以上调查，农家收入
都包括农业收入和非农业收入，各项具体指标也大体相似，故可判断统计口
径应该是一致的。兹将以上资料整理成表 42：

表 42　冀中定县农家收入统计（1927—1936 年）

年　度	村　落	家数（户）	耕地（亩）		收入（元）	
			总数	平均每家	平均每家	平均每亩
1927 年	翟城村及附近	400	12 377	30.94	347.30	11.22
1928—1929 年	翟城村及附近	34	1062	31.24	281.14	9.00
1931—1932 年	不详	123	4149	33.73	440.79	13.07
1932 年	大西涨	274	3480	12.70	178.26	14.04
1936 年	大羊平等 5 村	20	580	28.96	547.43	18.90

资料来源：1. 何延铮：《二三十年代初期河北定县一百二十三户生活水平调查》，《河北
文史资料选辑》第 11 辑，第 80 页；2.Sidney D. Gamble, *Ting Hsien: A North China Rural
Community*, p.63-64, 83-90；3. 李景汉：《定县社会概况调查》，第 302 页；4. 张世文：《定县农
村工业调查》，第 395—411 页；5. 杜修昌：《农家经济分析：1936 年我国四个地区 177 农家记
帐研究报告》，第 10、42、49 页。笔者对有关数据进行了整理与计算。

由表 42 可知历年平均每家的收入水平：1927 年，347.30 元；1928—
1929 年，281.14 元；1931—1932 年，440.79 元；1932 年，178.26 元；1936 年，
547.43 元。此为表面收入，还可根据具体的经济指标进行纵向比较，以发现
农家收入的变动趋势。

首先，以耕地面积作为衡量指标。只要平均每家的耕地亩数相似，则以
上平均每家的收入就是可比的。平均每家的耕地面积，400 家、34 家、123
家、274 家、20 家分别为 30.94 亩、31.24 亩、33.73 亩、12.70 亩、28.96 亩。除
了大西涨村 274 家，其他四份调查的平均亩数没有大的差别，具有较强的可
比性。当时全县户均耕地为 21.0 亩，四份调查的农户处于中等偏上水平，但

这不影响纵向比较。比较之后发现,平均每家收入,1936 年比 1927 年增加了 57.62%。如果说 123 家的平均耕地比 400 家和 34 家稍多,有一定的富裕拉升作用,而 1936 年 20 家的平均耕地比 400 家和 34 家都略少,但平均收入仍有明显增加,说明农家收入的提高是可以肯定的[①]。

其次,以每亩收入作为衡量指标。以户均收入来进行纵向比较,由于每家耕地面积略有差别,有不尽合理的地方。如果不是按家庭而是换算为每亩收入,所有调查就更可比较了。表 42 显示,五次调查中平均每亩收入分别为 11.22 元、9.00 元、13.07 元、14.04 元、18.90 元,1936 年比 1927 年增加了 68.45%,也处于增加之势;不仅如此,其增速还略高于按平均每家耕地计算的收入。

将物价涨跌因素考虑进去,可计算每亩实际收入。距离定县较近的天津食品批发物价指数,如以 1927 年为 100,1929 年为 109,1932 年为 101,1936 年为 108[②]。在此期间,受世界经济危机的影响,1929 年以后的物价指数有所下降,但总体上仍高于 1927 年。按物价指数计算,1936 年定县平均每亩收入比 1927 年增加了 63.3%,略低于表面收入。撇开物价上涨的成分,农家实际收入仍是增加的。在此期间,平教会举办定县乡建实验,对农民教育、农村经济的发展有一定的推动作用[③],农家收入的些微提高与此有一定关系。

平均收入水平多少模糊了阶层差距,我们还要看到不同类型农家收入的区别。

其一,农家收入与占地或耕地面积的关系。在 34 家,耕种 10 亩以下者,平均每家年收入为 100 元以下;20—29 亩,增至 200—299 元;30—39 亩,更增至 300—399 元;40 亩以上,达到 400 元以上乃至 500 元[④]。123 家中,占地 12.8 亩者,平均每家收入不满 200 元;19.1 亩,增至 200—399 元;

①刘克祥认为,123 家平均收入提高,与少数地主富农的拉升有关。参刘克祥:《对〈近代华北的农业发展和农民生活〉一文的质疑和辨误》,《中国经济史研究》2000 年第 3 期。郑起东认为,123 家仍属自耕农,不是地主富农。参郑起东:《再论近代华北的农业发展和农民生活——兼与刘克祥商榷》,《中国经济史研究》2001 年第 1 期。笔者以为,撇开这些因素,将之换算为每亩收入,可比性问题即可迎刃而解。

②据孔敏主编《南开经济指数资料汇编》第 7 页资料计算。

③李金铮:《晏阳初与定县平民教育实验》,《二十一世纪》(香港)2004 年 10 月号。

④李景汉:《定县社会概况调查》,第 302—303 页。

37.9 亩，达到 400—500 元 ①。400 家中，自耕农、半自耕农、佃农平均每家收入分别为 395.6 元、289.6 元、147.4 元 ②。20 家中，平均每家耕地从 10—15 亩增至 40 亩以上，收入也由 500.4 元增至 944.8 元 ③。随着耕地面积的不同，家庭收入相差 1 倍乃至数倍。

其二，家庭收入与家庭人口的关系。家庭人口总数与家庭收入之间一般呈正相关，以 34 家为例，收入 250 元以下的农户平均人口为 4.6 人，而 350 元以上之家平均人口为 7.7 人。但按平均每人计算收入，则比家庭收入的差别减弱。将家庭人口折合为等成年 ④，更有可比性。仍以 34 家为例，如果按每个等成年男子平均计算，收入差别就会减小，由 69.48 元逐渐降至 48.9 元 ⑤。

二、农家收支的平衡与不平衡

农家收支平衡与否是判断农家生活水平的另一个标准。

二十世纪二三十年代，维持一家最低限度生活的年收入标准有 150 元、187 元、200 元、292 元、329 元等说 ⑥。但即便在同一时期，不同地区维持生活

---

① 何延铮：《三十年代初期河北定县一百二十三户生活水平调查》，《河北文史资料选辑》第 11 辑，第 81 页。

② Sidney D. Gamble, *Ting Hsien: A North China Rural Community*, p.83,89.

③ 杜修昌：《农家经济分析：1936 年我国四个地区 177 农家记帐研究报告》，第 21、42、45、59—60 页。

④ 李景汉认为："此项单位普通皆以成年男子为计算标准，就是折合家内一切人口等于多少成年男子，因此称此单位为'等成年男子'。"参李景汉：《定县社会概况调查》，第 298 页。

⑤ 李景汉：《定县社会概况调查》，第 308—310 页。这种情况也导致不同阶层的消费差别不是很大，仍以等成年计算，34 家的平均支出由 56.43 元逐渐降至 43.96 元。李景汉说："可以大致看出家庭的人口愈多，不但不能提高家庭之实际生活程度，反有使生活程度降低的趋势。换言之，家庭人口增多非为家庭之福，实为家庭之累"，"不但是小农的耕田面积不足以维持其适当的生活程度，就是耕田较多的农家也是难以提高它们的生活程度。因为耕田的亩数增加了，紧随着人口的数目也就增加了，家庭的消费也随着增加了，也就不得不同样的仍过着穷苦的生活程度"。李景汉：《定县社会概况调查》，第 309—310 页；李景汉：《定县土地调查（上）》，《社会科学》1936 年第 1 卷第 2 期。

⑥ 〔英〕戴乐仁主编，李锡周编译：《中国农村经济实况》，第 62 页；张镜予：《中国农民经济的困难和补救》，《东方杂志》1929 年第 26 卷第 9 号；柯向峰：《中国贫穷人口之估计》，《新社会科学季刊》1931 年第 1 卷第 4 期；李宏略：《数字中的农家生活》，《东方杂志》1934 年第 31 卷第 7 号；古楳：《中国农村经济问题》，第 139 页。

的标准也是有差别的,很难用同一个标准来衡量。以较低的 150 元来计算,在定县调查样本最多的 400 农家,有 93 户的收入低于这一标准,占总户数的 23.3%,接近四分之一[1]。也有人对定县的贫困线做过估计,涛鸣认为每家不能低于 250 元[2]。以此衡量,400 农家低于贫困线的比例增至 45.9%,贫困规模是比较可观的。

从实际的农家收支对比来看,更可发现盈亏的情形,见表 43、44、45:

表 43 冀中定县 34 农家收支对比统计(1928—1929 年)

收入(元)	家数(户)	盈 余		亏 欠		盈亏(元)
		家数(户)	平均数(元)	家数(户)	平均数(元)	
250 以下	11	5	22.77	6	40.43	−11.71
250—349.9	14	10	62.13	4	22.83	45.00
350 及以上	9	9	100.89	——	——	100.89
总计 / 平均	34	24	68.46	10	33.39	38.50

资料来源:1. 李景汉:《定县社会概况调查》,第 311 页。

表 44 冀中定县 123 家收支对比统计(1931—1932 年)

收入(元)	家数(户)	自有田产(亩)	收支对比(元)		
			平均每家收入	平均每家支出	盈亏
200 以下	18	12.80	158.39	226.06	−67.67
200—399	56	19.07	298.24	299.53	−1.29
400—599	26	37.89	479.51	408.94	70.57
600 及以上	23	106.41	965.11	901.92	63.19
总计 / 平均	123	38.46	440.79	424.56	16.23

资料来源:1. 何延铮:《三十年代初期河北定县一百二十三户生活水平调查》,《河北文史资料选辑》第 11 辑,第 80、84 页。

---

[1] 据 Sidney D. Gamble, *Ting Hsien: A North China Rural Community*, p.90 计算。

[2] 涛鸣:《定县见闻杂录》,《独立评论》1932 年第 4 号。

表45 冀中定县5村20农家收支对比（1936年）

经营面积（亩）	平均每家收入（元）	平均每家支出（元）	盈余（元）
10—15	500.44	246.80	253.64
15—20	388.80	222.32	166.48
20—25	383.58	226.91	156.67
25—30	560.52	282.56	277.96
30—35	636.02	251.75	384.27
35—40	573.72	282.28	291.44
40以上	944.80	356.63	588.17
总计/平均	553.55	269.99	283.56

资料来源：1. 杜修昌：《农家经济分析：1936年我国四个地区177农家记帐研究报告》，第21、45、55、59—60页。

由表43、44、45可见，总体上农家收入皆有盈余。如进一步分析不同阶层的收支情况，也会发现有一些农户是入不敷出的。在34家，有10家收不抵支，占总农户的29.4%，多集中在收入300元尤其是250元以下之家。在123家，有18家入不敷出，占总农户的14.6%，多集中在收入200元以下之家，还有56家收支大体相抵，占总农户的45.5%。与以上两个调查不同，在20家中没有亏损的情况，表明抗日战争全面爆发之前农村经济和农民收入所达到的一个状态①。

---

①可参照更大范围的农家收支调查。1928年，河北省政府对各县农民生活的调查显示，无论占地多少，无论是地主、自耕农还是半自耕农、佃农，都有不同程度的盈余。盈余占收入的比例，在地主、自耕农和半自耕农中，几乎都是耕地越多，比例越大。而在佃农那里，却出现了相反的现象，耕地越多，盈余比例越小，耕地越少，盈余比例越大。参河北省政府秘书处："河北省各县农民生活概况统计表"，《河北省政府统计概要（民国十七年度）》，第24—55页，转引自郑起东：《转型期的华北农村社会》，上海书店出版社2004年版，第426页。1934年初，全国土地委员会的调查规模更大，其中对华北4省55县60万户的调查，显示了与河北省的统计不同的结果，其中入不敷出者占38%，收支相抵者占34%。参中国第二历史档案馆编：《中华民国史档案资料汇编》第5辑第1编《财政经济（七）》，第36—37页。

三、高恩格尔系数与恩格尔定律调整

生活消费的分配结构是反映农家生活水平的又一个重要标准。

生活消费包括食品、衣服、燃料、杂费等大的类别,定县34家、123家和20家的生活消费结构见表46、47、48:

表46 冀中定县34家生活消费结构(1928—1929年)

收入(元)	家数(户)	平均每家		各类支出构成					平均每家支出(元)
		人数(人)	等成年男子(人)	食品(元)	燃料(元)	居住(元)	衣服(元)	杂费(元)	
250以下	11	4.6	3.6	129.43	15.49	11.90	10.87	12.76	180.45
250—349.9	14	6.1	4.7	170.38	21.51	20.20	16.15	26.28	254.52
350及以上	9	7.7	6.2	211.32	21.50	24.20	17.72	25.57	300.31
总计/平均	34	6.0	4.7	167.97	19.56	18.53	14.86	21.72	242.64
		各类支出占总支出的百分比(%)							
250元以下	32.35	——	——	71.74	8.58	6.59	6.02	7.07	100.00
250—349.9	41.18	——	——	66.95	8.45	7.94	6.34	10.32	100.00
350及以上	26.47	——	——	70.37	7.16	8.06	5.90	8.51	100.00
总计/平均	100.00	——	——	69.23	8.06	7.64	6.12	8.95	100.00

资料来源:1.李景汉《定县社会概况调查》,第306页。

表47 冀中定县123家生活消费结构(1931—1932年)

收入(元)	平均每家支出(元)	各类支出构成									
		食品		衣服		居住		燃料及照明		杂类	
		数额(元)	百分比(%)	数额(元)	百分比(%)	数额(元)	百分比(%)	数额(元)	百分比(%)	数额(元)	百分比(%)
不满200	226.05	148.86	65.85	14.73	6.52	8.21	3.63	27.28	12.07	26.97	11.93
200—399	299.53	200.67	67.00	17.51	5.85	10.89	3.64	37.95	12.67	32.51	10.85
400—599	408.93	260.22	63.63	28.58	6.99	14.94	3.65	52.02	12.72	53.17	13.00
600及以上	901.91	462.26	51.25	52.13	5.78	31.30	3.47	82.13	9.11	274.09	30.39
总计/平均	424.55	254.59	59.97	25.92	6.11	15.17	3.57	47.63	11.22	81.24	19.14

资料来源:1.何延铮《三十年代初期河北定县一百二十三户生活水平调查》,《河北文史资料选辑》第11辑,第84页。

表48　冀中定县5村20家生活消费结构（1936年）

支出类别	平均每家生活费用支出(元)	百分比(%)
食品	211.51	78.34
衣服	13.70	5.08
居住	5.50	2.04
燃料	29.43	10.90
杂类	9.84	3.64
总　计	269.99	100.00

资料来源：1.杜修昌：《农家经济分析：1936年我国四个地区177农家记帐研究报告》，第52—53页。

以上三个统计有一个共同特征，即食品类支出比例最高，其他支出较少。34家的生活费用，食品类支出占69.23%，衣服、居住、燃料、杂费各占6.12%、7.64%、8.06%、8.95%；123家生活费用，食品类支出占59.97%，衣服、住房、燃料及照明、杂类各占6.11%、3.57%、11.22%、19.14%；20家生活费用，食品类支出占78.34%，衣服、居住、燃料、杂类各占5.08%、2.04%、10.90%、3.64%。

以恩格尔系数（也称恩格尔定律）来衡量居民生活水平，是国际学界的通行做法。家庭收入越低，用于食品费用支出的比例越大，其他杂项费用的比例越小，相应地生活享受程度就越低；反之，随着家庭收入的增加，食品支出比例则随之减少，生活享用程度也相应提高。对于生命的延续而言，满足温饱是第一位的，只有在食物需求得到满足的基础上，方可谈及其他生活消费，达到享受层次。如果食物支出比例很大，则意味着不可能提高享受程度，此类家庭一定是穷困的。联合国粮农组织按恩格尔系数概念将国民生活水平分为五个档次：59%以上者为绝对贫困型，50%—59%为勉强度日型，40%—50%为小康型，20%—40%为富裕型，20%以下为最富裕型[1]。这一划分标准也适合于衡量历史上的民众生活水平。

按此分类标准，根据以上对定县34家、123家和20家三个农家消费结构的统计结果，可知所有农户皆属于绝对贫困型。其中，123家较低，其次为34

---

[1]张东刚：《消费需求的变动与近代中日经济增长》，人民出版社2001年版，第196页。

家,最贫困者为 20 家。尽管 1936 年 20 家的收入和支出都有所增加,但并未改变农民生活的绝对贫困状态。对以上统计结果,有的学者做过解释。郑起东认为,123 家的恩格尔系数为 59.97%,应为勉强度日型(温饱型)[1]。与郑氏有过争论的刘克祥也指出,34 家和 123 家的经济条件高于一般农户,都应该属于温饱型[2]。事实上,34 家和 123 家的经济条件虽比全县平均水平高,然而以恩格尔系数标准来衡量,都属于绝对贫困而不是温饱型[3]。

郑起东在比较 34 家和 123 家的消费结构之后,认为恩格尔系数有所降低,"开始了从绝对贫困型至温饱型的转变","有优化的趋势",以此证明中国近代农民消费水平的提高[4]。从表面看,123 家的恩格尔系数比 34 家降低,应该得出生活改善的结论。然而,如果不是仅仅比较 34 家和 123 家,而是将时段拉长,把 20 家的调查也考虑进来,得到的却是另外一种结果。20 家的恩格尔系数比 34 家、123 家分别高出 9.11%、18.37%,按照郑氏的逻辑,几年之间农民生活是否由温饱型又转向贫困型了? 如果是,中国近代农民生活水平提高的结论就难以解释了[5]。

---

[1] 郑起东:《近代华北的农业发展和农民生活》,《中国经济史研究》2001 年第 1 期。郑氏将恩格尔系数理解为饮食费用占家庭收入的比重,有误。不过,他对农民生活水平的判断仍是按照正确的恩格尔系数概念进行的。

[2] 刘克祥:《对〈近代华北的农业发展和农民生活〉一文的质疑和辨误》,《中国经济史研究》2000 年第 3 期。

[3] 即使是收入较高的地主富农,恩格尔系数也不低。123 家中,自有土地 100 亩以上、收入 600 元以上者,应是比较富裕的农户,但食品费比例为 51.25%,不过是勉强度日型。费孝通认为:"除了这少数有资格谈得到优裕生活的大地主外,克勤克俭是必须的生活条件。"费孝通:《乡土重建》,《费孝通文集》第 4 卷,第 375 页。

[4] 郑起东:《近代华北的农业发展和农民生活》,《中国经济史研究》2001 年第 1 期。

[5] 夏明方也不同意郑起东所认为的定县农家恩格尔系数改善的结论,但他的解释过程有误。根据 34 家、123 家生活费以及物价调查,他重新整理了农户的平均消费量、消费值和平均单价,认为如果引入价格因素,有许多问题是一般经济学原理难以解释的。这就是:"相比 1928 年度,1931 年度定县农家的食品消费量要多出 15.94%,但其每单位平均价格则高出 30.63%,这显然与当时食品类价格总体下跌的趋势不符。尤其是米面类,1931 年的单位平均价格是 1928 年的 187.38%,而平均消费量又只相当于 1928 年的 61%,高得出奇,少得也出奇。"这种价格与消费量不一致的反常现象,一是富裕拉升,二是粮食品种优良,价格较高。参夏明方:《发展的幻象——近代(转下页)

　　问题不止于此，还有一个更令人费解的现象：在34家、123家和20家的三个统计中，20家的恩格尔系数最高，应属最为贫困，但事实上，其收入水平却是最高的；反之，既然收入水平最高，按恩格尔系数原则，食品费支出比例应是最低的，而事实上，它又是最高的。由此，恩格尔系数与家庭收入之间出现了悖论。

　　进一步考察每一调查里面各层次家庭收入与消费结构的关系，竟也发现了类似现象。在34家中，家庭收入250—349.9元的农家，恩格尔系数为66.95%，到350元以上者，恩格尔系数不仅没有降低，反增至70.37%。在123家，收入不满200元者，恩格尔系数为65.85%，200—399元者，恩格尔系数也是没有下降，反升至67.00%。

　　定县的消费结构并非恩格尔系数悖论的特例。1938—1939年费孝通对云南农村进行调查时也发现，禄村的丙、丁、戊三个农户，食品占全年生活费用的比例分别为70.9%、70.0%、56.6%。以恩格尔系数对照，丙家生活程度应属最低，次贫者为丁家，再次者为戊家。但实际情况却恰恰相反，丙家的生活程度高于丁，丁家又比戊家为优[1]。也即，该村的恩格尔系数与农户实

（接上页）华北农村农户收入状况与农民生活水平辨析》，《近代史研究》2002年第2期。但在笔者看来，之所以出现所谓经济学原理难以解释的现象，原因不是出在李景汉的调查，而是夏氏对资料的重新整理出了问题，即他将所有不同类别的食品数量、价值总合，然后计算平均单价。譬如，将原本数量和质量均不一致的红薯、蔬菜和其他粮食加在一起，由于红薯、蔬菜数量较大，必然降低了其他粮食的单位价格。以消费量最大的米面而言，他整理出1928年平均每户消费4074.72斤，实际上里面有红薯2007.53斤，如果将红薯水分去掉，折合为与其他粮食作物基本一致的原粮，则为501.88斤，与其他粮食合计则降至2067.19斤。也就是说，1931年的米面消费量比1928年就不是减少而是增加了。应当说，这才是一个可以理解的数字，否则如果按原来的4074.72斤计算，人均消费680斤米面；而1931年平均每户消费2483.52斤（原资料没有标明是否有红薯，笔者以为即便有红薯，也应该是还原为普通粮食的数字），人均消费414斤米面，人均消费差别如此之大，的确变得不可思议了。现在按更正后的1928年米面消费量计算单价，平均每斤0.0625元，将此与1931年平均每斤0.0594元比较，就不难看出1931年的单价不是比1928年增加而是降低了5%。事实上，原资料中的豆类、蔬菜的单价也处于下降之势，更可作为佐证。这样一来，以上经济现象就变得可以理解了。总之，恩格尔系数的降低虽一定程度地受到食品价格下降的影响，但主要仍在于家庭收入的提高。

[1]费孝通：《云南三村》，社会科学文献出版社2006年版，第121—123页。

际生活水平也未一一对应。

为什么恩格尔定律在中国农村会产生如此"水土不服"的现象呢？费孝通针对云南禄村给出了解释："（恩格尔律）在一个经济变动较小的社区中是正确的，可是在一个财富方在重行分配的社区中，他的定律也就不能呆板地应用了。假定有一家极穷苦的人家，每天只能在半饥饿的状态中过日子（这种人家在中国农村中并不少），他要是得到了新的工作，收入增加了一些，他第一要改善的是他的食的一项。Engel 所研究的对象是饥饿线上的德意志都市居民，自然会觉得食项伸缩性是很少的。可是在饥饿线之下的农民，这种见解是不正确的。上述丁戊两家都是卖工的穷户，以收入讲丁家略多，而在食上的百分比却较高；丙家的收入比丁戊两家都高，可是在食上所费的也较多，这正告诉我们这些人家还是在饥饿线上挣扎着。"[1]费先生的洞见对中国农民消费研究具有启发意义，处于贫困状态下的农民，在其他消费基本固定的前提下，收入较少的家庭，食品比例有可能较低；家庭收入增加后，食品比例也随之上升，往往是生活改善的反映。此例提醒我们，对西方学者提出的概念和方法需和中国实际相结合，避免一刀切可能导致的错误。

从总体上看，还不能否定恩格尔定律的有效性，收入最低者恩格尔系数较高、收入较高者恩格尔系数较低仍有一定的规律性。以收入分组较多的123 家为例，不满 200 元、200—399 元、400—599 元、600 元以上的家庭，食品费比例分别为 65.85%、67.00%、63.63%、51.25%，前两个收入组对应的食品比例出现了与恩格尔律相悖的现象，但收入 400 元以上的两个组，恩格尔系数转而下降，又与此律相吻合了。可见，收入达到温饱程度后，恩格尔系数的下降又是必然的。

与外国进行比较，更可证明这一点。美国、丹麦和日本是家庭收入较高的经济发达国家，与之相应，食物费支出比例也都较低，分别占 41.2%、33.0%、42.8%[2]。因此，恩格尔系数作为衡量生活水平的标准仍是有效的。

---

① 费孝通：《云南三村》，125 页。

② 李鸿毅：《中美农民生活费用之比较》，《农业周报》1934 年第 3 卷第 22 期；沈时可：《中美农民生活程度之比较》，《农业周报》1934 年第 3 卷第 44 期。

四、营养尚可与结构失调

食品消费比例之外，还可从营养结构的角度分析农家生活水平。

第一，热量和蛋白质摄入量。

人均摄入热量和蛋白质量是反映营养结构的重要参数。

以 34 家、123 家为例，每年人均摄入热量和蛋白质量见表 49、50、51、52：

表 49　冀中定县 34 家年度人均摄入热量（1928—1929 年）

食物种类	人均年消费量（千克）	单位热量（千卡/千克）	人均年摄入热量	
			总量（千卡）	占总量的百分比（%）
红薯	167.29	1270	212 458	24.69
红薯干	41.26	3800	156 788	18.22
小米	84.77	3500	296 695	34.48
小麦	10.40	3500	36 400	4.23
豆类	10.64	4120	43 837	5.09
高粱	6.95	3500	24 325	2.83
荞麦	6.96	3500	24 360	2.83
黍子	3.52	3500	12 320	1.43
玉米	3.94	3600	14 184	1.65
大麦	2.70	3500	9450	1.10
稷子	2.17	3500	7595	0.88
面食	1.53	3500	5355	0.62
食油	0.50	9000	4500	0.52
猪肉	1.26	8000	10 080	1.17
牛肉	0.41	2700	1107	0.13
羊肉	0.08	3670	294	0.03
鸡蛋	0.04	1700	68	0.01
水果	1.36	400	544	0.06
糖	0.06	4000	240	0.03
总　计	——	——	860 600	100.00

说明：食油包括芝麻。

资料来源：1. 李景汉：《定县社会概况调查》，第 314—316 页；2. 何秀荣等：《中国国家层面的食物安全评估》，《中国农村观察》2004 年第 6 期。笔者对有关数据进行了整理和计算。

表 50　冀中定县 34 家年度人均摄入蛋白质量（1928—1929 年）

食物种类	人均年消费量（千克）	蛋白质含量（克/千克）	人均年摄入蛋白质	
			总量（克）	占总量的百分比（%）
红薯	167.29	11	1840	9.31
红薯干	41.26	47	1939	9.81
小米	84.77	90	7629	38.61
小麦	10.40	119	1238	6.26
豆类	10.64	351	3735	18.90
高粱	6.95	104	723	3.66
荞麦	6.96	125	870	4.40
黍子	3.52	97	341	1.73
玉米	3.94	87	343	1.74
大麦	2.70	105	284	1.44
稷子	2.17	120	260	1.32
面食	1.53	90	138	0.70
食油	0.50	190	95	0.48
猪肉	1.26	167	210	1.06
牛肉	0.41	201	82	0.41
羊肉	0.08	190	15	0.08
鸡蛋	0.04	127	5	0.03
水果	1.36	5	7	0.04
糖	0.06	120	7	0.04
总　计	——	——	19 761	100.00

资料来源：在表 49 的基础上计算而得。

表51   冀中定县 123 家年度人均摄入热量（1931—1932 年）

食物种类	人均年消费量（千克）	单位热量（千卡/千克）	人均年摄入热量	
			总量（千卡）	占总量的百分比（%）
米面	206.96	3500	724 360	78.59
豆类	33.80	4120	139 256	15.11
肉类	4.80	8000	38 400	4.17
油类	2.00	6200	12 400	1.35
瓜果	8.42	400	3368	0.37
干果	0.64	5500	3520	0.38
糖类	0.63	530	334	0.04
总　计	——	——	921 638	100.00

说明：1. 肉类、油类、瓜果、干果、糖类按消费价值分别折合为猪肉、芝麻、甜瓜、花生仁、甘蔗；2. 按平均每家 6 人计算。

资料来源：1. 何延铮：《三十年代初期河北定县一百二十三户生活水平调查》，《河北文史资料选辑》第 11 辑，第 82 页；2. 李景汉：《定县经济调查一部分报告书》，第 189、200—201、206、211 页；3. 何秀荣等：《中国国家层面的食物安全评估》，《中国农村观察》2004 年第 6 期。笔者对有关数据进行了整理和计算。

表52   冀中定县 123 家年度人均摄入蛋白质量（1931—1932 年）

食物种类	人均年消费量（千克）	蛋白质含量（克/千克）	人均年摄入蛋白质	
			总量（克）	占总量的百分比（%）
米面	206.96	90	18 626	58.25
豆类	33.88	351	11 892	37.19
肉类	4.80	167	802	2.51
油类	2.00	190	380	1.19
瓜果	8.42	5	42	0.13
干果	0.64	248	159	0.50
糖类	0.63	120	76	0.24
总　计	——	——	31 977	100.00

资料来源：在表 51 的基础上计算而得。

由表 49、50、51、52 可见,34 家人均每年摄入热量为 860 600 千卡,每日 2358 千卡,平均每年蛋白质摄入量为 19 761 克,每日 54.1 克;123 家人均每年摄入热量为 921 638 千卡,每日 2525 千卡,平均每年蛋白质摄入量为 31 977 克,每日 87.6 克。123 家的营养水平高于 34 家,与前述两个农家收入的统计是一致的,不过营养差距不如收入差距大,表明人均营养水平相对稳定,其增降变化弱于家庭收入变化。

按当今中国营养学的标准,正常情况下人均每日应摄入热量 2600 千卡、蛋白质 72 克[1]。定县农家人均摄入热量与此比较接近,人均年摄入蛋白质量,34 家只有 18 克的缺口,123 家超过了标准。34 家和 123 家经济条件中等偏上,定县普通农户的营养程度应弱于此数。另须考虑两个因素:一是当今营养学标准指的是全体国民的平均数,如将农民和市民区别开来,农民因劳动强度远大于市民,所需热量和蛋白质量要高一些;二是从地区看,北方比南方寒冷,农民所需热量和蛋白质量也较高。基于此,定县农民的营养热量、蛋白质量与实际需求相比仍有一定的差距。

第二,营养食物的结构。

由表 49、50、51、52 可知,34 家的人均热量和蛋白质总量,粮食分别占 98.04%、97.86%,肉类、果类、糖类合计仅占百分之一二;123 家的人均热量和蛋白质总量,粮食分别占 93.70%、95.44%,肉类、果类、糖类合计占百分之五六。所谓农民营养数值比以往想象的要高,是因为五谷杂粮特别是豆类所含的热量和蛋白质并不低所致,以 123 家为例,人均每年食用豆类达到 34 公斤。

以粮食为主的食品结构,导致生活消费和土地生产的矛盾,农民不得不降低粮食质量来满足自己的需求,杂粮消费较多,口感较好的小麦极少。以 34 家为例,小麦仅占粮食消费的 5.5%[2]。1948 年、1949 年的土改调查也显示,北支合村的于洛宇、王维勤两家分别占地 14.0 亩、9.5 亩,小麦仅占粮食消费的 4.3%、13.6%;吕家庄的高进山、郭振纲两家分别占地 21.7 亩、24.5

---

[1] 何秀荣等:《中国国家层面的食物安全评估》,《中国农村观察》2004 年第 6 期。
[2] 据李景汉《定县社会概况调查》第 313 页计算。甘薯折合为原粮。

亩,小麦占粮食消费的 13.5%、15.5%①。如前所述,小麦更多地被作为商品出卖了。

即便是产量最高的小米,一些农家也不常吃。1934 年冬,红学家俞平伯到定县走访了几个条件较好的村庄,问农民小米够吃吗,"岂知这问亦是何不食肉糜之类,据回答说村人是不大吃小米的,除有客人或什么事情之外,平常只以红薯、白菜为食"②。翟城村的经济水平属中等,农民也经常诉苦:"一年价谁不是吃糠咽菜呀!"③有些农户甚至出现了断粮的情况,顾猛调查时发现,韩家庄 50 户已有 30 多户断粮,赵村断粮户也有 20 多个,"其余各村多寡不等。他们初则尚恃草根树皮谷糠充饥,后以该项食物吃尽,遂至完全断炊。而韩家庄村之饥民曾集结数百人赴村长家中要求救济,可知穷困形势之严重"④。

除了年节,农民一般不吃,也吃不起肉类和鸡蛋。34 家人均一年食用肉类不到 1.8 公斤、蛋 0.8 两,123 家人均食用猪肉量稍高,也不过 4.8 公斤⑤。其实,1932—1934 年三个年度定县平均每户养猪 1.0 头、1.1 头、1.1 头,如用来食用,不致每年食用猪肉量如此之少⑥。之所以如此,主要是因为农民养猪是为了出卖,很少宰杀自食,20 农家的调查显示,养猪收入中实物、现金分别占 2.6%、97.4%,猪基本上都出卖了⑦。另一项养猪调查也提供了佐证,在屠行,花油、板油多的猪很受消费者欢迎,花油价格与猪肉价格相等,板油价格

①《农家收支调查表》,1949 年 7 月、8 月、9 月,定州市档案馆藏,革命历史档案第 60 卷。

②知堂:《保定定县之游》,《国闻周报》1935 年第 12 卷第 1 期。

③《定县八区翟城土改后变化概况》,1951 年 9 月,定州市档案馆藏,革命历史档案第 57 卷。

④顾猛:《崩溃过程中之河北农村》,《中国经济》1933 年第 1 卷第 4—5 合期。

⑤郑起东根据中央农业实验所的统计资料估算,冀鲁豫三省农民人均每年消费肉类达 10 公斤或 10 公斤以上,蛋类超过 40 个。参郑起东:《近代华北的农业发展和农民生活》,《中国经济史研究》2000 年第 1 期。这与定县的消费量出入太大。

⑥《二十一年度河北省各县家畜家禽数量统计表》,《冀察调查统计丛刊》1937 年第 2 卷第 2 期;《二十二年度河北省各县家畜家禽数量统计表》,《冀察调查统计丛刊》1937 年第 2 卷第 3 期;《二十三年度河北省各县家畜家禽数量统计表》,《冀察调查统计丛刊》1937 年第 2 卷第 5 期。

⑦据杜修昌《农家经济分析:1936 年我国四个地区 177 农家记帐研究报告》第 33—34 页资料计算。

比猪肉价格高 1 倍[①]。农民以猪油替代猪肉,结果猪油价格反比猪肉还高。

至于调味品,除了盐之外,其他的也食用非常少。在 34 家,平均每家消费调味品仅 4.97 元,而且主要是食盐,占调味品的 69.8%[②]。在农民看来,食物里面"偶而放入几滴香油,竟致看为例外的奢侈"[③],"每买几两香油,常常吃了一两个月还不见少"[④]。他们"用油的法子,是用铁丝穿过一个制钱的方孔,把它钩住,然后把钱放在油里。用油的时候把钱拿出来,放在菜里头。他们决不肯把油从油瓶直接倒出来,因为这样就怕用得太多了"[⑤]。食醋和酱油也是如此,"那是一种带点特别意味的东西,如非喜庆大故,恐怕轻易尝不到这种美味"[⑥]。即使是食盐,一些农民也买不起了。1933 年,买不起盐的农户占全县总农户的 27%,其中,10%—34% 农户买不起者有 320 村,50% 以上农户买不起者也有 50 村,最高比例达到 74%[⑦]。因买不起盐,"便到阴沟里或潮湿的地皮上刮取硝盐(刮地皮)来吃",但事后有人告诉他们说:"盐是属于国家的,私人刮取是触犯国法的。买盐既无力,刮取又犯法,那么他们现在唯一的办法就是少吃盐或甚至不吃盐!"[⑧]

而在同一时期,西方发达国家消费的副食比例则高得多。在美国、德国、比利时、丹麦、瑞典、芬兰,副食品分别占食品费用的 15.1%、18.6%、13.3%、12.2%、13.7%、19.5%[⑨]。定县与它们的差距之大如若天壤之别。

当时,上述诸发达国家的平均寿命已接近 60 岁[⑩],而定县的平均寿命还不到 30 岁[⑪]。这个极低的寿命水平,首先与畸形的消费构成有关,而穿着、住房和卫生等因素也有影响。

---

① 唐翘焱:《华北猪种饲养比较试验工作》,《民间》1936 年第 3 卷第 9 期。
② 李景汉:《定县社会概况调查》,第 315 页。
③ 李景汉:《深入民间的一些经验与感想》,《独立评论》1935 年第 179 号。
④ 鲁绍柳:《定县农村经济概况》,《文化建设》1937 年第 3 卷第 4 期。
⑤ 涛鸣:《定县见闻杂录》,《独立评论》1932 年第 4 号。
⑥ 鲁绍柳:《定县农村经济概况》,《文化建设》1937 年第 3 卷第 4 期。
⑦ 李景汉:《定县经济调查一部分报告书》,第 98 页。
⑧ 佛:《农民的伟大和修养》,《民间》1934 年第 1 卷第 1 期。
⑨ 张东刚:《消费需求的变动与近代中日经济增长》,第 272 页。
⑩ 李景汉:《华北农村人口之结构与问题》,《社会学界》1934 年第 8 卷。
⑪ 张折桂:《定县大王耨村人口调查》,《社会学界》1930 年第 5 卷。

在穿着方面，1930年，定县普通6口之家，一年的衣服费用不到15元，包括本地所织土布80尺，6元；细一点的爱国布、洋布十几尺，1元；4—5斤棉花，2元；鞋料费，2.5元；袜子费，1.5元；被褥费，1元；其他1元。李景汉对此感叹道："这如何能够用呢？不错，是不够用。结果是小孩子，尤其是男孩，从春天起就开始赤条精光的一丝不挂了，直到霜降的节令还有赤裸裸的。少作工的老年人只求衣能蔽体足矣，即有几个窟窿也没大关系，邻人也够不上笑的资格。青年妇女的衣服是不能不讲究些的，何况她们也从事劳苦的工作，于是她们占去了这十五元的一大部分。还有工作的壮丁是必须多费衣服的，因此也占去全家衣服费的一大部分。这样的按照轻重缓急的成分来分配，这十五元的出款就对付着解决了这一个人生的衣服问题。"[①] 进入初冬，"冬天穿得上棉袄的农民大半只有一件，五个月之久是不离身的，里面状态不堪目睹"[②]。

在住房方面，大多数农户虽有住房[③]，但质量低劣，多为土房。有位外国旅行者1902年在从保定西行的路上（包括定县）所见"房屋大抵只一层，以泥土建成，覆以茅草，以纸糊窗"[④]。1948年、1949年的土改调查也表明，第四区19个村有坏房14 231间，占房屋总数的68.1%；第六区4个村，坏房占房屋总数的93.3%，有的村庄的房屋全是坏房[⑤]。

在卫生方面，疾病多，但医疗费极少，医疗条件极差。李景汉说："农民对于卫生常识之缺乏固无论矣。即或设法增加其健康之知识，亦有不易实现之苦痛。例如……男子在夏天能有在野外沟渠洗澡的快活机会，也未尝不知道冷季沐浴亦必同样舒服，但往澡堂去洗必得花钱，在家内洗须得费柴火烧热水，又得买澡盆，也找不出方便的地方，妇女更难办到。农民沙眼病之普遍令人惊异，家内有患者一人则全家即被彼感染。预防之方法，须全家不用同一脸盆与手巾，必须各人用自己之脸盆，至少须用自己分开之手巾。此

---

①李景汉：《华北农村人口之结构与问题》，《社会学界》1934年第8卷。

②李景汉：《深入民间的一些经验与感想》，《独立评论》1935年第179号。

③Sidney D. Gamble, *Ting Hsien: A North China Rural Community*, p.49.

④王庆成：《晚清华北村落》，《近代史研究》2002年第3期。

⑤《平分前各阶层占有土地房屋农具统计表》，1948年，定州市档案馆藏，革命历史档案第50、105—107卷。

亦农民甚难办到者,因为脸盆数与手巾数须增添数倍,而其全家全年之家具费不过二元左右。"[1] 在此环境下,农民患病率颇高,呼吸病、肺痨、产后风、天花、疟疾、沙眼等不一而足。与此相反,全县才有 400 多个医生,226 个村一个医生也没有,220 个村无任何医药设备[2]。所谓医生,也多是村里的药铺掌柜,没受过学术训练,乃至有不识字的文盲。即使如此,许多农民也请不起,生死由命,听其自然。全县平均每人的医疗费仅 0.3 元,还不够买 4 克阿司匹林[3]。此为平均数,普通农民的情况更可想见。

以上诸因素导致人口死亡率甚高。二十世纪三十年代初对定县 1000 个 35 岁以上母亲的调查显示,平均每人生 6 个孩子,在她们的平均年龄到达 50 岁左右的过程中,有 45% 的孩子已经死亡。全国农民也是如此,死亡率达到 35%—40%,而发达国家当时已降至 15%。李景汉指出:"吾人常以为农民之体格甚为强健,不知这都是从多少人中死剩下的,而且余下未死的这些男女老幼若细一调查,多显病弱状态。"[4]

由上可见,定县农家的生活显然属于低级生存性消费,"他们是深深觉到他们的痛苦的,谈起话来是愁眉不展的,咳声叹气的,呻吟的"[5]。与清代前期华北农民生活实态比较(多记录于方志)[6],几乎完全类似。

在世界经济危机期间,由于农产品价格急剧下降,农民损失巨大,生活更加陷入低谷。李景汉说:"事实告诉我们,近二年来人民大量的移往县外谋生了。定县也不得不随着一般农村经济破产的潮流转变了。定县尚且如此,他县可想而知。"[7] 彼时,定县讨饭人数激增,1931 年为 3952 人,1932

---

① 李景汉:《华北农村人口之结构与问题》,《社会学界》1934 年第 8 卷。

② 李景汉:《定县社会概况调查》,第 293 页;河北县政建设研究院:《县单位卫生建设初步方案》,中国第二历史档案馆藏,全宗号 236,卷号 115。

③ 据李孝悌《河北定县的乡村建设运动》(《台北"中研院"近代史研究所集刊》1982 年第 11 辑)、李景汉《定县经济调查一部分报告书》第 68 页资料整理。

④ 茹春浦:《中国乡村问题之分析与解决方案》,震东书局 1934 年版,第 44 页;李景汉:《华北农村人口之结构与问题》,《社会学界》1934 年第 8 卷。

⑤ 李景汉:《华北农村人口之结构与问题》,《社会学界》1934 年第 8 卷。

⑥ 徐浩:《农民经济的历史变迁》,社会科学文献出版社 2002 年版,第 383—389 页。

⑦ 李景汉:《定县人民出外谋生的调查》,《民间》1934 年第 1 卷第 7 期。

年增至 6425 人，1933 年达到 10 429 人[①]。外出谋生者也明显增加，1924 —
1934 年十年间为 33 233 人，1934 年初的三个月就有 15 084 人[②]。

　　由定县农家的收支水平、消费结构及其影响可见，对于近代农民生活水
平既不能夸大其恶化趋势，更不能拔高其改善迹象。农民生活的些微改进
远不足撼动结构性的绝对贫困状态，这也反映出动荡年代政府的作为是非
常有限的，否则中国革命的起源和成功便无从谈起。

---

① 李景汉：《定县经济调查一部分报告书》，第 107—108 页。
② 李景汉：《定县人民出外谋生的调查》，《民间》1934 年第 1 卷第 7 期。

第十四章 定县乡建实验与"化农民"

在小农经济运行的过程中,如前所述,也有外部力量的介入,现代民间组织所进行的乡建实验就是其中的一种。二十世纪二三十年代,伴随着农村经济危机的出现、农村复兴的热议以及中共革命的兴起,中国社会各界一方面掀起了农村调查和研究的热潮,另一方面涌现出一股"到民间去"进行"民众教育"和"乡村建设"的运动。发起和参加乡村建设运动者,既有社会团体,也有政府机关,还有慈善机构、大专院校、民众教育馆、教会组织等,据1934年国民政府实业部的调查,全国有600多个团体从事农村工作,有1000多处在从事乡建实验,它们"各有各的来历,各有各的背景。……其思想有的左倾,有的右倾,其主张有的如此,有的如彼"①。其中两处实验最有影响,一是梁漱溟主持的山东邹平乡村建设实验,一是晏阳初领导的定县平民教育乡村建设实验。定县实验自1926年始至1936年基本结束,持续了十年,有关其产生的背景、发起和演进过程,学界已有比较清晰的梳理,不再重复。兹主要对其做一整体性的评论,之所以着眼于此,因为定县实验从进行之时一直到今天,社会各界对其始终没有停止过议论,观点各异,莫衷一是。先了解一下以往不同历史时期关于定县实验的看法:

其一,定县实验进行期间。1930年到1936年,每年到定县实验区参观者络绎不绝,有的年度竟达三五千人之多,形成风靡一时的定县参观热。直

---

① 晏阳初:《乡村运动成功的基本条件》,宋恩荣编:《晏阳初全集》第1卷,第305页;章元善、许仕廉:《乡村建设实验》第2集,中华书局1935年版,第19页。

至 1937 年"卢沟桥事变"爆发前五个月，"前去参观的人们仍川流不息"[1]。参观者有中国的，也有外国的；有乡村工作者，也有学者、专家、新闻记者以及军政各界人士。无论是到过定县还是没有到过定县，他们都从不同立场对定县实验发表了意见。影响较大的有三种：第一种，持全面肯定态度。科学家任鸿隽认为："平教会的主张最为正确。他的贡献也值得称赞。因为他的主张是要深入乡间去发现他们的问题。而他的贡献，是在这些问题中间找出解决的方法来。不管他的成绩怎样、他的效果怎样，我们以为他的方向是不错的。"[2] 蒋廷黻也指出："平教会无形中在定县执行了一个大革命。……我们不到民间去的人，对这种试验，只应有善意的贡献意见，不应有恶意的破坏。"[3] 第二种，对个别方面予以肯定，总体上仍是否定的。马克思主义经济学者孙冶方认为，不能否认改良主义者的教育意义和技术意义，但其"主观方面的好意，绝不能掩饰他们底工作在客观上的开倒车作用"，"这种组织是反动性质的"[4]。千家驹也认为，定县实验"整个的哲学虽不免于错误，但其实验工作之某几个部分，例如保健制度、平民读物等等却无疑地已得到相当的成功，值得我们介绍到别的乡村去推行"[5]。第三种，全盘否定。陈序经认为："十余年的乡村建设工作，还未超出空谈计划与形式组织的范围"，"原因不外是实际做过工作的寥寥无几，就是作了，也多是'空而无用'"[6]。李紫翔也认为："一切改良工作的本身，都不免直接间接去为破坏农村的主要因素——帝国主义和封建主义去效忠尽力"，甚至"简直可以说助长帝国主义的促使中国殖民地化"[7]。还有更加情绪化的否定，如国民党中央委员张继说："定县事业，直不啻一骗人的东西。"[8] 燕树棠认为："平民教育会制造教党

---

[1]《晏阳初复 S.D 甘博》，宋恩荣编：《晏阳初全集》第 3 卷，第 553 页。按，"甘博"即美国学者甘布尔。

[2] 叔永：《定县平教事业平议》，《独立评论》1933 年第 73 号。叔永为任鸿隽的字。

[3] 廷黻：《跋燕先生的论文》，《独立评论》1933 年第 74 号。

[4] 孙冶方：《为什么要批评乡村改良主义工作》，《中国农村》1936 年第 2 卷第 5 期。

[5] 千家驹：《定县的实验运动能解决中国农村问题吗？》，千家驹编：《中国农村经济问题论文集》，第 35 页。

[6] 陈序经：《乡村建设运动的将来》，《独立评论》1936 年第 196 号。

[7] 李紫翔：《农村建设运动应有的转变》，《中国农村》1936 年第 2 卷第 4 期。

[8] 叔永：《定县平教事业平议》，《独立评论》1933 年第 73 号。

和非教党之冲突","平民教育会在定县潜伏反动势力"[1]。

其二,新中国成立后至现在。在此期间,二十世纪八十年代以前,对定县实验基本上持否定态度。中国人民大学农业经济系主编的《中国近代农业经济史》认为,平民教育实验"这条道路不仅是走不通的,而且是一种反动的","在实质上是一种具有十足买办性,以'文化''教育'姿态出现的社会组织","从实验的结果看:农民更穷了,所谓'生计教育'不但不足以救'穷',反而甚至不能维持前五年'穷'的水平"[2]。改革开放后,对定县实验表示肯定或部分肯定者越来越多。大多数学者持两分法,一方面认为平民教育实验对当时的乡村建设有一定的积极意义,但从中国革命角度而言,其改良主义的道路是行不通的[3]。也有少数学者基本持肯定态度,如宋恩荣认为,过去对于包括晏阳初在内的乡村建设运动,"一般都只简单地用政治概念去衡量,一概予以否定。这不是实事求是的科学态度","对于中国前辈知识分子的种种社会改革的实践,应当给予充分的理解与尊重"[4]。

作为一个历史事件,定县实验本身是客观的存在,不会随人们的主观意志而改变,但历史解释却会因评论者的立场、角度、学识以及政治环境的变化而众说纷纭。对此,应秉持"了解之同情"的态度,从当时的历史条件出发,对其给予实事求是的评价。

一、为改造中国农民而努力

近代以来,中国乡村有商品化程度提高等新的经济因素产生,但贫困落后的局面一直没有得到根本改变。二十世纪二三十年代,一大批爱国志士尤其是归国留学生怀着强烈的民族责任感,极力想改变中国社会经济落后的面貌,于是掀起一场颇有声势的乡村建设运动。平教会开展的乡村教育运动和乡村建设,即为这场运动的一面旗帜。

---

[1] 燕树棠:《平教会与定县》,《独立评论》1933 年第 74 号。
[2] 岳琛主编:《中国近代农业经济史》,第 162 页。
[3] 郑大华:《民国乡村建设运动》,社会科学文献出版社 1999 年版,第 523—559 页。
[4] 宋恩荣:《序言》,宋恩荣编:《晏阳初全集》第 1 卷,第 25 页。

平教会同仁将乡村建设提升到担负"民族再造使命"的高度，把定县实验看成是弥补太平天国运动、戊戌维新运动、五四新文化运动、北伐战争缺陷的革命性工作。甚至将此比作苏联的第一个五年计划，"以为我们的工作价值，决不在苏联'五年计划'之下"①。当时有不少人将乡村建设的目标定为"农村救济""办模范村"，晏阳初认为那是错误的，救济乡村不过是一时的紧急事情，没有远大悠久的意义；花一些人力、物力将一个破旧不堪、又穷又苦的农村救济起来，使之焕然一新，作为其他农村改良的模范，固然能对周围产生一些好的影响和刺激，但不过是限于当地的特殊事情，不具有普遍意义。他强调，乡村建设的使命是"民族再造"，"中国今日的生死问题不是别的，是民族衰老，民族堕落，民族涣散，根本是'人'的问题；是构成中国的主人，害了几千年积累而成的很复杂的病，而且病至垂危，有无起死回生的方药的问题"。乡村建设运动是为解决这一问题而兴起的，它"耸着巨大的铁肩，担着'民族再造'的重大使命"②。

为什么要由乡村建设担负民族再造的使命呢？晏阳初认为，这是由乡村的重要地位决定的。其一，乡村是中国的经济基础。所谓"以农立国"，离开农业、农村和农民，国家就不存在。其二，乡村是中国的政治基础。中央政府与省政府都是政治上的上层建筑，与农民的关系是间接的，只有县政府、区政府和乡政府与农民的利益休戚相关，中国政治的出路必须从最基层的农村政治开始。其三，乡村是中国人的基础。构成国家的三要素是土地、主权和人民，人民是最为重要的，有了人，土地、主权可以失而复得。农民占中国人民的80%，代表中国的不是上海的买办，也不是天津的富户，甚至不是城市的居民，而是居住在两千多个县中无数农村里的乡下佬。近代以来，中国之所以会积贫积弱，甚至面临亡国灭种的危险，一个重要原因是对中国人的基础在乡村缺乏足够的认识，"放着成千成万的农民，固国固强的雄厚力量，无人去运用。让农民无知无识到底，不给予教育机会，甚至连他们的

---

① 晏阳初：《十年来的中国乡村建设》，宋恩荣编：《晏阳初全集》第 1 卷，第 562—563 页；孙伏园：《全国各地的实验运动》，《民间》1934 年第 1 卷第 1 期；晏阳初：《在全体职员会议上的讲话》，1932 年 4 月，中国第二历史档案馆藏，全宗号 236，卷号 58。
② 晏阳初：《农村运动的使命及其实现的方法与步骤》，《民间》1934 年第 1 卷第 11 期。

生死存亡都不管"①。

　　由上可见,平教会同仁有着强烈的爱国主义情感,力图改变乡村落后面貌,使农民汇入现代文明的潮流。不同于传统士大夫"学而优则仕""秀才不出门能知天下事"的观念,他们没有停留在爱国的宣传上,而是进行知识分子与乡村农民相结合的实践。对于这种超脱世俗、不畏艰难的精神,当时北京的报纸评论道:"这是迄今为止中国历史上最宏大的一次知识分子迁往乡村运动。"②平教会总干事长晏阳初也自豪地说:"现在居然有一班有志之士,抛掉了欧美的书本学问,到农村去做研究工夫,这实在是空前的事,在中国历史上或世界史上都是找不到的。"③据统计,先后在定县实验区工作的人员计400人左右,每年都在120人以上,其中留学归国者20人,国内大学毕业者40人,约占人数的一半④。总干事长晏阳初是美国耶鲁大学政治学学士和普林斯顿大学政治学硕士,各部门负责人也多是留学欧美及日本的博士、硕士,如乡村教育部主任傅葆琛是康奈尔大学农业研究院教育学博士;秘书主任谢扶雅是哈佛大学哲学博士;总务主任瞿菊农是哈佛大学教育学博士;社会调查部主任李景汉是哥伦比亚大学社会学硕士;平民文学部主任孙伏园是法国巴黎大学文学硕士;艺术教育部主任郑耿裳留学日本;戏剧教育委员会主任熊佛西是哈佛大学戏剧文学硕士,副主任陈治策也留学美国华盛顿卡尼基大学戏剧系;生计教育部主任冯锐是康奈尔大学农学博士,继任主任姚石庵也留学美国威斯康星大学农学院;卫生教育部主任陈志潜是哈佛大学公共卫生学硕士;公民教育部主任陈筑山留学日本早稻田大学和美国密歇根大学;学校式教育部主任汤茂如是哥伦比亚大学教育学硕士;社会式教育部主任霍六丁(后兼定县实验县县长)留学美国,副主任汪德亮为美国哥伦比亚大学教育学硕士;乡村工艺部主任刘拓是美国爱荷华大学化学工程博士;等等。其中,陈筑山、谢扶雅、瞿菊农、冯锐、陈志潜、郑耿裳、汤茂如、汪德亮、刘拓曾任大学教授,有的还做过大学校长。孙伏园是著名作家,

①晏阳初:《农村建设要义》,宋恩荣编:《晏阳初全集》第2卷,第33—34页。
②晏阳初:《中国平民教育运动的总结》,宋恩荣编:《晏阳初全集》第2卷,第210页。
③晏阳初:《农民抗战与平教运动之溯源》,宋恩荣编:《晏阳初全集》第1卷,第532页。
④堵述初:《平民教育运动在定县》,《河北文史资料选辑》第11辑,第39页。

熊佛西是著名剧作家。凭借他们的资历，都能在大城市过上舒适的生活，乃至跻身仕途，谋取高官厚禄。但他们舍去优越的环境、优厚的职位，到生活条件较差的乡村去搞平民教育实验，无疑需要超凡的抱负、过人的勇气和敢于牺牲的精神。从事乡村教育的傅葆琛，1928 年卖掉除书以外的所有家当，加入到定县实验的队伍。陈志潜 1932 年来定县之前，身兼南京中央大学卫生教育系主任和中央政府卫生署要职，费了很大周折辞掉职务，来到定县。汪德亮是国民政府行政院长汪精卫的侄子，汪精卫在行政院为他安排了一个待遇优厚的工作，但他在那里干了一年，就转到定县从事实验工作。李景汉 1928—1934 年始终在定县从事调查工作，中间仅因患胸脓肿病离开四个月。

过惯了城市生活而来到乡村，意味着要承受艰苦的生活。在定县实验过程中，约有三分之一的工作人员因为忍受不了生活的艰苦而半途离开①。为此，晏阳初特别提醒工作人员，要想"化农民"必先"农民化"。"化农民"即变农民为有文化的新农民，"农民化"即从事乡村实验的工作者必须自己先变作农民。可是，"'农民化'至不容易。必须先明了农民生活的一切。我们正努力在农村做学徒"，"到民间去这条路，好似遍地荆棘，颇不好走"②。瞿菊农甚至发出了痛苦与困难"只有自己知道，天知道"的感慨，平民文学部为了编辑教育材料，简直是"一生心血都用尽"③。学校式教育部为了推广平民学校，无论严寒酷暑，未尝中辍，"茹苦尝辛，一言难尽"④。社会调查部的实地调查，所遇到的艰难更是不可胜数。实地调查经费虽比其他调查充裕，但工作人员的日常经费也极为紧张，甚至到了难以为继的地步。晏阳初经常强调节缩开支，"在保证基本的和急需的开支前提下，我和我的同事继续削减费用"。1932 年的预算比上年减少了 33%⑤。1935 年，晏阳初又说："数年来

①〔美〕赛珍珠著，林特溪译：《告语人民——与晏阳初谈平民教育运动》，宋恩荣编：《晏阳初全集》第 2 卷，第 600 页。

②晏阳初：《在欢迎来宾会上的讲话》，宋恩荣编：《晏阳初全集》第 1 卷，第 221 页。

③瞿菊农：《以工作答复批评》，《民间》1936 年第 3 卷第 2 期；堵述初：《平民教育运动在定县》，《河北文史资料选辑》第 11 辑，第 19 页。

④汤茂如：《定县农民教育》，第 493 页。

⑤《晏阳初致 E. C. 卡特》，宋恩荣编：《晏阳初全集》第 3 卷，第 299 页。

敝会经费支绌,屡有核减,本年度职员薪给更属有减无增。"①由于日常经费低,工作人员外出办事没有饭费津贴,以致粗茶淡饭,身体难以坚持。晏阳初在致美国社会学家甘布尔的信中说:"李景汉的身体已彻底垮掉。这是由于他去年紧张的工作和一直呆在农村并与其他同事一道吃粗粮的结果。"②晏阳初本人何尝不是如此? 为了平教事业的发展,他"把死的精神做生的工作,和困难奋斗,至死方休"③。1938 年 6 月,毛泽东在延安会见平教会代表堵述初时,对晏阳初及其同仁"以宗教家的精神努力平教运动,深致敬佩"④。

对平教会给予激烈批判的燕树棠提出,定县实验区"每年耗费几十万元",把平教会人员供养成了一个吃乡建饭的阶级,晏阳初"以千字文识字课的小教师,现在做了河北省县政建设研究院的院长,就晏先生个人说,的确是很大的成功"⑤。这一说法未免太过刻薄了。设于定县的省县政建设研究院院长算不上一个显赫的职位,而且有愿意抛弃都市优裕生活而到乡村受苦的吃饭阶级吗? 其实,定县实验的目标是为全国搞出一个建设性方案,平教会每年使用的经费也未达到几十万元,即便使用了几十万元,"为了全国而用,则真不算多"⑥。

何况,平教会的大部分经费是靠私人募捐来的。晏阳初对有关批评大为感慨并进行了申辩:"平民教育促进会是一个私立的学术团体,是一些穷书生得了极少数人的同情与援助而创办起来的;因此就与一般有政府作经济后盾的机关完全不同。本会自创办以来,经费就没有可靠的来源,全凭国内同情此种工作的朋友的自由捐助。中美教育文化基金董事会对于本会工作素表同情,曾给我们多年的补助。本会出版税的收入也可以维持一部分工作。政府对于本会的工作向来也是非常同情赞助的,并且十余年来我们

①《晏阳初致谢家声》,宋恩荣编:《晏阳初全集》第 3 卷,第 487 页。

②《晏阳初致 S. D. 甘博》,宋恩荣编:《晏阳初全集》第 3 卷,第 112—113 页。

③晏阳初:《三桩基本建设——对长沙雅礼学校学生讲》,《民间》1937 年第 4 卷第 2 期。

④堵述初:《毛泽东先生会见记》,宋恩荣编:《晏阳初文集》,教育科学出版社 1989 年版,第 400 页。

⑤燕树棠:《平教会与定县》,《独立评论》1933 年第 74 号。

⑥晏阳初:《中华平民教育促进会工作的演进——十二月四日在中山大学文学院讲》,《教育研究》1935 年第 64 期。

也曾多次与政府合作，尽本会的力量帮政府的忙。不过当此内忧外患、山穷水尽的时候，政府也碍难给我们经济上的助力。"[1] 为了保持政治中立，晏阳初特别强调："在经费筹集方面不应该接受国内任何一党一派的涓滴资助。这样，在主张上才能独立，才能超然，才能硬气。"北洋政府曾许诺给平教会 800 万元，条件是由晏阳初担任北方政治党派领袖；张学良也表示愿意赠送 500 万元，同样要求晏阳初组党，都被晏拒绝了[2]。可见，平教会的经费与政府、官员没有密切关系，主要是国内外同情者的捐助。1923 年，平教会成立时只有 3600 元经费，由董事长朱其慧捐助，"其艰窘之状，就可不言而喻了"。1925 年 6 月，晏阳初应中国太平洋国民会议和檀香山大学中国学生会之约，演讲中国平民教育运动。该地华侨也请他讲演数十次，自动组织募捐队，为平教会募集 2 万美金。1926—1928 年间，天灾人祸不断，从前捐助平教会经费的人，"至此皆有心无力，于是本会在当时几入于山穷水尽的境界"。1928 年，晏阳初赴美国耶鲁大学领受荣誉学位，美国全国教育会及其他大学请他演讲，一些同道组织合作委员会，为平教会募得五年补助金，分期寄给平教会。直至 1934 年，"外间一般不察事实不明真相的人，认平教会为拥有百万基金的发财机关，实是完全误会"。晏阳初更想表明，所募集的经费"都是用到研究实验上的。我们这个穷书生的结合靠募捐来维持工作的私人学术团体，完全在困窘的生活中努力撑支，整整十年有余了，怎会把钱浪费？又怎能有钱让我们来浪费呢？本会经费最多的时候，曾未超过月费万余元的记录，而研究实验的工作却有十余部分之多。至于河北省政府在定县设立之县政建设研究院，在经费上与平教会毫无关系。平教会同仁在研究院兼职者皆为义务性质，而研究院的经费每月亦仅仅 5000 余元，由省库支出，外间传说研究院研究每年经费数十万，亦系无稽之谈"[3]。以上事实说明，平教会是名副其实的民间乡建团体。

---

[1] 晏阳初：《中华平民教育促进会定县实验工作报告》，宋恩荣编：《晏阳初全集》第 1 卷，第 345 页。

[2] 晏升东、孙怒潮：《晏阳初与平民教育》，《河北文史资料选辑》第 11 辑，第 4—5 页；《晏阳初致 M. 菲尔德》，宋恩荣编：《晏阳初全集》第 3 卷，第 649 页。

[3] 晏阳初：《中华平民教育促进会定县实验工作报告》，宋恩荣编：《晏阳初全集》第 1 卷，第 346—347 页。

当国内对定县实验争吵不休时,晏阳初的平民教育实验所取得的成绩却赢得了世界的赞誉。1943 年 5 月,美国"哥白尼逝世四百周年全美纪念委员会"将晏阳初与爱因斯坦、杜威、福特等十人评为具有革命性贡献的世界伟人,称晏阳初"将中国几千文字简化且容易读,使书本上的知识开放给以前万千不识字人的心智。又是他的伟大人民的领导者:应用科学方法,肥沃他们的田土,增加他们的辛劳的果实"[①]。晏阳初及定县乡建实验产生了世界影响力。

二、"化农民"的理论、方法与绩效

改造中国农村落后和农民贫困的局面,是平教会举办定县实验的总体目标,而理论与方法则是实现这一目标的手段和途径。

其一,提倡"平民主义",以民众为本位。晏阳初认为,"平民"不是指一般意义上的百姓,而应解释为平等的公民,所有公民一律平等;一切为人民,一切适应人民的需要,"凡是不以人民为本位的,都是要不得的,没有用的",这是古今不变的真理[②]。晏氏所谈与"民为邦本,本固邦宁""民可载舟,亦可覆舟"的千年古训有明显的继承性,只是这些古训在历史上很少受到重视。

其二,愚、穷、弱、私是中国农民的四大病症。平教会认为,90% 以上的平民尤其是农民有愚、穷、弱、私四大缺点,即缺乏知识、缺乏经济、缺乏健康、缺乏公共心与团结力,此为阻碍中国文明进步,导致农村崩溃的根本原因。不仅如此,平教会还认识到,愚、穷、弱、私四大病症并不是平行的,穷是愚、弱、私的基础,是帝国主义侵略和封建统治势力压迫剥削的结果,"此两种因素,又尝循环影响,相互成果,促使农村经济渐致濒于流产,今欲……复兴我国农村生产,必须针对病根,从打倒帝国主义与铲除封建势力着手"[③]。晏阳初还觉察到:"农村土地分配的不合理……土地问题是一很重要的问题。"[④] 李景汉也认为:"若不在土地私有制度上想解决的办法,则一切其他

<hr/>

①吴相湘:《晏阳初传——为全球乡村改造奋斗六十年》,岳麓书社 2001 年版,第 341 页。
②晏阳初:《平民教育运动的回顾与前瞻》,宋恩荣编:《晏阳初全集》第 2 卷,第 307 页。
③姚石庵:《非常时期之农村生计教育》,《民间》1937 年第 3 卷第 17 期。
④晏阳初:《平民教育运动的回顾与前瞻》,宋恩荣编:《晏阳初全集》第 2 卷,第 291 页。

的努力终归无效；即或有效，也是很微的一时的治标的。一个政府是不是一个革命的政府，一个政党是不是一个革命的政党，和一个人是不是一个革命的人，很可以从其对于土地的主张来决定。"① 马克思主义经济学家千家驹、吴半农等曾对平教会的愚、穷、弱、私理论提出异议，认为将四大缺点并列起来，没有认识到愚、弱、私是穷的必然结果，更没有认识到穷是帝国主义侵略和封建势力压迫剥削的产物②。对照上述平教会的认识，这一看法存在误解，其实二者的区别不是如何理解乡村社会的问题，而是解决之路的问题。

其三，用"四大教育三大方式"解决农民的愚、穷、弱、私。从前述认识的逻辑而言，要解决农民的四大缺点，必须先消灭穷，要消灭穷，必须铲除帝国主义侵略和封建势力压迫。按照革命的马克思主义的主张，要铲除这两种势力，必须用暴力革命的手段。但平教会却认为农民目前还没有推翻帝国主义侵略和封建势力统治的力量，农民的力量仍处于潜伏状态，在挖掘出这一力量之前，"一切高呼打倒帝国主义或帝国资本主义曾经狂热一时的目标，都变成了胰子泡样的空虚口号，在民族自身没有力量之前，一切的一切都是废话"③。这一认识，就是学界所熟悉的改良主义。针对农民的四大缺点，平教会提出"除文盲，作新民"的教育方针，即在使农民取得最低限度的文字教育的基础上，进行四大教育——以文艺教育攻愚，以生计教育攻穷，以卫生教育救弱，以公民教育攻私，由此培养出具有知识力、强健力、生产力和团结力的四有新民，"这四种力，是今日国民所最不可少的。具备了这四种力，才可以在国家将亡的今日有救亡图存的能力"④。那么，如何实施四大教育呢？这就是三大方式，即学校式教育、社会式教育和家庭式教育，"使整个社会尽是教育的环境，以免一曝十寒之弊害"⑤。由上可见，平教会所谓"四大教育三大方式"广及整个乡村建设，正如晏阳初所指出的："各方面工作的

---

① 李景汉：《定县土地调查（下）》，《社会科学》1936年第1卷第3期。
② 吴半农：《论"定县主义"》，千家驹：《定县的实验运动能解决中国农村问题吗？》，千家驹编：《中国农村经济论文集》，第15—36页。
③ 晏阳初：《十年来的中国乡村建设》，宋恩荣编：《晏阳初全集》第1卷，第559页。
④ 晏阳初：《中华平民教育促进会工作的演进》，宋恩荣编：《晏阳初全集》第1卷，第434页。
⑤ 陈序经：《乡村建设运动》，大东书局1946年版，第21页。

发展,合起来便就是整个乡建事业的发展。"[1]

为了实现上述目标和方案,平教会提出彻底实验、推广全国的理论。

近代以来,中西碰撞的结果使中国固有的传统文化失去魅力,但新的生活方式又没有建立起来,从而形成文化上青黄不接、思想上混乱分歧的状态。有的人主张以复古来挽救已经动摇的局面,有的人主张追求西方的现代途径,更极端的则鼓吹全盘西化。晏阳初认为,平民教育运动是一个新的特殊的问题,"我国办理教育数十年,成效未著,原因固然复杂,而我国从事教育者奴隶式的抄袭外人,漠视国情,也不能不说是失败的一个大原因"。因此,"不可不先有充分的研究"[2]。所谓"充分的研究",就是亲自到民间进行实验,以产生既经济简易,又有普遍性、实用性的教育方案。譬如关于生计教育,晏阳初强调,在今日中国情形之下,最重要的是根据一般平民的生活程度、经济能力的大小,进行实验研究,改进固有的农艺工艺,以适应今日平民的需要,改进平民的生计,"若徒高谈外国的法门,照样画葫芦的去办,一定是有弊无利的"[3]。又如关于卫生教育,晏阳初也强调:"我们不愿意死搬西方的经验,也不想依附本国的传统,或是两者的折中,而是要吸取两者菁华,制定出适应当前国情的建设计划。"[4] 再如关于公民教育,务求所实施的"为真正中国的公民教育,不是由它国模仿来的公民教育","有我国的历史文化和环境,亦当有我国所特有的公民教育,方能适应我国的需要。要知道什么是中国的公民教育,非有实地的、彻底的研究不可"[5]。总之,"我们不要今天抄美国的一套,明天抄德国的一套,后一天再换一套法国的,我们要自己一拳一腿,一滴一点的去开辟,去创造"[6]。

既然不能抄袭外国,如何进行研究实验呢?中国的传统读书人重写文章,不重实际,实际工作只让农工商界去做,导致理论与实践脱节。平教会认为,研究实验"决不能关起门来在图书馆在试验室里用功,有的时候,对于

---

[1]晏阳初:《十年来的中国乡村建设》,宋恩荣编:《晏阳初全集》第 1 卷,第 565 页。

[2]晏阳初:《"平民"的公民教育之我见》,《新教育评论》1926 年第 1 卷第 21 期。

[3]晏阳初:《平民教育的真义》,宋恩荣编:《晏阳初全集》第 1 卷,第 109—110 页。

[4]《晏阳初致 E. C. 卡特》,宋恩荣编:《晏阳初全集》第 3 卷,第 353 页。

[5]晏阳初:《"平民"的公民教育之我见》,宋恩荣编:《晏阳初全集》第 1 卷,第 65 页。

[6]晏阳初:《农民抗战与平教运动之溯源》,宋恩荣编:《晏阳初全集》第 1 卷,第 533 页。

有些问题,这种工作是必要的,但真正的平民教育工作是要以实际生活为研究的对象,到民间来在实际生活里研究实验,这是活的研究实验。要这样才有结果,才有办法"。由于实验是整个的、全方位的,又"发生了研究实验的单位区域问题"①。根据"凡事要从大处着眼,从小处入手"的原则,平教会认为可将一个有代表性的县份作为实验单位,"定县就成了我们的'社会实验室'",中国是"一千九百多县造成的。抓住一个可以代表的县去认识问题,找寻问题,实在是一个社会生活的单位,抓住一个可以代表的县认识问题,寻找问题,研究问题,建设问题,希望能在这里找到有普遍性共通性同时跟农民有关系的问题去研究它,以便将来别的县别的省也可以采用"②。正因如此,定县实验并非专为定县而定县,而是借助定县求出一套具有基础性的方式或工具,使全国各地用此经验得到革新和进步。

平教会将上述理论和方法付诸实践,取得了一定的成绩。

通过开展四大教育研究,实施三大教育,平教会在实验区建立了一套比较完整的农民教育体系,包括初级平民学校、高级平民学校、乡村小学、导生传习制、师资训练班、生计巡回训练学校等。随着学校数量的增加,定县入学率提高,文盲有所减少。到 1933 年,全县共有平民学校 417 所,毕业学生数万余人③。1934 年,全县 14—25 岁青少年有 8.2 万人,识字者计 49 450人,约占 60%,其中男青年的文盲率降至 10%。到 1935 年,男青年文盲基本除尽④。二十世纪八十年代,当地一些老人回忆,当年上过平校,会写账写信,能看书,沾光不少⑤。正是这些受过平教会教育的农民,在后来的抗击日军中发挥了作用。定县沦陷后,受过平民教育的青年人成立了游击队,领导广大群众成功地抵抗了日寇的进攻,全县 472 个村只有沿京汉铁路的 21 个村被日军占领,其余 451 个村由两个领导进行管理,其中,一个是以前平民学校

---

①李景汉：《定县社会概况调查》,第 788 页。

②晏阳初：《平民教育与中国的抗战及民族建设》,宋恩荣编：《晏阳初全集》第 2 卷,第 184 页；晏阳初：《中华平民教育促进会工作的演进——十二月四日在中山大学文学院讲》,《教育研究》1935 年第 64 期。

③贾恩绂：《定县志》卷三《政典志·建置篇上》。

④李景汉：《定县社会的各方面》,《民间》1935 年第 1 卷第 24 期。

⑤《绍芳寄给晏阳初先生的信》,《河北文史资料选辑》第 11 辑,第 107 页。

的教师,另一个是平民学校的毕业生[①]。

实验区的戏剧教育也颇具特色,可称中国乡村戏剧运动的先锋。负责戏剧教育的熊佛西对戏剧表演形式进行了大胆改革,使农民不感觉在看戏,而是在参加表演。为了达到这一目的,他们"废除'幕线',即台上台下打成一片,演员观众不分,演员可以表演于台下,观众可以活动于台上;演员与观众、观众与演员整个的溶化成一体。在一个目标之下,在一个区域之内,他们一同哭笑,一同思想,一同活动,一同感动,一同前进"[②]。1932年至1934年3月,戏剧教育委员会在24个村组织公演话剧,训练11个农民剧团,演员达到180余人[③]。

农村经济方面也取得了一定成绩。棉花、小麦、高粱、谷子等农作物,都有新品种的培育,亩产量比土种分别增产56%、14%—20%、30%、20%。农具的改造试验方面,先后完成对耙、犁、水车、辘轳、播种器、中耕器、收获器、点播器、花生筛、脱粒机的改良,漏斗水车用畜力转动轮盘取水,减轻了农民的劳动强度。动物饲养业的试验,主要是猪种、鸡种的改良。波支猪每头比本地猪多产猪肉18.6%,到1935年改良猪种达到2.2万头。优良鸡种力行鸡,每只每年比本地鸡多产蛋190个,推广数量为1931年526只、1932年581只、1934年134只[④]。平教会还进行了合作社的实验和推广工作,到1936年冬,合作社有129个,分信用、购买、生产、运销四类[⑤],初步形成了合

①晏阳初:《中国平民教育运动的总结》,宋恩荣编:《晏阳初全集》第2卷,第223页。新中国成立初期曾任吉林省委副书记的李德仲,1935年10月至1937年5月任中共定(县)藁(城)无(极)中心县委书记,他回忆道:中共党员进入平教会工作开展党的活动,"平教会在定县这个地方搞普及教育,对抗日战争,对国家建设这个问题上都起了重要作用"。李德仲:《中共定县党在土地革命战争时期遭到大破坏后的恢复与发展》,《定州党史资料》1993年第1期。

②熊佛西:《中国戏剧运动的新途径》,《民间》1935年第2卷第16期。

③晏阳初:《中华平民教育促进会定县实验工作报告》,宋恩荣编:《晏阳初全集》第1卷,第322页。

④李济东主编:《晏阳初与定县平民教育》,河北教育出版社1990年版,第217—222页;晏阳初:《定县实验区工作概略》,宋恩荣编:《晏阳初全集》第1卷,第411—412页。

⑤《生计部经济合作组二十五年度工作报告》,中国第二历史档案馆藏,全宗号236,卷号182。

作组织制度。

平教会的乡村卫生实验，开创了中国县级现代卫生建设的先河。为了改变医疗设施落后的状况，平教会在定县建立了县单位医疗保健制度，按行政单位分层建设，村设保健员，乡设保健站，县城设保健院。到 1935 年，全县除了 1 所保健院，还有 8 个乡保健站，80 个村保健员[①]。定县三级医疗保健制度在国内产生了较大反响，南京国民政府卫生署成立后，要求各县参照这一做法，在县城设立卫生院，在乡镇设立卫生所，保设卫生员。抗日战争期间，"在未被占领的国土上，这种卫生系统仍然起着有效的作用"[②]。不仅如此，这套卫生制度也引起国际的关注。国联官员斯坦巴和拉希曼考察定县保健制度后，认为不仅适于中国，对欧洲和南美也适合，请卫生教育部主任陈志潜到美国讲学，介绍定县经验。平教会还对学校卫生、产妇与儿童保健、生育节制进行了试验。在此基础上，农村的医疗条件及预防、治疗方面都有一定改善。1935 年，县保健院治疗病人 626 人，住院日数为 10 537 天，出诊 188 次；保健所诊治 15 483 个病人，治疗 67 989 次；保健员治疗 137 183 次[③]。种痘预防工作取得一定成效，初种人数 1932 年为 1018 人，1936 年增至 14 648 人；妇女种痘人数，1930 年为 531 人，1936 年增至 17 365 人。大范围种痘后，天花病减弱，研究区 61 村到 1933 年基本绝迹[④]。

定县实验的目的是将其经验推广于全国。在实验过程中，其他地方有一些机关、团体派人到定县实习或培训，有的邀请平教会的工作人员前往指导，对各地乡村建设工作起过一定作用。

三、实验中断与精神延续

1935 年后，日本加紧了侵略中国的步伐，华北局势愈益危急，平教会担心定县实验被毁，遂调整工作计划，将主要精力用于开辟定县实验推广区的

---

①晏阳初、陈筑山：《定县实验区工作大概》，宋恩荣编：《晏阳初全集》第 1 卷，第 420 页。

②晏阳初：《中国平民教育运动的总结》，宋恩荣编：《晏阳初全集》第 2 卷，第 218 页。

③吴相湘：《晏阳初传——为全球乡村改造奋斗六十年》，第 216 页。

④俞焕文：《定县种痘七年经过》，《民间》1936 年第 3 卷第 15 期。

工作。1936 年 6 月,平教会总会及部分工作人员由定县迁至湖南长沙,定县乡建实验基本结束。同年 7 月,平教会在长沙建立衡山实验县实验区,期望建立第二个定县,将乡建实验从一个中心实验室搬到另一个中心实验室。1937 年 3 月,又成立四川新都县实验区。"卢沟桥事变"后,1937 年 9 月定县沦陷,乡建实验被迫中断。

以往学者认为,定县乡建实验失败了,一是平教会撤出定县标志着实验的失败,二是实验没有达到平教会预期的目的,因平教会要解决农民的愚、穷、弱、私四大病症,结果一个也没有解决,农民依然生活贫穷、文化落后、身体病弱、自私自利。其实,连晏阳初也承认,实验工作"其成功究竟到了什么程度,实难断言。……平教运动的前途,殊可栗栗危惧"[①]。

必须说,定县实验没有实现其预期目标,尤其是农家经济和农民生活没有发生大的变化。尽管如此,认为定县实验失败的观点仍有可商榷之处。其一,定县实验是被迫中断而不是主动中断的。如果不是日本发动全面侵华战争,定县实验还将继续进行下去。其二,定县实验固然没有达到平教会的预期目标,但如要认定其失败,应是看在预定期限内有没有实现目标,但定县实验系被迫撤出,有不少工作还没有来得及做。在被迫结束"预定期限"下断言失败,理由显得不够充分。其三,愚、穷、弱、私一个也没有解决,此为实验过程中的问题,平教会原本就是为了解决这些问题而进行实验的。诸多问题的解决,绝非一朝一夕之功,在动荡的社会环境中,定县实验能取得前述成绩已属不易。其四,定县实验中断了,但定县实验的精神、定县实验的方法并没有中断。正如晏阳初所指出的:"定县虽已陷落敌人之手,但是定县的土地,日寇纵可以夺去,而定县所发展出来的这一套方法,这一种精神,敌人是拿不去的。"[②]1939 年,平教会从湖南衡山迁至四川巴县的歇马场,成立中国乡村建设育才院(后改名为中国乡村建设学院),继续以定县实验的精神从事乡村建设事业。在四川,平教会领导人主要是"动员该省受过教育的人进行除文盲工作,扩大民众教育面。这项工作持续一年多,使 45 个县区

①晏阳初:《中华平民教育促进会定县实验工作报告》,章元善、许仕廉:《乡村建设实验》第2集,第45页。

②晏阳初:《农民抗战与平教运动之溯源》,宋恩荣编:《晏阳初全集》第1卷,第540页。

50 万人受到教育。其他人参加四川省乡村服务团,负责动员和训练全省上
过学的青年,在各村社区开展教育、农业、合作社和公共卫生工作。这组人
员最有成效的工作,就是开展了一场冬季救济前线士兵家庭的运动……大
约有十几个原定县卫生工作人员主动担任卫生站站长和军队医疗队队长。
还有许多我们的一般工作人员充当县卫生站的督导。由于卫生工作带有持
久的性质而且规模较大,作为四川省政府卫生专员的陈志潜博士——原定
县卫生实验的领导人,一直坚持运用定县的技术和经验,在那里指导着年预
算近二百万元的卫生工作"[①]。二十世纪五十年代,晏阳初转道菲律宾,继续
从事乡村建设工作,成立乡村改造促进会和国际乡村建设学院。此后,他又
将乡建模式推广到东南亚、南美、中美以及非洲等地[②]。于是,定县经验具有
了广泛的世界意义,诚如晏阳初本人所言:"我们一切的一切都是和农民打
成一片,还是'定县精神'。"[③]

　　最后,更要分析历史事件与社会背景之间的关系,看看哪些因素制约了
定县实验的进行。比较而言,战争是最大的破坏性力量。1927 年奉晋战争、
1928 年国民革命军与安国军之战波及定县,使平教会的"各项工作很难进
行"[④]。1934 年,中国华洋义赈会总干事章元善到定县考察时也发现:"当我
们离开定县的时候,兵车络绎于途,开到了许多军队。西关一带,兵马满街,
家家门口,已画上军队符号的粉笔字。不知这定县实验区的定县,将要蒙受
多大的好处?像东建阳这个村子,经济虽不景气,人民还能安居,充满新气
象。这一点小小成绩——代表平教会多年的经营,是经不起大兵们一天的
光临的!"[⑤]而日本侵华战争,更是直接导致了定县实验的中断。晏阳初也承
认,"需要政治和平,平教运动才能进行无阻,期图发展"[⑥],"在这十年内的中
国,内忧外患交迫而至,几无日不陷于纷争凌乱的旋涡中。在这纷争凌乱的

①《晏阳初致 A.G. 米尔板先生》,宋恩荣编:《晏阳初全集》第 3 卷,第 614—615 页。
②吴相湘:《晏阳初传——为全球乡村改造奋斗六十年》,第 466—629 页。
③《晏阳初致晏新民》,宋恩荣编:《晏阳初全集》第 3 卷,第 784 页。
④晏阳初:《中华平民教育促进会定县实验工作报告》,宋恩荣编:《晏阳初全集》第 1 卷,第
　311 页。
⑤章元善:《从定县回来》,《独立评论》1934 年第 95 号。
⑥晏阳初:《对定县工作同志的讲话》,宋恩荣编:《晏阳初全集》第 1 卷,第 459 页。

时期以谋建设,实有许多阻碍和困难"①。可见,和平的政治环境是一项建设事业获得成功的重要前提,但在内忧外患的双重挤压下,无法奢望以和平换和平,而必须通过暴力革命的阵痛换来国家的统一与和平的政治环境。这当然是平教会改良主义所不可能完成的历史重任。

---

①晏阳初:《十年来的中国乡村建设》,宋恩荣编:《晏阳初全集》第 1 卷,第 559 页。

结　语

　　历史是已经沉睡的过去，究竟哪些被唤醒，取决于时代的变化和历史学者的作为。在历史本身与现实社会的交互影响下，历史学者关注什么、研究什么总是有选择的。而且，即便是在已经选择的领域，也不可能做到面面俱到，而是仍有重点和倾向。本书研究冀中定县的小农经济，试图达到的目标有两个：一是对近代冀中定县小农经济的结构、运作形态及其变迁进行实证研究，由此揭示农家经济运行与农民生存之动力机制；二是将之置于中国近代乡村经济史的脉络之中，寻求冀中定县小农经济的特殊性以及与其他区域的共性，讨论学界所共同关注的话题，为深化乡村经济史的认识提供一得之见。所提看法是否有说服力，尚待时间检验，但无论如何，皆可作为今后研究的垫脚石。

　　本书所阐述的人地比例、地权分配、家庭规模、小农业经营、家庭手工业、集市贸易、借贷关系、商业税缴纳、农家消费等方面，既是近代冀中定县小农经济的重要组成部分，也是中国近代乡村经济的共同问题。笔者对以上问题都提出了见解，回应了学界论争，大致可概述为：一、人地关系虽趋于紧张，但并不意味着已有耕地已经到了不能维持农家最低限度生活的地步。从维持最低粮食消费角度看，已有耕地能够满足家庭人口需求；从维持最低限度生活消费角度看，虽有不足，但也相差不远，由此成为小农经济延续的一个基石。二、自有田产者占绝大多数，自耕农比例居优势，中农、贫农阶层占地比例较大，土地分配处于比较稳定的趋势，这也是小农经济延续的重要力量。当然，就绝对意义而言，地权分配仍是集中的，表面上自耕农、中农的优势带有一定程度的假象，甚至是经济艰困的反映。三、5口左右的小家庭占绝对优势。少数大家庭与多数小家庭并存，追求理想大家庭与家庭分散并存的格局，是小农经济和家庭规模的突出特性。四、小农业经营是小农经济的核心。生产条件基本沿袭了祖辈特色，也显露出现代农业的迹象。农作物结构仍以传统粮食作物为主，商品作物尤其是棉花的种植面积有所扩大，反映了农民追求生存和利润的双重性。粮食总产量和亩产量均有一定提高，是生产条件改善尤其是劳动力大量投入的结果。劳动力的密集投入导致劳动生产率低下，但农民的生存效用增加了，小农业生产有着顽强的生命力。五、纯租种土地的佃农较少，与此有关的租佃户的比例却较大，租佃之间更多地表现为普通农民之间的复杂关系。地租率没有明显的变动，主佃关系相对缓和。六、在雇农经济中，无论是短工还是长工，大多仍从属于小农经济。以短工最为普遍，短工虽与长工的经济性质有别，但其作用不可小视。雇佣劳动关系的形成与雇工的供给和需求密切相关，雇工工资基本体现了自身价值和供求变化。与贫农相比，雇农的生活不一定是低下的。七、家庭手工业作为小农经济的重要组成部分一直在生存和延续。其原因，既有补小农生产之不足、历史传承、农业劳动力剩余等传统因素，也有机器生产原料的扩大和改良工具的使用等现代因素的配合。有的手工业的衰落，不一定都是外国货物冲击的结果。八、传统集市与小农产品交易有着密切关系。集市数量大大增加，交易内容仍主要是地方农产品的"余缺调剂"。现代服务性商业还没有出现，交易形态处于低级量变阶段。九、借贷关系对于小农经济和农民生活的运转不可或缺。传统借贷仍居农民借贷的优势地位，新式借贷也开始出现。新式借贷惠及到了普通农户，一定程度上压低了传统借贷利率，但其力量十分弱小。十、在商税缴纳上，无论是税率还是税入都处于增加之势，但在乡村经济产值中，税收所占比例并不大。对农民等纳税者而言，"不重却杂"、征税弊端是一大难题。十一、农家收入和消费水平有一定提高，人均摄入热量和蛋白质量不是很低，但仍属低级生存性消费，为绝对贫困型，人均寿命相当之低。如果对以上所述再做简要的概括，近代冀中定县小农经济的基本形态为：在人均耕地较少和地权分配不均的条件下，通过自耕农、佃农和雇农的多种经营，小农业和手工业的主辅生产，集市交易和借贷关系的调节渗透，形成了一种"自主"、勤勉但勉强糊口的贫困经济。平教会试图通过乡建实验来改善农民教育，促进经济建设，取得一定成绩,但在内忧外患的环境下,很难完成预期的目标。在近代晚清民国的洗礼之下,小农经济形态仍一直能够延续,的确值得思索。

从以上研究中,还可对一些与小农经济有关的综合性、整体史问题作进一步的总结。

第一,县域自足的小农经济共同体。秦汉以来,县一直是一个绵延不绝的地方行政区域。直至近代,县域仍是一个内在联系紧密的乡村经济、小农经济共同体。在冀中定县,如果将农户置于县域范围,经济结构各个部分之间相互影响,相互制约,具有明显的自足经济特征,全县总产值80%以上在县内消费就是明证。所谓经济结构的相互联结,主要表现为:其一,县域土地和人口是经济运行的基础。定县处于冀中平原,南京国民政府时期有耕地147万余亩,人口40万。在此生态和人地基础上,农民从事农业经营、手工业生产、商业交易、金融调剂以及缴纳商税,支撑起小农经济的运行和农民生活的来源。其二,土地分配的相对分散和绝对集中,决定了以自耕农为主、租佃经营和雇佣经营为辅的农业经营形态,以及由此形成的租佃关系、雇佣关系。对于土地占有或经营不足者,兼营家庭手工业有其必要性。其三,小农业生产不仅提供了农家的基本消费,也成为集市交易的主要内容,以及缴纳地租、缴纳商税的重要来源。低下的生产力水平不仅决定了农家的低级消费,也是其从事手工业、需要借贷调剂的重要原因。其四,家庭手工业不仅提供了农家的部分消费,也供应了集市交易,补充了小农经营之不足。其五,乡村的基层市场——集市,不仅为农业、手工业品提供了交易平台,也是农民缴纳商税的重要媒介。其六,借贷关系的产生与小农业、手工业生产的不足有关,反过来又影响了农家经济和农民生活。其七,缴纳商税与农家经营、市场交易有密切的联系,对农家生活造成一定的影响。以上生产、交换、分配和消费的过程,构成了具有内在联系的县域自足小农经济共同体。

第二,小农经济的生态环境特性。县域的生态环境并非限于县域,而是其所代表的更大区域。定县是冀中乃至华北平原的缩影,地势、气候、土壤、河流等生态环境因素对农业经营有直接影响。其一,干燥缺水对农田灌溉的影响。定县境内虽有河流,但旱季流量小,几无灌溉之利。凿井的发展缓解了旱情,但遇到大旱仍不能满足农业灌溉之需。其二,土壤特性对农家种植作物结构的影响。定县土质类型适合种植谷子、小麦、豆类、白薯、高粱等粮食作物。其三，气候对农作物种植方式的影响。平均温差、冷暖季和作物生长期决定了两年三熟制的农作物轮作方式。其四，土地质量对农业经营方式的影响。华北平原为黄土区域，生产能力低于南方水田区域，有利于自营和雇工经营，纯出租地主和纯佃户较少，租佃关系更多是在普通农民之间。地租额也与土地质量有关，二者成正比例关系。以上反映了小农经济的华北平原生态特征。

第三，传统与现代主辅合力下的小农经济。近代以来，中国城市经济快速发展，乡村经济的变化相对缓慢，传统小农经济形态一直居于主导地位，从而决定了大"变局"之下"不变"的顽强韧性。其一，土地分配呈现相对分散与绝对集中的传统状态。之所以相对分散，主要是受到分家析产、惜卖土地等传统习惯的影响，传统家庭手工业也为小土地所有之延续起了一定的辅助作用。而绝对集中，和土地自由买卖的传统有关，必然导致土地占有不均。其二，传统小农业经营继续延续。生产工具基本上为世代相传的古式农具，种植技术也为传统方法。粮食产量的提高更多是依靠增加劳动力投入，为传统外延型增长。其三，在租佃关系和雇佣关系上，无论是地租形态还是雇工待遇，都基本保留了传统习惯。其四，手工业之所以生存和延续，传统因素的作用最为突出，既有技艺、经验乃至文化的历代传承，又有传统的生产原料、生产工具的使用。其五，传统集市仍是地方市场最基本的交易空间，以定期集市为主的交易时间也一直在延续。传统店铺仍是主要的交易载体，尚未产生现代的商贸公司和相关服务行业。其六，在农民借贷中，地主、富农、商人、店铺、钱会等传统借贷方式仍居于统治地位。其七，农民消费的绝对贫困状态始终没有改变。与此同时，现代经济因素也开始萌发。其一，在农业经营上，县政府和平教会创办农场、棉场，改良棉花、小麦等农作物品种并有一定的推广。其二，在手工业生产上，土布业所使用的原料棉纱有一半以上为机纱，织布机也有三分之一为比较先进的铁轮机，促进了土布业的发展。其三，在地方市场上，公路、铁路等交通运输条件的改善促进了集市数量的增加，便利了县外远程贸易。其四，在农民借贷上，产生了银行、合作社、农业仓库等新式借贷，对传统借贷形成一定的冲击。不过，所有这些现代因素与传统经济更多的是融合，不是瓦解而是成了维护小农经济存续的力量。

第四,国家政权和民间团体对小农经济改造的力量还很微弱。在外国列强入侵和民族国家意识增强的情况下,历届政权以及现代民间组织都企图通过干预社会,达到自强求富的目的。就政府层面而言,在传统时代,国家权力与乡村社会之间除了征收赋税,其他少有直接联系,而像土地买卖、分家析产、租佃和雇佣、集市交易、传统借贷等,多在国家制度框架下形成"自发"惯例。清末民初之后,国家政权明显以外力的形式加强了对乡村社会的渗透,以汲取地方资源,推动现代建设。从定县来看,有下述表现:其一,在农业经营上,县政府创办农事试验场、棉业试验场、棉业检查所和农产种子交换所,对农作物品种进行改良试验。河北省实业厅为了提高凿井技术,在农林讲习所设立凿井班,定县选送有一定农业技术经验者入所学习,毕业后到各村传习。定县劝业所成立后,也积极提倡凿井,对凿井成绩较好的村庄给予资助。其二,在租佃关系上,国民政府先后提出佃农纳租不准超过收获的 40%、37.5%(即二五减租)。其三,在借贷关系上,政府规定年利率不得超过 20%,河北省农矿厅成立合作事业指导委员会,各县配备合作指导员,负责合作技术与合作行政。其四,税收上,新的商税名目主要是在清末民国时期出现的,税率和税入都有增加之势。以上政府力量的介入,有的起到了一定的作用,有的没有产生任何影响,如对地租和利率的限制就如一纸空文,政府采取的废除苛税措施也远未实现其所期望的目标①。就社会力量而言,在传统时代,宗族、士绅对地方社会起着调节作用,近代以来,现代民间团体开始走进乡村,试图推进乡村社会经济建设。其一,华洋义赈会在1920 年华北大旱灾发生后,资助贷款凿井,创办信用合作社。其二,更突出的是平教会举办定县乡建实验,在凿井、水车推广、建立棉场和农事试验场、

---

① 清光绪二十七年(1901)至 1934 年,定县共有 31 任县长。其中,只有孙发绪(1914 年 5 月—1916 年 9 月)、霍六丁(1933 年)略有作为,前者表现为毁庙兴学,后者主要是禁赌戒毒,但对地方经济都几无影响。参雨人:《从孙发绪说到吕复》,《众志月刊》1934 年第 2 卷第 1 期。霍六丁说:"我任县长这一年的工作,可分为兴利、除弊两方面来谈。所谓兴利,就是建设,如兴修水利、改善交通、增加生产、改善人民生活等等。这方面,我没有做到,而且不可能做到。"参霍六丁:《我任定县实验县县长的回忆》,《河北文史资料选辑》第 11 辑,第 49—50 页。

农作物品种改良、合作社借贷等方面都取得了一定成绩。但总体而言，国家政权和民间组织刺激经济的力量都很微弱，远不能改变小农经济的运行秩序。

第五，外国列强对小农经济的影响较弱。与定县有关者主要表现在：其一，美国民间组织的经费资助。1920年华北大旱，美国红十字会对定县等6县的凿井给予资助。平教会在定县实验的经费，有中美教育文化基金董事会的补助和美国全国教育会及其他大学联合组织的合作委员会的补助。其二，国外市场对农家经济有一定的影响。定县棉产有72%运销县外，其中又以天津为集中地，天津棉花又多输往国外尤其是日本、美国，因此农民植棉主要取决于日美市场的需求，与国际市场联系在一起了。个别手工业品如猪鬃、猪羊小肠、丝麻帽，主要运销国外，也受国外需求的影响。其三，国外输入产品对农家手工业的影响。有的手工业如靛业、猪胰的衰落，与外国同类产品的输入有关。土布销售的地区，也受到英日机布一定的竞争和冲击。但土布业所需棉纱，来自洋纱者微乎其微，主要是国货机纱。其他手工业品，大多独具地方特色，既无国内也无国外工业品的竞争，基本上都是自己的销售天地。总体来看，国外产品占输入定县产品总值的比例不到7%，占定县消费总值的比例不到3%，对小农经济还不能构成大的冲击。

第六，导致农民贫困的多种因素。导致定县农民贫困的因素：其一，人口与耕地的比例趋于紧张，影响了人均口粮的提高。但是，对此不可夸大，因人均耕地仍能满足农民最低限度的粮食消费，也大致能满足最低限度的生活消费，还不能说是农民贫困的主要因素。其二，土地分配集中是土地占有不足之家生活贫困的重要原因。全县无田者占总户数的8%，平均25亩以下者占总户数的66%，以人均3.8亩、户均21亩能够维持最低限度的生活消费来衡量，60%以上农家是不能维持的。租种土地的佃户，要缴纳百分之四五十的地租，也降低了生活水平。其三，农业生产力低下。生产工具和种植技术都很传统，现代因素投入缺乏，粮食亩产量处于较低水平，农民消费水平不可能提高。其四，某些家庭手工业的衰落。有的因国内外同类产品的冲击而减少乃至消失，有的因社会变动而衰败了。其五，金融调剂困难。无论是传统借贷还是新式借贷，放贷能力都是有限的，不能满足农民的借贷需求。其六，天灾人祸。水旱灾害导致农业歉收、食粮缺乏和借款利率增加。

战争爆发曾使土布销售陷入谷底,也增加了农民负担。以上原因,既有技术的,也有制度的,共同导致了农民的贫困。

综合言之,传统和现代、本土和域外的交织是近代冀中定县小农经济演变的基本动力和基本线索,其中又以传统和本土的连续性为主,现代和域外的零星影响为辅,二者之合力而非对抗维系了传统小农经济形态的延续。或可说,虽然从时间上冀中定县已经进入"近代"史,但仍是一个极少转入"现代"的传统小农社会,小农经济不仅远未中断,而且有着底色般顽强的生命力[①]。不过,也不能不说,这片古老的平原土地开始孕育着改革乃至革命的力量[②],一定程度上预示着巨变的前景。

[①]清末民国以来直到现在,关于小农、大农的含义、优劣等一直没有停止过论争。清末民国时期,对于大农经营的主张并不是人们所想象的仅指雇佣劳动力的大型农场,而更多是指合作经营方式;对于小农经营,也不都是持否定态度。结合这一时期的认识以及目前中国农村的实际,笔者比较倾向于以小型家庭经营为基础,通过发展合作来达到大农经营的效果。任何经营模式都有其前提约束,如果说美国等国家地多人少,实行大农场经营、提高劳动生产率有其理据,而中国人多地少、劳动力剩余的基本国情一直未变,也决定了小型家庭经营有其生存的空间。只有如此经营,才能最大限度地保证土地的高产出,充分地保持就业乃至社会稳定。在目前的中国,这比劳动生产率的提高更加重要。在家庭经营的基础上,再通过合作社、合作农场实现规模经营或大农经营的效应。即便如此,也不是要一刀切,而是应根据不同地区的情况因地制宜,有的地方可以适当进行大规模农场经营,但总体来看小型家庭经营的基本模式还不能改变。至于未来如何,端在人地关系的基本国情以及城乡之间的经济结构是否发生了重大变化。参李金铮:《大农与小农:清末民国时期中国农业经营规模的论争》,《近代史研究》2021年第5期。

[②]1926年9月,中共党员李致祥回定县西杨村宣传马克思主义。1927年5月,中共党员张寒晖回定县西建阳村,在贫苦农民中间宣传消除压迫剥削的道理。1928年6月,李致祥在西杨、张谦、大吴等村发展中共党员。1930年3月,建立西杨村党支部。1931年12月,孙志远受中共河北省委指派到定县建立党组织。1932年3月,中共定县委员会成立。1931—1933年,定县党组织发动民众进行了抢秋、抗租、抗税、抗债斗争以及扫硝盐运动等。参赵俊义:《抗日战争期间定南县党的建设》,《定州市党史资料》1988年第1期;定州市地方志编纂委员会:《定州市志》,第606—607页。

参考文献

一、未刊档案、实地调查资料

1. 中国第二历史档案馆

《定县农村合作社县联合社民国二十四年度报告书》,中国第二历史档案馆藏,全宗号 236,卷号 182。

河北县政建设研究院:《县单位卫生建设初步方案》,中国第二历史档案馆藏,全宗号 236,卷号 115。

霍六丁:《河北省县政建设研究院实验部县政府成立五个月工作报告》,中国第二历史档案馆藏,全宗号 236,卷号 169。

秘书处编:《中华平民教育促进会定县实验二十一年度工作概况》,中国第二历史档案馆藏,全宗号 236,卷号 55。

《农村合作借款自助社简章》,中国第二历史档案馆藏,全宗号 236,卷号 182。

《石家庄中国银行定县农产仓库章程》,中国第二历史档案馆藏,全宗号 236,卷号 183。

吴雨农:《定县牛村的平民教育》,中国第二历史档案馆藏,全宗号 236,卷号 171。

晏阳初:《对定县工作同志的讲话》,中国第二历史档案馆藏,全宗号 284(1)。

晏阳初:《在全体职员会议上的讲话》,1932 年 4 月,中国第二历史档案馆藏,全宗号 236,卷号 58。

《营养研究设计报告(1932年7—12月半年工作报告)》,中国第二历史档案馆藏,全宗号236,卷号115。

张家鎏:《农村社会经济调查表》,1934年6月,中国第二历史档案馆藏,全宗号284(2),卷号12。

2.定州市档案馆

《典型户劳动力使用调查表》,1949年9月,定州市档案馆藏,革命历史档案第60卷。

《典型户棉产调查表》,1949年9月,定州市档案馆藏,革命历史档案第60卷。

《定县1948年基础数字统计表》,定州市档案馆藏,革命历史档案第69卷。

《定县八区翟城土改后变化概况》,1951年9月,定州市档案馆藏,革命历史档案第57卷。

《定县第十三区大兴庄、新全村》,1948年,定州市档案馆藏,革命历史档案第51卷。

《定县第四区平分初步总结》,1948年6月,定州市档案馆藏,革命历史档案第9卷。

《定县二十区小近同村结束土改工作报告》,1949年12月,定州市档案馆藏,革命历史档案第11卷。

《定县工商业统计数字》,1948年7月,定州市档案馆藏,革命历史档案第25卷。

《定县官道村基本情况》,1949年,定州市档案馆藏,革命历史档案第50卷。

《定县九区东汶村平分工作总结》,1948年6月,定州市档案馆藏,革命历史档案第52卷。

《定县九区马家寨各阶层经济情况》,1948年,定州市档案馆藏,革命历史档案第64卷。

《定县李亲古(顾)土地改革示范村中几个经验的总结》,1946年10月,定州市档案馆藏,革命历史档案第11卷。

《定县七堡村斗争情况》,1947年,定州市档案馆藏,革命历史档案第108卷。

《定县十一区塔宣村两个会的详细经过总结》,1947年12月,定州市档案馆藏,革命历史档案第53卷。

《定县四区吴家庄工作情况》,1948 年,定州市档案馆藏,革命历史档案第
　　47 卷。

《定县五区庞家佐村土改平分材料》,1948 年,定州市档案馆藏,革命历史档
　　案第 11 卷。

《定县县委关于划分阶级成分的指示》,1947 年,定州市档案馆藏,革命历史
　　档案第 11 卷。

定县县委:《平分通报》第 12 期,1948 年 1 月,定州市档案馆藏,革命历史档
　　案第 94 卷。

《定县翟城村贯彻土地政策为中心发动群众的经过情形》,1948 年,定州市档
　　案馆藏,革命历史档案第 57 卷。

《定县组织贫民小组的经验》,1947 年 6 月,定州市档案馆藏,革命历史档案
　　第 9 卷。

《东亭村平分材料》,1948 年 4 月,定州市档案馆藏,革命历史档案第 46 卷。

《集委会主任训练班总结报告》,1947 年 9 月,定州市档案馆藏,革命历史档
　　案第 25 卷。

《家畜调查表》,1949 年,定州市档案馆藏,革命历史档案第 60 卷。

《农家收支调查表》,1949 年 7 月、8 月、9 月,定州市档案馆藏,革命历史档案
　　第 60 卷。

《农业生产调查表》,1949 年 7 月、8 月、9 月,定州市档案馆藏,革命历史档案
　　第 60 卷。

《平分前各阶层占有土地房屋农具统计表》,1948 年,定州市档案馆藏,革命
　　历史档案第 51 卷、105 卷、106 卷、107 卷。

《土厚村一般情况》,1949 年,定州市档案馆藏,革命历史档案第 50 卷。

《油味村复查工作总结》,1947 年 9 月,定州市档案馆藏,革命历史档案第
　　9 卷。

《1936 年与 1953 年农村经济变化情况典型调查表》,定州市档案馆藏,革命
　　历史档案第 35 卷。

3.保定市档案馆

定县人民委员会:《1949—1960 年定县国民经济历史资料》,1962 年,保定市
　　档案馆藏,计划统计资料类 130 号。

4. 南开大学经济研究所抄档

〔清〕定州知州：《呈报各集市产销棉花数量》，光绪三十一年十二月三十日，南开大学经济研究所藏定县抄档。

《定县警察配置区域人数表（1917—1921 年）》，1929 年 10 月，南开大学经济研究所藏定县抄档。

《定县公安局及所属各派出所职员长警人数表》，1929 年 10 月，南开大学经济研究所藏定县抄档。

建设局：《定县捐客情形》，1933 年 5 月，南开大学经济研究所藏定县抄档。

《请办牙捐补助学款》，1929 年 1 月，南开大学经济研究所藏定县抄档。

《定县子位村筹小学经费》，1929 年 10 月，南开大学经济研究所藏定县抄档。

商会查报：《定县商店调查表》，1933 年 7 月，南开大学经济研究所藏定县抄档。

县长柳呈报民政所：《定县井田比例约数》，1929 年 5 月 17 日，南开大学经济研究所藏定县抄档。

5. 实地调查资料

《定县 5 个村落老年妇女调查资料》，2010 年 4 月，李金铮收藏。

《定州市花张蒙等村实地调查资料》，1987 年 4 月、9 月，1988 年 3 月，李金铮收藏。

《旧中国时期河北农村雇佣关系调查资料》，2004 年 2 月，李金铮收藏。

《旧中国时期河北农村租佃关系调查资料》，2004 年 2 月，李金铮收藏。

二、中文图书

〔西汉〕司马迁：《史记》，中华书局 1982 年版。

〔清〕郭棻编：《保定府志》，康熙十九年刻本。

〔清〕洪亮吉：《洪亮吉集》第 1 册，中华书局 2001 年版。

〔清〕黄彭年：《畿辅通志》，宣统三年石印本。

〔清〕张履祥：《杨园先生全集》，清同治十年江苏书局刊本。

《清实录》第 6 册，中华书局 1985 年版。

本书编辑部：《"中华民国"历史与文化讨论集》第 4 册，台北正中书局 1984

年版。

财政部财政年鉴编撰处 :《财政年鉴》,商务印书馆 1935 年版。

曹幸穗 :《旧中国苏南农家经济研究》,中央编译出版社 1996 年版。

常宗虎 :《南通现代化 :1895—1938》,中国社会科学出版社 1998 年版。

陈伯庄 :《平汉沿线农村经济调查》,交通大学研究所 1936 年版。

陈达 :《现代中国人口》,天津人民出版社 1981 年版。

陈翰笙 :《帝国主义工业资本与中国农民》,复旦大学出版社 1984 年版。

陈翰笙 :《解放前的地主与农民——华南农村危机研究》,中国社会科学出版
　　社 1984 年版。

陈翰笙 :《四个时代的我》,中国文史出版社 1988 年版。

陈翰笙等编 :《解放前的中国农村》第 1—3 辑,中国展望出版社 1985 年、
　　1986 年、1989 年版。

陈其广 :《百年工农产品比价与农村经济》,社会科学文献出版社 2003 年版。

陈旭麓 :《近代中国社会的新陈代谢》,上海人民出版社 1992 年版。

陈序经 :《乡村建设运动》,大东书局 1946 年版。

陈振汉 :《社会经济史学论文集》,经济科学出版社 1999 年版。

陈正谟 :《中国各省的地租》,商务印书馆 1936 年版。

从翰香主编 :《近代冀鲁豫乡村》,中国社会科学出版社 1995 年版。

崔毓俊 :《忆往——一个农业科学工作者的回忆》,1986 年油印本。

邓绍辉 :《晚清财政与中国近代化》,四川人民出版社 1998 年版。

丁长清、慈鸿飞 :《中国农业现代化之路》,商务印书馆 2000 年版。

定县统计局 :《河北省定县国民经济统计资料(1949—1979)》,内部资料,
　　1980 年印。

定州市地方志编纂委员会 :《定州市志》,中国城市出版社 1998 年版。

定州市统计局 :《定州市社会经济统计资料(1989)》,内部资料,1990 年印。

定州市统计局 :《定州统计年鉴(1990—2009)》,内部资料,2010 年印。

杜修昌 :《农家经济分析 :1936 年我国四个地区 177 农家记帐研究报告》,国
　　家统计局 1985 年印。

樊亢主编 :《外国经济史》第 2 册,人民出版社 1982 年版。

樊树志 :《江南市镇 :传统的变革》,复旦大学出版社 2005 年版。

方行：《中国封建经济论稿》，商务印书馆 2004 年版。

方行主编：《中国经济通史·清代经济卷》上，经济日报出版社 2000 年版。

方显廷：《方显廷文集》第 1 卷，商务印书馆 2011 年版。

方显廷：《天津棉花运销状况》，南开大学经济研究所 1934 年版。

费孝通：《费孝通文集》，群言出版社 1999 年版。

费孝通：《费孝通学术论著自选集》，北京师范学院出版社 1992 年版。

费孝通：《江村经济》，江苏人民出版社 1986 年版。

费孝通：《乡土中国·生育制度》，北京大学出版社 1998 年版。

费孝通：《云南三村》，社会科学文献出版社 2006 年版。

费孝通：《中国绅士》，中国社会科学出版社 2006 年版。

冯和法：《农村社会学大纲》，黎明书局 1934 年版。

冯和法编：《中国农村经济资料》，黎明书局 1933 年版。

冯和法编：《中国农村经济资料续编》，黎明书局 1935 年版。

复旦大学历史系：《近代中国的乡村社会》，上海古籍出版社 2005 年版。

傅建成：《民国时期华北农村家庭研究》，西北大学出版社 1993 年版。

傅衣凌：《明清社会经济史论文集》，中华书局 2008 年版。

高军主编：《中国社会性质问题论战（资料选辑）》下，人民出版社 1982 年版。

高王凌：《租佃关系新论——地主、农民和地租》，上海书店出版社 2005
　年版。

葛剑雄主编：《中国人口史》，复旦大学出版社 2001 年版。

古楳：《中国农村经济问题》，中华书局 1930 年版。

国民政府主计处统计局：《中国土地问题之分析》，1941 年印。

国民政府主计处统计局：《中华民国统计提要（二）》第 4 册，商务印书馆
　1935 年版。

韩敏：《回应革命与改革：皖北李村的社会变迁与延续》，江苏人民出版社
　2007 年版。

何炳棣：《读史阅世六十年》，广西师范大学出版社 2005 年版。

何清涟：《人口：中国的悬剑》，四川人民出版社 1988 年版。

《河北合作——优良社之实况》，中国华洋义赈救灾总会丛刊 C2 种，1935
　年版。

河北省统计局:《河北省地市县经济概况》,1986 年印。

侯建新:《农民、市场与社会变迁——冀中 11 村透视并与英国乡村比较》,社会科学文献出版社 2002 年版。

华北人民政府农业部编:《华北典型村调查》,1950 年印。

华东军政委员会土地改革委员会:《江苏省农村调查》,1952 年印。

华商纱厂联合会编:《民国十一年棉产调查报告》,1923 年印。

黄树民:《林村的故事—— 1949 年后的中国农村变革》,生活·读书·新知三联书店 2002 年版。

黄逸平主编:《中国近代经济史论文选》下,上海人民出版社 1985 年版。

黄宗智:《长江三角洲小农家庭与乡村发展》,中华书局 1992 年版。

黄宗智:《华北的小农经济与社会变迁》,中华书局 2000 年版。

《冀西井泉调查记》,中国华洋义赈救灾总会丛刊乙种 50 号,1932 年印。

贾恩绂:《定县志》,1934 年刊本。

姜涛:《人口与历史——中国传统人口结构研究》,人民出版社 1998 年版。

金城银行总经理处天津调查分部:《天津棉花运销概况》,1937 年印。

金轮海:《中国农村经济研究》,中华书局 1937 年版

景甦、罗仑:《清代山东经营地主底社会性质》,山东人民出版社 1959 年版。

孔敏主编:《南开经济指数资料汇编》,中国社会科学出版社 1988 年版。

李伯重:《理论、方法、发展趋势:中国经济史研究新探》,清华大学出版社 2002 年版。

李伯重:《江南农业的发展(1620—1850)》,上海古籍出版社 2007 年版。

李金铮:《借贷关系与乡村变动——民国时期华北乡村借贷之研究》,河北大学出版社 2000 年版。

李金铮:《民国乡村借贷关系研究:以长江中下游地区为中心》,人民出版社 2003 年版。

李景汉:《北平郊外乡村之家庭》,商务印书馆 1929 年版。

李景汉:《实地社会调查方法》,星云堂书店 1933 年版。

李景汉:《中国农村问题》,商务印书馆 1937 年版。

李文海主编:《民国时期社会调查丛编(二编)·乡村经济卷》下,福建教育出版社 2009 年版。

李文治等：《明清时代的农业资本主义萌芽问题》，中国社会科学出版社 1983 年版。

李文治、江太新：《中国地主制经济论》，中国社会科学出版社 2005 年版。

李文治编：《中国近代农业史资料》第 1 辑，生活·读书·新知三联书店 1957 年版。

李亦园：《李亦园自选集》，上海教育出版社 2002 年版。

李正华：《乡村集市与近代社会—— 20 世纪前半期华北乡村集市研究》，当代中国出版社 1998 年版。

李宗黄：《考察江宁、邹平、青岛、定县纪实》，1935 年印。

梁方仲：《中国历代户口、田地、田赋统计》，上海人民出版社 1980 年版。

梁漱溟：《中国文化要义》，路明书店 1949 年版。

林耀华：《义序的宗族研究》，生活·读书·新知三联书店 2000 年版。

刘大钧：《我国佃农经济状况》，上海太平洋书店 1929 年版。

刘光华：《农业政策》，南京书店 1932 年版。

刘克祥、陈争平：《中国近代经济史简编》，浙江人民出版社 1999 年版。

罗荣渠主编：《从"西化"到现代化——五四以来有关中国的文化趋向和发展道路论争文选》，北京大学出版社 1990 年版。

毛丹：《一个村落共同体的变迁——关于尖山下村的单位化观察阐释》，学林出版社 2000 年版。

《毛泽东选集》第 1—4 卷，人民出版社 1991 年版。

民国内政部统计处：《各省市乡镇保甲户口统计》，1946 年版。

民国内政部统计处：《户口统计》，1938 年版。

潘光旦：《中国之家庭问题》，新月书店 1929 年版。

彭南生：《半工业化：近代中国乡村手工业的发展与社会变迁》，中华书局 2007 年版。

彭南生：《中间经济：传统与现代之间的中国近代手工业》，高等教育出版社 2002 年版。

钱俊瑞：《钱俊瑞选集》，山西人民出版社 1986 年版。

乔启明：《中国农村社会经济学》，商务印书馆 1946 年版。

乔志强主编：《近代华北农村社会变迁》，人民出版社 1998 年版。

秦晖:《耕耘者言:一个农民学研究者的心路》,山东教育出版社 1999 年版。

曲直生:《河北棉花之出产及贩运》,社会调查所 1931 年版。

任吉东:《多元性与一体化:近代华北乡村社会治理》,天津社会科学院出版社 2007 年版。

茹春浦:《中国乡村问题之分析与解决方案》,震东书局 1934 年版。

尚海涛:《民国时期华北地区农业雇佣习惯规范研究》,中国政法大学出版社 2012 年版。

实业部中国经济年鉴编纂委员会:《中国经济年鉴》,商务印书馆 1934 年版。

实业部中国经济年鉴编纂委员会:《中国经济年鉴》第三编上,商务印书馆 1936 年版。

史志宏:《清代前期的小农经济》,中国社会科学出版社 1994 年版。

宋恩荣编:《晏阳初全集》第 1—3 卷,湖南教育出版社 1989 年版。

宋恩荣编:《晏阳初文集》,教育科学出版社 1989 年版。

孙健:《中国经济史——近代部分(1840—1949 年)》,中国人民大学出版社 1989 年版。

孙冶方:《孙冶方全集》,山西经济出版社 1998 年版。

谭慧编:《张培刚经济论文选集》,湖南出版社 1992 年版。

汤茂如:《定县农民教育》,中华平民教育促进会 1932 年版。

田涛、郑秦点校:《大清律例》,法律出版社 1999 年版。

汪敬虞:《近代中国资本主义的总体考察和个案辨析》,中国社会科学出版社 2004 年版。

汪敬虞主编:《中国近代经济史(1895—1927)》中册,人民出版社 2000 年版。

汪敬虞:《中国资本主义的发展与不发展》,中国财政经济出版社 2002 年版。

汪熙、杨小佛编:《陈翰笙文集》,复旦大学出版社 1984 年版。

王世颖、冯静远:《农村经济及合作》,黎明书局 1935 年版。

王先明主编:《乡村社会文化与权力结构的变迁》,人民出版社 2002 年版。

王小卫编:《经济学方法:十一位经济学家的观点》,复旦大学出版社 2006 年版。

王玉茹:《近代中国价格结构研究》,陕西人民出版社 1997 年版。

王育民:《中国人口史》,江苏人民出版社 1995 年版。

王跃生：《社会变革与婚姻家庭变动——20世纪30—90年代的冀南农村》，生活·读书·新知三联书店2006年版。

王跃生：《十八世纪中国婚姻家庭研究》，法律出版社2000年版。

温锐：《劳动力的流动与农村社会经济变迁——20世纪赣闽粤三边地区实证研究》，中国社会科学出版社2001年版。

吴承洛：《中国度量衡史》，上海书店出版社1984年版。

吴承明：《中国的现代化：市场与社会》，生活·读书·新知三联书店2001年版。

吴慧：《中国历代粮食亩产量研究》，农业出版社1985年版。

吴文晖：《中国土地问题及其对策》，商务印书馆1944年版。

吴相湘：《晏阳初传——为全球乡村改造奋斗六十年》，岳麓书社2001年版。

吴知：《乡村织布工业的一个研究》，商务印书馆1936年版。

行龙：《人口问题与近代社会》，人民出版社1992年版。

行政院农村复兴委员会：《江苏省农村调查》，商务印书馆1934年版。

行政院农村复兴委员会：《陕西省农村调查》，商务印书馆1934年版。

许道夫：《中国近代农业生产及贸易统计资料》，上海人民出版社1983年版。

薛暮桥：《旧中国的农村经济》，中国农业出版社1980年版。

薛暮桥、冯和法编：《〈中国农村〉论文选》，人民出版社1983年版。

言心哲：《农村社会学概论》，中华书局1939年版。

阎振熙：《定县实验区考察记》，北平众志学社1934年版。

严中平：《严中平集》，中国社会科学出版社1996年版。

严中平：《中国棉纺织史稿》，科学出版社1955年版。

严中平：《中国棉业之发展》，商务印书馆1943年版。

杨荫溥：《民国财政史》，中国财政经济出版社1985年版。

叶显恩主编：《清代区域社会经济研究》上，中华书局1992年版。

伊仲才：《翟城村志》，1925年铅印本。

应廉耕、陈道：《以水为中心的华北农业》，北京大学出版部1948年版。

俞大维等编：《谈陈寅恪》，台北传记文学出版社1970年版。

岳琛主编：《中国近代农业经济史》，中国人民大学出版社1980年版。

章柏雨、汪荫元：《中国农佃问题》，商务印书馆1933年版。

张椿年等主编:《陈翰笙百岁华诞集》,中国社会科学出版社 1998 年版。

张东刚:《消费需求的变动与近代中日经济增长》,人民出版社 2001 年版。

张镜予:《中国农村信用合作运动》,商务印书馆 1938 年版。

张丽:《非平衡化与不平衡——从无锡近代农村经济发展看中国近代农村经济的转型》,中华书局 2010 年版。

张鸣:《乡村社会权力和文化结构的变迁》,广西人民出版社 2001 年版。

张培刚:《农业与工业化》上卷,华中科技大学出版社 2002 年版。

张佩国:《地权分配·农家经济·村落社区—— 1900—1945 年的山东农村》,齐鲁书社 2000 年版。

张世文:《定县农村工业调查》,四川民族出版社 1991 年版。

张思:《近代华北村落共同体的变迁——农耕结合习惯的历史人类学考察》,商务印书馆 2005 年版。

张五常:《佃农理论》,商务印书馆 2000 年版。

张研:《清代社会的慢变量:从清代基层社会组织看中国封建社会结构与经济结构的演变趋势》,中国人民大学出版社 2000 年版。

章有义:《明清及近代农业史论集》,中国农业出版社 1997 年版。

章有义编:《中国近代农业史资料》第 2—3 辑,生活·读书·新知三联书店 1957 年版。

章元善、许仕廉:《乡村建设实验》第 2 集,中华书局 1935 年版。

张则尧:《中国农业经济问题》,商务印书馆 1946 年版。

张仲礼主编:《中国近代经济史论著选译》,上海社会科学院出版社 1987 年版。

赵冈:《农业经济史论集——产权、人口与农业生产》,中国农业出版社 2001 年版。

赵冈:《永佃制研究》,中国农业出版社 2005 年版。

赵冈:《中国传统农村的土地分配》,新星出版社 2006 年版。

赵冈、陈钟毅:《中国棉纺织史》,中国农业出版社 1997 年版。

赵津:《中国近代经济史》,南开大学出版社 2006 年版。

郑大华:《民国乡村建设运动》,社会科学文献出版社 1999 年版。

郑起东:《转型期的华北农村社会》,上海书店出版社 2004 年版。

中国第二历史档案馆编：《国民党政府政治制度档案史料选编》下，安徽教育出版社1994年版。

中国第二历史档案馆编：《中华民国史档案资料汇编》第5辑第1编《财政经济（七）》，江苏古籍出版社1994年版。

中国人民银行上海分行金融研究室：《金城银行史料》，上海人民出版社1983年版。

中国人民银行上海分行金融研究所：《上海商业储蓄银行史料》，上海人民出版社1990年版。

中国人民政治协商会议全国委员会文史资料委员会编：《孙晓村纪念文集》，中国文史出版社1993年版。

中国社会科学院经济研究所编：《清代道光至宣统间粮价表》，广西师范大学出版社2009年版。

中国文化书院学术委员会编：《梁漱溟全集》第4卷，山东人民出版社2005年版。

中山文化教育馆编辑：《中国地租问题讨论集》，商务印书馆1937年版。

中共中央马克思恩格斯列宁斯大林著作编译局：《列宁全集》第3卷，人民出版社2013年版。

中共中央马克思恩格斯列宁斯大林著作编译局：《马克思恩格斯选集》第1—4卷，人民出版社2012年版。

周谷城：《中国近代经济史论》，复旦大学出版社1987年版。

〔奥〕M.米特罗尔、雷音哈德·西德尔著，赵世玲等译：《欧洲家庭史》，华夏出版社1987年版。

〔美〕艾恺采访，梁漱溟口述：《这个世界会好吗：梁漱溟晚年口述》，东方出版中心2006年版。

〔美〕卜凯主编，乔启明等译：《中国土地利用统计资料》，金陵大学农学院农业经济系1941年版。

〔美〕卜凯著，孙文郁译：《河北盐山县一百五十农家之经济及社会调查》，金陵大学农林科1929年版。

〔美〕卜凯著，张履鸾译：《中国农家经济》，商务印书馆1936年版。

〔美〕道格拉斯·C.诺斯著，杭行译：《制度、制度变迁与经济绩效》，格致出版社 2008 年版。

〔美〕杜赞奇著,王福明译:《文化、权力与国家——1900—1942 年的华北农村》,江苏人民出版社 1996 年版。

〔美〕费正清等编,刘敬坤等译:《剑桥中华民国史》下,中国社会科学出版社 1998 年版。

〔美〕高家龙著,樊书华、程麟荪译:《中国的大企业——烟草工业中的中外竞争》,商务印书馆 2001 年版。

〔美〕韩丁著,韩倞等译:《翻身——中国一个村庄的革命纪实》,北京出版社 1980 年版。

〔美〕柯文著,林同奇译:《在中国发现历史——中国中心观在美国的兴起》,中华书局 1989 年版。

〔美〕李中清、王丰著,陈卫、姚远译:《人类的四分之一:马尔萨斯的神话与中国的现实》,生活·读书·新知三联书店 2000 年版。

〔美〕罗斯基著,唐巧天译:《战前中国经济的增长》,浙江大学出版社 2009 年版。

〔美〕马若孟著,史建云译:《中国农民经济:河北、山东农业的发展》,江苏人民出版社 1999 年版。

〔美〕珀金斯著,宋海文译:《中国农业的发展》,上海译文出版社 1984 年版。

〔美〕施坚雅著,史建云、徐秀丽译:《中国农村的市场和社会结构》,中国社会科学出版社 1998 年版。

〔美〕舒尔茨著,梁小民译:《改造传统农业》,商务印书馆 1999 年版。

〔美〕斯科特著,程立显等译:《农民的道义经济学:东南亚的反叛与生存》,译林出版社 2001 年版。

〔美〕王国斌著,李伯重、连玲玲译:《转变的中国——历史的变迁与欧洲经验的局限》,江苏人民出版社 1998 年版。

〔美〕王业键著,高风等译:《清代田赋刍论(1750—1911)》,人民出版社 2008 年版。

〔美〕西达·斯考切波著,何俊志、王学东译:《国家与社会革命——对法国、俄国和中国的比较分析》,上海人民出版社 2007 年版。

〔美〕熊彼特著,何畏等译:《经济发展理论》,商务印书馆 2000 年版。

〔美〕杨懋春著,张雄等译:《一个中国村庄:山东台头》,江苏人民出版社 2001 年版。

〔美〕J. T. 施莱贝克尔著,高田等译:《美国农业史(1607—1972)》,农业出版社 1981 年版。

〔日〕森时彦著,袁广泉译:《中国近代棉纺织业史研究》,社会科学文献出版社 2010 年版。

〔匈〕马扎亚尔著,陈代青译:《中国农村经济研究》,神州国光社 1930 年版。

〔英〕戴乐仁等著,李锡周编译:《中国农村经济实况》,北平农民运动研究会 1928 年版。

〔英〕理查德·H. 托尼著,安佳译:《中国的土地与劳动》,商务印书馆 2014 年版。

〔英〕莫里斯·弗里德曼著,刘晓春译:《中国东南的宗族组织》,上海人民出版社 2000 年版。

〔英〕亚·莫·卡尔 – 桑得斯著,宁嘉风译:《人口问题——人类进化研究》,商务印书馆 1983 年版。

三、中文文章

钞晓鸿:《本世纪前期陕西农业雇佣、租佃关系比较研究》,《中国经济史研究》1999 年第 3 期。

陈春声:《乡村的故事与国家的历史》,《中国乡村研究》第 2 辑,商务印书馆 2003 年版。

陈春声:《走向历史现场》,《读书》2006 年第 9 期。

陈翰笙等:《解放前后无锡、保定农村经济》,《中国农业合作史资料》1988 年第 2 期。

陈惠雄:《近代中国家庭棉纺织业的多元分解》,《历史研究》1990 年第 2 期。

陈孟平:《1918—1947 年河北省的棉花生产》,《河北学刊》1983 年第 2 期。

陈培元:《警管区制与新农村之建设》,《民间》1936 年第 3 卷第 10 期。

陈廷煊:《近代中国地主土地所有制下的租佃关系》,《中国经济史研究》1991 年第 4 期。

陈廷煊：《近代中国农业雇佣关系的封建性》,《中国经济史研究》1987年第
　3期。

陈卫、孟向京：《中国人口容量与适度人口问题研究》,《市场与人口分析》
　2000年第1期。

陈序经：《乡村建设运动的将来》,《独立评论》1936年第196号。

陈正谟：《各省农工雇佣习惯之调查研究》,《中山文化教育馆季刊》1934年
　创刊号。

程民生：《宋代家庭人口数量初探》,《浙江学刊》2000年第2期。

慈鸿飞：《二十世纪前期华北地区的农村商品市场与资本市场》,《中国社会
　科学》1998年第1期。

崔晓黎：《家庭·市场·社区——无锡清苑农村社会经济变迁的比较研究
　（1929—1949）》,《中国经济史研究》1990年第1期。

戴日镳：《中国人口密度与食粮问题（续）》,《农业周报》1934年第3卷第
　46期。

《定县棉场》,《河北棉产汇报》1937年第33期。

《定县农行提倡"钱会"》,《中外经济情报》1937年第55期。

《定县土布价落》,《大公报》1933年6月6日。

《定县之棉花与土布》,《中外经济周刊》1926年第192号。

董汝舟：《中国农民离村问题之检讨》,《新中华》1933年第1卷第9期。

堵述初：《平民教育运动在定县》,《河北文史资料选辑》第11辑,河北人民出
　版社1983年版。

《二十一年度河北省各县家畜家禽数量统计表》,《冀察调查统计丛刊》1937
　年第2卷第2期。

《二十二年度河北省各县家畜家禽数量统计表》,《冀察调查统计丛刊》1937
　年第2卷第3期。

《二十三年度河北省各县家畜家禽数量统计表》,《冀察调查统计丛刊》1937
　年第2卷第5期。

樊宝勤：《定县三百表证农家中的一个实例》,《民间》1936年第3卷第
　10期。

方绩佩等：《保定定县石家庄农村视察报告》,《农学月刊》1939年第2卷第

2 期。

方显廷：《中国棉花之生产及贸易》，《经济统计季刊》1933 年第 2 卷第 1 期。

房师文：《中国农村人口实况（一）》，《农业周报》1934 年第 3 卷第 31 期。

房师文：《中国农村人口实况（五）》，《农业周报》1934 年第 3 卷第 35 期。

费孝通：《个人·群体·社会——一生学术历程的自我思考》，《北京大学学报（哲学社会科学版）》1994 年第 1 期。

冯华德、李陵：《河北省定县之田房契税》，《政治经济学报》1936 年第 4 卷第 4 期。

冯华德、李陵：《河北省定县之田赋》，《政治经济学报》1936 年第 4 卷第 3 期。

冯华德：《河北省定县的牙税》，《政治经济学报》1937 年第 5 卷第 2 期。

佛：《农民的伟大和修养》，《民间》1934 年第 1 卷第 1 期。

符致逵：《商业银行对于农村放款问题》，《东方杂志》1935 年第 32 卷第 22 号。

傅辉：《晚清南阳县土地利用分析》，《清史研究》2004 年第 4 期。

高王凌：《地租征收率的再探讨》，《清史研究》2002 年第 2 期。

顾猛：《崩溃过程中之河北农村》，《中国经济》1933 年第 1 卷第 4—5 合期。

郭德宏：《旧中国土地占有状况及其趋势》，《中国社会科学》1989 年第 4 期。

郭于华：《"道义经济"还是"理性小农"》，《读书》2002 年第 5 期。

韩德章、詹玉荣：《民国时期的新式农业金融》，《中国农史》1989 年第 3 期。

韩德章：《河北省深泽县农场经营调查》，《社会科学杂志》1934 年第 5 卷第 1 期。

韩明谟：《中国社会学调查研究方法和方法论发展的三个里程碑》，《北京大学学报（哲学社会科学版）》1997 年第 4 期。

何秀荣等：《中国国家层面的食物安全评估》，《中国农村观察》2004 年第 6 期。

侯建新：《国外小农经济研究主要流派述评》，《世界历史》1999 年第 1 期。

侯杨方：《明清江南地区两个家族人口的生育控制》，《中国人口科学》1998 年第 4 期。

胡成：《近代江南农村的工价及其影响——兼论小农与经营式农场衰败的关

系》,《历史研究》2000 年第 6 期。

奂平清:《华北乡村集市变迁与社会结构转型——以定州的实地研究为例》,中国人民大学博士学位论文,2005 年。

黄道炫:《一九二○——一九四○年代中国东南地区的土地占有——兼谈地主、农民与土地革命》,《历史研究》2005 年第 1 期。

黄家亮、汪永生:《华北农民非正规就业的微观形态:基于河北定县两个村庄的考察》,《中国乡村研究》2018 年第 1 期。

黄家亮、郑绍杰:《集体产权下农民的土地观念及形成机制——基于定县米村的个案考察》,《开放时代》2020 年第 3 期。

黄立人:《抗战时期国统区的农贷》,《近代史研究》1997 年第 6 期。

黄宗智:《中国革命中的农村阶级斗争》,《中国乡村研究》第 2 辑,商务印书馆 2003 年版。

贾宗献:《河北省废除苛捐杂税实施情形(续)》,《河北月刊》1936 年第 4 卷第 5 期。

蒋旨昂:《卢家村》,《社会学界》1934 年第 8 卷。

柯向峰:《中国贫穷人口之估计》,《新社会科学季刊》1935 年第 1 卷第 4 期。

李长莉:《洋布衣在晚清的流行及社会文化意义》,《河北学刊》2005 年第 2 期。

李德英:《生存与公正:"二五减租"运动中四川农村租佃关系探讨》,《史林》2009 年第 1 期。

李德仲:《中共定县党在土地革命战争时期遭到大破坏后的恢复与发展》,《定州党史资料》1993 年第 1 期。

李鸿毅:《中美农民生活费用之比较》,《农业周报》1934 年第 3 卷第 22 期。

李怀印:《中国乡村治理之传统形式:河北省获鹿县之实例》,《中国乡村研究》第 1 辑,商务印书馆 2003 年版。

李金铮:《传统与现代的主辅合力:从冀中定县看近代中国家庭手工业之存续》,《中国经济史研究》2014 年第 4 期。

李金铮:《大农与小农:清末民国时期中国农业经营规模的论争》,《近代史研究》2021 年第 5 期。

李金铮:《关于区域社会经济史研究的几个基本问题》,《河北学刊》1998 年第 6 期。

李金铮：《农民何以支持与参加中共革命》，《近代史研究》2012 年第 4 期。

李金铮：《区域路径：近代中国乡村社会经济史研究方法论》，《河北学刊》
　　2007 年第 5 期。

李金铮：《收入增长与绝对贫困：近代冀中定县农民生活水平的量化分析》，
　　《近代史研究》2010 年第 4 期。

李金铮：《土地改革中的农民心态：以 1937—1949 年华北乡村为中心》，《近
　　代史研究》2006 年第 4 期。

李金铮：《晏阳初与定县平民教育实验》，《二十一世纪》（香港）2004 年 10
　　月号。

李金铮：《中国近代乡村经济史研究的十大论争》，《历史研究》2012 年第 1 期。

李金铮：《也论近代人口压力：冀中定县人地比例关系考》，《近代史研究》
　　2008 年第 4 期。

李景汉：《从定县人口总调查所发见之人口调查技术问题》，《社会科学》1937
　　年第 2 卷第 3 期。

李景汉：《定县农村借贷调查》，《中国农村》1935 年第 1 卷第 6 期。

李景汉：《定县农村经济现状》，《民间》1934 年第 1 卷第 1 期。

李景汉：《定县农村人口分析与问题》，《民间》1934 年第 1 卷第 2 期。

李景汉：《定县人民外出谋生调查》，《民间》1934 年第 1 卷第 7 期。

李景汉：《定县社会的各方面》，《民间》1935 年第 1 卷第 24 期。

李景汉：《定县输入各国货物之调查》，《民间》1935 年第 1 卷第 21 期。

李景汉：《定县土地调查（上）》，《社会科学》1936 年第 1 卷第 2 期。

李景汉：《定县土地调查（下）》，《社会科学》1936 年第 1 卷第 3 期。

李景汉：《华北农村人口之结构与问题》，《社会学界》1934 年第 8 卷。

李景汉：《回忆定县平教会实验区的社会调查工作》，《河北文史资料选辑》第
　　11 辑，河北人民出版社 1983 年版。

李景汉：《健全县单位调查统计工作的需要》，《独立评论》1936 年第 222 号。

李景汉：《京兆农村的状况》，《现代评论》1926 年第 3 卷第 71 期。

李景汉：《农村家庭人口统计的分析》，《社会科学》1936 年第 2 卷第 1 期。

李景汉：《中国农村人口调查研究》，《社会学刊》1933 年第 3 卷第 3 期。

李景汉:《中国农村土地与农业经营问题》,《东方杂志》1936 年第 33 卷第 1 号。

李景汉:《住在农村从事社会调查所得的印象》,《社会学界》1930 年第 4 卷。

李景汉:《县单位调查统计之实施》,《社会学界》1936 年第 9 卷。

李柳溪:《定县摇会的研究(一)》,《民间》1937 年第 4 卷第 3 期。

李柳溪:《定县摇会的研究(三)》,《民间》1937 年第 4 卷第 5 期。

李树青:《中国农民的贫穷程度》,《东方杂志》1935 年第 32 卷第 19 号。

李文伯:《县政实验区合作事业之比较》,《大公报》1936 年 12 月 9 日。

李孝悌:《河北定县的乡村建设运动——四大教育》,《台北"中研院"近代史研究所集刊》1982 年第 11 辑。

李再云:《生路》,《民间》1936 年第 3 卷第 10 期。

李紫翔:《农村建设运动应有的转变》,《中国农村》1936 年第 2 卷第 4 期。

梁双璧:《在减租减息中农民与地主的斗争》,《定县党史资料》1984 年总第 37 期。

梁思达:《河北省之信用合作》,南开大学商科研究所经济部第一班研究生毕业论文,1937 年。

梁颖:《"家"字之谜及其相关问题》,《广西师范大学学报(哲学社会科学版)》1996 年第 4 期。

林毅夫:《小农与经济理性》,《农村经济与社会》1988 年第 3 期。

凌鹏:《近代华北农村经济商品化与地权分散》,《社会学研究》2007 年第 5 期。

刘克祥:《1927—1937 年的地价变动与土地买卖》,《中国经济史研究》2000 年第 1 期。

刘克祥:《20 世纪 30 年代地权集中趋势及其特点》,《中国经济史研究》2001 年第 2 期。

刘克祥:《传统集约农业琐论》,《中国经济史研究》1994 年第 1 期。

刘克祥:《中国近代的地主雇工经营和经营地主》,《中国经济史研究》1994 年增刊。

刘小流:《乡村社区农民经济合作的困境与出路:社会资本视角——以河北定州乡村社区为例》,中国人民大学博士学位论文,2009 年。

刘正刚：《中国传统社会经济的启示——访美国经济学家赵冈教授》，《社会科学战线》2001 年第 1 期。

刘志伟：《边缘的中心——"沙田—民田"格局下的沙湾社区》，《中国乡村研究》第 1 辑，商务印书馆 2003 年版。

柳风和：《华北一个县的缩影——无极县农民状况》，《民间》1934 年第 1 卷第 8 期。

龙登高：《地权交易与生产要素组合：1650—1950》，《经济研究》2009 年第 2 期。

卢晖临：《革命前后中国乡村社会分化模式及其变迁：社区研究的发现》，《中国乡村研究》第 1 辑，商务印书馆 2003 年版。

鲁绍柳：《定县农村经济概况》，《文化建设》1937 年第 3 卷第 4 期。

罗尔纲：《太平天国革命前的人口压迫问题》，《中国社会经济史集刊》1949 年第 8 卷第 1 期。

《论中国治乱由于人口之众寡》（社说），《东方杂志》1904 年第 1 卷第 6 期。

马俊亚：《典当业与江南近代农村社会经济关系辨析》，《中国农史》2002 年第 4 期。

明己：《定县农村妇女纺织业》，《大公报》1934 年 1 月 4 日。

莫曰达：《1840—1949 年中国的农业增加值》，《财经问题研究》2000 年第 1 期。

潘鸿声：《中国农民资金之检讨》，《农林新报》1936 年第 13 卷第 16 期。

彭南生：《也论近代农民离村原因》，《历史研究》1999 年第 6 期。

《平教会改进定县棉业之成绩》，《民间》1937 年第 3 卷第 21 期。

秦晖：《"大共同体本位"与传统中国社会（上）》，《社会学研究》1998 年第 5 期。

瞿菊农：《以工作答复批评》，《民间》1936 年第 3 卷第 2 期。

曲直生：《中国的牙行》，《社会科学杂志》1933 年第 4 卷第 4 期。

《绍芳寄给晏阳初先生的信》，《河北文史资料选辑》第 11 辑，河北人民出版社 1983 年版。

沈时可：《中美农民生活程度之比较》，《农业周报》1934 年第 3 卷第 44 期。

史建云：《对施坚雅市场理论的若干思考》，《近代史研究》2004 年第 4 期。

史建云:《近代华北平原地租形态研究》,《近代史研究》1997 年第 3 期。

史建云:《近代华北平原佃农的土地经营及地租负担》,《近代史研究》1998
　年第 6 期。

史建云:《近代华北平原自耕农初探》,《中国经济史研究》1994 年第 1 期。

史建云:《论近代中国农村手工业的兴衰问题》,《近代史研究》1996 年第
　3 期。

史建云:《农村工业在近世中国乡村经济中的历史作用》,《中国经济史研究》
　1996 年第 1 期。

史建云:《浅述近代华北平原的农业劳动力市场》,《中国经济史研究》1998
　年第 4 期。

叔永:《定县平教事业平议》,《独立评论》1933 年第 73 号。

松年:《我们为什么怕调查》,《农民》1931 年第 7 卷第 6 期。

苏德森:《广西的一个农村经济调查》,《民间》1935 年第 2 卷第 8 期。

孙伏园:《全国各地的实验运动》,《民间》1934 年第 1 卷第 1 期。

孙晓村:《中国农村经济研究会与农村复兴委员会》,《文史资料选辑》第 84
　辑,中国文史出版社 1986 年版。

孙冶方:《为什么要批评乡村改良主义工作》,《中国农村》1936 年第 2 卷第
　5 期。

唐翘焱:《华北猪种饲养比较试验工作》,《民间》1936 年第 3 卷第 9 期。

涛鸣:《定县见闻杂录》,《独立评论》1932 年第 4 号。

滕茂椿:《定县经济现状概观》,《河北省银行经济半月刊》1946 年第 2 卷第
　12 期。

廷黻:《跋燕先生的论文》,《独立评论》1933 年第 74 号。

汪雁:《市场导向和家庭保障惯习指引下的农民经济行为——基于社会转型
　加速期定州市农村的经验研究》,中国人民大学博士学位论文,2005 年。

王达三:《农村怎样可以自力更生》,《民间》1937 年第 3 卷第 19 期。

王昉:《传统中国社会中租佃制度对产出的作用分析》,《财经研究》2006 年
　第 3 期。

王庆成:《晚清华北村落》,《近代史研究》2002 年第 3 期。

王庆成:《晚清华北的集市和集市圈》,《近代史研究》2004 年第 4 期。

王庆成：《晚清华北定期集市数的增长及对其意义之一解》，《近代史研究》2005 年第 6 期。

王先明：《二十世纪前期的山西乡村雇工》，《历史研究》2006 年第 5 期。

王毓铨：《中国农村副业的诸形态及其意义》，《中国经济》1935 年第 3 卷第 1 期。

王毓铨：《中国租佃关系转变中的几个现象》，《中国经济》1935 年第 3 卷第 4 期。

王跃生：《华北农民家庭人口生存条件分析》，《历史研究》2003 年第 6 期。

温锐：《民间传统借贷与农村社会经济——以 20 世纪初期赣闽边区为例》，《近代史研究》2004 年第 3 期。

温铁军、冯开文：《农村土地问题的世纪反思》，《战略与管理》1998 年第 4 期。

翁文灏：《中国人口分布与土地利用》，《独立评论》1932 年第 3 号。

乌廷玉：《旧中国地主富农占有多少土地》，《史学集刊》1998 年第 1 期。

巫宝三：《华洋义赈救灾总会办理河北省农村信用合作社放款之考察》，《社会科学杂志》1934 年第 5 卷第 1 期。

吴承明：《传统经济·市场经济·现代化》，《中国经济史研究》1997 年第 2 期。

吴承明：《中国近代农业生产力的考察》，《中国经济史研究》1989 年第 2 期。

吴承明：《中国经济史研究的方法论问题》，《中国经济史研究》1992 年第 1 期。

吴承禧：《中国银行业的农业金融》，《社会科学杂志》1935 年第 6 卷第 3 期。

吴景超：《中国的人口问题》，《独立评论》1936 年第 225 号。

吴景超：《中国县志的改造》，《独立评论》1933 年第 60 号。

吴力子：《社会转型时期农民的结构性贫困与出路》，中国人民大学博士后出站报告，2007 年。

吴文藻：《社区的意义与社区研究的近今趋势》，《社会学刊》1936 年第 5 卷第 1 期。

吴知：《山东省棉花之生产与运销》，《政治经济学报》1936 年第 5 卷第 1 期。

吴知：《工农立国下中国乡村工业的新评价》，《大公报》1935 年 7 月 24 日。

夏明方:《近代华北农村市场发育性质初探》,《中国乡村研究》第 3 辑,社会科学文献出版社 2005 年版。

谢劲键:《中国佃种制度之研究及其改革之对策》,《中国经济》1933 年第 1 卷第 4—5 合期。

谢泳:《一份关于中国农业史的历史文献——介绍〈改进中国农业与农业教育意见书〉》,《博览群书》2004 年第 1 期。

熊佛西:《桑二嫂》,《民间》1934 年第 1 卷第 1 期。

熊佛西:《中国戏剧运动的新途径》,《民间》1935 年第 2 卷第 16 期。

徐穗:《试论抗战胜利后国统区土地改革大辩论》,《民国档案》1993 年第 3 期。

徐秀丽:《近代河北省农地灌溉的发展》,《近代史研究》1993 年第 2 期。

徐秀丽:《中国近代粮食亩产的估计——以华北平原为例》,《近代史研究》1996 年第 1 期。

许檀:《明清时期城乡市场网络体系的形成及意义》,《中国社会科学》2000 年第 3 期。

薛暮桥:《农产商品化与农村市场》,《中国农村》1935 年第 2 卷第 7 期。

严中平:《手工棉纺织业问题》,《中山文化教育馆季刊》1937 年第 4 卷第 3 期。

晏升东、孙怒潮:《晏阳初与平民教育》,《河北文史资料选辑》第 11 辑,河北人民出版社 1983 年版。

晏阳初:《"平民"的公民教育之我见》,《新教育评论》1926 年第 1 卷第 21 期。

晏阳初:《农民运动的使命及其实施的方法与步骤》,《民间》1934 年第 1 卷第 11 期。

晏阳初:《三桩基本建设——对长沙雅礼学校学生讲》,《民间》1937 年第 4 卷第 2 期。

晏阳初:《中华平民教育促进会工作的演进——十二月四日在中山大学文学院讲》,《教育研究》1935 年第 64 期。

燕树棠:《平教会与定县》,《独立评论》1933 年第 74 号。

杨发祥:《社会转型期农户的消费结构与乡土重建——一个以河北定州为例

的社会学研究》，中国人民大学博士后出站报告，2006 年。

杨骏昌：《河北合作事业报告译评》，《大公报》1936 年 10 月 14 日。

杨开道：《我国农村生活衰落的原因和解救的方法》，《东方杂志》1927 年第
　　24 卷第 16 号。

杨庆堃：《农村家庭工业运动的基本问题（续）》，《大公报》1934 年 1 月 18 日。

杨庆堃：《市集现象所表现的农村自给自足问题》，《大公报》1934 年 7 月
　　19 日。

姚会元：《国民党政府"改进农村金融"的措施与结局》，《江汉论坛》1987 年
　　第 3 期。

姚石庵：《定县合作社联合社二年来之回顾》，《大公报》1936 年 1 月 15 日。

姚石庵：《定县农村合作组织之发展》，《民间》1936 年第 3 卷第 3 期。

姚石庵：《非常时期之农村生计教育》，《民间》1937 年第 3 卷第 17 期。

余霖：《从山额夫人谈到人口问题》，《中国农村》1936 年第 2 卷第 4 期。

余霖：《中国农业生产关系底检讨》，《中国农村》1935 年第 1 卷第 5 期。

余泽棠：《论合作农场运动》，《民间》1936 年第 3 卷第 5 期。

俞焕文：《定县种痘七年经过》，《民间》1936 年第 3 卷第 15 期。

雨人：《从孙发绪说到吕复》，《众志月刊》1934 年第 2 卷第 1 期。

张国刚：《唐代家庭与家族关系的一个考察》，《中国社会历史评论》第 3 卷，
　　中华书局 2001 年版。

张家炎：《环境、市场与农民选择》，《中国乡村研究》第 3 辑，社会科学文献出
　　版社 2005 年版。

张镜予：《中国农民经济的困难和补救》，《东方杂志》1929 年第 26 卷第
　　9 号。

张利民：《论近代华北商品市场的演变与市场体系的形成》，《中国社会经济
　　史研究》1996 年第 1 期。

张培刚：《冀北察东三十三县农村概况调查》，《社会科学杂志》1935 年第 6
　　卷第 2 期。

张培刚：《清苑的农家经济（上）》，《社会科学杂志》1936 年第 7 卷第 1 期。

张培刚：《清苑的农家经济（下）》，《社会科学杂志》1937 年第 8 卷第 1 期。

张世文：《定县猪种改良的实验》，《民间》1935 年第 1 卷第 20 期。

张世文:《县单位经济合作制度的实验》,《新农村》1935 年第 21 期。

张思:《遭遇与机遇:19 世纪末中国农村手工业的曲折经历》,《史学月刊》2003 年第 11 期。

张折桂:《定县大王耨村人口调查》,《社会学界》1931 年第 5 卷。

章东辉:《农民职业分化与社会结构转型——以定县实地调查为例的社会学研究》,中国人民大学博士学位论文,2009 年。

章有义:《海关报告中的近代中国农业生产力状况》,《中国农史》1991 年第 2 期。

章有义:《近代中国人口和耕地的再估计》,《中国经济史研究》1991 年第 1 期。

章元善:《从定县回来》,《独立评论》1934 年第 95 号。

赵冈:《重新评价中国历史上的小农经济》,《中国经济史研究》1994 年第 1 期。

赵俊义:《抗日战争期间定南县党的建设》,《定州市党史资料》1988 年第 1 期。

郑起东:《近代华北的农业发展和农民生活》,《中国经济史研究》2000 年第 1 期。

郑起东:《再论近代华北的农业发展和农民生活》,《中国经济史研究》2001 年第 1 期。

郑庆平:《论中国近代的地租剥削及其发展变化特征》,《中国农史》1991 年第 2 期。

知堂:《保定定县之游》,《国闻周报》1935 年第 12 卷第 1 期。

《中国银行农产仓库抵押统计》,《民间》1935 年第 1 卷第 22 期。

中华经济学会资料室:《我国北部各省经济调查》,《中国经济评论》1941 年第 3 卷第 2 期。

中央农业实验所:《各省农村金融调查》,《农情报告》1934 年第 2 年第 11 期。

中央农业实验所:《民国二十六年各省农佃之分布及其近年来之变迁》,《农情报告》1938 年第 6 卷第 6 期。

中央农业实验所:《全国各县乡村物价指数表》,《农情报告》1937 年第 5 卷第 6 期。

中央农业实验研究所：《民国二十三年全国旱灾调查》，《农情报告》1934 年第 2 年第 11 期。

周志初：《再论近代中国农村的人口压力问题》，《扬州大学学报（人文社会科学版）》2000 年第 6 期。

朱洪启：《二十世纪华北农具、水井的社会经济透视》，南京农业大学博士学位论文，2004 年。

竺可桢：《论我国气候的几个特点及其与粮食作物生产的关系》，《地理学报》1964 年第 1 期。

琢如：《中国土地问题及其前途》，《求实月刊》1934 年第 1 卷第 9 期。

四、外文文献

Gallin. B., Hsin Hsing, *Taiwan: A Chinese Village in Change*, University of California Press, Berkeley and Los Angeles, Calif, 1966.

G. William Skinner, "Marketing and Social Structure in Rural China", Part 1,2,3, *Journal of Asian Studies*, Vol.24, No.1–3（1964–1965）.

Myron L. Cohen, "Variations in Complexity among Chinese Family Groups: The Impact of Modernization ", *Transactions of the New York Academy of Sciences* , Vol.29, No.5, 1967.

Ramon Myers, "North China Villages during the Republican Period : Socioeconomic Relationships", in *Modern China*, 1980, Vol.6, No.3.

Samuel L. Pokin, *The Rational Peasant – The Political Economy of Rural Society in Vitenam*, Berkeley: California University Press, 1979.

Sidney D. Gamble, *Ting Hsien: A North China Rural Community*, Stanford University Press, Stanford California,1968.

〔日〕清水盛光：《支那家庭の结构》，岩波书店 1942 年版。

〔日〕石井俊之：《事变下の北支农村——河北省定县内一农村实态调查报告》，1942 年印。

〔日〕中国农村调查刊行会：《中国农村惯行调查》第 2 卷，东京岩波书店 1981 年版。

后 记

在我的治学经历中，本书是我花费时间最长、投入精力最大的一部。1986年，我将硕士毕业论文题目确定为《近代定县农家经济与农民生活之研究》，自此它伴随了我三十五年。不夸张地说，无此基础之作，我后来的华北乡村史、乡村思想史、革命史研究都是难以想象的。抚今追昔，感慨万千，一辈子能有几个三十五年，又能做几件事情呢！

人都是处境中的人，处境决定了人的行为的限度，每个人都是在其所处的环境中进行选择，在主客观相互作用中完成预期目标的。学术研究，又何尝不是如此。

我生于"文革"爆发前一年的冀中献县，二十年乡村生活的经验相当于不自觉的"田野调查"，奠定了我根深蒂固的乡下人底色，以后所增加的阅历不过是多了几层涂抹而已。正是这不变的底色，一直决定着我的价值观，影响着我的研究历程。如果说强烈的饥饿记忆是我探索乡村史、农民史的原动力，而中国农村经营体制改革及其成效的现实则是我研究这一领域的推动力，数十年的农村集体化之后，中断了的农户经营模式又重新复兴，促使我们从历史悠久的传统经济中追寻渊源。我从大学本科毕业论文到硕士学位论文、博士学位论文、博士后研究报告，都没有离开过乡村史领域，就顽强地体现了我自身的底色和执着。

我本科就读于河北大学历史系，1985年7月毕业。我的本科毕业论文题为《近代中国家庭手工棉纺织业的解体与延续》，指导老师魏光奇先生认为我提出的手工业"延续"的看法，和正统观点不太一样，有一些新思想，这让我深受鼓舞。乡村史原本是一个巨大的学术容器，我之所以侧重于经济方面，主要是因为本科期间选修了傅尚文先生开设的中国近代经济史课程。傅先生给了我很高的考试分数，并鼓动和开导我报考他的研究生。能得到老先生的夸赞，让我很感动，于是我改变了原来出去读研的想法，成了他第一个中国近现代史专业的研究生。

读研究生后，开始产生自觉的学术研究意识，并将历史研究作为一辈子的志向。傅先生指导我阅读了大量名著、资料，我觉得"武功"渐长，从不敢说话到敢于讨论问题了。1986 年年中，读研近一年，开始考虑毕业论文选题。傅先生鉴于我对乡村史感兴趣，说晏阳初领导的平教会曾在定县举办过十年的乡村建设实验，留下来的资料比较多，问我可否考虑将其作为研究题目。我对此有一定的了解，觉得这个想法是可行的，但很快就又否定了，原因是当时学界对定县实验的评价仍有争议，总体上是批判的，我觉得与其胶着于定县实验，不如先对这里的乡村经济的实际进行研究，在此基础上或许才能对定县实验作出实事求是的评价。傅先生是非常和善、民主的老师，他认为我的看法有道理。由于研究对象拓宽，工作量大大增加，做的过程相当辛苦。只搜集资料一项，我就跑了不少地方，有河北大学图书馆、历史系资料室，保定市图书馆、档案馆，定州市档案馆、地方志办公室、政协文史资料委员会，北京图书馆（今国家图书馆），中国社会科学院近代史研究所图书资料室，中国科学院图书馆，北京大学、清华大学、中国人民大学图书馆，以及重庆市档案馆、南京市中国第二历史档案馆等。最令人激动的是，我在中国第二历史档案馆发现了平教会的全宗资料，这些资料以前从来没人利用过。我还去定州的村庄对农民的生产生活进行实地考察，访谈七八十岁以上的老人，获得了文献里面没有的感受和资料。当然，那个时候我还没有田野调查的概念。尤其值得提出的是，在研究过程中，无论是题目确定还是研究思路、论文修改等方面，都得到了著名学者李文治、吴承明、汪敬虞、从翰香等先生的热情帮助。李文治先生、从翰香先生还参加了我的论文答辩，鼓励我继续探索，作出更大贡献。大学者对晚学的耳提面命、无私提携，是留给我一辈子的深刻记忆。

硕士毕业后，留在河大任教。我对十几万字的论文开始整理，试图逐一发表，与学界交流。但发表两篇后就停了下来，总觉得新意不够，连自己都不能打动，又怎么能给同行以启发呢？我觉得思维陈旧、理论水平不高是最大的局限，所以我努力学习相关学科理论，认真体悟经典著作的思维方法，增强分析问题的能力。1996—2001年,我先后在南开大学、复旦大学读博士,做博士后研究,师从魏宏运先生、姜义华先生学习,深得他们以及各位同门、同学、国外学者的教益,似有脱胎换骨之感,眼界大为开阔。至此,我觉得有条件、有信心对论文重新整理和发表了。

2005年之后转至南开任教,是我学术发表的重要阶段。我一门心思读书、教学和研究,十分平静,少有波澜,进入社会学者所说的"无事件境"状态。与本书有关的14篇论文,大多是在南开完成的。有12篇在刊物发表,包括《历史研究》2篇、《近代史研究》4篇、《社会学研究》1篇、《中国经济史研究》2篇、《二十一世纪》1篇、《河北学刊》1篇、《中国社会历史评论》1篇。另有1篇收入《现代中国变动与东亚新格局》(社会科学文献出版社2012年版),只有一篇未投稿发表,但也参加了在美国波士顿举办的第十八届世界经济史大会。本项研究还获得国家社科基金项目的支持,结项成果被评为优秀。以上研究构成现在这部专著的基础,也算有点底气吧。

数十年的研究和论文发表过程,得到过太多个人和单位的帮助,有老师、前辈、编辑、朋友、学生以及所在单位、图书馆、档案馆、资料室等,恕不一一列举名字,在此一并表示衷心的感谢!家人的理解和支持更是我取之不竭的动力,特别是贤妻邓红教授与我相濡以沫三十余年,她有自己的教学和研究任务,但仍随我东奔西跑查阅资料,实地调查,又一直操持家务,完美展现了重庆女子的"大将"之风。本书的出版,得到刘则永先生的关心,更得到中华书局编辑王贵彬先生的认真指教,增加了我对中华书局的尊重。

最后,特别要感谢定县,感恩定县的父老乡亲!我选定硕士论文题目的那一年,定县改称定州。其实定州的名称更为悠久,民国之后才称定县,但我仍习惯于称定县。我老家不在定县,但冥冥之中定县成了我的学术故乡、我的学术"试验场"。我不是地方史工作者,没有为地方鼓吹"人杰地灵"的责任,只是按照历史学者的标准梳理和探索一个县域乡村社会、农家经济的近代历程,然而从这个历程里面,我的确看到了定县乡土的延续、定县人民的坚韧,在曲折坎坷中依然闪烁着希望之光。

2021年12月26日初稿

2022年7月9日改定